普通高等院校"十三五"规划教材
21 世纪会计技能教学系列教材

ZHONGJI CAIWU KUAIJI SHIWU CAOZUO JIAOCHENG

中级财务会计实务操作教程

张 燕　费金华
胡群英　陈国平　著

立信会计 出版社
LIXIN ACCOUNTING PUBLISHING HOUSE

图书在版编目(CIP)数据

中级财务会计实务操作教程/张燕等著. —上海:立信
会计出版社,2017.12
普通高等院校"十三五"规划教材　21世纪会计技能
教学系列教材
ISBN 978-7-5429-5669-9

Ⅰ.①中…　Ⅱ.①张…　Ⅲ.①财务会计—高等学校—
教材　Ⅳ.①F234.4

中国版本图书馆 CIP 数据核字(2018)第 009092 号

策划编辑　陈　旻
责任编辑　陈　旻

中级财务会计实务操作教程
Zhongji Caiwu Kuaiji Shiwu Caozuo Jiaocheng

出版发行	立信会计出版社			
地　　址	上海市中山西路 2230 号	邮政编码	200235	
电　　话	(021)64411389	传　　真	(021)64411325	
网　　址	www.lixinaph.com	电子邮箱	lxaph@sh163.net	
网上书店	www.shlx.net	电　　话	(021)64411071	
经　　销	各地新华书店			

印　　刷	上海肖华印务有限公司		
开　　本	787 毫米×1 092 毫米		1/16
印　　张	23		
字　　数	541 千字		
版　　次	2017 年 12 月第 1 版		
印　　次	2017 年 12 月第 1 次		
印　　数	1—3 100		
书　　号	ISBN 978-7-5429-5669-9/F		
定　　价	46.00 元		

如有印订差错　请与本社联系调换

前　言

　　会计手工实务操作是会计专业技能教学的基本内容,也是会计电算化实务操作的基础。目前,我国会计学专业的专业核心课程还基本停留在以会计要素为主导、手工理论为主体内容的课程体系上,一般设置"基础会计""中级财务会计""高级财务会计"等课程,这种以手工理论为主体的课程体系存在着明显的缺陷:一是忽视了各种不同经济业务在实际工作中的原始形态——各种原始凭证,导致学生踏上工作岗位后,拿到原始凭证后还无法解读出经济业务内容;二是不能完全满足会计电算化实务操作的需要,踏上工作岗位后必然满足不了实际工作的需要。为此,我们认为应在现有基础上,增加以会计循环为基础、经济业务为导向的会计手工实务操作课程体系,具体可设置4门课程,即"基础会计实务操作""中级财务会计实务操作""高级财务会计实务操作"和"会计手工综合模拟实验"。

　　《中级财务会计实务操作教程》是会计手工实务操作系列教材之一,与《中级财务会计》的经济业务内容相一致,并与《基础会计实务操作教程》相衔接。整个内容具有以下几个特点:一是以会计循环为基础、经济业务为导向,详细讲解了每一笔经济业务的具体操作流程和操作技巧;二是内容完全符合实际,涉及的会计工作环境、会计操作流程较完整、真实,基本经济业务较系统全面。

　　本教材由江苏理工学院商学院张燕、费金华、胡群英和陈国平同志撰写完成,由于编者水平有限,书中难免有疏漏之处,恳请广大读者和专家批评指正。

编著者

2018.1

目　　录

第一章　主要经济业务涉及的原始凭证

一、货币资金业务的主要原始凭证

（一）现金业务的主要原始凭证

1. 主要业务内容

现金业务包括收入和付出业务。其中,现金收入业务主要包括提取现金、现金盘盈、现金销售、以现金方式收取罚款或押金、收到退回预借的差旅费等业务;现金付出业务主要包括将款项存入银行、用现金支付职工借款或用于费用报销、现金盘亏等业务。

2. 主要原始凭证

1) 现金收入业务的原始凭证

（1）从银行提取现金业务的原始凭证:现金支票存根联。

［注:本教材涉及的银行结算单据均以中国建设银行为例,现金支票、转账支票、进账单、银行汇(本)票申请书、银行汇票、银行承兑汇票、银行托收凭证、电汇凭证、现金解款单、收料单、领料单、发料汇总表、借款单、差旅费报销单、收款收据、增值税专用发票、增值税普通发票的票样均已在《会计基础实务操作教程》中列示,本教材中不再重复］

（2）现金盘盈业务的原始凭证:库存现金盘点报告表,如表1-1所示。

表1-1
库存现金盘点报告表
年　　月　　日

实存金额	账存金额	对比结果		备注
		盘盈	盘亏	

盘点人:　　　　　　　　　　　　　　　　　　　　　　　　　　出纳员:

（3）其他方式收到现金业务的原始凭证:盖有现金收讫章的收款收据记账联。

2) 现金支出业务的原始凭证

（1）存入银行业务的原始凭证:现金解款单客户回单联。

（2）支付职工借款业务的原始凭证:盖有现金付讫章的借款单。

（3）费用报销业务的原始凭证:盖有现金付讫章的报销单(见表1-2)及附件或盖有现金付讫章的发票等费用单据。

（4）现金盘亏业务的原始凭证：库存现金盘点报告表。

表1-2

差旅费报销单

年　月　日　　　　　　　　　附原始单据　张

姓名				工作部门			出差事由					
日期		地点		车船费					住勤费			
起	讫	起	讫	车次或船名	时间	金额	深夜补贴	途中补贴	地区 天数 补贴	旅馆费	公交费	金额合计

报销金额(大写)人民币		合计(小写)	
补付金额：		退回金额：	

领导批准　　　　　会计主管　　　　　部门负责人　　　　　审核　　　　　报销人

（二）银行存款业务的主要原始凭证

1. 主要业务内容

银行存款业务包括收入和付出业务。其中，银行存款收入业务主要包括将现金存入银行、向银行借款、现销、收回前欠货款、预收及补收货款、收到退回的银行汇票或银行本票多余款项、银行承兑保证金专户资金转回至结算户、证券交易第三方平台资金转回至结算户、接受投资、接受捐赠等业务；银行存款付出业务主要包括提取现金、申请银行本票和银行汇票、支付承兑保证金、将款项存入证券交易第三方平台、将款项存入银行承兑汇票保证金专户、支付银行工本及手续费、偿还到期银行承兑汇票、偿还前欠货款、预付及补付货款、采购、对外投资、对外捐赠等业务。

2. 主要原始凭证

1）银行存款收入业务的原始凭证

（1）现金存入银行业务的原始凭证：现金解款单客户回单联。

（2）向银行借款业务的原始凭证：银行借款收据入账通知联，如表1-3所示。

（3）通过其他方式取得存款可能涉及的原始凭证：采用网银、电汇方式结算的主要原始凭证是银行客户专用回单（见表1-4）；采用转账支票、银行汇票方式结算的主要原始凭证是进账单收款通知联。

2）银行存款付出业务的原始凭证

（1）从银行提取现金业务的原始凭证：现金支票存根联。

（2）支付银行工本及手续费业务的原始凭证：银行业务收费凭证客户回单联，如表1-5所示。

表 1-3

借 款 收 据 (入账 通知)

（_____ 贷款）

单位编号：　　　　　　　借款日期：　年　月　日　　　　　合同编号：

收款单位	名　称		借款单位	名　称	
	结算户账号			贷款户账号	
	开户银行			开户银行	

借款金额		千	百	十	万	千	百	十	元	角	分

借款原因及用途		批准借款利率	年息　　　%

借款期限				你单位上列借款，已转入你单位结算户内。借款到期时由我行按期自你单位结算户转还。
期次	计划还款日期	√	计划还款金额	
1				此致
2				借款单位
3				
备注：				（银行盖章）

此联由银行退借款单位作入账通知

表 1-4

中国建设银行客户专用回单

币别：人民币　　　　　　　年　月　日　　　　　　　流水号

付款人	全　称		收款人	全　称	
	账　号			账　号	
	开户行			开户行	
金　额	（大写）人民币			（小写）	
凭证种类			凭证号码		
结算方式			用　途		
			打印柜员： 打印机构： 打印卡号：		

打印时间：　　　　　　交易柜员：　　　　　　　交易机构：

表 1-5

中国建设银行　业务收费凭证

币别：　　　　　　　　　　年　　月　　日　　　　　　　　流水号：

付款人：			账号：		
项目名称	工本费	手续费	电子汇划费	邮电费	金　额
金额（大写）					
付款方式					

会计主管　　　　　　　授权　　　　　　　　　复核　　　　　　　录入

第二联　客户回单

（3）将款项存入银行承兑汇票保证金专户业务的原始凭证：转账支票存根联。

（4）通过其他方式支付可能涉及的原始凭证：采用网银方式结算的主要原始凭证是银行客户专用回单；采用转账支票方式结算的主要原始凭证是转账支票存根联；采用电汇方式结算的主要原始凭证是银行电汇凭证的客户回单联。

（三）其他货币资金业务的主要原始凭证

1. 主要业务内容

其他货币资金业务包括收入和付出业务。其中，其他货币资金收入业务主要包括申请取得银行汇票和银行本票、将款项存入证券交易第三方平台、将款项存入银行承兑汇票保证金专户等业务；其他货币资金付出业务主要包括用银行汇票或银行本票进行采购、收到退回的银行汇票或银行本票多余款项、银行承兑保证金专户资金转回至结算户、证券交易第三方平台资金转回至结算户等业务。

2. 主要原始凭证

1）其他货币资金收入业务的原始凭证

（1）申请取得银行汇票和银行本票业务的原始凭证：银行汇（本）票申请书客户回单联。

（2）将款项存入证券交易第三方平台业务的原始凭证：支票存根联、银行客户回单，如表 1-6 所示。

表 1-6

中国建设银行 客户回单

币种： 日期： 年 月 日 流水号：

客户名称：		
证件类型：	证券号码：	
银行结算账号：		
产品类型：		
资金账号：	业务类型：	
转账方式：银行转证券	转账金额：	
兹委托中国建设银行办理上述客户交易结算资金存取业务，经核对银行打印内容正确无误。		
客户签字：	银行签章：	
打印时间：	交易机构：	
复核：	经办：	

(3) 将款项存入银行承兑汇票保证金专户业务的原始凭证：进账单收款通知联。

2) 其他货币资金付出业务的原始凭证

(1) 因采购等交付的银行汇票和银行本票业务的原始凭证：银行汇票和银行本票第二联的复印件。

(2) 收到退回的多余款项和银行承兑保证金专户资金转回至结算户业务的原始凭证：银行客户专用回单。

(3) 证券交易第三方平台资金转回至结算户业务的原始凭证：银行客户回单，如表 1-7 所示。

表 1-7

中国建设银行 客户回单

币种： 日期： 年 月 日 流水号：

客户名称：		
证件类型：	证券号码：	
银行结算账号：		
产品类型：		
资金账号：	业务类型：	
转账方式：证券转银行	转账金额：	
兹委托中国建设银行办理上述客户交易结算资金存取业务，经核对银行打印内容正确无误。		
客户签字：	银行签章：	
打印时间：	交易机构：	
复核：	经办：	

二、往来业务的主要原始凭证

(一) 应收票据业务的主要原始凭证

1. 主要业务内容

应收票据业务包括应收票据增加和应收票据减少业务。其中，应收票据增加业务主要包括因销售商品、提供劳务等而收到商业汇票、债务人抵偿前欠货款而取得商业汇票等业务;应收票据减少业务主要包括收回到期商业汇票款、将持有的商业汇票背书转让、持未到期的商业汇票向银行贴现、商业承兑汇票到期无法收回等业务。

2. 主要原始凭证

1) 应收票据增加业务的原始凭证

应收票据增加业务的原始凭证主要是银行承兑汇票和商业承兑汇票第二联的复印件。

2) 应收票据减少业务的原始凭证

(1) 收回到期商业汇票票款业务的原始凭证:银行客户专用回单。

(2) 商业汇票背书转让业务的原始凭证:银行承兑汇票和商业承兑汇票第二联正反面的复印件。

(3) 商业汇票贴现业务的原始凭证:银行承兑汇票和商业承兑汇票第二联正反面的复印件、贴现凭证客户回单联或银行客户专用回单,如表1-8所示。

表1-8

贴现凭证　(收账通知)　4

填写日期　　年　　月　　日　　　　　　　　流水号:

贴现汇票	种　类		号　码		申请人	名　称			
	出票日		年　月　日			账　号			
	到期日		年　月　日			开户银行			
汇票承兑人(或银行)	名称			账号			开户银行		
汇票金额(印贴现金额)	人民币(大写)								
贴现率每月		贴现利息				实付贴现金额			
上述款项已入你单位账户 　　　此致 　　　　银行盖章 　　　年　月　日					备注:				

(客户回单联)

(4) 商业承兑汇票到期无法收回业务的原始凭证:商业承兑汇票第二联正反面的复印件、特殊事项处理说明,如表1-9所示。

表1-9

特殊事项处理说明

日期:　年　月　日

说明事项	应收×××公司的商业承兑汇票已于20××年××月××日到期,对方无力支付票款,现将该应收票据转为应收账款。

批准:　　　　　　审核:　　　　　　　　　说明人:

（二）应收账款业务的主要原始凭证

1. 主要业务内容

应收账款业务包括应收账款增加和应收账款减少业务。其中，应收账款增加业务主要包括销售商品、提供劳务等经营活动应收取款项、商业承兑汇票到期无法收回等业务；应收账款减少业务主要包括应收账款收回、债务人用商业汇票抵偿前欠货款等业务。

2. 主要原始凭证

1）应收账款增加业务的原始凭证

企业因销售商品和提供劳务，且没有预收款的业务中，仅有增值税专用发票记账联、销售单会计联（见表 1-10）等原始凭证。

表 1-10

销　售　单

购货单位：　　　　　　　　　　地址和电话：　　　　　　　　　单据编号：
纳税识别号：　　　　　　　　　开户行及账号：　　　　　　　　制单日期：

编码	产品名称	规　格	单位	单　价	数量	金　额	备　注	
								会计联
合　计	人民币（大写）：					—		

销售经理：　　　　　　经手人：　　　　　　会计：　　　　　　签收人：

2）应收账款减少业务的原始凭证

（1）应收账款收回业务的原始凭证：主要是银行客户专用回单、进账单收款通知联等。

（2）债务人用商业汇票抵偿前欠货款业务的原始凭证：银行承兑汇票和商业承兑汇票第二联的复印件。

（三）预付账款业务的主要原始凭证

1. 主要业务内容

预付账款业务包括预付账款增加和预付账款减少业务。其中，预付账款增加业务主要包括预付供货单位款项和补付款项、预付报刊费、预付电费、预付一般财产保险费、预付车辆保险费（含保险公司代收车船税）等业务；预付账款减少业务主要包括用预付款项进行采购、收回采购多余款项、摊销各种预付费用等业务。

2. 主要原始凭证

1）预付账款增加业务的原始凭证

（1）向供货单位预付款项和补付款项业务的原始凭证：主要是银行客户专用回单、转账支票存根联、银行电汇凭证的客户回单联等。

（2）预付报刊费业务的原始凭证：增值税普通发票的发票联。

（3）预付电费业务的原始凭证：供电公司收款凭证收据联，如表1-11所示。

表1-11

供电公司收款凭证

收款日期：

用电总户号	
用电户名	
用电地址	
摘　要	
金额（大写）	
金额（小写）	

一收据联

开票人：

（4）预付一般财产保险费业务的原始凭证：增值税专用发票的抵扣联和发票联。

（5）预付车辆保险费业务的原始凭证：增值税专用发票的抵扣联和发票联（交强险专用发票备注栏中注明：保单号、车牌号、车船税的金额及受益期限）。

2）预付账款减少业务的原始凭证

（1）用预付款项进行采购业务的原始凭证：增值税专用发票抵扣联和发票联。

（2）收回采购多余款项业务的原始凭证：银行客户专用回单或银行进账单收款通知联等。

（3）摊销各种预付费用业务的原始凭证：费用分配表，如表1-12和表1-13所示。

表1-12

费用分配表

年　月　日

部门	金额	受益期限	分配金额
合　计			

制表：　　　　　　　　　　　　　　　　　　　　　　　　审核：

表1-13

费用分配表

年　月　日

部门	使用数量	单位成本	金额
合　计			

制表：　　　　　　　　　　　　　　　　　　　　　　　　审核：

（四）其他应收款业务的主要原始凭证

1．主要业务内容

其他应收款业务包括其他应收款增加和其他应收款减少业务。其中,其他应收款增加业务主要包括职工预借差旅费、支付押金、应收的各种赔款和罚款等业务;其他应收款减少业务主要包括收到各种赔款和罚款、收回押金、报销预借差旅费等业务。

2．主要原始凭证

1）其他应收款增加业务的原始凭证

（1）职工预借差旅费业务的原始凭证:借款单的付款联。

（2）支付押金业务的原始凭证:收款方开具的收款收据的付款方记账联（注明押金期限）、银行客户专用回单。

（3）应收各种赔款和罚款业务的原始凭证:因资产清查应追究相关责任人时的原始凭证主要是存货盘盈盘亏核销报告表和固定资产盘亏核销报告表等,分别如表1-14和表1-15所示。

表 1-14

存货盘盈盘亏核销报告表

企业名称：　　　　　　　　　　年　月　日

存货名称	计量单位	单价	数量		盘盈		盘亏		差异原因
			账存	实存	数量	金额	数量	金额	
财务部门意见：		保管部门意见：				公司领导意见：			

表 1-15

固定资产盘亏核销报告表

年　月　日

固定资产名称	单位	盘亏			盘亏原因
		数量	原值	已提折旧	
财务部门意见：		保管部门意见：		公司领导意见：	
年　月　日		年　月　日		年　月　日	

（注:在存货盘盈盘亏核销报告表和固定资产盘亏核销报告表中的"财务部门意见"或"保管部门意见"栏应对相关责任人的赔偿责任作出说明）

2）其他应收款减少业务的原始凭证

（1）报销预借差旅费业务的原始凭证：借款单的结算联。

（2）其他方式减少业务的原始凭证：收款收据的记账联、银行进账单的收款通知联、银行客户专用回单等。

（五）应收款项减值业务的主要原始凭证

1. 主要业务内容

应收款项减值业务主要包括计提坏账准备、冲减多计提的坏账准备、发生坏账损失和已确认并转销的应收款项以后又收回等业务。

2. 主要原始凭证

1）计提或冲减坏账准备业务的原始凭证

（1）对单项金额重大的应收款项进行单独减值测试时，计提或冲减坏账准备业务的原始凭证：坏账准备计算表，如表1-16所示。

表1-16

坏账准备计算表（单独测试用）

年　月　日

项目	客户	应收款项期末余额	预计未来现金流量现值	应计提金额	应冲减金额
	合　计				

编制：　　　　　　　　　　　　　　　　　　　　　　　　审核：

（2）对单项金额重大且未发生减值的应收款项并入剔除单项金额重大应收款项后的应收款项时，计提或冲减坏账准备业务的原始凭证：坏账准备计算表，如表1-17所示。

表1-17

坏账准备计算表（非单独测试用）

年　月　日

项目	应收款项期末余额	计提比例	坏账准备期初余额	本期确认坏账损失	已确认坏账本期收回	应计提金额	应冲减金额
合　计							

编制：　　　　　　　　　　　　　　　　　　　　　　　　审核：

2）发生坏账损失业务的原始凭证

发生坏账损失业务的原始凭证：法院破产终结公告和经理办公会议纪要，分别如表1-18和表1-19所示。

表1-18

×××中级人民法院破产终结公告

本院根据债务人×××公司的申请,已于 年 月 日依法宣告上述单位破产还债。经破产清算组清算,×××公司的破产财产在优先拨付破产费用和职工安置费用后,已无资金清偿二三顺序破产债权,其他债权人的清偿率为零。现破产财产已分配完毕,本院根据清算组的申请,已于 年 月 日依法裁定终结本案的破产还债程序,未得到清偿的债权不再清偿。

特此公告

×××中级人民法院

年 月 日

表1-19

经理办公会议纪要

根据×××中级人民法院关于×××公司破产终结公告,应收×××公司款项×××元(金额大写:×××)已无法收回。

参加人员: ××× ××× ××× ××× ×××

年 月 日

3) 已确认并转销的应收款项以后又收回业务的原始凭证

已确认并转销的应收款项以后又收回业务的原始凭证:特殊事项处理说明(见表1-20)、银行客户回单。

表1-20

特殊事项处理说明

日期: 年 月 日

说明事项	本公司应收×××公司的款项×××元于20××年××月××日已确认坏账损失。20××年××月××本公司收到×××公司支付的款项×××元。经批准,冲销已确认的坏账损失。

批准: 审核: 说明人:

(六)应付票据业务的主要原始凭证

1. 主要业务内容

应付票据业务包括应付票据增加和应付票据减少业务。其中,应付票据增加业务主要包括购买材料、商品和接受劳务供应等开出、承兑的商业汇票等业务;应付票据减少业务主要包括偿还到期商业汇票、企业无力偿还到期商业汇票等业务。

2. 主要原始凭证

1) 应付票据增加业务的原始凭证

应付票据增加业务的原始凭证主要是银行承兑汇票和商业承兑汇票的第三联出票人存查联。

2) 应付票据减少业务的原始凭证

(1) 偿还到期商业汇票业务的原始凭证:银行客户专用回单。

(2) 企业无力偿还到期商业汇票业务的原始凭证：如果是商业承兑汇票到期无力偿还业务的主要原始凭证是特殊事项处理说明（见表1-21）；如果是银行承兑汇票到期无力偿还业务的主要原始凭证是银行客户回单（备注栏中注明：银行承兑汇票到期企业无力偿还，转为借款）（见表1-22）。

表 1-21

特殊事项处理说明

日期： 年 月 日

说明事项	本公司应付×××公司到期的商业承兑汇票×××元，因本公司无力支付票款，现将该应付票据转为应付账款。

批准： 审核： 说明人：

表 1-22

中国建设银行　客户回单

币种： 日期： 年 月 日 流水号：

客户名称：	
贷款账号：	
贷款金额：	
备注	
打印时间：	银行签章：
复核	经办：

（七）应付账款业务的主要原始凭证

1. 主要业务内容

应付账款业务包括应付账款增加和应付账款减少业务。其中，应付账款增加业务主要包括购买材料、商品和接受劳务等经营活动应支付款项等业务；应付账款减少业务主要包括偿还应付账款、开出并承兑商业汇票偿付应付账款、商业汇票背书转让偿付应付账款等业务。

2. 主要原始凭证

1）应付账款增加业务的原始凭证

企业因购买材料、商品和接受劳务，且没有预付款的业务中，仅有增值税专用发票抵扣联和发票联、收料单等原始凭证。

2）应付账款减少业务的原始凭证

（1）偿还应付账款业务的原始凭证：主要是银行客户专用回单、转账支票存根联、银行电汇凭证的客户回单联等。

（2）开出并承兑商业汇票偿付应付账款业务的原始凭证：银行承兑汇票和商业承兑汇票的第三联出票人存查联。

（3）商业汇票背书转让偿付应付账款业务的原始凭证：银行承兑汇票和商业承兑汇票

的第二联正反面复印件。

（八）预收账款业务的主要原始凭证

1. 主要业务内容

预收账款业务包括预收账款增加和预收账款减少业务。其中,预收账款增加业务主要包括预收购货单位款项和补收款项等业务;预收账款减少业务主要包括用预收款结算销售实现时的应收款项、向购货单位退回其多付款项等业务。

2. 主要原始凭证

1）预收账款增加业务的原始凭证

预收账款增加业务的主要原始凭证是银行客户专用回单、收款收据记账联、进账单收款通知联等。

2）预收账款减少业务的原始凭证

（1）用预收款结算销售实现时的应收款项业务的原始凭证:企业有预收款的销售业务中,仅有增值税专用发票记账联等原始凭证。

（2）向购货单位退回其多付款项业务的原始凭证:银行客户专用回单等。

（九）其他应付款业务的主要原始凭证

1. 主要业务内容

其他应付款业务包括其他应付款增加和其他应付款减少业务。其中,其他应付款增加业务主要包括代扣代缴职工的三险一金和收取押金等业务;其他应付款减少业务主要包括上缴代扣代缴的三险一金、归还押金等业务。

2. 主要原始凭证

1）其他应付款增加业务的原始凭证

（1）代扣代缴的三险一金业务的原始凭证:工资发放明细表,如表1-23所示。

表1-23

工资发放明细表

年　月　日

姓名	部门	应付工资	养老保险	医疗保险	失业保险	住房公积金	个人所得税	扣款合计	实发工资
合　计									

编制:　　　　　　　　　　　　　　　　　　　　　　　　　审核:

(2) 收取押金业务的原始凭证:收款收据记账联。

2) 其他应付款减少业务的原始凭证

(1) 上缴代扣代缴的三险一金业务的原始凭证:银行客户回单。

(2) 归还押金业务的原始凭证:收取押金时开具的收款收据记账联复印件。

三、存货业务的主要原始凭证

(一) 原材料业务的主要原始凭证

1. 主要业务内容

原材料业务包括原材料收入、原材料发出和原材料暂估业务。其中,原材料收入业务主要包括外购材料、接受投入材料、接受捐赠材料等业务;原材料发出业务主要包括发出原材料、原材料对外投资、原材料对外捐赠、材料退回等业务;原材料暂估业务主要包括月末原材料暂估入库、月初冲减上月暂估入库的原材料等业务。

2. 主要原始凭证

1) 原材料收入业务的原始凭证

原材料收入业务的原始凭证主要是增值税专用发票的抵扣联和发票联、收料单记账联。如果原材料已采购但尚未验收入库,原始凭证主要是增值税专用发票的抵扣联和发票联。

2) 原材料发出业务的原始凭证

原材料发出业务的原始凭证主要是领料单记账联、发出材料单位成本计算表(见表1-24)、材料发出汇总表。

表 1-24

发出材料单位成本计算单

年　　月　　日

单位:

材料名称	单位	期初		本期入库		发出材料单价
		数量	金额	数量	金额	
合　计						

编制:　　　　　　　　　　　　　　　　　审核:

3) 原材料暂估业务的原始凭证

(1) 月末材料暂估入库业务的原始凭证:原材料暂估入库清单暂估联,如表1-25所示。

表 1-25

原材料暂估入账清单　No.

年　　月　　日

材料名称	合同号	供货单位	数量	不含税合同单价	不含税合同金额	入库日期

第二联　暂估联

编制:　　　　　　　　　　　　　　　　　　　　　　审核:

(2) 月初冲减上月暂估入库的原材料业务的原始凭证:原材料暂估入账清单红冲联,如表 1-26 所示。

表 1-26

原材料暂估入账清单　No.

年　　月　　日

材料名称	合同号	供货单位	数量	不含税合同单价	不含税合同金额	入库日期

第三联　红冲联

编制:　　　　　　　　　　　　　　　　　　　　　　审核:

(二) 周转材料业务的主要原始凭证

1. 主要业务内容

周转材料业务包括周转材料收入和周转材料发出业务。其中,周转材料收入业务主要包括外购包装物、外购低值易耗品等业务;周转材料发出业务主要包括生产领用包装物、随同商品出售包装物、领用低值易耗品等业务。

2. 主要原始凭证

1) 周转材料收入业务的原始凭证

周转材料收入业务的原始凭证主要是收料单的记账联。

2) 周转材料发出业务的原始凭证

周转材料发出业务的原始凭证主要是领料单记账联、发出材料单位成本计算表、材料发出汇总表。

(三) 委托加工物资业务的主要原始凭证

1. 主要业务内容

委托加工物资业务主要包括:发出委托加工物资业务;支付加工费和运杂费、支付由受托方代收代交的消费税及附加业务;委托加工物资加工完成验收入库等业务。

2. 主要原始凭证

1）发出委托加工物资业务的原始凭证

发出委托加工物资业务的原始凭证主要是领料单、委托加工协议书（见表 1-27）、委托加工发出原材料成本计算表（见表 1-28）。

表 1-27

委托加工协议书

甲方（委托方）：＿＿＿＿＿＿＿＿＿ 乙方（受托方）：＿＿＿＿＿＿＿＿＿

甲、乙双方在平等互利、自愿的基础上，经协商，就甲方用＿＿＿＿＿＿＿＿＿委托乙方加工生产＿＿＿＿＿＿＿＿事宜，达成如下协议：

一、甲方责任：

1. 甲方负责提供委托加工产品技术和质量文件，包括生产工艺、质量控制、质量标准、包装要求等。

2. 甲方在＿＿＿＿＿＿负责向乙方提供委托加工产品所需的全部材料，并向乙方提供相关的技术支持。

3. 甲方有权对乙方的生产标准、产品质量进行检查监督，并提出意见和建议。

4. 甲方按照甲、乙双方确定的标准进行验收货品。

二、乙方责任：

1. 乙方负责按照甲方提供的产品质量标准，提供合格的产品，并负责生产过程及质量控制。

2. 乙方不得将产品授权第三方代为加工。

3. 乙方所加工生产甲方委托之产品，不得自行加工销售，不得利用甲方产品技术自行进行同类产品研发。

三、加工费及付款方式：

1. 加工费每件＿＿＿＿＿元，含税总金额＿＿＿＿＿元，乙方应开＿＿＿＿＿给甲方。

2. 加工费等款项结算采用银行转账，甲方收到货物＿＿＿＿＿天之内应付完所有的费用。

四、其他：

1. 本协议未尽事宜，由双方协商解决，协商不成任何一方可向协议履行地人民法院起诉。

2. 本协议有效期 1 年，双方签署之日起生效，期间任何一方有违约行为，另一方有权终止本协议，并保留法律追述权。

3. 本协议一式四份，甲、乙双方各执两份，同具法律效力。

甲方（签章）： 乙方（签章）：

法定（授权）代表人： 法定（授权）代表人：

签订日期： 签订日期：

表 1-28

委托加工发出原材料成本计算表

年　月　日

领用部门	领料用途	委托加工产品名称	原材料名称		
			数量	单位成本	金额
	合　计				

编制： 审核：

2）支付加工费、运杂费、消费税及附加业务的原始凭证

支付加工费、运杂费、消费税及附加业务的原始凭证主要是增值税专用发票的抵扣联和发票联、银行客户专用回单或转账支票存根联、受托方开具的收款收据的付款方记账联等。

3）委托加工物资加工完成验收入库业务的原始凭证

加工完成验收入库业务的原始凭证主要是委托加工物资入库单会计联和委托加工物资完工入库成本计算表，分别如表1-29和表1-30所示。

表1-29

委托加工物资入库单

供应单位： 　　　　　　　　　年　月　日　　　　　　　　　编号：

产品编号	名　称	单　位	规格	数　量		实　际　成　本				
				应　收	实　收	发出材料成本	加工费	运费	总金额	会计联
备注：										

收货人：　　　　　　　　　　　　　　　　　　　交货人：

表1-30

委托加工物资完工入库成本计算表

　　　　　　　　　　　年　月　日　　　　　　　　　单位：

产品名称	材料费	加工费	运费	合计

编制：　　　　　　　　　　　　　　　　　　　审核：

（四）制造费用归集与分配业务的主要原始凭证

1. 主要业务内容

制造费用归集与分配业务包括制造费用的归集和制造费用的分配业务。其中，制造费用归集业务主要包括生产车间发生机物料消耗、发生的生产车间管理人员的工资等职工薪酬、生产车间计提固定资产折旧、生产车间支付的办公费、水电费等业务；制造费用的分配业务主要包括将制造费用分配计入有关成本核算对象等业务。

2. 主要原始凭证

1）制造费用归集业务的原始凭证

（1）生产车间发生机物料消耗业务的原始凭证：材料发出汇总表。

（2）发生的生产车间管理人员的工资等职工薪酬业务的原始凭证：生产工时明细表、工资费用分配表、五险一金计算表、工会经费计算表和职工教育经费计算表等，分别如表1-31至表1-35所示。

表1-31

生产工时明细表

年　月　日

车　间	产品名称	生产工时（小时）

编制：　　　　　　　　　　　　　　　　　　　　　　　　审核：

表1-32

工资费用分配表

年　月　日

应借账户	直接计入	分配计入			合计
		生产工时	分配率	分配金额	

编制：　　　　　　　　　　　　　　　　　　　　　　　　审核：

表1-33

五险一金计算表

年　月　日

应借账户	养老保险	医疗保险	失业保险	工伤保险	生育保险	住房公积金	合计

编制：　　　　　　　　　　　　　　　　　　　　　　　　审核：

表 1-34

工会经费计算表

年　月　日　　　　　　　　　　　　　　单位：

应借账户	工会经费
合　计	

编制：　　　　　　　　　　　　　　　　　审核：

表 1-35

职工教育经费计算表

年　月　日　　　　　　　　　　　　　　单位：

应借账户	职工教育经费
合　计	

编制：　　　　　　　　　　　　　　　　　审核：

　　(3) 生产车间计提固定资产折旧业务的原始凭证：固定资产折旧计算表，如表 1-36 所示。

表 1-36

固定资产折旧计算表

年　月　日

固定资产类别	使用部门	品　名	单　位	数　量	原　价	月折旧率	月折旧额
合　计							

编制：　　　　　　　　　　　　　　　　　审核：

　　(4) 生产车间承担的其他业务费用的原始凭证：费用发票、费用分配表。

　　2) 制造费用分配业务的原始凭证

　　将制造费用分配计入有关成本核算对象业务的原始凭证主要是制造费用分配表，如表

1-37 所示。

表 1-37

制造费用分配表

年　　月　　日

产品名称	生产工时	分配率	分配金额
合　计			

编制：　　　　　　　　　　　　　　　　　　　　　　　　　审核：

（五）生产成本归集与分配业务的主要原始凭证

1. 主要业务内容

生产成本归集与分配业务主要包括生产成本归集和生产成本分配等业务。其中，生产成本归集业务主要包括生产产品领用材料、发生的生产工人的工资等职工薪酬、各生产车间应负担的制造费用等业务；生产成本分配业务主要包括结转已经生产完成并已验收入库的产成品成本等业务。

2. 主要原始凭证

1）生产成本归集业务的原始凭证

（1）生产产品领用材料业务的原始凭证：材料发出汇总表。

（2）发生的生产工人工资等职工薪酬业务的原始凭证：工资费用分配表、五险一金计算表、工会经费计算表、职工教育经费计算表等。

（3）各产品应负担的制造费用业务的原始凭证：制造费用分配表。

2）生产成本分配业务的原始凭证

结转已经生产完成并已验收入库的产成品成本业务的原始凭证主要是产品产量明细表和产品成本计算单，分别如表 1-38 和表 1-39 所示。

表 1-38

产品产量明细表

年　　月　　日

产　品	月初在产品数量	本月投产产品数量	本月完工产品数量	本月产品入库数量	月末在产品数量	投料率	期末在产品完工率

编制：　　　　　　　　　　　　　　　　　　　　　　　　　审核：

表 1-39

产品成本计算单

产品名称：　　　　　　　　　　年　月　日

摘　要	直接材料	直接人工	制造费用	合　计
期初在产品成本				
本月发生费用				
生产费用合计				
完工产品成本				
月末在产品成本				

编制：　　　　　　　　　　　　　　　　　　　　　审核：

（六）库存商品业务的主要原始凭证

1. 主要业务内容

库存商品业务包括库存商品收入和库存商品发出业务。其中,库存商品收入业务主要包括产品完工验收入库、销售退回等业务；库存商品发出业务主要包括销售产品、对外投资、对外捐赠等业务。

2. 主要原始凭证

1) 库存商品收入业务的原始凭证

库存商品收入业务的原始凭证主要是入库单会计联（见表 1-40）、入库汇总表（见表 1-41）、产品产量明细表。

表 1-40

入　库　单

年　月　日　　　　　　　　编号：

产品编号	名　称	规　格	计算单位	数　量	单位成本	金　额	备　注	
								会计联

交库人：　　　　　　　　　　　　　　　　　　　收货人：

表 1-41

入库汇总表

年　月　日　　　　　　　　编号：

产品编号	名　称	规　格	计量单位	数　量	单价	金　额	备　注

编制：　　　　　　　　　　　　　　　　　　　　审核：

2）库存商品发出业务的原始凭证

库存商品发出业务的原始凭证主要是出库单记账联、出库汇总表、单位产品成本计算单和销售产品成本结转表，分别如表1-42至表1-45所示。

表 1-42

出 库 单

年　月　日　　　　　　　　　编号：

产品编号	名　称	规　格	计量单位	数　量	单位成本	金　额	备　注

领货人：　　　　　　　　　　　　　　　　　　发货人：

表 1-43

出库汇总表

年　月　日　　　　　　　　　编号：

产品编号	名　称	发出数量	单位成本	总成本

编制：　　　　　　　　　　　　　　　　　审核：

表 1-44

单位产品成本计算单

年　月　日

产品名称	期初结存		本期入库及销售退回		单位成本
	数量	金额	数量	金额	
合　计					

编制：　　　　　　　　　　　　　　　　　审核：

表 1-45

销售产品成本结转表

年　月　日

用　途	产品名称			产品名称			合　计
	数　量	单位成本	总成本	数　量	单位成本	总成本	
合　计							

编制：　　　　　　　　　　　　　　　　　审核：

（七）存货清查业务的主要原始凭证

1. 主要业务内容

存货清查业务主要包括：存货盘盈盘亏和存货盘盈盘亏核销等业务。

2. 主要原始凭证

1）存货盘盈盘亏业务的原始凭证

核算存货盘盈盘亏业务的原始凭证主要是存货盘盈盘亏报告表，如表1-46所示。

表1-46

存货盘盈盘亏报告表

企业名称：　　　　　　　　　　　年　月　日　　　　　　　　　　单位：

存货名称	计量单位	单价	数量		盘盈		盘亏		差异原因
			账存	实存	数量	金额	数量	金额	
单位主管部门批复处理意见：									

批准人：　　　　　　审批人：　　　　　　部门负责人：　　　　　　制单：

2）存货盘盈盘亏核销业务的原始凭证

核销存货盘盈盘亏业务的原始凭证主要是存货盘盈盘亏核销报告表。

（八）存货减值业务的主要原始凭证

1. 主要业务内容

存货减值业务主要包括存货跌价准备的计提和转回等业务。

2. 主要原始凭证

存货跌价准备的计提和转回业务的原始凭证主要是存货跌价准备计算表，如表1-47所示。

表1-47

存货跌价准备计算表

年　月　日　　　　　　　　　　单位：

资产减值损失项目	存货账面成本	存货跌价准备的期初余额	存货账面价值	存货可变现净值	应计提的存货跌价准备	应转回的存货跌价准备
合　计						

编制：　　　　　　　　　　　　　　　　　审核：

四、金融资产业务的主要原始凭证

（一）金融资产取得业务的主要原始凭证

1. 主要业务内容

金融资产取得业务包括从证券市场购入债券、股票、基金等金融商品和新设、受让取得被投资企业股权的业务。其中，从证券市场购入债券、股票、基金等金融商品业务主要包括交易性金融资产取得、可供出售金融资产取得和持有至到期投资取得等业务；新设、受让取得被投资企业股权的业务主要包括可供出售金融资产取得等业务。

2. 主要原始凭证

1）从证券市场购入债券、股票、基金等金融商品业务的原始凭证

从证券市场购入债券、股票、基金等金融商品业务的原始凭证主要是经理办公会议纪要和交割单，分别如表1-48和表1-49所示。

表1-48

经理办公会议纪要

　　企业拟以不高于每股×××元的价格购入×××公司发行在外的×××股（份）股票（债券），划分为×××金融资产。

　　　　参加人员：×××　×××　×××　×××　×××

　　　　　　　　　　　　　　　　　　　　　　　　　　年　　月　　日

表1-49

交　割　单

营业部名：

股东姓名：

资金账户：

当前币种：

成交日期	证券代码	证券名称	操作	成交数量	成交均价	成交金额	手续费	印花税	其他杂费	发生金额	账户	市场名称

2）新设取得被投资企业股权业务的原始凭证

新设取得被投资企业股权业务的原始凭证主要是投资企业同意对外投资的经理办公会议纪要（见表1-50）或董事会决议或股东（大）会决议、被投资企业股东（大）会决议、验资报告。

表 1-50

经理办公会议纪要

　　企业拟用货币资金(或其他资产)×××元(大写金额:×××)对新设的×××公司进行投资,持股比例××％,准备长期持有。

　　　　参加人员:　×××　×××　×××　×××　×××

　　　　　　　　　　　　　　　　　　　　　　　　　年　　月　　日

　　3)受让取得被投资企业股权业务的原始凭证

　　受让取得被投资企业股权业务的原始凭证主要是受让方同意受让股权的经理办公会议纪要或董事会决议或股东(大)会决议、股权转让协议(见表 1-51)、被投资企业股东(大)会决议、验资报告。

表 1-51

股权转让协议

转让方:_____
受让方:_____

　　一、根据《中华人民共和国公司法》第七十二条的规定,并经公司股东会会议决议,股东_____
_____同意将其在_____的股权以人民币_____元转让给受让方_____
_____。

　　二、依照本协议转让的股权于_____年____月____日实施,即受让方开出转账支票将股权收购款支付给转让方。

　　三、转让方自本协议规定的股权转让之日起,不再享受任何股东权利,同时也不对_____公司承担任何责任。

　　四、受让方自本协议规定的股权转让之日起,应当依法以其受让的股权为限,享受股东权利,同时也承担股东责任。

　　五、如有一方违反本协议的,应协商解决;协商不成时,另一方有权向有管辖权的人民法院依法起诉。

　　六、本协议经双方当事人签名、盖章后生效。

转让方(签字、盖章):　　　　　　　　　　受让方(签字、盖章):
法定(授权)代表人　　　　　　　　　　　　法定(授权)代表人
　　　　　　　　　　　　　　　　　　　　　本协议签订日期:　　年　　月　　日

(二)金融资产持有业务的主要原始凭证

　　1. 主要业务内容

　　金融资产持有业务包括被投资企业宣告发放现金股利、确认债券的利息收入、收到现金股利或利息和期末公允价值变动的业务。

　　2. 主要原始凭证

　　1)被投资企业宣告发放现金股利业务的原始凭证

被投资企业宣告发放现金股利业务的原始凭证主要是被投资企业股东（大）会决议。

2）确认债券利息收入业务的原始凭证

确认债券利息收入业务的原始凭证主要是利息计算单，如表1-52所示。

表1-52

持有至到期投资利息计算单

年　　月　　日

日　　期	应计利息	利息调整摊销	利息收入	摊余成本

编制：　　　　　　　　　　　　　　　　　　　　　　　　　审核：

3）收到现金股利或利息业务的原始凭证

交易性金融资产、可供出售金融资产和持有至到期投资持有期间收到现金股利或利息等业务的原始凭证主要是交割单、进账单收款通知联、银行客户专用回单。

4）期末公允价值变动业务的原始凭证

在资产负债表日，交易性金融资产和可供出售金融资产的公允价值变动等业务的原始凭证主要是公允价值变动单，如表1-53所示。

表1-53

公允价值变动单

年　　月　　日

单位：

证券代码	证券公司	持有数量	账面价值	收盘价	市　　价	公允价值变动
合　计						

编制：　　　　　　　　　　　　　　　　　　　　　　　　　审核：

（三）金融资产出售业务的主要原始凭证

1. 主要业务内容

金融资产出售业务包括在证券市场卖出金融商品、转让被投资企业股权的业务。其中，在证券市场卖出金融商品业务主要包括出售交易性金融资产、出售可供出售金融资产和出售持有至到期投资等业务；转让被投资企业股权的业务主要包括出售可供出售金融资产等业务。

2. 主要原始凭证

1）在证券市场卖出金融商品业务的原始凭证

出售交易性金融资产、出售可供出售金融资产和出售持有至到期投资等业务的原始凭证主要是经理办公会议纪要（见表1-54）、交割单。

表 1-54

经理办公会议纪要

企业拟以不低于每股×××元的价格出售×××公司的×××股(份)股票(债券)。

参加人员：×××　×××　×××　×××　×××

年　　月　　日

2) 转让被投资企业股权业务的原始凭证

出售可供出售金融资产等业务的原始凭证主要是转让方同意转让股权的经理办公会议纪要(见表 1-55)或董事会决议或股东(大)会决议、股权转让协议、被投资企业股东(大)会决议。

表 1-55

经理办公会议纪要

企业拟以×××元(金额大写：×××)的价格将持有的×××公司的×××％股权,出售给×××公司。

参加人员：×××．×××　×××　×××　×××

年　　月　　日

(四) 金融资产减值业务的主要原始凭证

1. 主要业务内容

金融资产减值业务包括确认可供出售金融资产的减值损失和持有至到期投资的减值损失等业务。

2. 主要原始凭证

确认可供出售金融资产的减值损失和持有至到期投资的减值损失等业务的原始凭证主要是金融资产减值准备计算表,如表 1-56 所示。

表 1-56

金融资产减值准备计算表

年　　月　　日

证券代码	证券名称	持有数量	账面价值	收盘价	市　值	计提资产减值准备金额

编制：　　　　　　　　　　　　　　　　　　　　　　审核：

五、长期股权投资业务的主要原始凭证

(一)长期股权投资取得业务的主要原始凭证

1. 主要业务内容

长期股权投资取得业务包括初始投资取得长期股权投资、受让股权取得长期股权投资和合并取得长期股权投资业务。其中,初始投资取得长期股权投资业务主要包括以支付现金、非现金资产等方式取得长期股权投资等业务;受让股权取得长期股权投资业务主要包括采用成本法核算的受让股权取得长期股权投资和采用权益法核算的受让股权取得长期股权投资等业务。

2. 主要原始凭证

1) 初始投资取得长期股权投资业务的原始凭证

以支付现金、非现金资产等方式新设取得长期股权投资业务时,无论采用成本法核算还是采用权益法核算,其原始凭证主要是投资企业同意对外投资的经理办公会议纪要(见表1-57)或董事会决议或股东(大)会决议、被投资企业股东(大)会决议、验资报告。

表 1-57

经理办公会议纪要
企业拟用货币资金(或其他资产)×××元(大写金额:×××)对新设×××公司进行投资,持股比例××%,准备长期持有,并能对被投资企业实施控制(或共同控制、或重大影响)。 参加人员: ××× ××× ××× ××× ×××   年 月 日

2) 受让股权取得长期股权投资业务的原始凭证

(1) 采用成本法核算的受让股权取得长期股权投资业务的原始凭证:受让方同意受让股权的经理办公会议纪要(见表1-58)或董事会决议或股东(大)会决议、股权转让协议、被投资企业股东(大)会决议、验资报告。

表 1-58

经理办公会议纪要
企业拟用×××元(金额大写:×××)的价格取得×××公司持有的×××公司的××%股权,准备长期持有,并能对被投资企业实施控制。 参加人员: ××× ××× ××× ××× ×××   年 月 日

(2) 采用权益法核算的受让股权取得长期股权投资业务的原始凭证:受让方同意受让股权的经理办公会议纪要(见表1-59)或董事会决议或股东(大)会决议、股权转让协议、被

投资企业股东(大)会决议、验资报告、评估报告。

表 1-59

<table>
<tr><td colspan="1">经理办公会议纪要</td></tr>
<tr><td>企业拟用×××元(金额大写:×××)的价格取得×××公司持有的×××公司的××%股权,准备长期持有,并能对被投资企业实施共同控制(或重大影响)。

参加人员: ××× ××× ××× ××× ×××

年 月 日</td></tr>
</table>

3) 合并取得长期股权投资业务的原始凭证

合并取得长期股权投资业务的原始凭证主要是合并方同意合并的股东(大)会决议、合并协议、验资报告。

(二) 长期股权投资持有业务的主要原始凭证

1. 主要业务内容

长期股权投资持有业务包括被投资企业宣告分派现金股利、被投资企业实现净利润或发生净亏损和计提长期股权投资减值业务。其中,被投资企业宣告分派现金股利业务主要包括长期股权投资采用成本法核算时被投资企业宣告分派现金股利和长期股权投资采用权益法核算时被投资企业宣告分派现金股利等业务;被投资企业实现净利润或发生净亏损业务主要包括长期股权投资采用权益法核算时被投资企业实现净利润或发生净亏损等业务;计提长期股权投资减值业务主要包括计提长期股权投资减值准备等业务。

2. 主要原始凭证

1) 被投资企业宣告分派现金股利业务的原始凭证

被投资企业宣告分派现金股利业务的原始凭证主要是被投资企业股东(大)会决议。

2) 被投资企业实现净利润或发生净亏损业务的原始凭证

长期股权投资采用权益法核算时被投资企业实现净利润或发生净亏损等业务的原始凭证主要是被投资企业利润表、投资企业的经理办公会议纪要,如表 1-60 所示。

表 1-60

<table>
<tr><td colspan="1">经理办公会议纪要</td></tr>
<tr><td>20××年××月××日,本公司对×××公司进行投资,持股比例××%,能对被投资企业实施共同控制(或重大影响)。被投资企业×××公司未经审计(或已经审计)的20××年度(或××季度、或××半年度)净利润(或净亏损)为×××元,本公司确认投资收益(或投资损失)为×××元。

参加人员: ××× ××× ××× ××× ×××

年 月 日</td></tr>
</table>

3）计提长期股权投资减值业务的原始凭证

计提长期股权投资减值业务的原始凭证主要是长期股权投资减值准备计算表，如表1-61所示。

表1-61

长期股权投资减值准备计算表

年　月　日

项　目	账面价值	可收回金额	计提资产减值准备金额

编制：　　　　　　　　　　　　　　　　　　　　　审核：

（三）长期股权投资处置业务的主要原始凭证

1. 主要业务内容

长期股权投资处置业务包括采用成本法核算的长期股权投资处置和采用权益法核算的长期股权投资处置等业务。

2. 主要原始凭证

长期股权投资处置业务的原始凭证主要是同意处置股权的经理办公会议纪要（见表1-62）或董事会决议或股东（大）会决议、股权转让协议、被投资企业股东（大）会决议、验资报告。

表1-62

经理办公会议纪要
企业拟以×××元（金额大写：×××）的价格将持有×××公司的××％股权出售。   参加人员：　×××　×××　×××　×××　××× 　　　　　　　　　　　　　　　　　　　　　年　月　日

六、固定资产业务的主要原始凭证

（一）固定资产取得业务的主要原始凭证

1. 主要业务内容

固定资产取得业务包括外购固定资产、自行建造固定资产、投资者投入固定资产、融资租入固定资产和接受捐赠固定资产等业务。其中,外购固定资产业务主要包括外购不需安装的固定资产(如机器设备、汽车、不动产等)和需要安装的固定资产(如机器设备等)等主要业务;自行建造固定资产业务主要包括自营建造和出包建造固定资产等业务;投资者投入固定资产业务主要包括接受投资者投入而取得的固定资产;融资租入固定资产业务主要包括以融资租赁方式取得固定资产等业务;接受捐赠固定资产业务主要包括接受捐赠而取得固定资产等业务。

2. 主要原始凭证

1) 外购取得固定资产业务的原始凭证

(1) 外购汽车业务的原始凭证:机动车销售统一发票的发票联和抵扣联、增值税专用发票的抵扣联和发票联(交强险专用发票备注栏中注明:保单号、车牌号、车船税的金额及受益期限)、政府非税收入一般缴款书、税收通用缴款书、印花税票销售凭证和新增固定资产登记表等,分别如表 1-63 至表 1-66 所示。

表 1-63

×××政府非税收入　一般缴款书

×××财准印(　　)　一　号　　　No

执收单位代码:

执收单位名称:　　　　　　收款日期　　年　月　日

缴款人	全　称		收款人	全　称		流水号
	账　号			账　号		
	开户银行			开户银行		
代理银行网点代码			开票方式		缴款方式	
项目执行码	收费项目名称	单　位	标　准	数　量	金额(小写)	复核 记账 开户行 签章
（手开无效）						
合计人民币(大写)						
备注:						

执收单位(盖章):　　　　　　　　　　　经办人:

表 1-64

中华人民共和国
税收通用缴款书

（201001）

（国）

×××国缴电 00379115

隶属关系
注册类型

填发日期：　年　月　日

征收机关：

<table>
<tr><td rowspan="4">缴款单位（人）</td><td>代　码</td><td></td><td rowspan="3">预算科目</td><td>编号</td><td></td><td rowspan="5">第一联（收据）国库（银行）收款盖章</td></tr>
<tr><td>全　称</td><td></td><td>名称</td><td></td></tr>
<tr><td>开户银行</td><td></td><td>级次</td><td></td></tr>
<tr><td>账　号</td><td></td><td colspan="2">收缴国库</td></tr>
</table>

税款所属时期　年　月　日　　　税款限缴日期　年　月　日

<table>
<tr><td>品　目
名　称</td><td>课税
数量</td><td>计税金额或
销售收入</td><td>税率或
单位税额</td><td>已缴或
扣除额</td><td>实缴金额</td></tr>
<tr><td></td><td></td><td></td><td></td><td></td><td></td></tr>
<tr><td></td><td></td><td></td><td></td><td></td><td></td></tr>
<tr><td>金额合计</td><td></td><td></td><td></td><td></td><td></td></tr>
</table>

<table>
<tr><td>缴款单位（人）
（盖章）
经办人（章）</td><td>税务机关
（章）
填票人（章）</td><td>上列款项已收妥并划转收款单位账户

国库（银行）盖章　年　月　日</td><td>备注</td></tr>
</table>

逾期不缴按税法规定加收滞纳金

后退缴款单位（人）作完税凭证

表 1-65

中华人民共和国
印花税票销售凭证

（地）

地发日期：　年　月　日　　地印字　　　号

<table>
<tr><td>购买单位</td><td colspan="2"></td><td>购买人</td><td colspan="3"></td></tr>
<tr><td colspan="7">购买印花税票</td></tr>
<tr><td>面值种类</td><td>数　量</td><td>金　额</td><td>面值种类</td><td>数　量</td><td colspan="2">金　额</td></tr>
<tr><td>壹角票</td><td></td><td></td><td>伍元票</td><td></td><td colspan="2"></td></tr>
<tr><td>贰角票</td><td></td><td></td><td>拾元票</td><td></td><td colspan="2"></td></tr>
<tr><td>伍角票</td><td></td><td></td><td>伍拾元票</td><td></td><td colspan="2"></td></tr>
<tr><td>壹元票</td><td></td><td></td><td>壹百元票</td><td></td><td colspan="2"></td></tr>
<tr><td>贰元票</td><td></td><td></td><td>总　计</td><td></td><td colspan="2"></td></tr>
<tr><td colspan="7">金额总计（大写）：　佰　拾　万　仟　佰　拾　元　角　分</td></tr>
<tr><td colspan="2">销售单位

（盖章）</td><td colspan="2">售票人

（盖章）</td><td>备注</td><td colspan="2"></td></tr>
</table>

撕毁、涂改号码无效

第二联（收据）购票单位作报销凭证

表 1-66

新增固定资产登记表

年　月　日

固定资产名称	种　类	单　位	数　量	购入日期	投入使用日期	使用部门

编制：　　　　　　　　　　　　　　　　　　　　　　审核：

（2）外购除汽车以外的动产业务的原始凭证：增值税专用发票的抵扣联和发票联、新增固定资产登记表或固定资产竣工决算表等，如表 1-67 所示。

表 1-67

固定资产竣工决算表

年　月　日

名　称	买　价	安装成本	决算总金额
财务部门意见： 年　月　日		公司领导意见： 年　月　日	

编制人：　　　　　　　　　　　　　　　　　　使用部门负责人：

（3）外购不动产业务的原始凭证：经理办公会议纪要、增值税专用发票的抵扣联和发票联、税收缴款书（契税专用）（见表 1-68）、印花税票销售凭证、政府非税收入一般缴款书、新增固定资产登记表等。

2）自行建造固定资产业务的原始凭证

自行建造固定资产业务的原始凭证主要是新增固定资产登记表、固定资产竣工决算表，如表 1-69 所示。

表 1-68

中华人民共和国
税收缴款书(契税专用)

地

(13)苏地现契 01928589

填发日期　年　月　日　税务机关

纳税人识别号			纳税人名称				
土地、房屋地址			成交面积		用途	存量房办公	
税　种	品目名称	计税依据	税率或单位税额	减免税额	税款所属时期	实缴金额	
金额合计	(大写)人民币						

税务机关 (盖章)	填票人林小峰 (盖章)	契税征收 (013)000001928589 房地产交易契税申报 23204201403045571 1705 人民银行×××市市级金库

第一联(收据)交纳税人作完税凭证

妥善保管

表 1-69

固定资产竣工决算表
年　月　日

项目名称	建筑工程	安装工程	设　备	……	合　计

编制:　　　　　　　　　　　　　　　　　　审核:

(二)固定资产折旧和日常维修业务的主要原始凭证

1. 主要业务内容

固定资产折旧和日常维修业务包括固定资产计提折旧和固定资产日常维修业务。

2. 主要原始凭证

1)固定资产折旧业务的原始凭证

固定资产计提折旧业务的原始凭证主要是固定资产折旧计算表。

2)固定资产日常维修业务的原始凭证

固定资产进行日常维修业务的原始凭证主要是增值税专用发票的发票联和抵扣联。

(三)固定资产处置业务的主要原始凭证

1. 主要业务内容

固定资产处置业务包括固定资产转入清理、发生清理费用、取得出售固定资产的价款、计算赔偿、结转固定资产清理净损益等业务。其中,固定资产转入清理业务主要包括企业因出售、报废、毁损、对外投资等转出固定资产的业务;发生清理费用业务主要包括在固定资产清理过程中支付相关税费及其他费用等业务;收回出售固定资产价款的业务主要包括收回出售固定资产的价款、残料价值、变价收入等业务;计算赔偿业务主要包括计算由保险公司或过失人赔偿损失等业务;结转固定资产清理净损益业务主要包括固定资产清理完成后结转清理的净收益和净损失等业务。

2. 主要原始凭证

1) 固定资产转入清理业务的原始凭证

固定资产转入清理业务的原始凭证主要是固定资产处置申请单,如表1-70所示。

表1-70

固定资产处置申请单

年　月　日

固定资产名称		单位		型号		数量	
资产编号		停用时间		投入使用时间		使用部门	
已提折旧月数		原值		累计折旧			
有效使用年限		月折旧额		净值			
处置原因:							
财务部门意见: 年　月　日				公司领导意见: 年　月　日			

编制人:　　　　　　　　　　　　　　　　　使用部门负责人:

2) 固定资产发生清理费用业务的原始凭证

固定资产发生清理费用业务的原始凭证主要是费用发票等。

3) 取得出售固定资产的价款业务的原始凭证

取得出售固定资产的价款业务的原始凭证主要是增值税专用发票或增值税普通发票的记账联。

4) 计算赔偿业务的原始凭证

计算赔偿业务的原始凭证主要是固定资产处置结果表,如表1-71所示。

表1-71

固定资产处置结果表

年　月　日

固定资产名称		原价		已提折旧		
净值		出售价格(不含税)		清理费用		
出售净损益						
财务部门意见: 年　月　日				公司领导意见: 年　月　日		

(注:在固定资产处置结果表中的"财务部门意见"栏应对赔偿责任的承担者及金额作出说明)

5）结转固定资产清理净损益业务的原始凭证

结转固定资产清理净损益业务的原始凭证主要是固定资产处置结果表。

（四）固定资产清查、减值业务的主要原始凭证

1. 主要业务内容

固定资产清查业务主要包括期末对固定资产进行清查盘点时发生盘盈盘亏、核销固定资产盘盈盘亏等业务；固定资产减值业务主要是指在资产负债表日，固定资产存在可能发生减值迹象时，对其可收回金额低于账面价值的，计提相应资产减值准备等业务。

2. 主要原始凭证

1）固定资产清查业务的原始凭证

（1）固定资产盘盈盘亏业务的原始凭证：固定资产盘盈盘亏报告表，如表 1-72 所示。

表 1-72

固定资产盘盈盘亏报告表

年　月　日　　　　　　　　　　　　　　　单位：

类别	名称规格	单位	存放地点	账固数量	实物数量	盘盈		盘亏				原因
						数量	重置成本	数量	原值	已提折旧	月折旧额	
合　计												

使用部门：　　　　　　　　会计：　　　　　　　　主管：

（2）核销固定资产盘盈盘亏业务的原始凭证：固定资产盘盈核销报告表（见表 1-73）、固定资产盘亏核销报告表。

表 1-73

固定资产盘盈核销报告表

年　月　日

固定资产名称	单　位	盘盈		盘盈原因
		数　量	重置成本	
财务部门意见： 年　月　日		保管部门意见： 年　月　日		公司领导意见： 年　月　日

2）固定资产减值业务的原始凭证

固定资产减值业务的原始凭证主要是固定资产减值准备计算表，如表 1-74 所示。

表 1-74

固定资产减值准备计算表

年　　月　　日

项　　目	账面价值	可收回金额	计提资产减值准备金额

编制：　　　　　　　　　　　　　　　　　　　　　　　审核：

（五）租入固定资产改良支出业务的主要原始凭证

1. 主要业务内容

租入固定资产改良支出业务包括以经营租赁方式租入的固定资产发生的改良支出业务，主要包括租入的固定资产改良支出的发生和摊销等业务。

2. 主要原始凭证

1）发生租入固定资产改良支出业务的原始凭证

发生租入固定资产改良支出业务的原始凭证主要是增值税专用发票的发票联和抵扣联等。

2）租入固定资产改良支出摊销业务的原始凭证

租入固定资产改良支出摊销业务的原始凭证主要是费用摊销表。

七、投资性房地产业务的主要原始凭证

（一）投资性房地产取得业务的主要原始凭证

1. 主要业务内容

投资性房地产取得业务主要包括外购取得、自行建造、内部转换形成、接受投资和接受捐赠的投资性房地产等业务。

2. 主要原始凭证

1）外购取得投资性房地产业务

外购取得投资性房地产业务的原始凭证主要是经理办公会议纪要、增值税专用发票的抵扣联和发票联、税收缴款书（契税专用）、印花税票销售凭证、政府非税收入一般缴款书、新增投资性房地产登记表、房屋租赁协议等。

2）内部转换形成投资性房地产业务

内部转换形成投资性房地产业务的原始凭证主要是新增投资性房地产登记表、房屋租赁协议等。

（二）投资性房地产后续计量业务的主要原始凭证

1. 主要业务内容

投资性房地产后续计量业务包括投资性房地产采用成本模式进行后续计量和采用公

允价值模式进行后续计量业务。其中,投资性房地产采用成本模式进行后续计量业务主要包括投资性房地产折旧、投资性房地产减值等业务;投资性房地产采用公允价值模式进行后续计量业务主要包括投资性房地产公允价值变动等业务。

2. 主要原始凭证

1) 投资性房地产采用成本模式进行后续计量业务的原始凭证

(1) 投资性房地产折旧业务的原始凭证主要是投资性房地产折旧计算表。

(2) 投资性房地产减值业务的原始凭证主要是投资性房地产减值准备计算表,如表1-75所示。

表 1-75

投资性房地产减值准备计算表

年　　月　　日

项　　目	账面价值	可收回金额	计提资产减值准备金额

编制:　　　　　　　　　　　　　　　　　　　　　　　　审核:

2) 投资性房地产采用公允价值模式进行后续计量业务的原始凭证

投资性房地产采用公允价值模式进行后续计量业务的原始凭证主要是投资性房地产公允价值变动损益计算表。

(三) 投资性房地产处置业务的主要原始凭证

1. 主要业务内容

投资性房地产处置业务包括出售投资性房地产和内部转换为固定资产等业务。

2. 主要原始凭证

1) 出售投资性房地产业务的原始凭证

出售投资性房地产业务的原始凭证主要是投资性房地产处置申请单、费用发票、增值税专用发票或增值税普通发票的记账联等。

2) 内部转换为固定资产业务的原始凭证

内部转换为固定资产业务的原始凭证主要是投资性房地产处置申请单。

八、无形资产业务的主要原始凭证

(一) 无形资产取得业务的主要原始凭证

1. 主要业务内容

无形资产取得业务包括外购无形资产、投资者投入无形资产、接受捐赠无形资产和自行研究开发无形资产等业务。

2. 主要原始凭证

1）外购无形资产业务的原始凭证

外购无形资产业务的原始凭证主要是增值税专用发票的抵扣联和发票联、新增无形资产登记表，如表 1-76 所示。

表 1-76

新增无形资产登记表

年　　月　　日

无形资产名称	种类	单位	数量	购入日期	使用部门

编制：　　　　　　　　　　　　　　　　　　　　　审核：

2）自行研究开发无形资产业务的原始凭证

自行研究开发无形资产业务的原始凭证主要是无形资产开发支出计算单（见表 1-77）、新增无形资产登记表。

表 1-77

无形资产开发支出计算单

年　　月　　日

项目名称	材料费	人工费	研发用固定资产折旧	……	合计

编制：　　　　　　　　　　　　　　　　　　　　　审核：

(二) 无形资产摊销业务的主要原始凭证

1. 主要业务内容

无形资产摊销业务主要是指对使用寿命有限的无形资产进行摊销等业务。

2. 主要原始凭证

无形资产摊销业务的原始凭证主要是无形资产摊销表，如表 1-78 所示。

表 1-78

无形资产摊销计算表

年　　月　　日

名　　称	账面原价	摊销期限	月摊销额
合　　计			

编制：　　　　　　　　　　　　　　　　　　　　　审核：

（三）无形资产处置业务的主要原始凭证

1. 主要业务内容

无形资产处置主要包括转让无形资产所有权和转让无形资产使用权等业务。

2. 主要原始凭证

无形资产处置业务的原始凭证主要是无形资产处置申请单（见表1-79）、增值税专用发票或增值税普通发票记账联等。

表 1-79

无形资产处置申请单

年　月　日

无形资产名称	原价	累计摊销额	净值	处置原因
无形资产管理部门意见： 　　年　月　日	财务部门意见： 　　年　月　日		单位领导意见： 　　年　月　日	

（四）无形资产减值业务的主要原始凭证

1. 主要业务内容

无形资产减值业务主要是指在资产负债表日，无形资产存在可能发生减值迹象时，对其可收回金额低于账面价值的，计提相应资产减值准备等业务。

2. 主要原始凭证

无形资产减值业务的原始凭证主要是无形资产减值准备计算表，如表1-80所示。

表 1-80

无形资产减值准备计算表

年　月　日

项　目	账面价值	可收回金额	计提资产减值准备金额

编制：　　　　　　　　　　　　　　　　　　　　　　审核：

九、借款业务的主要原始凭证

(一) 银行借款业务的主要原始凭证

1. 主要业务内容

银行借款业务包括向银行借入各种款项、支付借款利息、计提借款利息费用和归还借款本金业务。其中,向银行借入各种款项业务主要包括短期借款和长期借款等业务;支付借款利息业务主要包括支付短期和长期借款的利息等业务;计提借款利息费用主要包括计提短期借款和长期借款利息费用等业务;归还借款本金业务主要包括归还短期借款和长期借款本金等业务。

2. 主要原始凭证

1) 向银行借入各种款项业务的原始凭证

向银行借入各种款项业务的原始凭证主要是借款收据入账通知联。

2) 支付借款利息业务的原始凭证

支付借款利息业务的原始凭证主要是摘要栏注明还息的贷款还款凭证(见表1-81)、增值税普通发票发票联。

表 1-81

中国建设银行　贷款还款凭证

币种:　　　　　　产品名称:　　年　月　日　　　　　　　　　　流水号:

还款单位	名　称															
	付款账号		贷款账号													
	开户银行		开户建行													
本次偿还金额	人民币(大写)			十亿	千	百	十	万	千	百	十	元	角	分		
摘要:			累计还款	十亿	千	百	十	万	千	百	十	元	角	分		
上述借款额请从本单位＿＿＿＿存款户中支付　　　　(还款单位签章)　　　　年　月　日					(银行签章)											

主管:　　　　　授权:　　　　　　复核:　　　　　经办:

3) 计提借款利息费用业务的原始凭证

计提借款利息费用业务的原始凭证主要是银行借款利息计算单。

4) 归还借款本金业务的原始凭证

归还借款本金业务的原始凭证主要是摘要栏注明还本的贷款还款凭证。

（二）债券发行业务的主要原始凭证

1. 主要业务内容

债券发行业务包括发行债券、计提债券利息、支付债券利息和债券偿还本金业务。

2. 主要原始凭证

1）发行债券业务的原始凭证

发行债券业务的原始凭证主要是公开发行债券募集说明书、银行客户专用回单。

2）计提债券利息业务的原始凭证

计提债券利息业务的原始凭证主要是债券利息计算表。

3）支付债券利息业务的原始凭证

支付债券利息业务的原始凭证主要是交割单。

4）债券偿还本金业务的原始凭证

债券偿还本金业务的原始凭证主要是交割单。

十、职工薪酬业务的主要原始凭证

（一）工资、薪金业务的主要原始凭证

1. 主要业务内容

工资、薪金业务包括工资、奖金的计算和发放业务，代扣代缴三险一金和个人所得税业务等业务。

2. 主要原始凭证

1）工资、薪金计算业务的原始凭证

工资、薪金计算业务的原始凭证主要是工资明细表（见表1-82）、生产工时明细表、工资费用分配表。

表1-82

工资明细表

年　　月　　日

姓名	部门	岗位	应付工资
合　计			

编制：　　　　　　　　　　　　　　　　　　　　　　审核：

2）工资、薪金发放业务的原始凭证

工资、薪金发放业务的原始凭证主要是工资发放明细表、转账支票存根联、银行客户专用回单。

（二）社会保险费业务的主要原始凭证

1. 主要业务内容

社会保险费业务包括医疗保险费、养老保险费、失业保险费、工伤保险费和生育保险费的计提和上缴等业务。

2. 主要原始凭证

1）社会保险费计提业务的原始凭证

社会保险费计提业务的原始凭证主要是生产工时明细表、五险计算表。

2）社会保险费上缴业务的原始凭证

社会保险费上缴业务的原始凭证主要是银行客户专用回单，如表 1-83 所示。

表 1-83

中国建设银行客户专用回单

转账日期：　　年　　月　　日

凭证字号：

纳税人全称及纳税人识别号：	
付款人全称：	
付款人账号：	征收机关名称：
付款人开户银行：	收缴国库(银行)名称：
小写(合计)金额：	缴款书交易流水号：
大写(合计)金额：	税票号码：
税(费)种名称：　　　　　　所属时期	实缴金额

（三）住房公积金业务的主要原始凭证

1. 主要业务内容

住房公积金业务包括住房公积金计提和上缴等业务。

2. 主要原始凭证

1）住房公积金计提业务的原始凭证

住房公积金计提业务的原始凭证主要是生产工时明细表、住房公积金计算表。

2）住房公积金上缴业务的原始凭证

住房公积金上缴业务的原始凭证：开具转账支票支付方式下的原始凭证主要是转账支票存根联和银行进账单回单联；委托代扣方式下的原始凭证主要是银行客户专用回单。

（四）工会经费业务的主要原始凭证

1. 主要业务内容

工会经费业务包括工会经费的计提和使用等业务。

2. 主要原始凭证

1）工会经费计提业务的原始凭证

工会经费计提业务的原始凭证主要是生产工时明细表、工会经费计算表。

2）工会经费使用业务的原始凭证

工会经费使用业务的原始凭证主要是费用发票、费用发放表等。

（五）职工教育经费业务的主要原始凭证

1. 主要业务内容

职工教育经费业务包括职工教育经费的计提和使用等业务。

2. 主要原始凭证

1）职工教育经费计提业务的原始凭证

职工教育经费计提业务的原始凭证主要是生产工时明细表、职工教育经费计算表。

2）职工教育经费使用业务的原始凭证

职工教育经费使用业务的原始凭证主要是费用发票、费用发放表等。

（六）货币性福利业务的主要原始凭证

1. 主要业务内容

货币性福利业务包括职工因公负伤赴外地就医路费、探亲路费、支付职工生活困难补助和结转职工福利等业务。

2. 主要原始凭证

1）职工因公负伤赴外地就医路费、探亲路费及其结转业务的原始凭证

职工因公负伤赴外地就医路费、探亲路费及其结转业务的原始凭证主要是往返车票等。

2）支付职工生活困难补助及其结转业务的原始凭证

支付职工生活困难补助及其结转业务的原始凭证主要是职工困难补助申请支付表，如表1-84所示。

表1-84

职工困难补助申请支付表（代现金收据）

年　　月　　日

申请人姓名		所在部门	
申请金额			
申请理由			
备注			

制单人：　　　　　　复核人：　　　　　　审批人：

（七）非货币性福利业务的主要原始凭证

1. 主要业务内容

非货币性福利业务包括企业将自产产品作为非货币性福利发放给职工、将自有资产无偿提供给职工使用和租赁资产给职工无偿使用业务。其中，将自产产品作为非货币性福利发放给职工业务主要包括以自产产品发放给职工和确认非货币性福利等业务；自有资产无偿提供给职工使用业务主要包括将自有资产无偿提供给职工使用和计提折旧等业务；租赁资产给职工无偿使用业务主要包括租赁资产给职工无偿使用和支付租金等业务。

2. 主要原始凭证

1）将自产产品作为非货币性福利发放给职工业务的原始凭证

将自产产品作为非货币性福利发放给职工业务的原始凭证主要是增值税专用发票记账联、产品福利发放清单。

2）将自有资产无偿提供给职工使用业务的原始凭证

将自有资产无偿提供给职工使用业务的原始凭证主要是固定资产折旧计算表。

3）租赁资产给职工无偿使用业务的原始凭证

租赁资产给职工无偿使用业务的原始凭证主要是增值税专用发票的抵扣联和发票联、转账支票存根联、租赁合同等。

十一、税费业务的主要原始凭证

（一）税费上缴业务的主要原始凭证

1. 主要业务内容

税费上缴业务包括扣缴增值税、消费税、环境保护税、个人所得税、企业所得税、城市维护建设税、教育费附加、地方教育费附加、房产税、城镇土地使用税、印花税、基金费等业务。

2. 主要原始凭证

税费上缴业务的原始凭证主要是银行客户专用回单、税收通用缴款书、转账支票存根、进账单回单联。

（二）计算应交税费业务的主要原始凭证

1. 主要业务内容

计算应交税费业务包括月末计算未交增值税、计算应交消费税、计算应交环境保护税、计算应交企业所得税、计算应交城市维护建设税、应交教育费附加、应交地方教育费附加、计算应交房产税、计算应交城镇土地使用税、计算应交印花税、计算应交基金费等业务。

2. 主要原始凭证

1）月末计算未交增值税业务的原始凭证

月末计算未交增值税业务的原始凭证主要是应交增值税计算表，如表 1-85 所示。

表 1-85

应交增值税计算表

年　　月　　日

项　目	金　额
销项税额	
进项税额	
上期留抵税额	
进项税额转出	
应纳税额	
期末留抵税额	
简易征收办法计算的应纳税额	
应纳税额减征额	
应纳税额合计	

编制：　　　　　　　　　　　　　　　　　　　　　　　审核：

2) 计算消费税业务的原始凭证

计算消费税业务的原始凭证主要是应交消费税计算表,如表1-86所示。

表 1-86

应交消费税计算表
年　　月　　日

税目	计税依据	税率	税额
合　计			

编制:　　　　　　　　　　　　　　　　　　　审核:

3) 计算环境保护税业务的原始凭证

计算环境保护税业务的原始凭证主要是应交环境保护税计算表,如表1-87所示。

表 1-87

应交环境保护税计算表
年　　月　　日

排放口名称/噪声源名称	税目	污染物名称	计税单位	计税依据	单位税额	本期应纳税额
合计	—	—	—	—	—	

4) 计算应交企业所得税等业务的原始凭证

计算应交所得税等业务的原始凭证主要是应交所得税计算表,如表1-88所示。

表 1-88

应交所得税计算表
年　　月　　日

项　目	金　额
营业收入	
营业成本	
利润总额	
加:特定业务计算的应纳税所得额	
减:不征税收入和税基减免应纳税所得额	
固定资产加速折旧(扣除)调减额	

（续表）

项　目	金　额
弥补以前年度亏损	
实际利润额	
税率（25%）	
应纳所得税额	
减：减免所得税额	
实际已预缴所得税额	
特定业务预缴（征）所得税额	
应补（退）所得税额	
减：以前年度多缴在本期抵缴所得税额	
本月（季）实际应补（退）所得税额	

编制：　　　　　　　　　　　　　　　　　　　　　　　　　审核：

5）计算应交城市维护建设税、应交教育费附加、应交地方教育费附加业务的原始凭证

计算应交城市维护建设税、应交教育费附加、应交地方教育费附加业务的原始凭证主要是城市维护建设税、教育费附加、地方教育费附加计算表，如表 1-89 所示。

表 1-89

城市维护建设税、教育费附加、地方教育费附加计算表

年　　月　　日

税种	纳税项目	计税依据	税　率	应交金额
城市建设维护税				
	小　计			
教育费附加				
	小　计			
地方教育费附加				
	小　计			

编制：　　　　　　　　　　　　　　　　　　　　　　　　　审核：

6）计算应交房产税业务的原始凭证

计算应交房产税业务的原始凭证主要是房产税计算表，如表 1-90 所示。

表 1-90

房产税计算表

年　月　日

		从价计征					从租计征			本期减免税额	本期应纳税额
	项目	房产原值	应税房产原值	计税房产余值	税率	本期计算税额	本期租金收入	税率	本期计算税额		
房产税											
	合　计										

编制：　　　　　　　　　　　　　　　　　　　　　　　　　审核：

7）计算应交城镇土地使用税业务的原始凭证

计算应交城镇土地使用税业务的原始凭证主要是城镇土地使用税计算表，如表 1-91 所示。

表 1-91

城镇土地使用税计算表

年　月　日

	项目	地段等级	占地总面积 m²	免税面积 m²	应税面积	单位税额	本期计算税额	本期减免税额	本期应纳税额
土地使用税									
	合　计								

编制：　　　　　　　　　　　　　　　　　　　　　　　　　审核：

8）计算印花税业务的原始凭证

计算印花税业务的原始凭证主要是印花税计算表，如表 1-92 所示。

表 1-92

印花税计算表

年　月　日

	税　目	计税依据	税　率	应纳税额
印花税				
	合　计			

编制：　　　　　　　　　　　　　　　　　　　　　　　　　审核：

9）计算应交基金费业务的原始凭证

计算基金费业务的原始凭证主要是基金费用计算表，如表 1-93 所示。

表 1-93

基金费用计算表

年　　月　　日

地方基金种类	计税依据	税率	金额

编制：　　　　　　　　　　　　　　　　　　　　审核：

十二、资本与留存收益业务的主要原始凭证

（一）资本变动业务的主要原始凭证

1. 主要业务内容

资本变动业务包括资本增加、资本内部变动、资本减少业务。其中，资本增加业务主要包括接受投资、盈余公积转增资本等业务；资本内部变动业务主要包括资本公积转增资本等业务；资本减少业务主要包括减资等业务。

2. 主要原始凭证

1) 资本增加业务的原始凭证

(1) 接受投资业务的原始凭证主要是接受投资企业增加资本的股东（大）会决议。

(2) 盈余公积转增资本业务的原始凭证主要是股东（大）会决议。

2) 资本内部变动业务的原始凭证

资本公积转增资本业务的原始凭证主要是股东（大）会决议。

3) 资本减少业务的原始凭证

资本减少业务的原始凭证主要是股东（大）会决议。

（二）其他综合收益变动业务的主要原始凭证

1. 主要业务内容

其他综合收益变动业务包括可供出售金融资产公允价值变动和被投资企业其他综合收益变动等业务。

2. 主要原始凭证

1) 可供出售金融资产公允价值变动业务的原始凭证

可供出售金融资产公允价值变动业务的原始凭证主要是公允价值变动单。

2) 被投资企业其他综合收益变动业务的原始凭证

被投资企业其他综合收益变动业务的原始凭证主要是被投资企业利润表、经理办公会议纪要，如表 1-94 所示。

表 1-94

经理办公会议纪要

　　20××年××月××日,本公司对×××公司进行投资,持股比例×××‰,能对被投资企业实施共同控制(或重大影响)。被投资企业×××公司未经审计(或已经审计)的××年度(或××季度、或××半年度)其他综合收益税后净额为×××元,本公司确认其他综合收益为×××元。

　　参加人员： ×××　×××　×××　×××　×××

　　　　　　　　　　　　　　　　　　　　　　　年　　月　　日

(三) 盈余公积变动业务的主要原始凭证

　　1. 主要业务内容
　　盈余公积变动业务包括提取盈余公积、盈余公积补亏、盈余公积转增资本和盈余公积发放现金股利等业务。
　　2. 主要原始凭证
　　1) 提取盈余公积业务的原始凭证
　　提取盈余公积业务的原始凭证主要是计提盈余公积计算表,如表 1-95 所示。

表 1-95

计提盈余公积计算表
年　　月　　日

项　目	计提比例	金　额

编制：　　　　　　　　　　　　　　　　　　　　　　　　审核：

　　2) 盈余公积补亏、盈余公积转增资本和盈余公积发放现金股利等业务的原始凭证
　　盈余公积补亏、盈余公积转增资本和盈余公积发放现金股利等业务的原始凭证主要是股东(大)会决议。

(四) 利润形成与分配业务的主要原始凭证

　　1. 主要业务内容
　　利润形成与分配业务包括结转净利润或净亏损、宣告发放现金股利、提取盈余公积和利润分配明细科目结转等业务。
　　2. 主要原始凭证
　　1) 结转净利润或净亏损业务的原始凭证
　　结转净利润或净亏损业务的原始凭证主要是年度净利润计算及结转表,如表 1-96 所示。

表 1-96

年度净利润计算及结转表

年　　月　　日

项　目	金　额

编制：　　　　　　　　　　　　　　　　　　　　　审核：

2）宣告发放现金股利业务的原始凭证

宣告发放现金股利业务的原始凭证主要是股东会决议。

3）提取盈余公积业务的原始凭证

提取盈余公积业务的原始凭证主要是计提盈余公积计算表。

4）利润分配明细科目结转业务的原始凭证

利润分配明细科目结转业务的原始凭证主要是利润分配明细项目结转表，如表 1-97 所示。

表 1-97

利润分配明细科目结转表

年　　月　　日

项　目	金　额

编制：　　　　　　　　　　　　　　　　　　　　　审核：

十三、收入与利得业务的主要原始凭证

（一）营业收入取得业务的主要原始凭证

1. 主要业务内容

营业收入业务包括销售、销售退回、资产出租业务。其中，销售业务主要包括销售商品、材料和包装物等业务；销售退回业务包括销售商品、材料和包装物的退回等业务；资产出租业务主要包括出租固定资产、无形资产、包装物等业务。

2. 主要原始凭证

1）销售业务的原始凭证

销售业务的原始凭证主要是增值税专用发票记账联、销售单记账联。

2）销售退回业务的原始凭证

销售退回业务的原始凭证主要是红字增值税专用发票记账联、产品入库单记账联。

3）资产出租业务的原始凭证

资产出租业务的原始凭证主要是增值税专用发票或增值税普通发票记账联。

（二）投资收益业务的主要原始凭证

1．主要业务内容

投资收益业务包括交易手续费、股利收入和利息收入、出售金融资产收益、出售长期股权投资收益和被投资企业损益调整业务。其中，交易手续费业务主要包括交易性金融资产交易手续费等业务；股利收入和利息收入业务主要包括金融资产的现金股利收入和利息收入等业务；出售金融资产收益业务主要包括出售交易性金融资产、可供出售金融资产和持有至到期投资等金融资产所取得收益的业务；出售长期股权投资收益业务主要包括出售长期股权投资所取得收益等业务；被投资企业损益调整业务主要是指权益法下持有长期股权投资期间被投资企业实现净利润或出现净亏损时产生投资收益等业务。

2．主要原始凭证

1）交易手续费业务的原始凭证

交易手续费业务的原始凭证主要是交割单、增值税专用发票抵扣联和发票联。

2）股利收入业务的原始凭证

股利收入业务的原始凭证主要是股东（大）会决议、银行客户专用回单。

3）利息收入业务的原始凭证

利息收入业务的原始凭证主要是交割单、利息计算单。

4）出售金融资产收益业务的原始凭证

出售金融资产收益业务的原始凭证主要是经理办公会议纪要、交割单、增值税专用发票抵扣联和发票联。

5）出售长期股权投资收益业务的原始凭证

出售长期股权投资收益业务的原始凭证主要是同意出售股权的经理办公会议纪要或董事会决议或股东（大）会决议、股权转让协议、被投资企业股东（大）会决议。

6）被投资企业损益调整业务的原始凭证

被投资企业损益调整业务的原始凭证主要是经理办公会议纪要、被投资企业利润表。

（三）公允价值变动收益业务的主要原始凭证

1．主要业务内容

公允价值变动收益业务包括交易性金融资产公允价值变动和投资性房地产公允价值变动等业务。

2．主要原始凭证

1）交易性金融资产公允价值变动业务的原始凭证

交易性金融资产公允价值变动业务的原始凭证主要是公允价值变动单。

2）投资性房地产公允价值变动业务的原始凭证

投资性房地产公允价值变动业务的原始凭证主要是投资性房地产公允价值变动损益计算表。

(四) 营业外收入取得业务的主要原始凭证

1. 主要业务内容

营业外收入取得业务包括非流动资产处置利得、盘盈利得、收到违约金、捐赠利得、罚款收入和将无法支付的应付账款转销业务。其中,非流动资产处置利得业务主要包括固定资产和无形资产处置利得等业务;盘盈利得业务主要包括现金盘盈利得等业务。

2. 主要原始凭证

1) 非流动资产处置利得业务的原始凭证

(1) 固定资产处置利得业务的原始凭证:固定资产处置结果表。

(2) 无形资产处置利得业务的原始凭证:无形资产处置申请单。

2) 盘盈利得业务的原始凭证

现金盘盈利得业务的原始凭证主要是现金盘盈盘亏处置结果表,如表1-98所示。

表1-98

现金盘盈盘亏处置结果表

账存金额	实存金额	盘盈	盘亏
财务部门意见:		公司领导意见:	

3) 收到违约金、罚款收入业务的原始凭证

收到违约金、罚款收入业务的原始凭证主要是收款收据记账联。

4) 捐赠利得业务的原始凭证

捐赠利得业务的原始凭证主要是收款收据记账联等。

5) 将无法支付的应付账款转销业务的原始凭证

将无法支付的应付账款转销业务的原始凭证主要是经理办公会议纪要,如表1-99所示。

表1-99

经理办公会议纪要

本公司应付×××公司的款项×××元(金额大写:×××),由于×××公司破产终结(或注销,或撤销等),已无法清偿,现将确定无法支付的应付账款予以转销。

参加人员: ×××　×××　×××　×××　×××

　　　　　　　　　　　　　　　　　　　　　　年　月　日

（五）收入、利得结转业务的主要原始凭证

1. 主要业务内容

收入、利得结转业务包括将收入和利得类账户结转到"本年利润"账户等业务。

2. 主要原始凭证

收入、利得结转业务的原始凭证主要是损益类账户发生额结转表，如表 1-100 所示。

表 1-100

损益类账户发生额结转表
年　　月　　日

科目名称	本期借方发生额	本期贷方发生额
合　计		

编制：　　　　　　　　　　　　　　　　　　　　　　　　审核：

十四、费用与损失业务的主要原始凭证

（一）营业成本发生业务的主要原始凭证

1. 主要业务内容

营业成本发生业务包括结转销售成本、结转销售退回成本、结转出租资产成本、结转处置投资性房地产成本的业务。其中，结转销售成本业务主要包括结转已销售商品、材料和包装物的成本等业务；结转销售退回成本业务主要包括结转已销售商品、材料和包装物的退回成本等业务；结转出租资产成本的业务主要包括计提投资性房地产折旧、出租固定资产折旧、计算出租无形资产的摊销额、计算出租包装物的成本等业务。

2. 主要原始凭证

1）结转销售成本业务的原始凭证

（1）结转已销售商品成本业务的原始凭证：单位产品成本计算单、销售产品成本结转表。

（2）结转已销售材料成本业务的原始凭证：材料发出汇总表。

（3）结转已销售包装物成本业务的原始凭证：材料发出汇总表。

2）结转销售退回成本业务的原始凭证

（1）结转已销售商品退回成本业务的原始凭证：产成品入库单记账联。

（2）结转已销售材料退回成本业务的原始凭证：收料单记账联。

（3）结转已销售包装物退回成本业务的原始凭证：收料单记账联。

3）结转出租资产成本业务的原始凭证

（1）计提投资性房地产折旧、出租固定资产折旧业务的原始凭证：计提投资性房地产折旧计算表、固定资产折旧计算表。

（2）计算出租无形资产摊销额业务的原始凭证：无形资产摊销计算表。

（3）计算出租包装物成本业务的原始凭证：材料发出汇总表。

4）结转处置投资性房地产成本的业务原始凭证

结转处置成本的业务原始凭证主要是投资性房地产处置申请单。

（二）税金及附加发生业务的主要原始凭证

1. 主要业务内容

税金及附加发生业务主要包括消费税、环境保护税、城市维护建设税、教育费附加、地方教育费附加、资源税、房产税、车船税、城镇土地使用税、印花税、基金费等业务。

2. 主要原始凭证

1）消费税业务的原始凭证

消费税业务的原始凭证主要是消费税计算表。

2）环境保护税业务的原始凭证

环境保护税业务的原始凭证主要是环境保护税计算表。

3）城市维护建设税、教育费附加、地方教育费附加业务的原始凭证

城市维护建设税、教育费附加、地方教育费附加业务的原始凭证主要是消费税、城市维护建设税、教育费附加、地方教育费附加计算表。

4）资源税业务的原始凭证

资源税业务的原始凭证主要是资源税计算表。

5）房产税业务的原始凭证

（1）自用房屋的房产税业务的原始凭证主要是房产税计算表（从价计征）。

（2）出租房屋的房产税业务的原始凭证主要是房产税计算表（从租计征）。

6）车船税业务的原始凭证

车船税业务的原始凭证主要是增值税专用发票的抵扣联：备注栏中注明，保单号、车牌号、车船税的金额及受益期限。

7）城镇土地使用税业务的原始凭证

城镇土地使用税业务的原始凭证主要是城镇土地使用税计算表。

8）印花税业务的原始凭证

印花税业务的原始凭证主要是印花税票、印花税计算表。

9）基金费业务的原始凭证

基金费业务的原始凭证主要是基金费计算表。

（三）期间费用发生业务的主要原始凭证

1. 主要业务内容

期间费用发生业务包括发生销售费用、管理费用和财务费用业务。其中，销售费用发生业务主要包括企业销售商品和材料、提供劳务的过程中发生的各种费用，包括保险费、包

装费、展览费和广告费、商品维修费、预计产品质量保证损失、运输费、装卸费等以及为销售本企业商品而专设的销售机构(含销售网点、售后服务网点等)的职工薪酬、业务费、折旧费等经营费用、企业发生的与专设销售机构相关的固定资产修理费用等后续支出等业务;管理费用发生业务主要包括企业为组织和管理企业生产经营所发生的管理费用,包括企业在筹建期间内发生的开办费、董事会和行政管理部门在企业的经营管理中发生的或者应由企业统一负担的公司经费(包括行政管理部门职工工资及福利费、物料消耗、低值易耗品摊销、办公费和差旅费等)、工会经费、董事会费(包括董事会成员津贴、会议费和差旅费等)、聘请中介机构费、咨询费(含顾问费)、诉讼费、业务招待费、技术转让费、研究费用等业务;财务费用发生业务主要包括企业为筹集生产经营所需资金等而发生的筹资费用,包括利息支出(减利息收入)、汇兑损益以及相关的手续费、企业发生的现金折扣或收到的现金折扣等业务。

    2. 主要原始凭证

    1) 销售费用发生业务的原始凭证

销售费用发生业务的原始凭证主要是已发生费用的发票及表单、预计费用计算表。

    2) 管理费用发生业务的原始凭证

管理费用发生业务的原始凭证主要是费用发票及各类表单。

    3) 财务费用发生业务的原始凭证

    (1) 利息支出业务的原始凭证:银行贷款还息凭证、银行借款利息计算单。

    (2) 利息收入业务的原始凭证:银行客户专用回单、银行存款付息清单。

    (3) 汇兑损益业务的原始凭证:银行结售汇水单(甲种)、汇兑损益计算表,如表1-101和表1-102所示。

    表1-101

中国建设银行　结售汇水单(甲种)

币种:　　　　　　　　　　　　　　　　　　　　　　　　　　　　　　　流水号:

客户全称			业务编号	
收款账(卡)号			交易日期	
付款账(卡)号			交割日期	
摘　要	外汇金额	汇率	人民币金额	
备注:				
				银行签章

主管:　　　　　　　授权:　　　　　　　复核:　　　　　　　经办:

表 1-102

汇兑损益计算表

年 月 日

外币账户	美元账面余额	人民币账面余额	按期末汇率计算的人民币余额	汇兑差额(损失或收益)

编制：   审核：

(4) 手续费业务的原始凭证：银行业务收费凭证、增值税专用发票抵扣联和发票联。

(5) 企业发生的现金折扣业务的原始凭证：银行客户专用回单、产品购销合同复印件。

(四) 资产减值损失业务的主要原始凭证

1. 主要业务内容

资产减值损失业务包括坏账损失、存货跌价损失的计提及转回业务，可供出售金融资产减值损失、持有至到期投资减值损失、长期股权投资减值损失、固定资产减值损失、工程物资减值损失、在建工程减值损失、无形资产减值损失、投资性房地产减值损失的计提及处置等业务。

2. 主要原始凭证

1) 应收款项的坏账损失计提及转回业务的原始凭证

应收款项的坏账损失计提及转回业务的原始凭证主要是坏账准备计算表。

2) 存货跌价损失计提及转回业务的原始凭证

存货跌价损失计提及转回转销业务的原始凭证主要是存货跌价准备计算表。

3) 其他资产减值损失业务的原始凭证

其他资产减值损失业务的原始凭证主要是资产减值损失计算表。

(五) 营业外支出发生业务的主要原始凭证

1. 主要业务内容

营业外支出发生业务包括非流动资产处置损失、盘亏损失、捐赠支出、非常损失、罚款支出、违约金支出和滞纳金支出业务。其中，非流动资产处置损失业务主要包括固定资产和无形资产处置损失等业务；盘亏损失业务主要包括盘亏、毁损的资产发生的净损失等业务。

2. 主要原始凭证

1) 非流动资产处置损失业务的原始凭证

(1) 固定资产处置损失业务的原始凭证：固定资产处置结果表。

(2) 无形资产处置损失业务的原始凭证：无形资产处置表。

2) 盘亏损失业务的原始凭证

盘亏损失业务的原始凭证主要是存货盘盈盘亏核销报告表、固定资产盘亏核销报告表。

3）非常损失业务的原始凭证

非常损失业务的原始凭证主要是种类资产处置申请单及结果处置表。

4）捐赠支出

捐赠支出业务的原始凭证主要是各类资产处置申请单、公益性捐赠收款收据等，如表1-103所示。

表 1-103

公益性单位接受捐赠统一收据
UNIFIED INVOICE OF DONATION FOR PUBLIC WELFAER ORGANIZATION

国财　　　　　　　　　年　　　月　　　日　　　　　　　　　　　(04)No
　　　　　　　　　　　　Y　　　M　　　D

财政部监制（××）×××××本　××××××

捐赠者 Donor												
捐赠项目 For Purpose												
捐赠金额（实物价值） Total Amount	大写 in Words	佰	拾	万	仟	佰	拾	元	角	分		
	小写 in Figures							佰 拾 万 仟 佰 拾 元 角 分				
货币（买物）种类 Currency (Material objects)												
备注 Notes												

第二联　捐赠书　Second Donor

接收单位（签章）　　　　　审核　　　　　　　　经手人　　　　　　　支票号
Receiver's Seal　　　　　Verified by　　　　　Handling Person　　　Cheque No

5）滞纳金支出业务

滞纳金支出业务的原始凭证主要是税收通用缴款书或客户专用回单。

6）罚款支出业务

罚款支出业务的原始凭证主要是罚款收据。

7）违约金支出业务

违约金支出业务的原始凭证主要是收款收据的付款方记账联。

（六）所得税费用发生业务的主要原始凭证

1. 主要业务内容

所得税费用发生业务主要包括确认当期所得税费用等业务。

2. 主要原始凭证

所得税费用发生业务的原始凭证主要是应交所得税计算表。

（七）费用、损失结转业务的主要原始凭证

1. 主要业务内容

费用、损失结转业务包括将费用和损失类账户结转到"本年利润"账户等业务。

2. 主要原始凭证

费用、损失结转业务的原始凭证主要是损益类账户发生额结转表。

第二章 主要经济业务记账凭证的编制

本章以中级财务会计的经济业务为范围,在详细解读各类原始凭证所反映的经济业务内容的基础上,详细介绍相应记账凭证的编制方法。为了真实、完整地反映会计实务工作中记账凭证的编制过程,下面将以常州东恒有限公司为例展开介绍。

一、公司基本资料

(一) 公司概况

(1) 名称:常州东恒有限公司。

(2) 性质:有限公司。

(3) 地址:江苏省常州市新北区杨勇街卢占路51号。

(4) 社会信用代码:913204113431068302。

(5) 开户银行及账号:

企业基本户:中国建设银行常州市新北区支行,银行账号:41622124147626;

企业一般存款户:交通银行常州市新北区支行,银行账号:41924996230389;

证券交易结算资金账户:2763593369。

(6) 企业法定代表人:陈瑞。

(7) 总经理:田园。

(8) 财务部经理:胡清;会计:王红;出纳:金丽丽。

(二) 主要会计政策及相关说明

(1) 常州东恒有限公司为上市公司常州银河股份有限公司持股80%的控股子公司,为增值税一般纳税人,不属于可以享受固定资产加速折旧企业所得税政策的行业,企业下设办公室、财务部、采购部、生产车间、销售网点(专设销售机构),执行《企业会计准则》。公司对外报送财务报告相关负责人如下:单位负责人为陈瑞;主管会计工作负责人为田园;会计机构负责人为胡清。

(2) 公司采用科目汇总表账务处理程序进行账务处理。

(3) 应收款项(应收账款及其他应收款)的坏账准备按季计提,对单项金额重大的应收款项(包括应收账款和其他应收款,本公司单项金额定为应收账款500万元、其他应收款100万元)进行单独减值测试,按该应收款项预计未来现金流量现值低于其账面价值的差额计提坏账准备;单项金额重大的应收款项未发生减值的应收款项并入剔除单项金额重大应收款项后的应收款项,按期末余额的账龄分析计提。应收款项各账龄段坏账准备计提的比例,如表2-1所示。

表 2-1

应收款项各账龄段坏账准备计提比例表

账 龄	计提比例	账 龄	计提比例
1 年以内	5%	3～4 年	30%
1～2 年	10%	4～5 年	60%
2～3 年	20%	5 年以上	100%

（4）存货：

第一，存货按实际成本法核算，自产产品使用的原材料及包装物发出计价采用月末一次加权平均法，委托加工产品使用的原材料发出计价采用先进先出法，低值易耗品中的模具采用分次摊销法（分 5 次摊销），材料的共同运费按数量分配，分配率保留 4 位小数，尾差计入最后一个对象。库存商品发出计价采用月末一次加权平均法。发出存货单位成本保留 2 位小数，如有尾差计入结存存货成本。自产产品每件需使用包装盒 1 只，每销售 10 件产品需使用包装箱 1 只。原材料及周转材料发生盘盈时，按最近一次不含税买价作为入账价值；库存商品发生盘盈时，按当月完工入库的该库存商品的单位成本作为入账价值。

第二，主要自行生产 Q220、P331 两种产品，生产 Q220 产品耗用 C05 材料，生产 P331 产品需领用 D09 材料。本月 Q220 产品投产 400 件，P331 产品投产 200 件，均按照生产耗用数量领用原材料，未发生损耗。委托加工生产 R588、S650 产品，委托加工生产 R588 产品需领用 E12 材料，委托加工生产 S650 产品需领用 F87 材料。

第三，产品成本计算采用品种法，设置直接材料、直接人工、制造费用三个成本项目。其中：①原材料在生产开始时一次性投入；共同耗用的材料采用按产品产量分配进行分配，分配率保留 6 位小数，尾差计入最后一个对象。②工资及五险一金分配采用实际生产工时进行分配，分配率保留 6 位小数，尾差计入最后一个对象；五险一金的承担和计提比例如下：企业承担部分为养老保险金 19%，医疗保险金 8%，失业保险金 1%，工伤保险金 0.8%，生育保险金 0.5%，住房公积金 10%；个人承担部分为养老保险金 8%，医疗保险金 2%，重大疾病保险 5元，失业保险金 0.5%，住房公积金 10%，均通过"其他应付款"科目核算；社保最低基数 2 900.00 元，最高基数 16 800.00 元，住房公积金最低基数 1 830.00 元，最高基数 18 100.00 元。

第四，制造费用按生产工时比例在各种产品之间分配，分配率保留 6 位小数，尾差计入最后一个对象。生产费用在完工产品与在产品之间的分配采用约当产量法，分配率保留 6 位小数，尾差计入月末在产品成本。

（5）交易性金融资产、可供出售金融资产以公允价值计量，按月确认公允价值变动。

（6）公司持有的股票、债券情况，如表 2-2 所示。

（7）公司持有被投资企业股权情况如下：①持有宜兴广陵有限公司 70% 的股权，并能控制宜兴广陵有限公司；②持有昆山正发有限公司 55% 的股权，并能控制昆山正发有限公司；③持有常州上善有限公司 30% 的股权，并能对常州上善有限公司实施重大影响；④持有盐城久辉有限公司 35% 的股权，并能对盐城久辉有限公司实施重大影响；⑤持有南昌海天有限公司 5% 的股权。

（8）固定资产不包括研发用固定资产，折旧采用年限平均法，净残值率为 4%，折旧年限分别为：房屋及建筑物 20 年，生产设备 10 年，运输工具 4 年，电子设备 3 年，折旧率保留 4 位小数（采用小数点的形式），月折旧额保留 2 位小数。

表 2-2

股票债券备查信息表

名称	类别	购入日期	购入数量	单位买入价	备注
平智公司	债券	2014-10-26	1 000	150.00	一次还本付息
河源公司	债券	2015-12-01	500	103.00	分期付息
平安公司	债券	2015-12-31	100	109.00	分期付息
利明公司	股票	2016-11-08	1 000	15.00	
红河公司	债券	2016-11-23	1 000	100.00	
国盛公司	债券	2016-12-13	2 000	108.00	

（9）投资性房地产按照公允价值模式计量，按年确认公允价值变动。

（10）无形资产的摊销采用直线法，土地使用权的摊销期限为 50 年，其他无形资产摊销期限为 10 年。

（11）公司向交通银行借入的短期借款合同号为 00091；公司每月月末按照实际天数计算提取贷款利息，银行于每月 20 日收取其发放贷款的利息。

（12）公司员工薪酬考核办法规定：员工薪酬每月按岗位工资预发，全年一次性奖金经考核评定后在次年春节前发放。

（13）企业适用的增值税税率为 17%，企业取得的增值税专用发票均已于当天在增值税发票选择确认平台办妥勾选确认；金融商品转让以盈亏相抵后的余额作为销售额，即卖出价减去买入价后的余额，卖出价和买入价均按照交割单上注明的成交数量乘以成交价格确定；会计处理时，各期确认的应交税费——应交增值税（进项税额）应当与当期增值税纳税申报表保持口径一致；城市维护建设税税率 7%；教育费附加征收率 3%，地方教育费附加征收率 2%。

（14）房产税及城镇土地使用税按季缴纳，自用房屋房产税计算按照 70% 计算房产余值，公司拥有土地使用权 13 333.4 平方米，年税额每平方米 8 元。

（15）企业所得税的确认、计量和报告采用资产负债表债务法，但不考虑暂时性差异及递延所得税的影响，适用税率为 25%，月度按照实际利润额计算预缴企业所得税。截至 2015 年 12 月 31 日，以前各年度应纳税所得额均大于零，本年度 1~11 月各月会计利润总额均大于零，不存在不征税收入、免税收入等税基类减免应纳税所得额、减免所得税额，且截至 2016 年 11 月 30 日无欠缴及多缴所得税情况。

（16）公司于 2015 年 12 月 31 日发行了 5 年期按年付息，到期一次还本的债券，用于补充流动资金。

（17）涉及金融资产、股权投资的公允价值变动损益、资本公积、其他综合收益的结转均单独编制记账凭证。

（18）发生销售退回、折让时，编制红字冲销记账凭证，销售退回同时冲销营业成本。

（19）2016 年 1~11 月固定资产已计提折旧 257 958.70 元，无形资产已摊销 41 250.00 元，财务费用中列支的借款利息支出为 12 580.65 元。

（三）2016 年 12 月份期初资料

（1）2016 年 11 月 30 日，资产负债表，如表 2-3 所示。

表2-5

资产负债表

2016年11月30日

编制单位：常州泰恒有限公司

会企 01 表
单位：元

资产	期末数	期初数	负债及所有者权益	期末数	期初数
货币资金	8 103 903.58	5 546 789.35	短期借款	300 000.00	200 000.00
交易性金融资产	116 268.87		交易性金融负债		
应收票据	208 200.00	123 578.00	应付票据		
应收账款	1 081 860.00	1 395 677.10	应付账款	50 350.00	156 728.83
预付款项	23 200.00		预收款项		
应收利息	3 500.00		应付职工薪酬	153 229.70	153 229.70
应收股利			应交税费	106 909.50	667 864.48
其他应收款	3 135.00		应付利息	500.00	
存货	1 111 018.13	987 356.73	应付股利		
一年内到期的非流动资产			其他应付款		
其他流动资产			一年内到期的非流动负债		
流动资产合计	10 651 085.58	8 053 401.18	其他流动负债		
非流动资产：			流动负债合计	610 989.20	1 177 823.01
可供出售金融资产	80 000.00	80 000.00	长期借款		
持有至到期投资	189 562.13	174 714.00	应付债券	4 598 620.00	4 598 620.00
长期应收款			长期应付款		
长期股权投资	1 462 000.00	1 462 000.00	专项应付款		
投资性房地产	719 000.00	719 000.00	预计负债		
固定资产	2 998 657.00	2 978 615.70	递延所得税负债		
在建工程			其他非流动负债		

（续表）

资　产	期末数	期初数	负债及所有者权益	期末数	期初数
工程物资			非流动负债合计	4 598 620.00	4 598 620.00
固定资产清理					
生产性生物资产			负债合计	5 209 609.20	5 776 443.01
油气资产			实收资本（股本）	4 000 000.00	4 000 000.00
无形资产	1 458 000.00	1 499 250.00	资本公积		
开发支出			减：库存股		
商誉			其他综合收益	18 000.00	18 000.00
长期待摊费用			盈余公积	2 126 215.05	2 126 215.05
递延所得税资产			未分配利润	6 204 480.46	3 046 322.82
其他非流动资产			股东权益合计	12 348 695.51	9 190 537.87
非流动资产合计	6 907 219.13	6 913 579.70			
资产总计	17 558 304.71	14 966 980.88	负债和所有者权益总计	17 558 304.71	14 966 980.88

公司法定代表人：陈瑞　　　　主管会计工作负责人：田园　　　　会计机构负责人：胡清

（2）2016 年 1～11 月利润表，如表 2-4 所示。

表 2-4

利 润 表

会企 02 表

编制单位：常州东恒有限公司　　　　　　2016 年 1～11 月　　　　　　　单位：元

项　　目	本期数	上年同期数
一、营业收入	25 946 037.04	略
减：营业成本	10 378 414.82	
税金及附加	110 389.33	
销售费用	4 670 286.67	
管理费用	5 176 685.95	
财务费用	12 302.18	
资产减值损失	648 650.93	
加：公允价值变动收益（损失以"－"号填列）	3 891.91	
投资收益（损失以"－"号填列）		
其中：对联营企业和合营企业的投资收益		
二、营业利润（亏损以"－"号填列）	4 953 199.08	
加：营业外收入		
减：营业外支出	742 322.23	
其中：非流动资产处置损失		
三、利润总额（亏损总额以"－"号填列）	4 210 876.85	
减：所得税费用	1 052 719.21	
四、净利润（净亏损以"－"号填列）	3 158 157.64	
五、其他综合收益税后净额		
（一）以后不能重分类进损益的其他综合收益		
1. 重新计量设定受益计划净负债或净资产的变动		
2. 权益法下在被投资单位不能重分类进损益的其他综合收益中享有的份额		
（二）以后将重分类进损益的其他综合收益		
1. 权益法下在被投资单位以后将重分类进损益的其他综合收益中享有的份额		
2. 可供出售金融资产公允价值变动损益		
3. 持有至到期投资重分类为可供出售金融资产损益		
4. 现金流经套期损益的有效部分		
5. 外币财务报表折算差额		
……		
六、综合收益总额	3 158 157.64	
七、每股收益		
（一）基本每股收益		
（二）稀释每股收益		

公司法定代表人：陈瑞　　　　　主管会计工作负责人：田园　　　　　会计机构负责人：胡清

（3）2016 年 1～11 月现金流量表，如表 2-5 所示。

表 2-5

现金流量表

会企 03 表

编制单位：常州东恒有限公司　　　　2016 年 1~11 月　　　　单位：元

项　目	本期数	上年同期数
一、经营活动产生的现金流量：		略
销售商品、提供劳务收到的现金	26 175 232.14	
收到的税费返还		
收到的其他与经营活动有关的现金	6 885.32	
现金流入小计	26 182 117.46	
购买商品、接受劳务支付的现金	10 488 645.15	
支付给职工以及为职工支付的现金	1 611 704.68	
支付的各项税费	1 771 440.52	
支付的其他与经营活动有关的现金	9 704 908.38	
现金流出小计	23 576 698.73	
经营活动产生的现金流量净额	2 605 418.73	
二、投资活动产生的现金流量：		
收回投资所收到的现金		
取得投资收益所收到的现金		
处置固定资产、无形资产和其他长期资产所收回的现金净额		
处置子公司及其他营业单位收到的现金净额		
收到的其他与投资活动有关的现金		
现金流入小计		
购建固定资产、无形资产和其他长期资产所支付的现金		
投资所支付的现金	131 117.00	
取得子公司及其他营业单位支付的现金净额		
支付的其他与投资活动有关的现金		
现金流出小计	131 117.00	
投资活动产生的现金流量净额	−131 117.00	
三、筹资活动产生的现金流量：		
吸收投资所收到的现金		
借款所收到的现金	300 000.00	
收到的其他与筹资活动有关的现金		
现金流入小计	300 000.00	
偿还债务所支付的现金	200 000.00	
分配股利、利润或偿付利息所支付的现金	17 187.50	
支付的其他与筹资活动有关的现金		
现金流出小计	217 187.50	
筹资活动产生的现金流量净额	82 812.50	
四、汇率变动对现金的影响		
五、现金及现金等价物净增加额	2 557 114.23	
加：期初现金及现金等价物余额	5 546 789.35	
六、期末现金及现金等价物余额	8 103 903.58	

公司法定代表人：陈瑞　　　　主管会计工作负责人：田园　　　　会计机构负责人：胡清

（4）2016 年 1~11 月所有者权益变动表，如表 2-6 所示。

表2-6

编制单位：常州恒有限公司

所有者权益变动表

2016年1~11月

会企04表
单位：元

项 目	本期数							上年同期数						
	实收资本（或股本）	资本公积	减:库存股	其他综合收益	盈余公积	未分配利润	所有者权益合计	实收资本（或股本）	资本公积	减:库存股	其他综合收益	盈余公积	未分配利润	所有者权益合计
一、上年期末余额	4 000 000.00			18 000.00	2 126 215.05	3 046 322.82	9 190 537.87	略	略	略	略	略	略	略
加：会计政策变更														
前期差错更正														
其他														
二、本年期初余额	4 000 000.00			18 000.00	2 126 215.05	3 046 322.82	9 190 537.87							
三、本期增减变动金额（减少以"—"号填列）														
（一）综合收益总额						3 158 157.64	3 158 157.64							
（二）所有者投入和减少资本														
1. 所有者投入的资本														
2. 股份支付计入所有者权益的金额														
3. 其他														
（三）利润分配														
1. 提取盈余公积														
2. 对所有者（或股东）的分配														
3. 其他														
（四）所有者权益内部结转														
1. 资本公积转增资本（或股本）														
2. 盈余公积转增资本（或股本）														
3. 盈余公积弥补亏损														
4. 其他														
四、本期期末余额	4 000 000.00			18 000.00	2 126 215.05	6 204 480.46	12 348 695.51							

公司法定代表人：陈瑞　　主管会计工作负责人：田园　　会计机构负责人：胡清

（5）2016 年 11 月 30 日会计科目余额表，如表 2-7 所示。

表 2-7

2016 年 11 月 30 日会计科目余额表

总账科目	明细账科目	借方余额	贷方余额	数量	单位	备注
库存现金		19 523				
银行存款	中国建设银行常州市新北区支行——41622124147626	6 370 610.58				
	交通银行常州市新北区支行——41924996230389	613 450				
其他货币资金	存出投资款——2763593369	1 100 320				
交易性金融资产	股票——利明公司——成本	15 000		1 000.00	股	
	股票——利明公司——公允价值变动		350			
	债券——红河公司——成本	100 000		1 000.00	张	
	债券——红河公司——公允价值变动		1 618.87			
应收票据	苏州飞腾有限公司	38 000				库存商品销售商
	青岛滨海有限公司	70 200				库存商品销售商
	常州智联有限公司	100 000				库存商品销售商
应收账款	无锡华光有限公司	117 000				库存商品销售商，账龄 6 个月
	南京长海有限公司	2 800				库存商品销售商，账龄 43 个月
	南京海华有限公司	585 000				库存商品销售商，账龄 5 个月
	镇江豪生有限公司	351 000				库存商品销售商，账龄 6 个月
	常州宏远有限公司	83 000				库存商品销售商，账龄 8 个月
	郑州远达有限公司					库存商品销售商
预付账款	嘉兴和盛有限公司	20 000				原材料供应商
	江苏省电力股份有限公司常州市分公司	3 200				
应收利息	河源公司	3 500				
其他应收款	常州德胜有限公司	3 300				库存商品销售商，账龄 6 个月
坏账准备	应收账款坏账准备		56 940			
	其他应收款坏账准备		165			
原材料	C05	176 100		6 000.00	千克	
	D09	47 250		3 000.00	千克	

(续表)

总账科目	明细账科目	借方余额	贷方余额	数量	单位	备注
	E12	36 000		1 200.00	千克	
库存商品	Q220	340 485		900.00	件	
	P331	242 851		300.00	件	
周转材料	包装物——包装箱	3 600		300.00	只	
·	包装物——包装盒	9 000		3 000.00	只	
	低值易耗品——模具——在库	20 000		20.00	副	
持有至到期投资	债券——平智公司——成本	100 000		1 000.00	张	
	债券——平智公司——利息调整	12 302.22				
	债券——平智公司——应计利息	15 000				
	债券——河源公司——成本	50 000		500.00	张	
	债券——河源公司——利息调整	1 357.85				
	债券——平安公司——成本	10 000		100.00	张	
	债券——平安公司——利息调整	902.06				
可供出售金融资产	股权——南昌海天有限公司——成本	80 000				
长期股权投资	宜兴广陵有限公司	700 000				
	昆山正发有限公司	110 000				
	常州上善有限公司——投资成本	300 000				
	常州上善有限公司——损益调整	250 000				
	盐城久辉有限公司——投资成本	105 000				
	盐城久辉有限公司——损益调整		21 000			
	盐城久辉有限公司——其他权益变动	18 000				
投资性房地产	老区厂房——成本	680 000				
	老区厂房——公允价值变动	39 000				
固定资产	房屋及建筑物——办公楼	950 000				
	房屋及建筑物——新区厂房	1 800 000				
	生产设备——L	98 000				
	生产设备——H	360 000				
	生产设备——N	125 000				
	生产设备——K	150 000				
	运输工具——通用轿车	250 000				
	电子设备——空调 AOX	18 000				
	电子设备——电脑 DELL	9 000				
	电子设备——空调 SMZ	24 000				
	电子设备——电脑 HP	28 000				

（续表）

总账科目	明细账科目	借方余额	贷方余额	数量	单位	备注
累计折旧			813 343			
无形资产	专利权——专利权 K	90 000				
	专利权——专利权 X	60 000				
	土地使用权——新区	1 500 000				
累计摊销	专利权——K		36 000			
	专利权——X		11 000			
	土地使用权——新区		145 000			
短期借款	交通银行常州市新北区支行		300 000			
	××银行					
应付账款	暂估应付款——哈尔滨林海有限公司		8 000			原材料供应商
	宁波博凌有限公司		42 120			原材料供应商
	郑州红方有限公司		230			原材料供应商
应付职工薪酬	工资		102 800			
	社会保险费——医疗保险		8 232			
	设定提存计划——养老保险		19 551			
	设定提存计划——失业保险		1 029			
	社会保险费——生育保险		514.5			
	社会保险费——工伤保险		823.2			
	住房公积金		10 280			
	工会经费		4 000			
	职工教育经费		6 000			
应交税费	未交增值税		40 200			
	应交所得税		61 800			
	应交城市维护建设税		2 814			
	应交教育费附加		1 206			
	应交地方教育费附加		804			
	应交个人所得税		85.5			
应付利息	短期借款——交通银行常州市新北区支行		500			
应付债券	常州东恒——面值		4 000 000			
	常州东恒——利息调整		598 620			
实收资本	常州银河股份有限公司		3 200 000			
	常州源生有限公司		800 000			
其他综合收益	被投资单位其他综合收益变动		18 000			
盈余公积	法定盈余公积		2 126 215.05			

（续表）

总账科目	明细账科目	借方余额	贷方余额	数量	单位	备注
本年利润			3 158 157.64			
利润分配	未分配利润		3 046 322.82			
生产成本	基本生产成本——Q220——直接材料	168 000				
	基本生产成本——Q220——直接人工	6 993.52				
	基本生产成本——Q220——制造费用	7 732.72				
	基本生产成本——P331——直接材料	40 550				
	基本生产成本——P331——直接人工	4 425.68				
	基本生产成本——P331——制造费用	8 030.21				
合　计		18 642 102.71	18 642 102.71			

二、公司 12 月份经济业务解读及记账凭证填制

【业务 2-1】 （共 1 张原始凭证，于 2016 年 12 月 1 日取得）

表 2-1-1

原材料暂估入账清单

2016 年 11 月 30 日 　　　　　　　　　　　　　　　　No. 002232

材料名称	合同号	供货单位	数量	合同单价（不含税）	合同金额	入库日期	
D09	2016120045	哈尔滨林海有限公司	500	16	8 000.00	2016-11-30	第三联　红冲联
合　计					8 000.00		

编制：王红 　　　　　　　　　　　　　　　　　　　　　　　　　审核：胡清

上述原始凭证中：

表 2-1-1 是原材料暂估入账清单的红冲联，此联应作为红冲上月月末暂估入账原材料的记账依据。该原始凭证注明，编制日期是 2016 年 11 月 30 日，"材料名称"是 D09，"供货单位"是哈尔滨林海有限公司，"数量"是 500 千克，"合同金额"是 8 000 元，"入库日期"是 2016-11-30，同时 2016 年 11 月 30 日"应付账款——暂估应付账款（哈尔滨林海有限公司）"科目的贷方余额为 8 000.00 元，这表明 2016 年 12 月 1 日应红冲上月月末暂估入库的 D09

材料。在进行会计核算时,"合同金额"应以红字分别记入"原材料——D09"科目的借方,以及"应付账款——暂估应付账款(哈尔滨林海有限公司)"科目的贷方。

因此,该笔业务应填制如表 2-1-2 所示记账凭证。

表 2-1-2

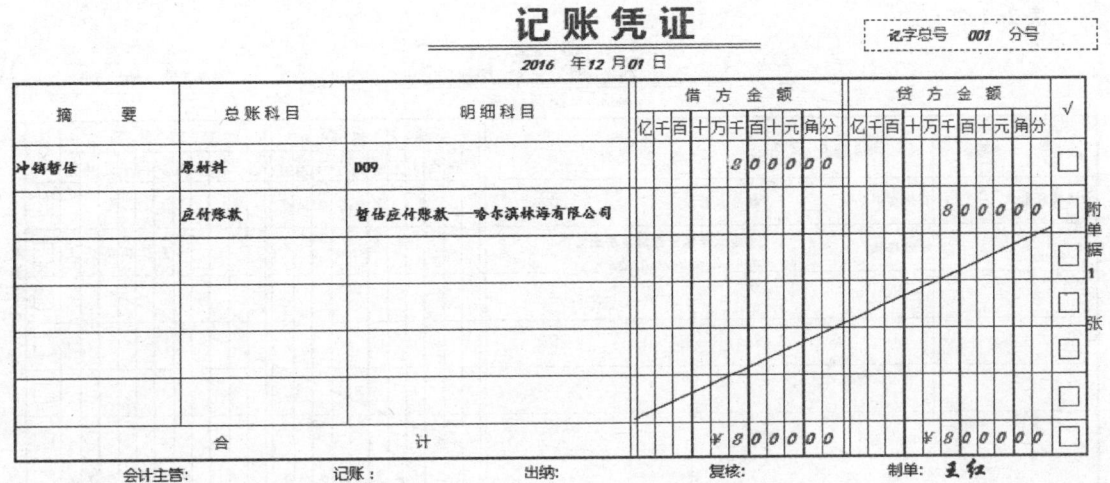

记 账 凭 证

记字总号　001　分号

2016 年 12 月 01 日

摘　要	总账科目	明细科目	借方金额 亿千百十万千百十元角分	贷方金额 亿千百十万千百十元角分	√
冲销暂估	原材料	D09	8 0 0 0 0 0		□
	应付账款	暂估应付账款——哈尔滨林海有限公司		8 0 0 0 0 0	□
					□
					□
					□
					□
合　　　计			¥ 8 0 0 0 0 0	¥ 8 0 0 0 0 0	□

附单据 1 张

会计主管:　　　记账:　　　出纳:　　　复核:　　　制单: 王红

【业务 2-2】　(共 1 张原始凭证,于 2016 年 12 月 1 日取得)

表 2-2-1

中国建设银行银行汇(本)票申请书

币别:人民币　　　　　　2016　年 12 月 01 日　　　流水号:72643533

业务类型	□ 银行汇票　☑ 银行本票	付款方式	☑ 转账　□ 现金
申请人	常州东恒有限公司	收款人	常州科立科技有限公司
账　号	41622124147626	账　号	41622124055948
用　途	货款	代理付款行	

金额	(大写)壹仟元整	亿千百十万千百十元角分 ¥ 1 0 0 0 0 0

银行签章

中国建设银行
常州市新北区支行
2016-12-01
办讫
(01)

8781-1033-4234-5811

第三联 客户(回单)

上述原始凭证中:

表 2-2-1 是中国建设银行银行汇(本)票申请书的第三联客户回单联,此联应作为申请人的记账依据。该原始凭证注明,"业务类型"是银行本票,"申请人"是本公司,"收款人"是常州科立科技有限公司,这表明本公司向银行申请取得了一张金额为 1 000 元、收款人为常州科立科技有限公司的银行本票,进行会计核算时,应记入"其他货币资金——银行本票"科目的借方;同时,"账号"是 41622124147626,"付款方式"是转账,这表明本公司已通过账

号为 41622124147626 的基本户支付了款项,进行会计核算时,应记入"银行存款——中国建设银行常州市新北区支行(41622124147626)"科目的贷方。

因此,该笔业务应填制如表 2-2-2 所示记账凭证。

表 2-2-2

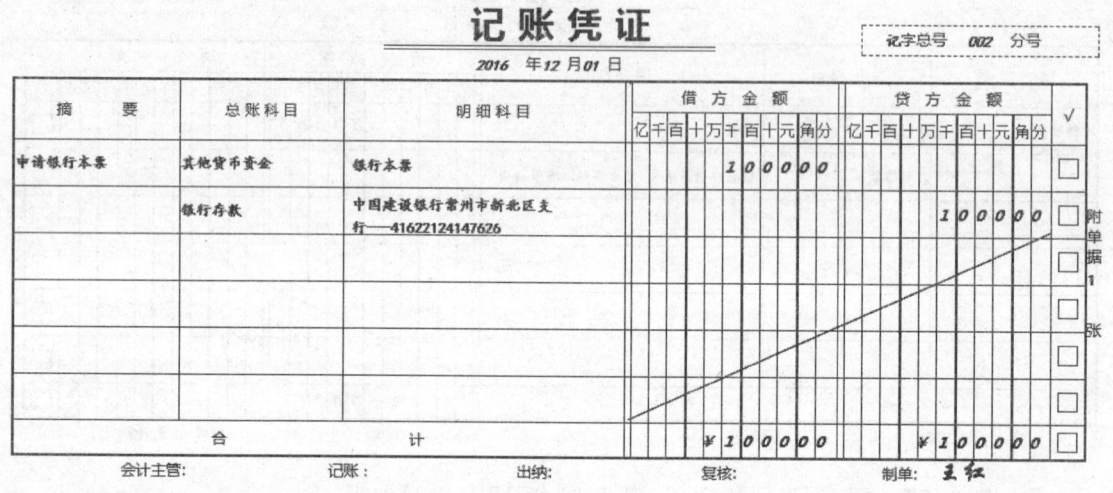

记账凭证

2016 年 12 月 01 日

记字总号 002 分号

摘要	总账科目	明细科目	借方金额 亿千百十万千百十元角分	贷方金额 亿千百十万千百十元角分	√
申请银行本票	其他货币资金	银行本票	1 0 0 0 0 0		□
	银行存款	中国建设银行常州市新北区支行——41622124147626		1 0 0 0 0 0	□
					□
					□
					□
					□
合　计			¥ 1 0 0 0 0 0	¥ 1 0 0 0 0 0	□

附单据 1 张

会计主管:　　记账:　　出纳:　　复核:　　制单: 王红

【业务 2-3】 (共 4 张原始凭证,于 2016 年 12 月 1 日取得)

表 2-3-1

表 2-3-2

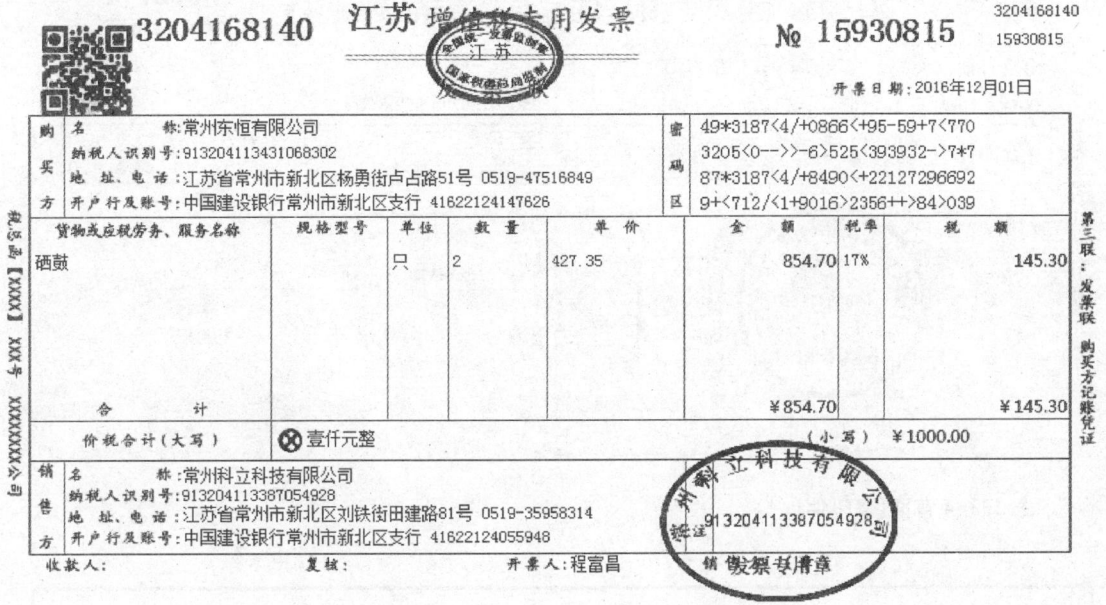

表 2-3-3

办公用品领用单

2016-12-01   单位:元

领用部门	硒鼓		领用人	合计
	数量	金额		
办公室	1	427.35	刘华	427.35
采购部	1	427.35	章亚菲	427.35
合 计		854.70		854.70

制表:田园   审核:陈瑞

表 2-3-4 正面(复印件)

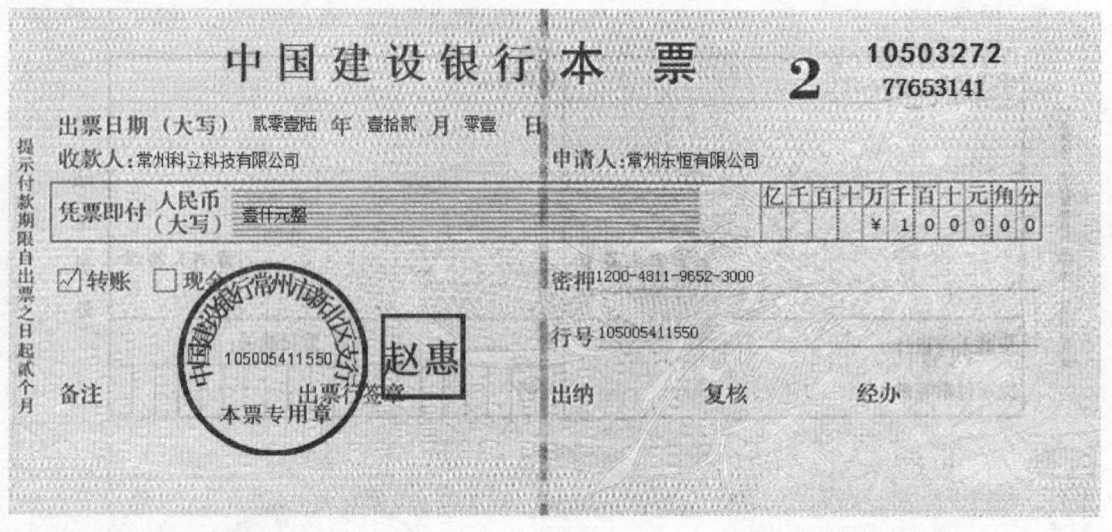

表 2-3-4 背面(复印件)

上述原始凭证中:

表 2-3-1 是江苏增值税专用发票的第二联抵扣联,此联应作为购买方抵扣进项税额的依据。该抵扣联不能作为记账凭证的附件,专门用于在规定期限内到税务机关办理认证或在平台办理勾选确认,并在认证通过或勾选确认的次月申报期内,向主管税务机关申报抵扣进项税额。

表 2-3-2 是江苏增值税专用发票的第三联发票联,此联应作为购买方的记账依据。该原始凭证注明,"购买方"是本公司,"销售方"是常州科立科技有限公司,"货物或应税劳务、服务名称"是硒鼓,这表明本公司从常州科立科技有限公司购买了硒鼓。

表 2-3-3 是办公用品领用单,此联应作为购买方的记账依据。该原始凭证注明的内容表明,办公室和采购部于购买硒鼓的当天随即直接领用了硒鼓,本公司未办理硒鼓的入库以及出库手续。根据表 2-3-2 和表 2-3-3 进行会计核算时,"金额"854.70 元应记入"管理

费用——办公费"科目的借方,"税额"145.30 元应记入"应交税费——应交增值税(进项税额)"科目的借方。

表 2-3-4 是中国建设银行本票第二联的复印件,此复印件应作为付款方支付款项的记账依据。该原始凭证注明,"出票日期"是贰零壹陆年壹拾贰月零壹日,"申请人"是本公司,"收款人"是常州科立科技有限公司,这表明本公司在 2016 年 12 月 1 日取得的银行本票的原件已交付给常州科立科技有限公司。进行会计核算时,应记入"其他货币资金——银行本票"科目的贷方。

因此,该笔业务应填制如表 2-3-5 所示记账凭证。

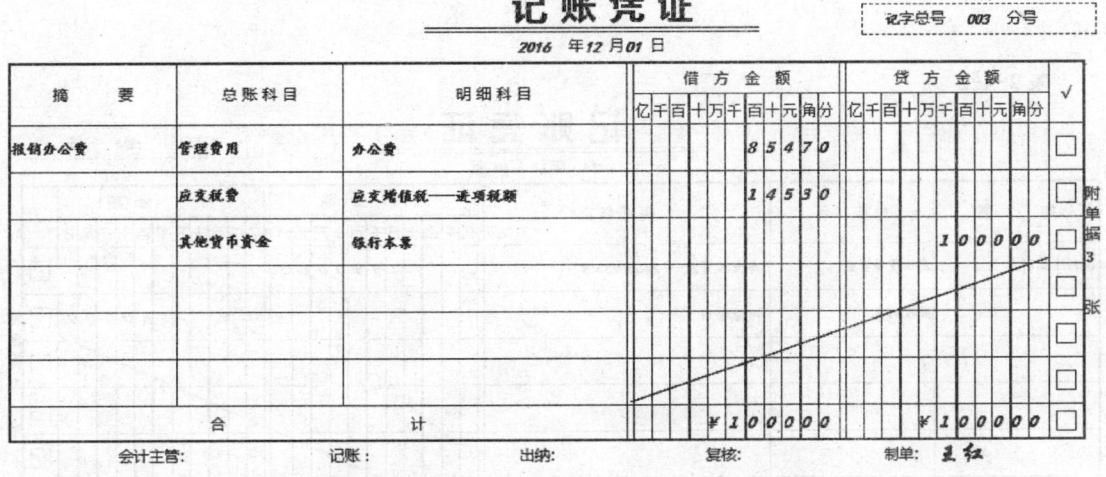

记 账 凭 证

2016 年 12 月 01 日

记字总号　003　分号

摘　要	总账科目	明细科目	借方金额	贷方金额	√
			亿千百十万千百十元角分	亿千百十万千百十元角分	
报销办公费	管理费用	办公费	8 5 4 7 0		□
	应交税费	应交增值税——进项税额	1 4 5 3 0		□
	其他货币资金	银行本票		1 0 0 0 0 0	□
					□
					□
					□
合　计			¥ 1 0 0 0 0 0	¥ 1 0 0 0 0 0	□

会计主管:　　　记账:　　　出纳:　　　复核:　　　制单: 王红

附单据 3 张

【业务 2-4】(共 1 张原始凭证,于 2016 年 12 月 1 日取得)

表 2-4-1

交 割 单

营业部名:江苏华兴证券服务股份有限公司

股东姓名:常州东恒有限公司

资金账户:2763593369

当前币种:人民币

成交日期	操作	证券名称	成交数量	成交价格	成交金额	结算价	手续费	印花税	其他费用	结算金额	账户	交易市场
2016-12-01	利息收入	河源公司								3 500.00	2763593369	上海证券

上述原始凭证中：

表2-4-1是利息收入交割单，应作为收款方收取款项的记账依据。该原始凭证注明，"股东姓名"是本公司，"资金账户"是2763593369，"操作"内容是利息收入，"证券名称"是河源公司，同时2016年11月30日"应收利息——河源公司"科目的借方余额为3 500.00元，这表明本公司的账号为2763593369的证券资金账户上收取了因持有河源公司债券而分期应收的利息收入。进行会计核算时，应将"结算金额"3 500.00元分别记入"其他货币资金——存出投资款（2763593369）"科目的借方，以及"应收利息——河源公司"科目的贷方。

因此，该笔业务应填制如表2-4-2所示记账凭证。

表2-4-2

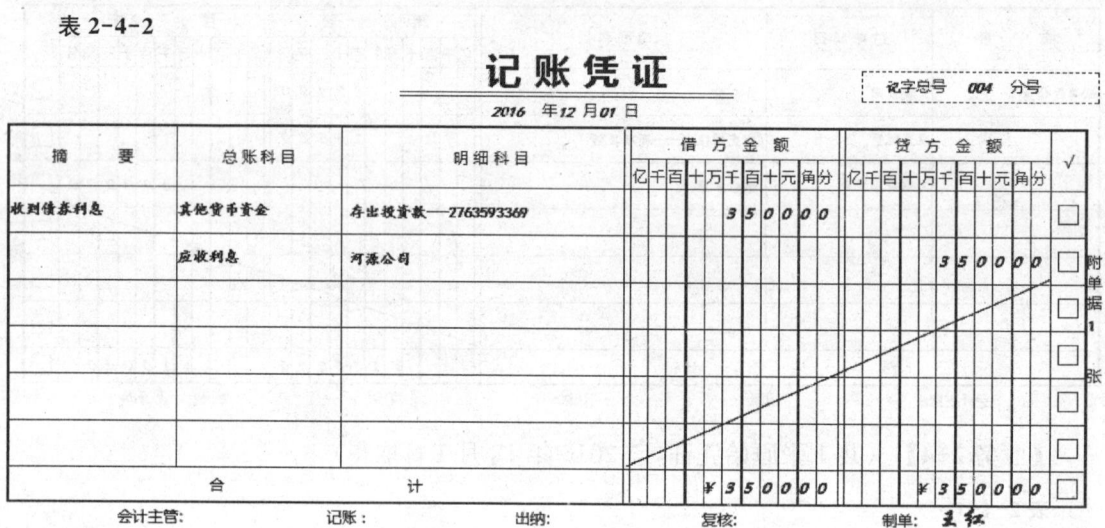

注：在实际工作中，拟持有至到期投资的债券一般于公开发行债券公告中注明付息日的前一日确认利息收入并摊销溢折价。常州东恒有限公司于2015年12月1日以103.00元的单位买入价购入了500份面值为100.00元、分期付息到期一次还本的河源公司债券并作为持有至到期投资，该笔业务交割单上注明的"成交日期"2016年12月1日是河源公司公开发行债券公告中注明的分期付息日，这表明河源公司的债券发行日为12月1日，公司按照准则规定在持有河源公司债券满1年的资产负债表日2016年11月30日确认了应收的利息收入并摊销了溢价，从而形成了2016年11月30日"应收利息——河源公司"科目的借方余额3 500.00元以及"持有至到期投资——债券——河源公司（利息调整）"科目的借方余额1 357.85元。因此，在付息日2016年12月1日本公司收取河源公司债券利息收入3 500.00元时，应分别记入"其他货币资金——存出投资款（2763593369）"科目的借方以及"应收利息——河源公司"科目的贷方。

【业务2-5】（共1张原始凭证，于2016年12月2日取得）

表 2-5-1 正面(复印件)

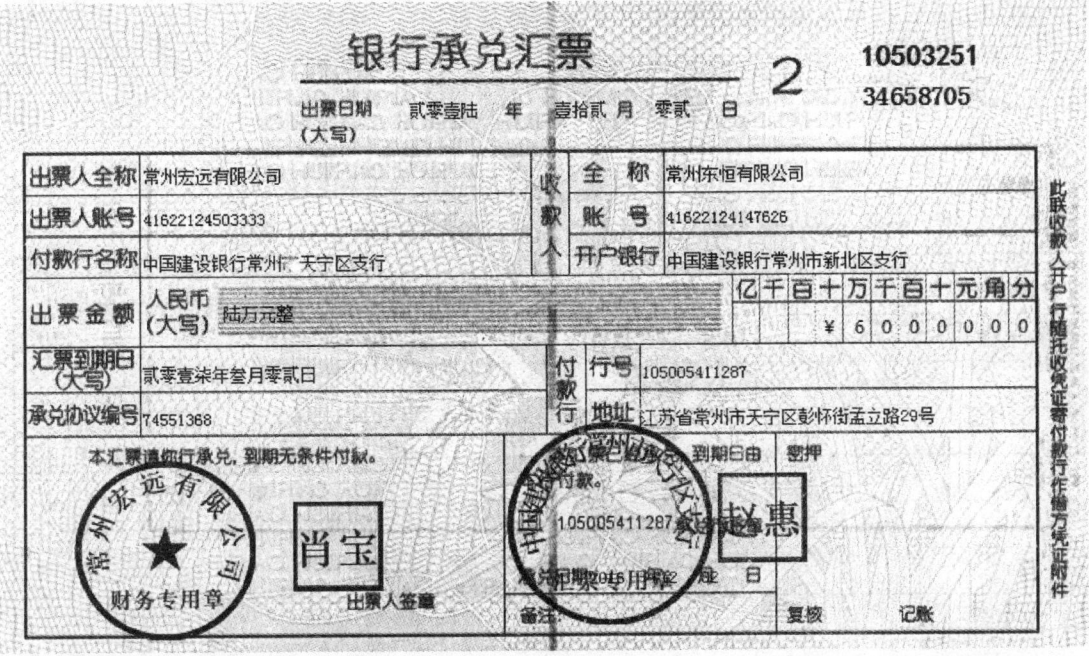

表 2-5-1 背面(复印件)

上述原始凭证中：

表 2-5-1 是银行承兑汇票的复印件,此复印件应作为收款方的记账依据。该原始凭证注明,"出票日期"是贰零壹陆年壹拾贰月零贰日,"出票人全称"是常州宏远有限公司,"收款人"是本公司,"出票金额"是 60 000.00 元,同时 2016 年 11 月 30 日"应收账款——常州宏远有限公司"科目的借方余额为 83 000.00 元,这表明本公司在 2016 年 12 月 2 日取得的常州宏远有限公司开具的银行承兑汇票用于归还其前欠本公司的部分货款。进行会计核算时,应将 60 000.00 元分别记入"应收票据——常州宏远有限公司"科目的借方,以及"应

收账款——常州宏远有限公司"科目的贷方。

因此,该笔业务应填制如表 2-5-2 所示记账凭证。

表 2-5-2

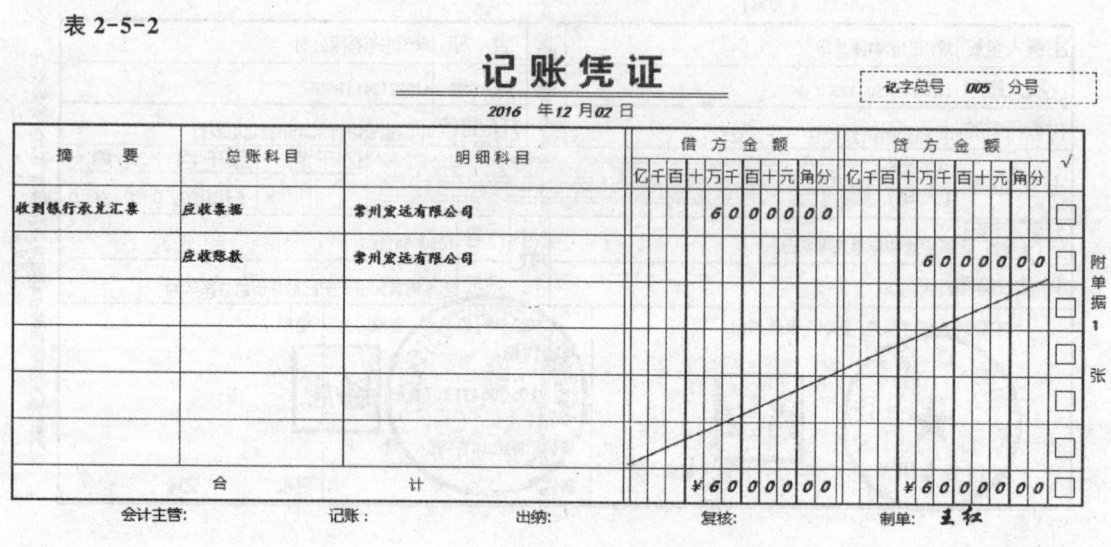

记账凭证

2016 年 12 月 02 日

记字总号 005 分号

摘 要	总账科目	明细科目	借方金额										贷方金额										√
			亿	千	百	十	万	千	百	十	元	角	分	亿	千	百	十	万	千	百	十	元	角	分	
收到银行承兑汇票	应收票据	常州宏远有限公司				6	0	0	0	0	0														☐
	应收账款	常州宏远有限公司															6	0	0	0	0	0			☐
																								☐
																								☐
																								☐
																								☐
合 计					¥	6	0	0	0	0	0					¥	6	0	0	0	0	0			☐

附单据 1 张

会计主管:　　　记账:　　　出纳:　　　复核:　　　制单: 王红

【业务 2-6】 (共 2 张原始凭证,于 2016 年 12 月 2 日取得)

表 2-6-1

中国建设银行客户专用回单

币别:人民币　　　　　　2016 年 12 月 02 日　　　流水号 320420027J0500810020

付款人	全称	已到期未付款银承款项	收款人	全称	常州东恒有限公司
	账号	41622124569499		账号	41622124147626
	开户行	中国建设银行苏州市虎丘区支行		开户行	中国建设银行常州市新北区支行
金 额	(大写)人民币 叁万捌仟元整			(小写)¥38000.00	
凭证种类	银行承兑汇票		凭证号码		
结算方式	转账		用途	转账存入	

打印柜员:320425584257
打印机构:中国建设银行常州市新北区支行
打印卡号:41622124147626

电子回单
专用章

第二联 贷方(回单)

打印时间:2016-12-02　　　交易柜员:320425584268　　　交易机构:320410512

表 2-6-2 正面(复印件)

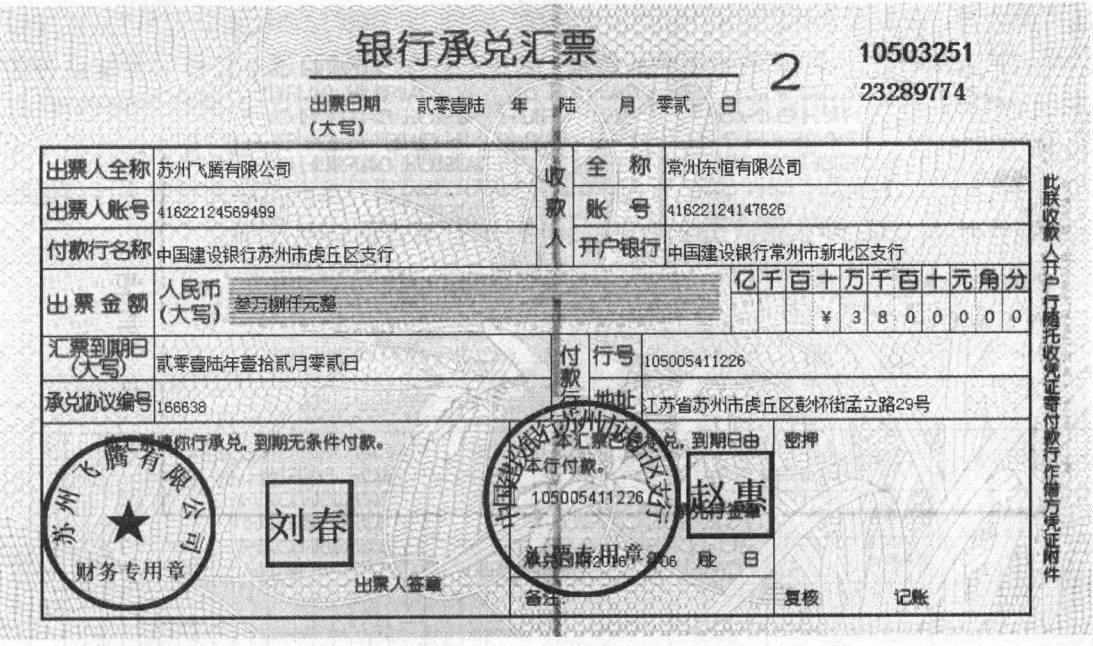

表 2-6-2 背面(复印件)

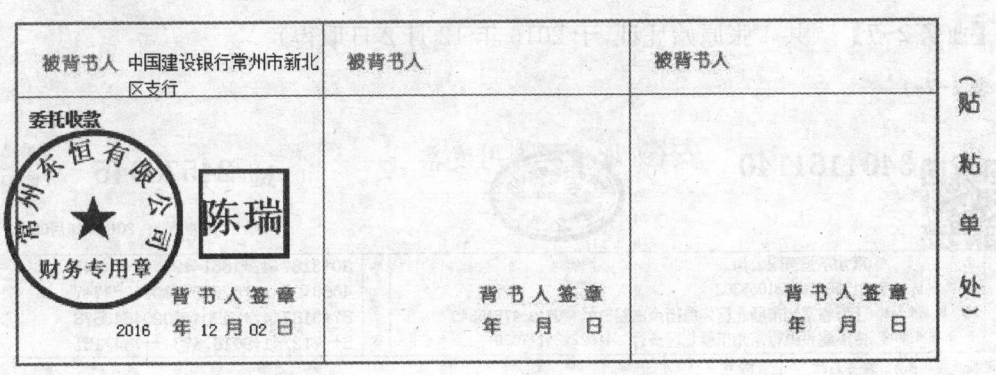

上述原始凭证中:

表 2-6-1 是中国建设银行客户专用回单第二联贷方回单,此联应作为收款人收取款项的记账依据。该原始凭证注明,"付款人"是已到期未付款银行承兑款项,"收款人"是本公司,"收款人账号"是 41622124147626,"凭证种类"是银行承兑汇票,这表明本公司账号为 41622124147626 的基本户收取了到期的银行承兑汇票票款。进行会计核算时,应将"金额"38 000.00 元记入"银行存款——中国建设银行常州市新北区支行(41622124147626)"科目的借方。

表 2-6-2 是银行承兑汇票第二联的复印件,此复印件应作为收款人收取款项的记账依

据。该原始凭证正面注明,"出票日期"是贰零壹陆年陆月零贰日,"出票人全称"是苏州飞腾有限公司,"收款人全称"是本公司,"出票金额"是 38 000.00 元,"汇票到期日"是贰零壹陆年壹拾贰月零贰日,同时该原始凭证背面"背书人签章"处加盖了本公司的预留银行印鉴,并向"被背书人"中国建设银行常州新北区支行提出了委托收款意向,同时 2016 年 11 月 30 日"应收票据——苏州飞腾有限公司"科目的借方余额为 38 000.00 元,这表明本公司在 2016 年 12 月 2 日办妥了到期的苏州飞腾有限公司开具的银行承兑汇票的托收手续。进行会计核算时,应记入"应收票据——苏州飞腾有限公司"科目的贷方。

因此,该笔业务应填制如表 2-6-3 所示记账凭证。

表 2-6-3

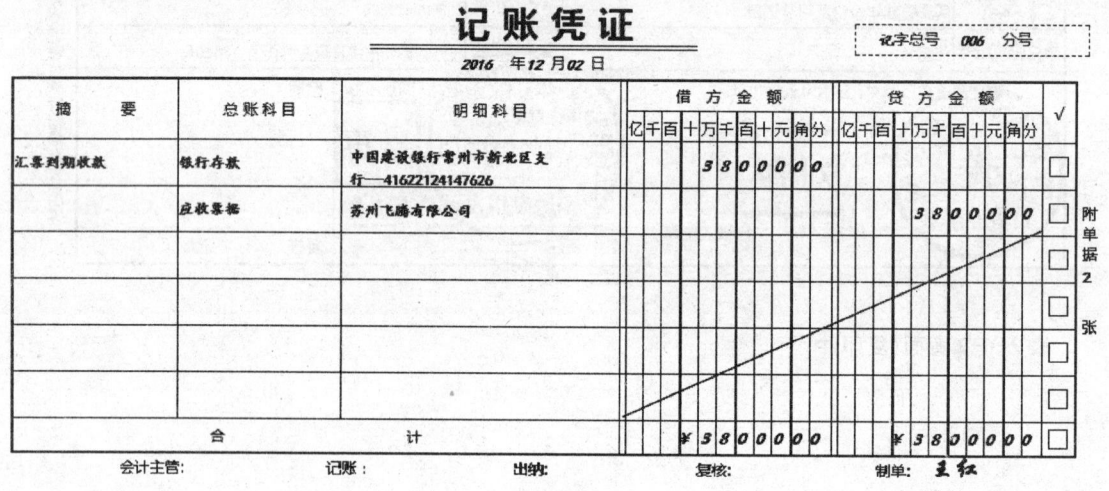

【业务 2-7】 (共 4 张原始凭证,于 2016 年 12 月 2 日取得)

表 2-7-1

表 2-7-2

安徽增值税专用发票 № 24578345

3401161140

3401161140
24578345

开票日期：2016年12月02日

购买方		
名　　称:	常州东恒有限公司	
纳税人识别号:	913204113431068302	
地　址、电话:	江苏省常州市新北区杨勇街卢占路51号　0519-47516849	
开户行及账号:	中国建设银行常州市新北区支行　41622124147626	

密码区：
80*3187<4/+1651<+95-59+7<145
4063<0-->>-6>525<780113->7*7
87*3187<4/+8490<+90204643678
8+<712/<1+9016>5784++>84>151

货物或应税劳务、服务名称	规格型号	单位	数量	单价	金额	税率	税额
C05		千克	2000	30.00	60000.00	17%	10200.00
合　　计					￥60000.00		￥10200.00

价税合计（大写）　⊗ 柒万零贰佰元整　　（小写）￥70200.00

销售方		
名　　称:	合肥双环有限公司	
纳税人识别号:	913401037808103585	
地　址、电话:	安徽省合肥市庐阳区王志街杨建路65号　0551-37552579	
开户行及账号:	中国建设银行合肥市庐阳区支行　41622124589502	

备注：合肥双环有限公司 91340103780810 3585 销售方：发票专用章

收款人：　　　　复核：　　　　开票人：何兴

第三联：发票联 购买方记账凭证

表 2-7-3

收 料 单

供应单位：合肥双环有限公司　　　　　　　2016 年12月02日　　　　　　　编号 SL076

材料编号	名　称	单位	规格	数量		实际成本			
				应收	实收	单价	发票价格	运杂费	总价
hs004	C05	千克		2000	2000				

备注：

收料人：费林　　　　　　　　　　　　交料人：王彦伟

第二联 记账联

表 2-7-4 正面（复印件）

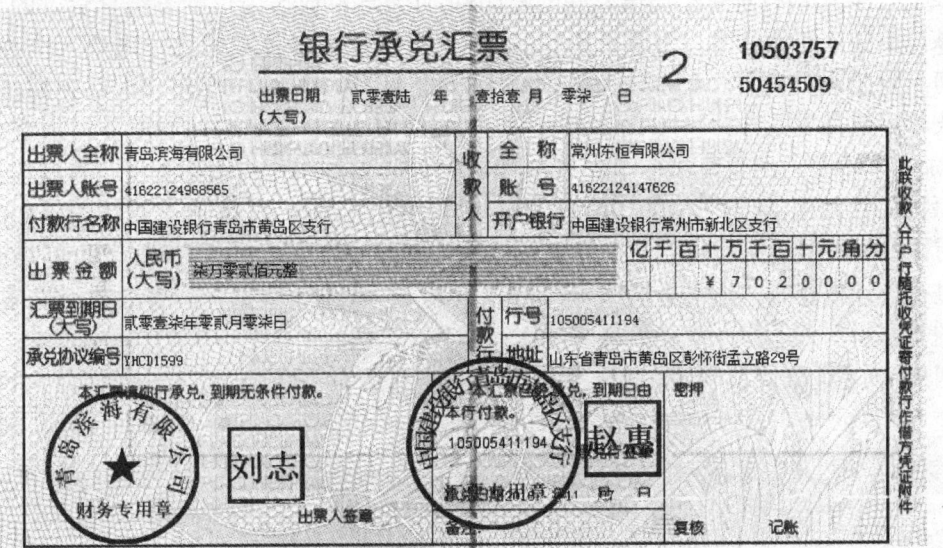

银行承兑汇票　　2

10503757
50454509

出票日期（大写）　贰零壹陆 年 壹拾壹 月 零柒 日

出票人全称	青岛滨海有限公司	收款人	全　称	常州东恒有限公司
出票人账号	41622124968565		账　号	41622124147626
付款行名称	中国建设银行青岛市黄岛区支行		开户银行	中国建设银行常州市新北区支行

出票金额	人民币（大写）柒万零贰佰元整	亿千百十万千百十元角分
		￥7020000

汇票到期日（大写）	贰零壹柒年零贰月零柒日	付款行	行号	105005411194
承兑协议编号	YHCD1599		地址	山东省青岛市黄岛区彭怀街孟立路29号

本汇票已经本行承兑。到期无条件付款。

青岛滨海有限公司 ★ 财务专用章

刘志
出票人签章

105005411194

本行承兑。到期日由本行付款。

赵惠

密押

复核　　记账

此联收款人开户行随收账通知收妥证等付款行作借方凭证附件

表2-7-4 背面(复印件)

被背书人 合肥双环有限公司	被背书人	被背书人	
常州东恒有限公司 财务专用章 ★ 陈瑞			（贴粘单处）
背书人签章 2016 年 12月 02 日	背书人签章 年 月 日	背书人签章 年 月 日	

上述原始凭证中：

表2-7-1是安徽增值税专用发票的第二联抵扣联，此联应作为购买方抵扣进项税额的依据。该抵扣联不能作为记账凭证的附件，专门用于在规定期限内到税务机关办理认证或在平台办理勾选确认，并在认证通过或勾选确认的次月申报期内，向主管税务机关申报抵扣进项税额。

表2-7-2是安徽增值税专用发票的第三联发票联，此联应作为购买方的记账依据。该原始凭证注明，"购买方"是本公司，"销售方"是合肥双环有限公司，"货物或应税劳务、服务名称"是C05，这表明本公司从合肥双环有限公司购买了C05。

表2-7-3是收料单的第二联记账联，此联应作为收到材料的记账依据。该原始凭证注明，"供应单位"是合肥双环有限公司，"名称"是C05，"数量应收"及"数量实收"均为2 000千克，这表明本公司向合肥双环有限公司购买的原材料C05全部验收入库。根据表2-7-2和表2-7-3，进行会计核算时，"金额"60 000.00元应记入"原材料——C05"科目的借方，"税额"10 200.00元应记入"应交税费——应交增值税——进项税额"科目的借方。

表2-7-4是银行承兑汇票第二联的复印件，此复印件应作为付款方结算货款的记账依据。该原始凭证正面注明，"出票日期"是贰零壹陆年壹拾壹月零柒日，"出票人全称"是青岛滨海有限公司，"收款人全称"是本公司，"出票金额"是70 200.00元，"汇票到期日"是贰零壹柒年零贰月零柒日，同时该原始凭证背面"被背书人"是合肥双环有限公司，"背书人签章"处加盖了本公司的预留银行印鉴，同时2016年11月30日"应收票据——青岛滨海有限公司"科目的借方余额为70 200.00元，这表明本公司在2016年12月2日将未到期的青岛滨海有限公司开具的银行承兑汇票背书转让给合肥双环有限公司，用于支付购买C05的货款。进行会计核算时，"出票金额"70 200.00元应记入"应收票据——青岛滨海有限公司"科目的贷方。

因此，该笔业务应填制如表2-7-5所示记账凭证。

表 2-7-5

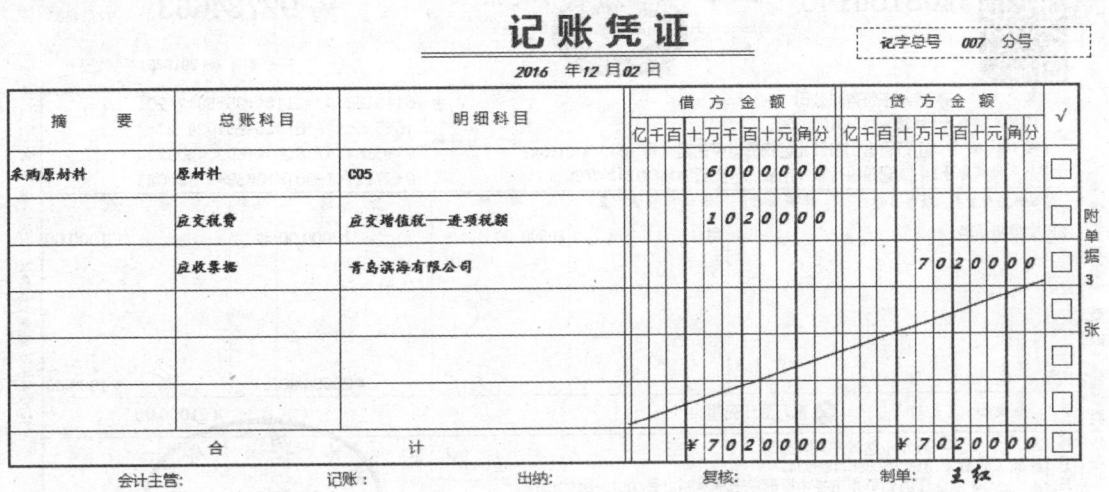

记 账 凭 证

2016 年 12 月 02 日

记字总号　007　分号

摘　要	总账科目	明细科目	借方金额											贷方金额											√
			亿	千	百	十	万	千	百	十	元	角	分	亿	千	百	十	万	千	百	十	元	角	分	
采购原材料	原材料	C05				6	0	0	0	0	0	0													□
	应交税费	应交增值税——进项税额				1	0	2	0	0	0	0													□
	应收票据	青岛滨海有限公司														7	0	2	0	0	0	0		□
																								□
																								□
																								□
																								□
合　　　计			¥			7	0	2	0	0	0	0			¥			7	0	2	0	0	0	0	□

附单据 3 张

会计主管：　　　记账：　　　出纳：　　　复核：　　　制单：王红

【业务 2-8】　（共 4 张原始凭证，于 2016 年 12 月 2 日取得）

表 2-8-1

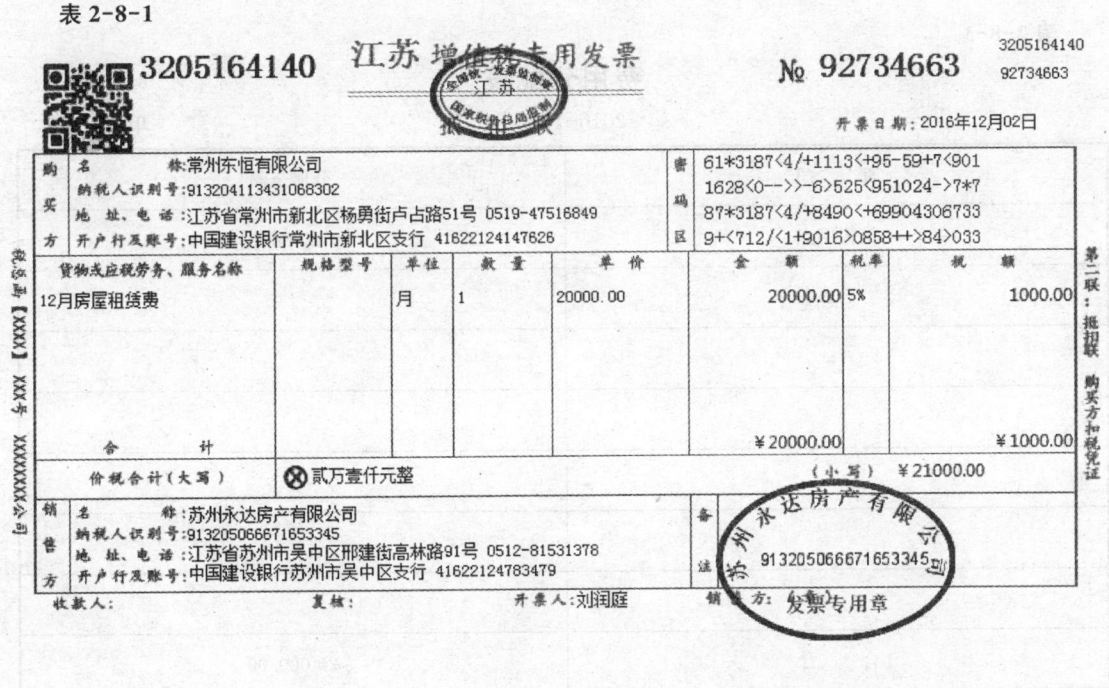

3205164140
92734663

3205164140　江苏增值税专用发票　№ **92734663**

国家税务总局监制
江苏

开票日期：2016年12月02日

购买方	名　　称：　常州东恒有限公司 纳税人识别号：913204113431068302 地址、电话：江苏省常州市新北区杨勇街卢占路51号　0519-47516849 开户行及账号：中国建设银行常州市新北区支行　41622124147626	密码区	61*3187<4/+1113<+95-59+7<901 1628<0-->)-6>525<951024->7*7 87*3187<4/+8490<+69904306733 9+<712/<1+9016>0858++>84<033

第二联：抵扣联　购买方扣税凭证

货物或应税劳务、服务名称	规格型号	单位	数量	单价	金额	税率	税额
12月房屋租赁费		月	1	20000.00	20000.00	5%	1000.00
合　　计					¥20000.00		¥1000.00
价税合计（大写）	⊗ 贰万壹仟元整				（小写）　¥21000.00		

销售方	名　　称：　苏州永达房产有限公司 纳税人识别号：913205066671653345 地址、电话：江苏省苏州市吴中区邢建街高林路91号　0512-81531378 开户行及账号：中国建设银行苏州市吴中区支行　41622124783479	备注	苏州永达房产有限公司 913205066671653345 发票专用章

收款人：　　　复核：　　　开票人：刘润庭　　　销售方：

表 2-8-2

表 2-8-3

费用分配表

2016-12-02　　　　　　　　　　　　　　　　　　　单位:元

部　门	分摊金额
销售网点	20 000
合　计	20 000.00

制表:王红　　　　　　　　　　　　　　　　　　　　审核:胡清

表 2-8-4

中国建设银行客户专用回单

币别：人民币		2016 年 12 月 02 日		流水号 320420027J0500810095			
付款人	全称	常州东恒有限公司	收款人	全称	苏州永达房产有限公司	
	账号	41622124147626		账号	41622124783479	
	开户行	中国建设银行常州市新北区支行		开户行	中国建设银行苏州市吴中区支行	
金 额		（大写）人民币 贰万壹仟元整		（小写）￥21000.00		
凭证种类		网银		凭证号码		
结算方式		转账		用途	支付房屋租赁费	

打印柜员：320425584257
打印机构：中国建设银行常州市新北区电行回单
打印卡号：41622124147626

打印时间：2016-12-02　　交易柜员：320425584268　　交易机构：320410565

上述原始凭证中：

表 2-8-1 是江苏增值税专用发票的第二联抵扣联，此联应作为购买方抵扣进项税额的依据。该抵扣联不能作为记账凭证的附件，专门用于在规定期限内到税务机关办理认证或在平台办理勾选确认，并在认证通过或勾选确认的次月申报期内，向主管税务机关申报抵扣进项税额。

表 2-8-2 是江苏增值税专用发票的第三联发票联，此联应作为购买方的记账依据。该原始凭证注明，"购买方"是本公司，"销售方"是苏州永达房产有限公司，"货物或应税劳务、服务名称"是 12 月房屋租赁费，这表明本公司从苏州永达房产有限公司接受了 2016 年 12 月份的房屋租赁服务。

表 2-8-3 是费用分配表，此表应作为分配费用的记账依据。该原始凭证注明，本公司销售网点本月应承担的费用为 20 000.00 元。根据表 2-8-2 及表 2-8-3 进行会计核算时，"金额"20 000.00 元应记入"销售费用——租赁费"科目的借方，"税额"1 000.00 元应记入"应交税费——应交增值税——进项税额"科目的借方。

表 2-8-4 是中国建设银行客户专用回单的第一联借方回单，此联应作为付款方支付款项的记账依据。该原始凭证注明，"付款人"是本公司，"账号"是 41622124147626，这表明本公司已通过账号 41622124147626 的基本户支付了款项，进行会计核算时，"金额"21 000.00 元应记入"银行存款——中国建设银行常州市新北区支行（41622124147626）"科目的贷方。

因此，该笔业务应填制如表 2-8-5 所示记账凭证。

表 2-8-5

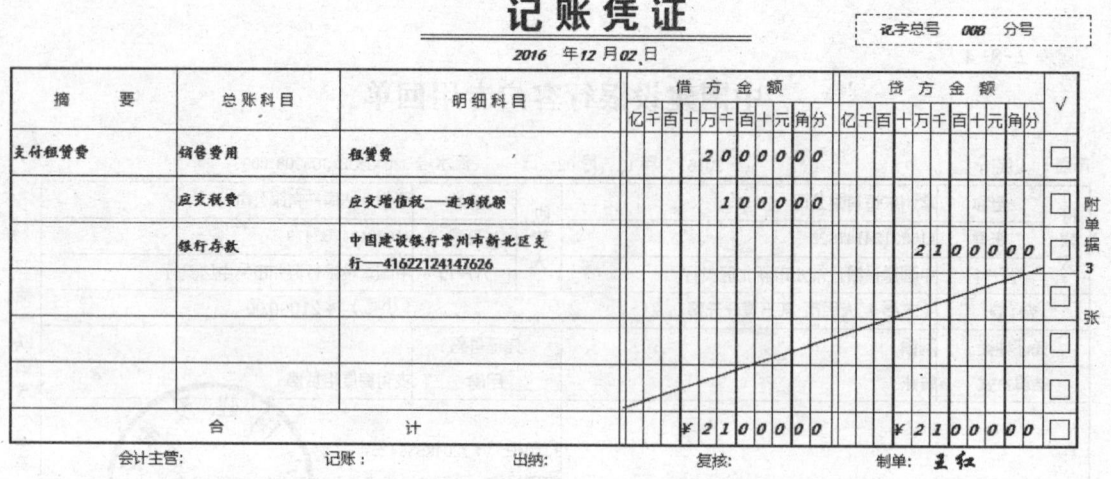

记账凭证

2016 年 12 月 02 日

记字总号 *008* 分号

摘要	总账科目	明细科目	借方金额 亿千百十万千百十元角分	贷方金额 亿千百十万千百十元角分	√
支付租赁费	销售费用	租赁费	2 0 0 0 0 0		□
	应交税费	应交增值税——进项税额	1 0 0 0 0		□
	银行存款	中国建设银行常州市新北区支行——41622124147626		2 1 0 0 0 0	□
					□
					□
					□
合计			￥ 2 1 0 0 0 0	￥ 2 1 0 0 0 0	□

附单据 3 张

会计主管:　　记账:　　出纳:　　复核:　　制单: 王红

【业务 2-9】（共 1 张原始凭证,于 2016 年 12 月 2 日取得）

表 2-9-1

中国建设银行客户专用回单

币别:人民币　　　　2016 年 12 月 02 日　　流水号 320420027J0500810080

付款人	全称	常州东恒有限公司	收款人	全称	苏州永达房产有限公司
	账号	41622124147626		账号	41622124783479
	开户行	中国建设银行常州市新北区支行		开户行	中国建设银行苏州市吴中区支行
金额	(大写)人民币 陆万元整			(小写)￥60000.00	
凭证种类	网银		凭证号码		
结算方式	转账		用途	支付押金	

第一联 借方（回单）

打印柜员:320425584257
打印机构:中国建设银行常州市新北区支行电子回单
打印卡号:41622124147626

（印章：中国建设银行 电子回单 专用章）

打印时间:2016-12-02　　交易柜员:320425584268　　交易机构:320410500541155046

上述原始凭证中:

表 2-9-1 是中国建设银行客户专用回单的第一联借方回单,此联应作为付款方支付款项的记账依据。该原始凭证注明,"付款人"是本公司,"账号"是 41622124147626,"收款人"是苏州永达房产有限公司,"用途"是支付押金。这表明本公司已通过账号 41622124147626 的基本户向苏州永达房产有限公司支付了押金,进行会计核算时,"金额"60 000.00 元应分别记入"其他应收款——苏州永达房产有限公司"科目的借方以及"银行存款——中国建设银行常州市新北区支行(41622124147626)"科目的贷方。

因此,该笔业务应填制如表 2-9-2 所示记账凭证。

表 2-9-2

记账凭证

2016 年 12 月 02 日

记字总号　009　分号

摘　要	总账科目	明细科目	借方金额 亿千百十万千百十元角分	贷方金额 亿千百十万千百十元角分	√
支付押金	其他应收款	苏州永达房产有限公司	6 0 0 0 0 0 0		☐
	银行存款	中国建设银行常州市新北区支行——41622124147626		6 0 0 0 0 0 0	☐
					☐
					☐
					☐
合　　计			￥6 0 0 0 0 0 0	￥6 0 0 0 0 0 0	☐

附单据 1 张

会计主管:　　记账:　　出纳:　　复核:　　制单: 王红

【业务 2-10】　（共 2 张原始凭证，于 2016 年 12 月 5 日取得）

表 2-10-1

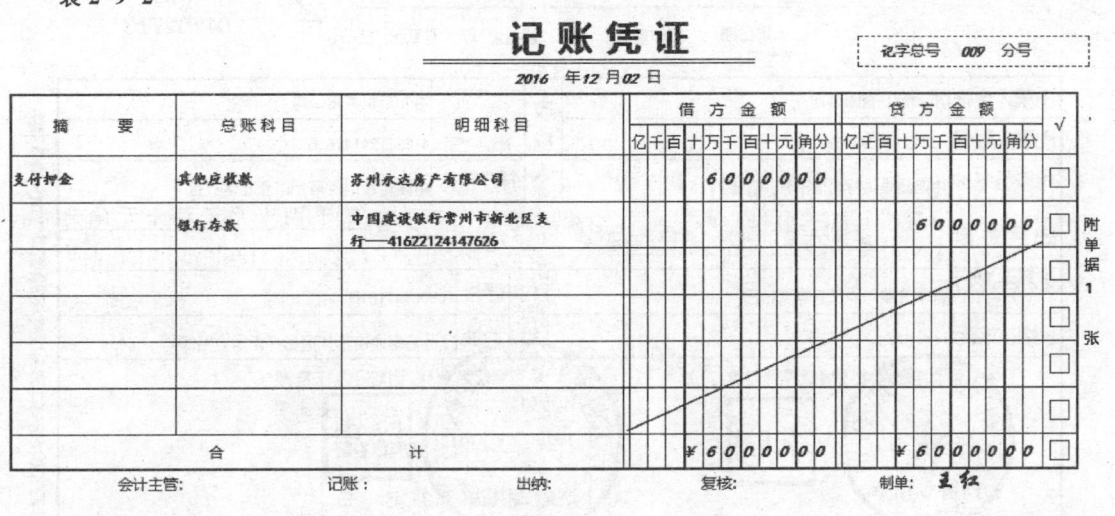

贴 现 凭 证 (收款通知) ④

填写日期 2016　年12　月05　日　第　2775　号

贴现汇票	种　类	银行承兑汇票	号码 04702713	申请人	名　称	常州东恒有限公司
	出票日	2016 年11 月 20 日			账　号	41622124147626
	到期日	2017 年 02 月 20 日			开户银行	中国建设银行常州市新北区支行

| 汇票承兑人(或银行) | 名称 中国建设银行南通市崇川区支行 | 账号 | 开户银行 |

| 汇票金额(即贴现金额) | 人民币(大写) 壹拾万元整 | 千百十万千百十元角分 ￥1 0 0 0 0 0 0 0 |

| 贴现率 每月 | 4.5‰ | 贴现利息 | 千百十万千百十元角分 ￥1 1 5 5 0 0 | 实付贴现金额 | 千百十万千百十元角分 ￥9 8 8 4 5 0 0 |

上述款项已转入你单位账号。
此到
贴现申请人　财务专用章　★　陈瑞　银行盖章

中国建设银行常州市新北区支行 2016-12-05 转讫(01)　备注:

此联银行给申请人的收款通知

表 2-10-2 正面(复印件)

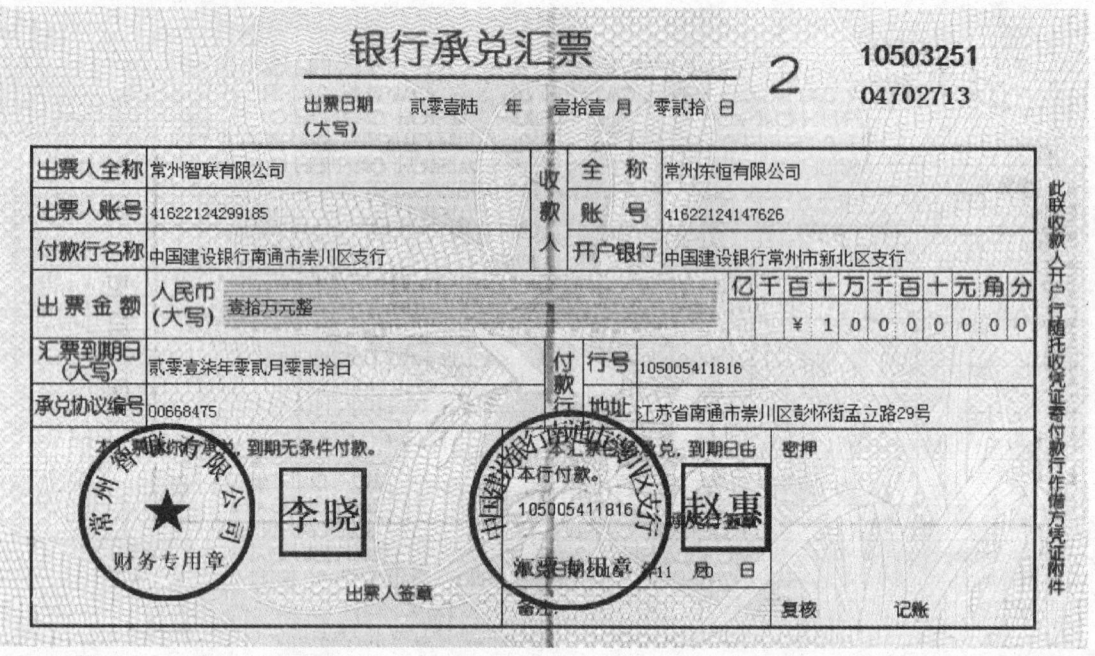

表 2-10-2 背面(复印件)

上述原始凭证中:

表 2-10-1 是贴现凭证第四联收款通知联,此联应作为收款方收取款项的记账依据。该原始凭证注明,"贴现汇票种类"是银行承兑汇票,"申请人"是本公司,"账号"是 41622124147626,"出票日"是 2016 年 11 月 20 日,"到期日"是 2017 年 2 月 20 日,"汇票金额"是 100 000.00 元,"贴现利息"是 1 155.00 元,"实付贴现金额"是 98 845.00 元,这表明本公司已办妥了未到期银行承兑汇票的贴现手续。进行会计核算时,"实付贴现金额" 98 845.00 元应记入"银行存款——中国建设银行常州市新北区支行(41622124147626)"科目的借方,"贴现利息" 1 155.00 元应记入"财务费用——利息支出"科目的借方。

表 2-10-2 是银行承兑汇票第二联的复印件,此复印件应作为付款方结算货款的记账依据。该原始凭证正面注明,"出票人全称"是常州智联有限公司,"收款人全称"是本公司,"出票金额"是 100 000.00 元,同时该原始凭证背面"被背书人"是中国建设银行常州新北区支行,"背书人签章"处加盖了本公司的预留银行印鉴,同时 2016 年 11 月 30 日"应收票据——常州智联有限公司"科目的借方余额为 100 000.00 元,这表明本公司在 2016 年 12 月 5 日将未到期的常州智联有限公司开具的银行承兑汇票背书转让给中国建设银行常州新北区支行,用于贴现。进行会计核算时,"出票金额"100 000.00 元应记入"应收票据——常州智联有限公司"科目的贷方。

因此,该笔业务应填制如表 2-10-3 所示记账凭证。

表 2-10-3

【业务 2-11】（共 2 张原始凭证,于 2016 年 12 月 5 日取得）

表 2-11-1

购销合同

购方:无锡华光有限公司　　　　　　合同编号:2016022
销方:常州东恒有限公司　　　　　　签订地点:常州市

供需双方本着互利互惠、长期合作的原则,根据《中华人民共和国合同法》及双方的实际情况,就需方向供方采购事宜,订立本合同,以使双方在合同履行中共同遵守。

一、产品名称、数量、单价、金额:

产品名称	规格型号	计量单位	数 量	单 价	金 额	备 注
0220		件	100	1 170.00	117 000.00	
						含税
合 计					￥117 000.00	
合计人民币(大写):壹拾壹万柒仟元整						

二、质量要求、技术标准、供方对质量负责的条件和期限：按合同企业标准。

三、(1) 交(提)货地点、方式：江苏省无锡市崇安区刘峥街周祖路 96 号

      (2) 交货日期：2016-11-28

四、付款时间与付款方式：现金折扣基数：含税价，现金折扣条件：10 天内付款折扣 2%、20 天内付款
        折扣 1%、30 天内付款折扣 0%，付款方式：转账

五、运输方式及到站、港和费用负担：销售方承担

六、合理损耗及计算方法：以实际数量验收。

七、包装标准、包装物的供应与回收：普通包装，不回收包装物。

八、验收标准、方法及提出异议期限：货到需方 7 天内提出质量异议，不包括运输过程中造成的质量问
    题。

九、违约责任：按《合同法》

十、解决合同纠纷的方式：双方协商解决。

十一、其他约定事项：本合同一式两份，需、供双方各一份，经双方盖章后即生效。

购方(盖章)：无锡华光有限公司

单位地址：江苏省无锡市崇安区刘峥街周祖路 96 号

电   话：0510-52548295

签订日期：2016-11-25

开户银行：中国建设银行无锡市崇安区支行

账   号：41622124737257

销方(盖章)：常州东恒有限公司

单位地址：江苏省常州市新北区北杨勇街占路 51 号

电   话：0519-4755849

签订日期：2016-11-25

开户银行：中国建设银行常州市新北区支行

账   号：41622124147626

表 2-11-2

中国建设银行客户专用回单

币别：人民币			2016 年 12 月 05 日		流水号 320420027J0500810082	
付款人	全称	无锡华光有限公司		收款人	全称	常州东恒有限公司
	账号	41622124737257			账号	41622124147626
	开户行	中国建设银行无锡市崇安区支行			开户行	中国建设银行常州市新北区支行
金 额	（大写）人民币 壹拾壹万肆仟陆佰陆拾元整				（小写）￥114660.00	
凭证种类	网银			凭证号码		
结算方式	转账			用途	货款	

打印柜员：320425584257

打印机构：中国建设银行常州市新北区支行

打印卡号：41622124147626

打印时间：2016-12-05   交易柜员：320425584268   交易机构：320479337

上述原始凭证中：

表 2-11-1 是购销合同，应作为收款方取得收款权利的依据。该原始凭证注明，"购方"
是无锡华光有限公司，"销方"是本公司，"金额"是 117 000.00 元，"交货日期"是 2016 年 11
月 28 日，"付款时间与付款方式"中规定以含税价为现金折扣基数，10 天内付款折扣 2%，20
天内付款折扣 1%，30 天内付款折扣 0%，这表明无锡华光有限公司与本公司签订了附有现
金折扣条件的购销合同。

表 2-11-2 是中国建设银行客户专用回单的第二联贷方回单，此联应作为收款方收取

款项的记账依据。该原始凭证注明,日期为 2016 年 12 月 5 日,"付款人"是无锡华光有限公司,"收款人"是本公司,"账号"是 41622124147626,"金额"是 114 660.00 元,"用途"是货款,同时 2016 年 11 月 30 日"应收账款——无锡华光有限公司"科目的借方余额为 117 000.00 元,这表明无锡华光有限公司已按照表 2-11-1 购销合同的现金折扣条件在 10 天内向本公司账号为 41622124147626 的基本户支付了货款 114 660.00 元,本公司承担现金折扣 2 340.00 元。根据表 2-11-1 及表 2-11-2 进行会计核算时,收款"金额"114 660.00 元应记入"银行存款——中国建设银行常州市新北区支行(41622124147626)"科目的借方,现金折扣 2 340.00 元应记入"财务费用——现金折扣"科目的借方,购销合同"金额"117 000.00 元应记入"应收账款——无锡华光有限公司"科目的贷方。

　　因此,该笔业务应填制如表 2-11-3 所示记账凭证。

表 2-11-3

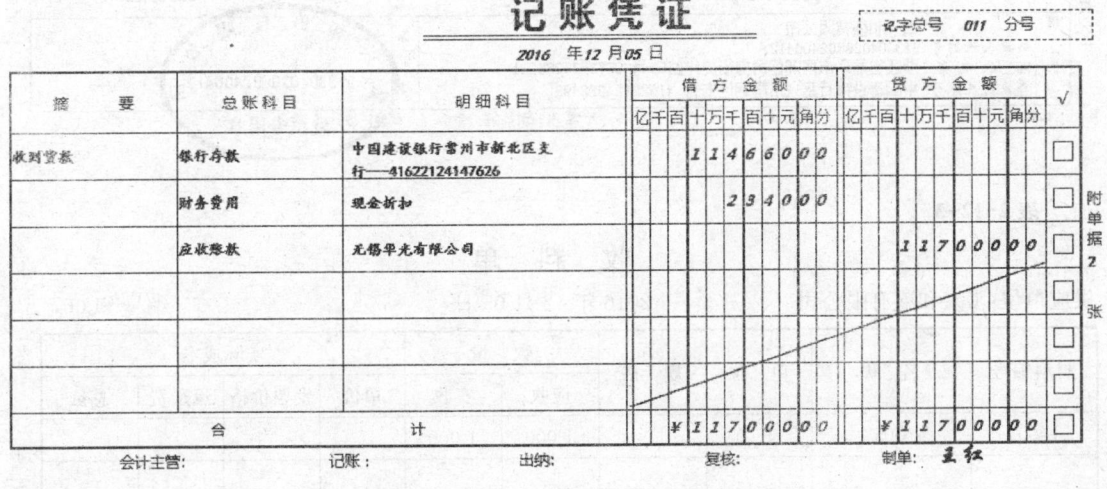

【业务 2-12】 （共 3 张原始凭证,于 2016 年 12 月 5 日取得）

表 2-12-1

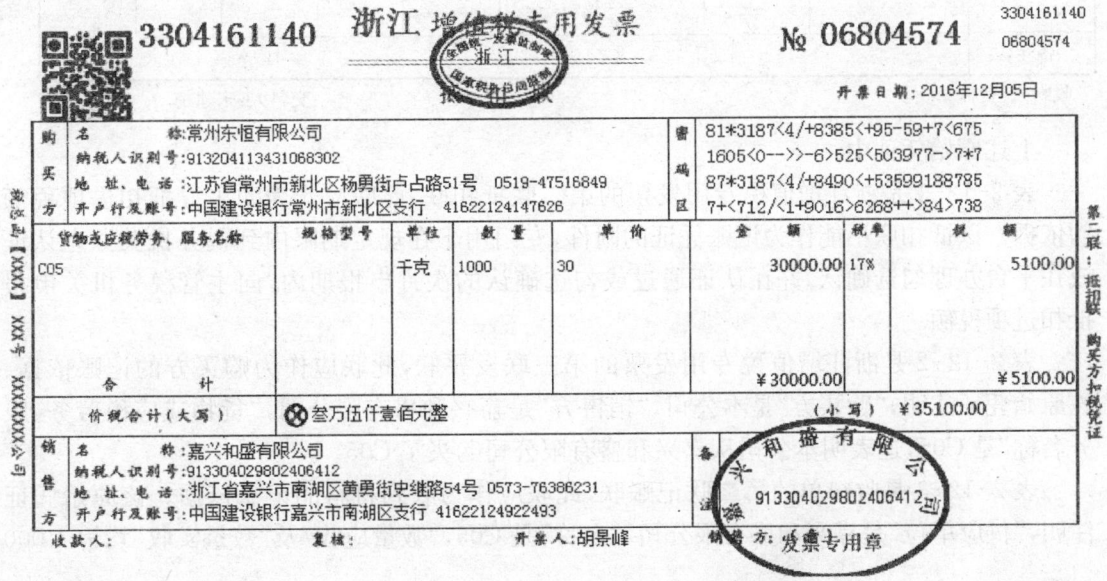

表 2-12-2

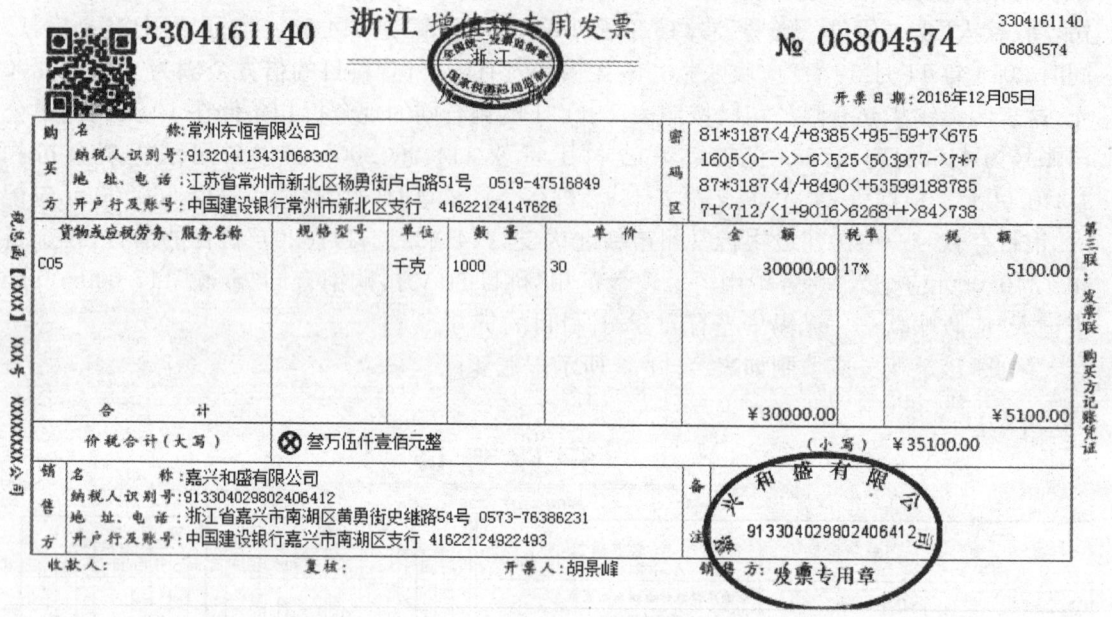

表 2-12-3

收 料 单

供应单位:嘉兴和盛有限公司　　　　2016 年 12 月 05 日　　　　编号 SL067

材料编号	名 称	单 位	规 格	数 量		实际成本			
				应收	实收	单价	发票价格	运杂费	总价
hs004	C05	千克		1 000	1 000				
备注:									

收料人:费林　　　　　　　　　　　　　　　　　　　交料人:宋建梅

上述原始凭证中:

表 2-12-1 是浙江增值税专用发票的第二联抵扣联,此联应作为购买方抵扣进项税额的依据。该抵扣联不能作为记账凭证的附件,专门用于在规定期限内到税务机关办理认证或在平台办理勾选确认,并在认证通过或勾选确认的次月申报期内,向主管税务机关申报抵扣进项税额。

表 2-12-2 是浙江增值税专用发票的第三联发票联,此联应作为购买方的记账依据。该原始凭证注明,“购买方”是本公司,“销售方”是嘉兴和盛有限公司,“货物或应税劳务、服务名称”是 C05,这表明本公司从嘉兴和盛有限公司购买了 C05。

表 2-12-3 是收料单的第二联记账联,此联应作为收到材料的记账依据。该原始凭证注明,“供应单位”是嘉兴和盛有限公司,“名称”是 C05,“数量应收”及“数量实收”均为 1 000

千克,这表明本公司向嘉兴和盛有限公司购买的原材料 C05 全部验收入库。根据表 2-12-2 和表 2-12-3,进行会计核算时,"金额"30 000.00 元应记入"原材料——C05"科目的借方,"税额"5 100.00 元应记入"应交税费——应交增值税——进项税额"科目的借方。

该笔采购业务中没有相关付款的原始凭证,同时 2016 年 11 月 30 日"预付账款——嘉兴和盛有限公司"科目的借方余额为 20 000.00 元,这表明本公司的该笔采购业务为预付款采购,进行会计核算时,"价税合计"35 100.00 元应记入"预付账款——嘉兴和盛有限公司"科目的贷方。

因此,该笔业务应填制如表 2-12-4 所示记账凭证。

表 2-12-4

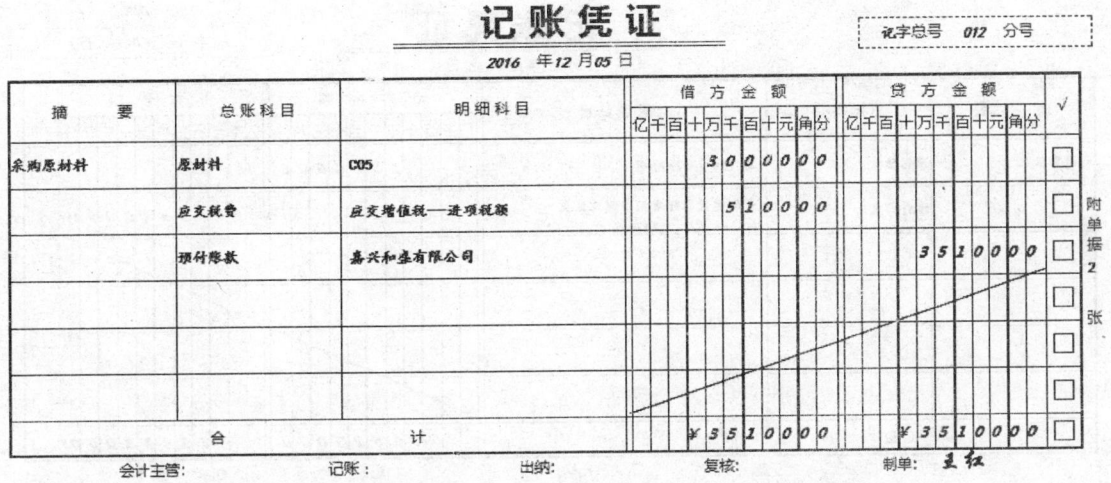

【业务 2-13】 （共 1 张原始凭证,于 2016 年 12 月 5 日取得）

表 2-13-1

上述原始凭证中:

表 2-13-1 是中国建设银行客户专用回单的第一联借方回单,此联应作为付款方支付款项的记账依据。该原始凭证注明,日期为 2016 年 12 月 5 日,"付款人"是本公司,"账号"是 41622124147626,"收款人"是嘉兴和盛有限公司,"金额"是 15 100.00 元,"用途"是补付货款,这表明本公司已通过账号为 41622124147626 的基本户向嘉兴和盛有限公司补付了货款。根据表 2-13-1 以及业务 12 进行会计核算时,"金额"15 100.00 元应分别记入"预付账款——嘉兴和盛有限公司"科目的借方以及"银行存款——中国建设银行常州市新北区支行(41622124147626)"科目的贷方。

因此,该笔业务应填制如表 2-13-2 所示记账凭证。

表 2-13-2

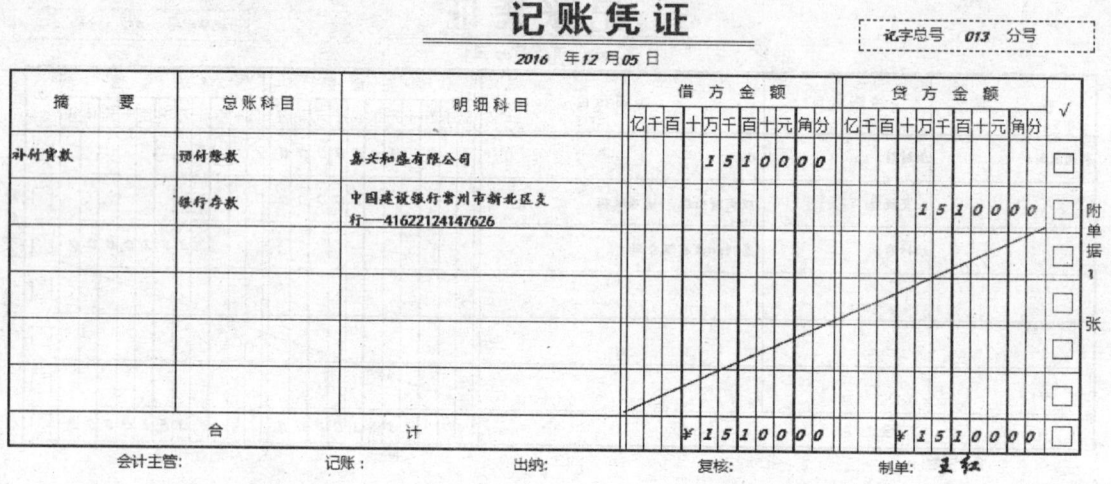

【业务 2-14】 (共 2 张原始凭证,于 2016 年 12 月 5 日取得)

表 2-14-1

表 2-14-2

供电公司收款凭证

收款日期：2016-12-05 09:41:58

用电总户号	32048176401
用电户名	常州东恒有限公司
用电地址	江苏省常州市新北区杨勇第
摘　要	负控购电现金
金额（大写）	捌万元整
金额（小写）	￥80000.00

开票人：孙据敏

上述原始凭证中：

表 2-14-1 是中国建设银行客户专用回单的第一联借方回单，此联应作为付款方支付款项的记账依据。该原始凭证注明，"付款人"是本公司，"账号"为 41622124147626，"金额"是 80 000.00 元，这表明本公司已通过账号 41622124147626 的基本户支付了款项，进行会计核算时，"金额" 80 000.00 元应记入"银行存款——中国建设银行常州市新北区支行（41622124147626）"科目的贷方；同时，"收款人"是江苏省电力股份有限公司常州市分公司，"用途"是预付电费，这表明本公司向江苏省电力股份有限公司常州市分公司预付了电费。

表 2-14-2 是供电公司收款凭证的收据联，此联也应作为付款方支付款项的记账依据。该原始凭证注明，"用电户名"是本公司，"金额"为 80 000.00 元，这表明江苏省电力股份有限公司常州市分公司已经收到款项。根据表 2-14-1 和表 2-14-2，进行会计核算时，"金额" 80 000.00 元应记入"预付账款——江苏省电力股份有限公司常州市分公司"科目的借方。

因此，该笔业务应填制如表 2-14-3 所示记账凭证。

表 2-14-3

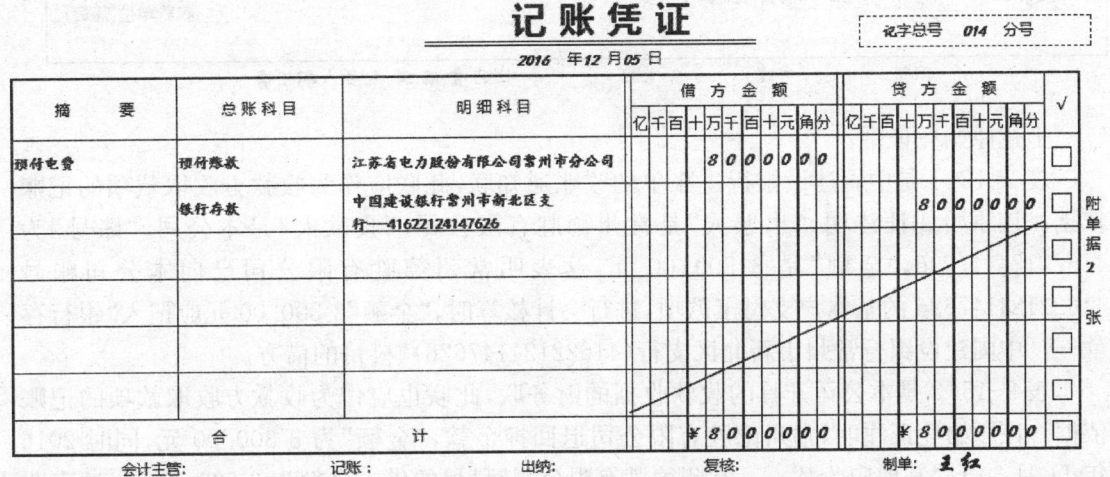

【业务 2-15】 （共 2 张原始凭证，于 2016 年 12 月 6 日取得）

表 2-15-1

中国建设银行 进账单 （收账通知） 3

2016 年 12 月 06 日

出票人	全 称	常州德胜有限公司	收款人	全 称	常州东恒有限公司											此联是收款人开户银行交给收款人的收账通知
	账 号	41622124769757		账 号	41622124147626											
	开户银行	中国建设银行常州市钟楼区支行		开户银行	中国建设银行常州市新北区支行											
金额	人民币（大写）	叁仟叁佰元整				亿	千	百	十	万	千	百	十	元	角	分
										￥	3	3	0	0	0	0
票据种类	转账支票		票据张数	1	中国建设银行 常州市新北区支行 2016-12-06 收讫 （01）										
票据号码	1050322616665308														
	复核	记账										开户银行签章			

表 2-15-2

收 款 收 据

NO.000820

2016 年 12 月 06 日

银行收讫

今 收 到	常州德胜有限公司								
交来：	退回押金款								
金额（大写）	零佰	零拾	零万	叁仟	叁佰	零拾	零元	零角	零分

￥ 3300.00   □现金 ☑转账支票 □其他

收款单位(盖章)

核准　　　会计　　　记账　　　出纳 金丽丽　经手人 胡正青

第三联交财务

上述原始凭证中：

表 2-15-1 是中国建设银行进账单的收账通知联，此联应作为收款方收取款项的记账依据。该原始凭证注明，"出票人"是常州德胜有限公司，"收款人"是本公司，"账号"为41622124147626，"金额"是 3 300.00 元，这表明常州德胜有限公司已向本公司账号41622124147626 的基本户支付了款项，进行会计核算时，"金额"3 300.00 元应记入"银行存款——中国建设银行常州市新北区支行(41622124147626)"科目的借方。

表 2-15-2 是本公司开具的收款收据的财务联，此联也应作为收款方收取款项的记账依据。该原始凭证注明，常州德胜有限公司退回押金款，"金额"为 3 300.00 元，同时 2016年 11 月 30 日"其他应收款——常州德胜有限公司"科目的借方余额为 3 300.00 元，这表明常州德胜有限公司已向本公司退回押金，进行会计核算时，"金额"3 300.00 元应记入"其他

应收款——常州德胜有限公司"科目的贷方。

因此,该笔业务应填制如表2-15-3所示记账凭证。

表2-15-3

记账凭证

2016 年12月06日

记字总号 015 分号

摘　要	总账科目	明细科目	借方金额	贷方金额	√
			亿 千 百 十 万 千 百 十 元 角 分	亿 千 百 十 万 千 百 十 元 角 分	
收回押金	银行存款	中国建设银行常州市新北区支行——41622124147626	3 3 0 0 0 0		☐
	其他应收款	常州德胜有限公司		3 3 0 0 0 0	☐
					☐
					☐
					☐
					☐
合　　　　　计			￥ 3 3 0 0 0 0	￥ 3 3 0 0 0 0	☐

附单据2张

会计主管:　　　记账:　　　出纳:　　　复核:　　　制单: 王红

【业务2-16】　(共2张原始凭证,于2016年12月6日取得)

表2-16-1

南京市中级人民法院破产终结公告

本院根据债务人南京长海有限公司的申请,已于2016年05月20日依法宣告上述单位破产还债。经破产清算组清算,南京长海有限公司的破产财产在优先拨付破产费用和职工安置费用后,已无资金清偿二、三顺序破产债权,其他债权人的清偿率为零。现破产财产已分配完毕,本院根据清算组的申请,已于2016年12月01日依法裁定终结本案的破产还债程序,未得到清偿的债权不再清偿。

特此公告

南京市中级人民法院
2016年12月01日

表2-16-2

经理办公会议纪要

根据南京市中级人民法院关于南京长海有限公司破产终结公告,应收南京长海有限公司款项￥2 800.00元(人民币贰仟捌佰元整),已无法收回。

参加人员:

田园　胡清　高娥　周小军

2016 年 12 月 06 日

上述原始凭证中:

表2-16-1是南京市中级人民法院破产终结公告,应作为债权人确认坏账损失的记账

依据。该原始凭证注明,南京长海有限公司已于 2016 年 12 月 1 日被裁定终结破产还债程序,这表明未得到清偿的所有债权人都因无法收回债权而应确认坏账损失。

表 2-16-2 是本公司形成的经理办公会议纪要,应作为债权人确认坏账损失的记账依据。该原始凭证注明,应收南京长海有限公司的 2 800.00 元已无法收回,同时 2016 年 11 月 30 日"应收账款——南京长海有限公司"科目的借方余额为 2 800.00 元,这表明应收南京长海有限公司的 2 800.00 元应确认为坏账损失,进行会计核算时,应分别记入"坏账准备——应收账款坏账准备"科目的借方以及"应收账款——南京长海有限公司"科目的贷方。

因此,该笔业务应填制如表 2-16-3 所示记账凭证。

表 2-16-3

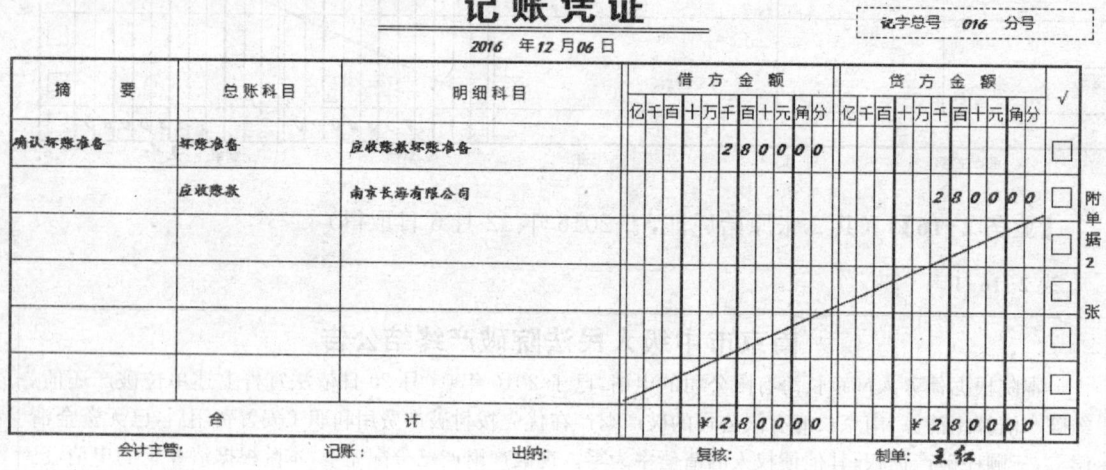

记账凭证

2016 年 12 月 06 日

记字总号 016 分号

摘要	总账科目	明细科目	借方金额 亿千百十万千百十元角分	贷方金额 亿千百十万千百十元角分	√
确认坏账准备	坏账准备	应收账款坏账准备	2 8 0 0 0 0		□
	应收账款	南京长海有限公司		2 8 0 0 0 0	□
					□
					□
					□
					□
合计			¥ 2 8 0 0 0 0	¥ 2 8 0 0 0 0	□

附单据 2 张

会计主管: 　　记账: 　　出纳: 　　复核: 　　制单: 王红

【业务 2-17】 (共 2 张原始凭证,于 2016 年 12 月 6 日取得)

表 2-17-1

购销合同

购方:常州东恒有限公司　　　　合同编号:2016045
销方:宁波博凌有限公司　　　　签订地点:常州市

供需双方本着互利互惠、长期合作的原则,根据《中华人民共和国合同法》及双方的实际情况,就需方向供方采购事宜,订立本合同,以使双方在合同履行中共同遵守。

一、产品名称、数量、单价、金额:

产品名称	规格型号	计量单位	数量	单价	金额	备注
E12		千克	1 200	35.10	42 120.00	
						含税
合　计					¥42 120.00	

合计人民币(大写):肆万贰仟壹佰贰拾元整

二、质量要求、技术标准、供方对质量负责的条件和期限:按合同企业标准。

三、(1) 交(提)货地点、方式:江苏省常州市新北区杨勇街卢占路 51 号

(2) 交货日期:2016-11-29

四、付款时间与付款方式:现金折扣基数:含税,现金折扣条件:10 天内付款折扣 2‰、20 天内付款折扣 1‰、30 天内付款折扣 0‰,付款方式:网银。

五、运输方式及到站、港和费用负担:销售方承担

六、合理损耗及计算方法:以实际数量验收。

七、包装标准、包装物的供应与回收:普通包装,不回收包装物。

八、验收标准、方法及提出异议期限:货到需方 7 天内提出质量异议,不包括运输过程中造成的质量问题。

九、违约责任:按《合同法》。

十、解决合同纠纷的方式:双方协商解决。

十一、其他约定事项:本合同一式两份,需、供双方各一份,经双方盖章后即生效。

购方(盖章):常州东恒有限公司　　　　　　　销方(盖章):宁波博凌有限公司

单位地址:江苏省常州市新北区杨勇街卢占路 51 号　　单位地址:浙江省宁波市江东区孙忠街柳玉路 85 号

电　　话:0519-4751.8849　　　　　　　　电　　话:0574-71142138

签订日期:2016-11-24　　　　　　　　　　签订日期:2016-11-24

开户银行:中国建设银行常州市新北区支行　　　开户银行:中国建设银行宁波市江东区支行

账　　号:41622124147626　　　　　　　账　　号:41622124369086

表 2-17-2

中国建设银行客户专用回单

币别:人民币　　　　　　　　2016　年 12 月 06 日　　　流水号 320420027J0500810067

付款人	全称	常州东恒有限公司	收款人	全称	宁波博凌有限公司
	账号	41622124147626		账号	41622124369086
	开户行	中国建设银行常州市新北区支行		开户行	中国建设银行宁波市江东区支行
金 额		(大写)人民币 肆万壹仟贰佰柒拾柒元陆角整		(小写)¥41277.60	
凭证种类		网银	凭证号码		
结算方式		转账	用途	支付货款	

打印柜员:320425584257

打印机构:中国建设银行常州市新北区支行

打印卡号:41622124147626

第一联借方(回单)

打印时间:2016-12-06　　　交易柜员:320425584268　　　交易机构:3204105005411155002

上述原始凭证中:

表 2-17-1 是购销合同,应作为付款方承担付款义务的依据。该原始凭证注明,"购方"是本公司,"销方"是宁波博凌有限公司,"金额"是 42 120.00 元,"交货日期"是 2016 年 11 月 29 日,"付款时间与付款方式"中规定以含税价为现金折扣基数,10 天内付款折扣 2‰,20 天内付款折扣 1‰,30 天内付款折扣 0‰,这表明本公司与宁波博凌有限公司签订了附有现

金折扣条件的购销合同。

表 2-17-2 是中国建设银行客户专用回单的第一联借方回单,此联也应作为付款方支付款项的记账依据。该原始凭证注明,日期为 2016 年 12 月 6 日,"付款人"是本公司,"账号"是 41622124147626,"收款人"是宁波博凌有限公司,"金额"是 41 277.60 元,"用途"是货款,同时 2016 年 11 月 30 日"应付账款——宁波博凌有限公司"科目的贷方余额为 42 120.00元,这表明本公司已按照表 2-17-1 购销合同的现金折扣条件在 10 天内通过账号为 41622124147626 的基本户向宁波博凌有限公司支付了货款 41 277.60 元,本公司享受现金折扣 842.40 元。根据表 2-17-1 及表 2-17-2 进行会计核算时,购销合同"金额"42 120.00元应记入"应付账款——宁波博凌有限公司"科目的借方,付款"金额"41 277.60 元应记入"银行存款——中国建设银行常州市新北区支行(41622124147626)"科目的贷方,现金折扣842.40 元应记入"财务费用——现金折扣"科目的贷方。

因此,该笔业务应填制如表 2-17-3 所示记账凭证。

表 2-17-3

【业务 2-18】 (共 2 张原始凭证,于 2016 年 12 月 7 日取得)

表 2-18-1

特殊事项处理说明

日期:2016 年 12 月 07 日

说明事项	本公司应收郑州远达有限公司的应收账款 1 350.00 元于 2015 年 12 月 07 日已确认坏账损失。2016 年 12 月 07 日本公司收到郑州远达有限公司返还的款项 1 350.00 元,经批准,冲销已确认的坏账损失。
批准:田园	审核:胡清 说明人:王红

表 2-18-2

中国建设银行客户专用回单

币别：人民币　　　　　　2016 年 12 月 07 日　　　流水号 320420027J0500810057

付款人	全称	郑州远达有限公司	收款人	全称	常州东恒有限公司
	账号	41622124006905		账号	41622124147626
	开户行	中国建设银行郑州市中原区支行		开户行	中国建设银行常州市新北区支行
金额		（大写）人民币 壹仟叁佰伍拾元整			（小写）¥1350.00
凭证种类		网银	凭证号码		
结算方式		转账	用途		货款

打印柜员：320425584257
打印机构：中国建设银行常州市新北区支行
打印卡号：41622124147626

打印时间：2016-12-07　　交易柜员：320425584268　　交易机构：320494455

上述原始凭证中：

表 2-18-1 是本公司形成的特殊事项说明，应作为收款方转回坏账准备的记账依据。该原始凭证注明，2015 年 12 月 7 日已经确认了坏账损失的应收郑州远达有限公司款项 1 350.00 元，又于 2016 年 12 月 7 日全额收回，这表明应该冲销已确认的坏账损失，进行会计核算时，应分别记入"应收账款——郑州远达有限公司"科目的借方以及"坏账准备——应收账款坏账准备"科目的贷方。

表 2-18-2 是中国建设银行客户专用回单的第二联贷方回单，此联也应作为收款方收取款项的记账依据。该原始凭证注明，日期为 2016 年 12 月 7 日，"付款人"是郑州远达有限公司，"收款人"是本公司，"账号"是 41622124147626，"金额"是 1 350.00 元，"用途"是货款，这表明郑州远达有限公司已向本公司账号为 41622124147626 的基本户支付了货款 1 350.00 元，根据表 2-18-1 及表 2-18-2 进行会计核算时，"金额" 1 350.00 元应分别记入"银行存款——中国建设银行常州市新北区支行（41622124147626）"科目的借方以及"应收账款——郑州远达有限公司"科目的贷方。

因此，该笔业务应填制如表 2-18-3 和表 2-18-4 所示记账凭证。

表 2-18-3

记 账 凭 证

2016 年 12 月 07 日　　　　　　　记字总号 018 分号 1/2

摘要	总账科目	明细科目	借方金额 亿千百十万千百十元角分	贷方金额 亿千百十万千百十元角分	√
确认坏账又收回	应收账款	郑州远达有限公司	1 3 5 0 0 0		☐
	坏账准备	应收账款坏账准备		1 3 5 0 0 0	☐
					☐
					☐
					☐
					☐
合　计			¥ 1 3 5 0 0 0	¥ 1 3 5 0 0 0	☐

会计主管：　　记账：　　出纳：　　复核：　　制单：王红

表 2-18-4

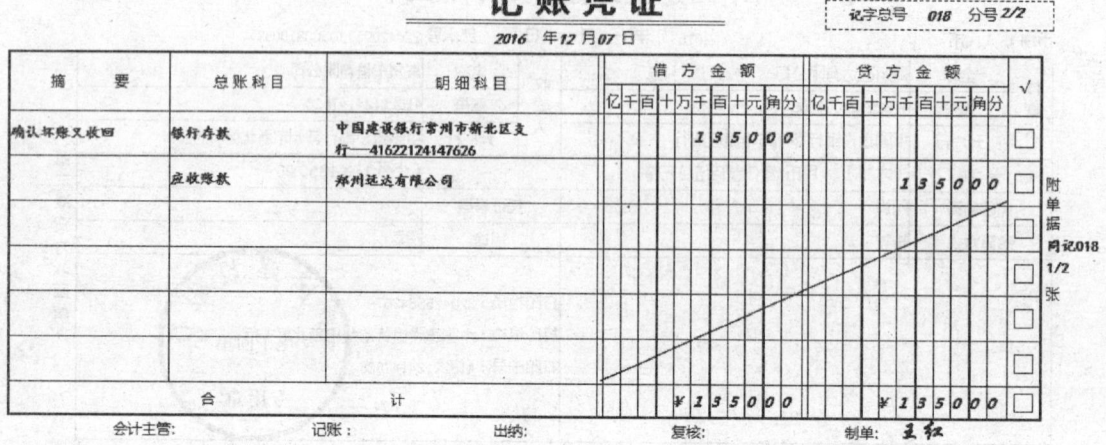

记账凭证

2016 年 12 月 07 日

记字总号 018 分号 2/2

摘 要	总账科目	明细科目	借方金额										贷方金额										√
			亿	千	百	十	万	千	百	十	元	角	分	亿	千	百	十	万	千	百	十	元	角	分	
确认年应收回	银行存款	中国建设银行常州市新北区支行—41622124147626				1	3	5	0	0	0															□
	应收账款	郑州远达有限公司															1	3	5	0	0	0			□
																									□
																									□
																									□
																									□
合 计					¥	1	3	5	0	0	0					¥	1	3	5	0	0	0			□

会计主管: 记账: 出纳: 复核: 制单: 王红

附单据 同记018 1/2 张

【业务 2-19】 （共 4 张原始凭证，于 2016 年 12 月 7 日取得）

表 2-19-1

经理办公会议纪要

企业拟以不高于每股 5.8 元的价格买入华林公司发行在外的 10 000 股股票，划分为交易性金融资产。

参加人员： 胡清 高娥 田园 周小军

2016 年 12 月 06 日

表 2-19-2

交 割 单

营业部名：江苏华兴证券服务股份有限公司
股东姓名：常州东恒有限公司
资金账户：2763593369
当前币种：人民币

成交日期	操作	证券代码	证券名称	成交数量	成交均价	成交金额	手续费	印花税	其他费用	结算金额	账户	交易市场
2016-12-07	买入	600900	华林公司	10 000	5.80	58 000.00	11.60	0.00	0.00	58 011.60	2763593369	上海证券

表 2-19-3

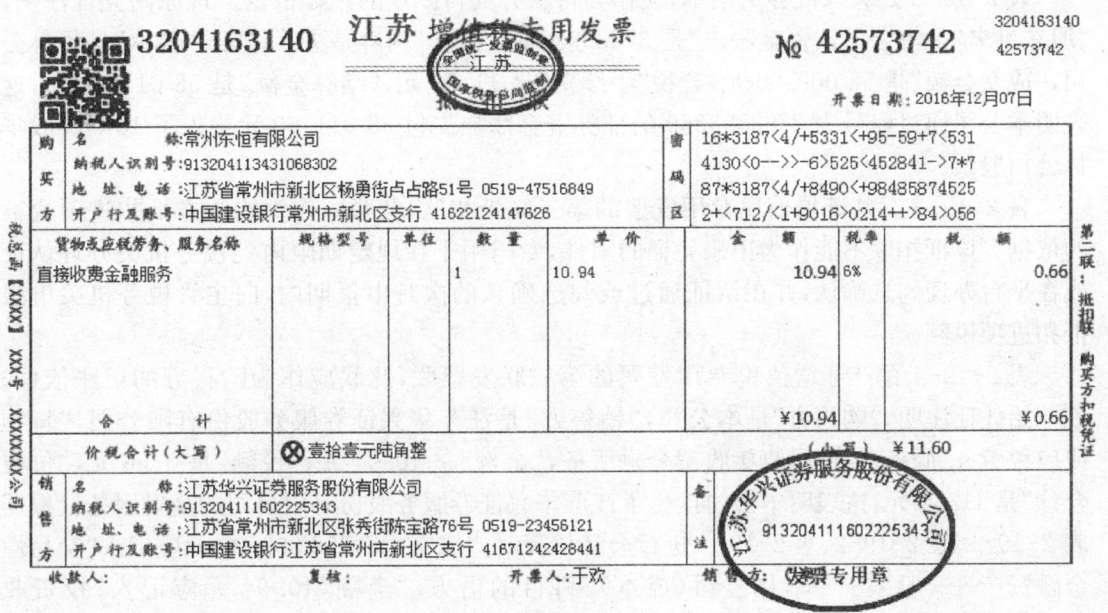

表 2-19-4

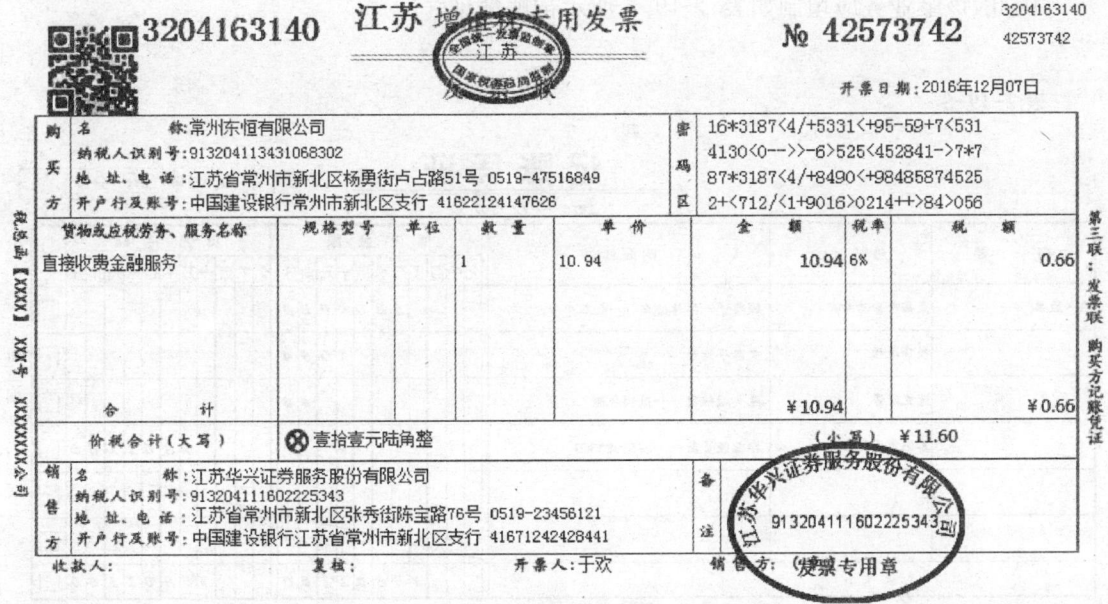

上述原始凭证中：

　　表 2-19-1 是本公司形成的经理办公会议纪要，应作为购买金融商品并对其进行分类的依据。该原始凭证注明，本公司拟以每股不高于 5.8 元的价格买入华林公司 10 000 股股

票,并划分为交易性金融资产。

表 2-19-2 是买入证券交割单,应作为付款方支付款项的记账依据。该原始凭证注明,"股东姓名"是本公司,"资金账户"是 2763593369,"操作"内容是买入,"证券名称"是华林公司,"成交金额"是 58 000.00 元,含税"手续费"是 11.60 元,"结算金额"是 58 011.60 元,这表明本公司通过账号为 2763593369 的证券资金账户支付 58 011.60 元买入了 10 000 股华林公司股票。

表 2-19-3 是江苏增值税专用发票的第二联抵扣联,此联应作为购买方抵扣进项税额的依据。该抵扣联不能作为记账凭证的附件,专门用于在规定期限内到税务机关办理认证或在平台办理勾选确认,并在认证通过或勾选确认的次月申报期内,向主管税务机关申报抵扣进项税额。

表 2-19-4 是江苏增值税专用发票的第三联发票联,此联应作为购买方的记账依据。该原始凭证注明,"购买方"是本公司,"销售方"是江苏华兴证券服务股份有限公司,"货物或应税劳务、服务名称"是直接收费金融服务,"金额"是 10.94 元,"税额"是 0.66 元,"价税合计"是 11.60 元,这表明本公司接受了江苏华兴证券服务股份有限公司的金融服务。根据表 2-19-1、表 2-19-2、表 2-19-4 进行会计核算时,"成交金额"58 000.00 元应记入"交易性金融资产——股票——华林公司(成本)"科目的借方,"金额"10.94 元应记入"投资收益——交易手续费"科目的借方,"税额"0.66 元应记入"应交税费——应交增值税——进项税额"科目的借方,"结算金额"58 011.60 元应记入"其他货币资金——存出投资款——2763593369"科目的贷方。

因此,该笔业务应填制如表 2-19-5 所示记账凭证。

表 2-19-5

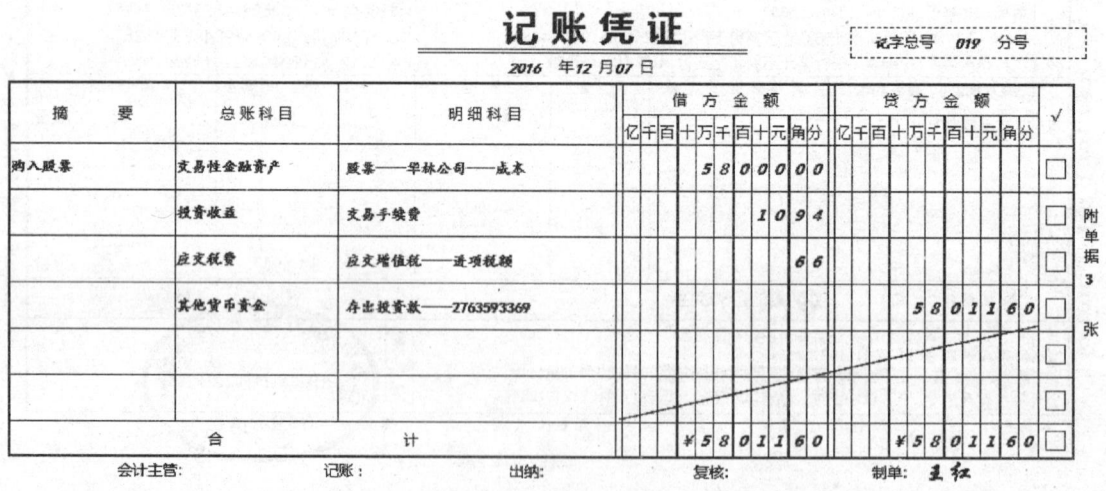

【业务 2-20】 (共 2 张原始凭证,于 2016 年 12 月 7 日取得)

表 2-20-1

交　割　单

营业部名:江苏华兴证券服务股份有限公司
股东姓名:常州东恒有限公司
资金账户:2763593369
当前币种:人民币

成交日期	操作	证券代码	证券名称	面值	成交数量	成交价格	成交金额	手续费	其他费用	结算金额	账户	交易市场
2016-12-07	利息收入		红河公司							3 000.00	2763593369	上海证券

表 2-20-2

交易性金融资产利息计算单

单位:元

日期	债券名称	应计利息	利息收入
2016-12-07	红河公司	3 000.00	3 000.00
合　计		3 000.00	3 000.00

审核:胡清　　　　　　　　　　　　　　　　　　　　　　　　　制单:王红

　　上述原始凭证中:

　　表 2-20-1 是利息收入交割单,应作为收款方收取款项的记账依据。该原始凭证注明,"股东姓名"是本公司,"资金账户"是 2763593369,"操作"内容是利息收入,"证券名称"是红河公司,同时 2016 年 11 月 30 日"交易性金融资产——债券——红河公司"科目有余额,且截至 2016 年 12 月 7 日本公司仍继续持有该债券,这表明本公司的账号为 2763593369 的证券资金账户上收取了因持有红河公司债券而应收的利息收入,进行会计核算时,应将"结算金额"3 000.00 元记入"其他货币资金——存出投资款(2763593369)"科目的借方。

　　表 2-20-2 是交易性金融资产利息计算单,也应作为收款方收取款项的记账依据。该

原始凭证注明,作为交易性金融资产的红河公司债券2016年12月7日"应计利息"和"利息收入"均为3 000.00元,而表2-20-1交割单上注明的"成交日期"是2016年12月7日,这表明2016年12月7日是红河公司债券的分期付息日,进行会计核算时,应记入"投资收益——利息收入"科目的贷方。

因此,该笔业务应填制如表2-20-3所示记账凭证。

表2-20-3

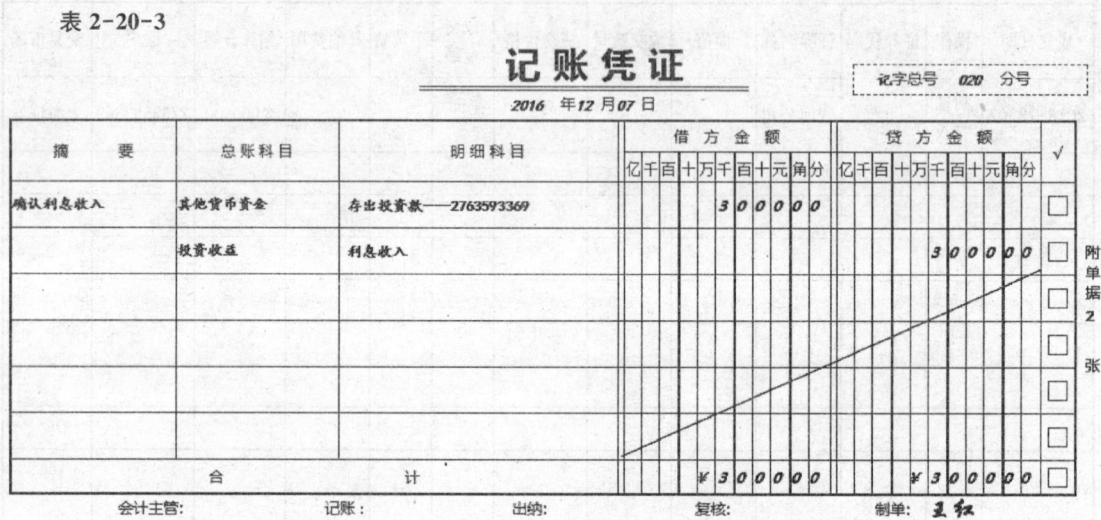

记账凭证

2016 年 12 月 07 日

记字总号 020 分号

摘要	总账科目	明细科目	借方金额 亿千百十万千百十元角分	贷方金额 亿千百十万千百十元角分	√
确认利息收入	其他货币资金	存出投资款——2763593369	3 0 0 0 0 0		□
	投资收益	利息收入		3 0 0 0 0 0	□
					□
					□
					□
					□
合计			¥ 3 0 0 0 0 0	¥ 3 0 0 0 0 0	

附单据 2 张

会计主管:　　　记账:　　　出纳:　　　复核:　　　制单: 王红

注:公司于2016年11月23日以100.00元的单位买入价购入了1 000份红河公司债券并作为交易性金融资产,该笔业务交割单上注明的"成交日期"2016年12月7日是红河公司公开发行债券公告中注明的付息日,这表明公司在约定的收息日2016年12月7日取得了因持有拟随时变现的红河公司债券的利息收入。因此,在付息日2016年12月7日本公司收取红河公司债券利息收入3 000.00元时,无需通过"应收利息"科目,而应直接分别记入"其他货币资金——存出投资款(2763593369)"科目的借方以及"投资收益——利息收入"科目的贷方。

【业务2-21】(共1张原始凭证,于2016年12月8日取得)

表2-21-1

股东大会决议

公司利润分配方案已在2016年12月08日召开的2016年第三次临时股东大会审议通过,以公司实施利润分配的股权登记日总股份数4 500 000股为基数,向全体股东每股派发现金红利人民币1.20元(含税),共计派发现金红利总额人民币5 400 000.00元。股权登记日为2017年01月08日,除息日为2017年01月09日,现金红利发放日为2017年01月16日。

利明股份有限公司股东大会
2016年12月08日

上述原始凭证中:

表 2-21-1 是利明股份有限公司的股东大会决议,应作为投资方确认投资收益的记账依据。该原始凭证注明,利明股份有限公司向全体股东每股派发现金红利每股人民币 1.2 元(含税),同时 2016 年 11 月 30 日"交易性金融资产——股票——利明公司"科目有余额,且截至 2016 年 12 月 8 日本公司仍继续持有该股票 1 000 股,这表明本公司将取得现金红利 1 200.00 元,进行会计核算时,应分别记入"应收股利——利明股份有限公司"科目的借方以及"投资收益——股利收入"科目的贷方。

因此,该笔业务应填制如表 2-21-2 所示记账凭证。

表 2-21-2

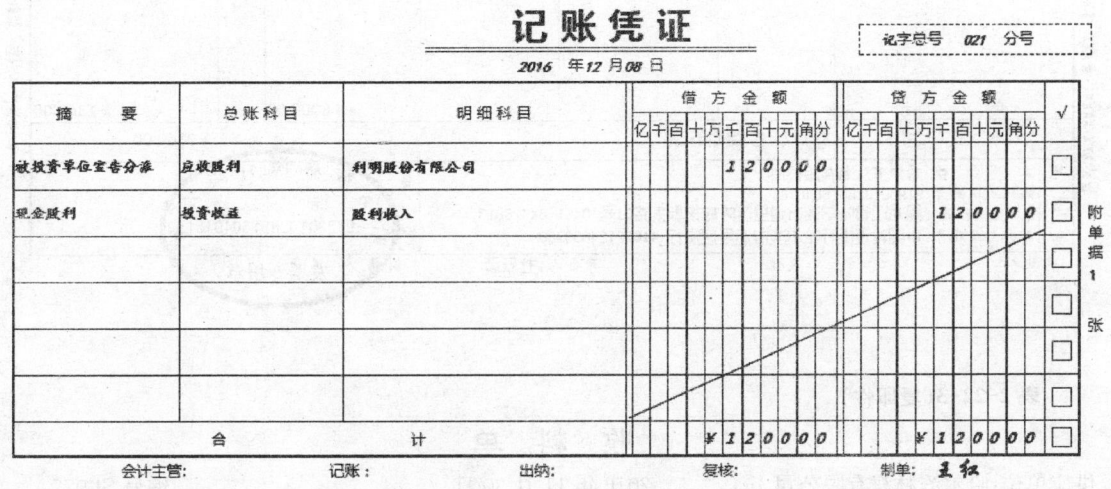

【业务 2-22】 (共 3 张原始凭证,于 2016 年 12 月 9 日取得)

表 2-22-1

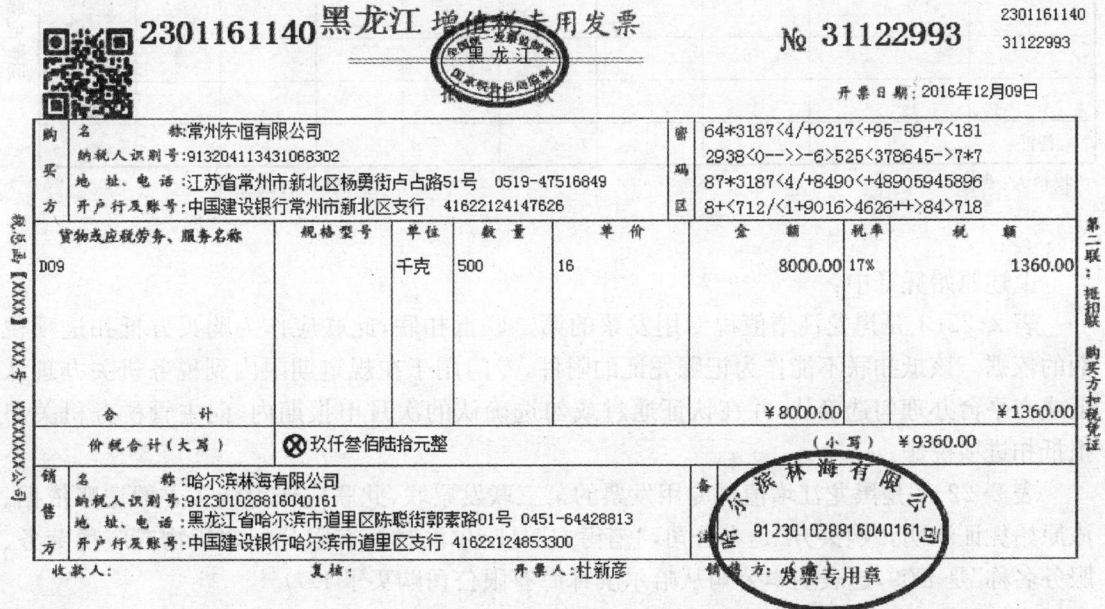

表 2-22-2

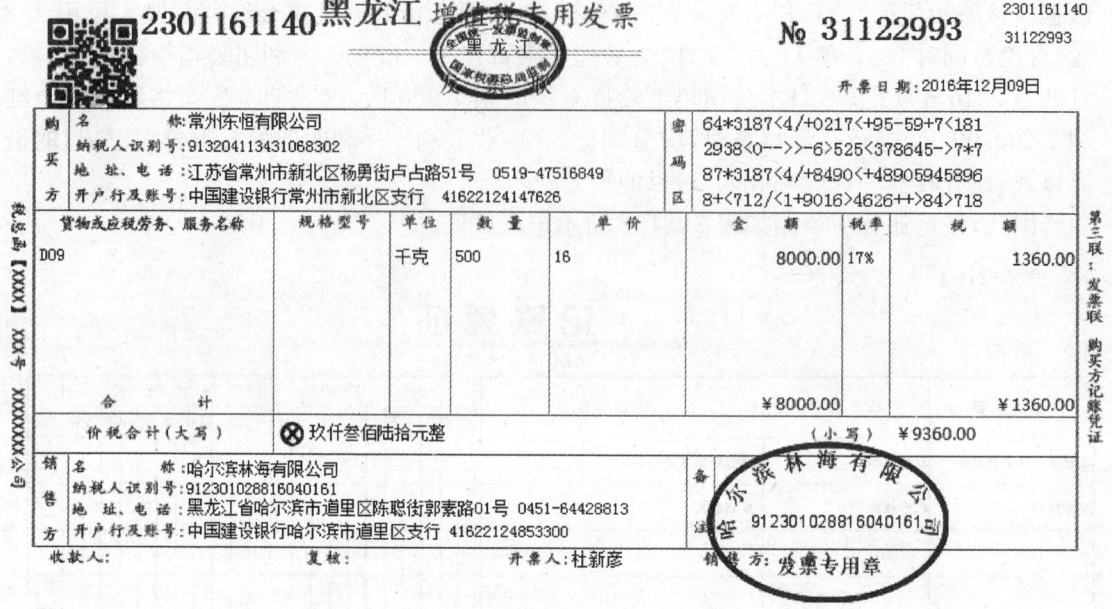

表 2-22-3(复印件)

收 料 单

供应单位:哈尔滨林海有限公司　　　　2016 年 11 月 30 日　　　　编号 SL077

材料编号	名 称	单 位	规 格	数 量		实际成本			
				应收	实收	单价	发票价格	运杂费	总价
hs005	D09	千克		500	500				
备注:									

收料人:费林　　　　　　　　　　　　　　　　　　　　交料人:段星月

第二联记账联

上述原始凭证中:

表 2-22-1 是黑龙江增值税专用发票的第二联抵扣联,此联应作为购买方抵扣进项税额的依据。该抵扣联不能作为记账凭证的附件,专门用于在规定期限内到税务机关办理认证或在平台办理勾选确认,并在认证通过或勾选确认的次月申报期内,向主管税务机关申报抵扣进项税额。

表 2-22-2 是黑龙江增值税专用发票的第三联发票联,此联应作为购买方的记账依据。该原始凭证注明,"购买方"是本公司,"销售方"是哈尔滨林海有限公司,"货物或应税劳务、服务名称"是 D09,这表明本公司从哈尔滨林海有限公司购买了 D09。

表 2-22-3 是收料单的第二联记账联的复印件,此复印件应作为收到材料的记账依据。

该原始凭证注明,日期是 2016 年 11 月 30 日,"供应单位"是哈尔滨林海有限公司,"名称"是D09,"数量应收"及"数量实收"均为 500 千克,这表明本公司向哈尔滨林海有限公司购买的原材料 D09 已于 2016 年 11 月 30 日全部验收入库。

由于料到票未到的原因,公司已于 2016 年 11 月 30 日对从哈尔滨林海有限公司购入的500 千克 D09 材料按照合同金额进行了暂估入账,并已于 2016 年 12 月 1 日在业务 1 中红冲了上月月末暂估入库的 D09 材料。业务 1 以及表 2-22-2、表 2-22-3 表明本公司向哈尔滨林海有限公司购买的原材料 D09 已于 2016 年 12 月 9 日取得了增值税专用发票,进行会计核算时,"金额"8 000.00 元应记入"原材料——D09"科目的借方,"税额"1 360.00 元应记入"应交税费——应交增值税——进项税额"科目的借方。该笔采购业务中没有相关付款的原始凭证,同时在此之前也没有发生相关的预付款业务,这表明本公司的该笔采购业务为赊购,进行会计核算时,"价税合计"9 360.00 元应记入"应付账款——哈尔滨林海有限公司"科目的贷方。

因此,该笔业务应填制如表 2-22-4 所示记账凭证。

表 2-22-4

记账凭证

2016 年 12 月 09 日　　记字总号 022 分号

摘要	总账科目	明细科目	借方金额	贷方金额	√
采购材料	原材料	D09	8 000 00		
	应交税费	应交增值税——进项税额	1 360 00		
	应付账款	哈尔滨林海有限公司		9 360 00	
合计			¥9 360 00	¥9 360 00	

会计主管:　记账:　出纳:　复核:　制单: 王红

附单据 2 张

【业务 2-23】（共 4 张原始凭证,于 2016 年 12 月 9 日取得）

表 2-23-1

经理办公会议纪要

企业拟以不低于每股 6.50 元的价格出售华林公司的股票 10 000 股。

参加人员:

胡清　高娥　田园　周小军

2016 年 12 月 08 日

表 2-23-2

交 割 单

营业部名:江苏华兴证券服务股份有限公司
股东姓名:常州东恒有限公司
资金账户:2763593369
当前币种:人民币

成交日期	操作	证券代码	证券名称	成交数量	成交均价	成交金额	手续费	印花税	其他费用	结算金额	账户	交易市场
2016-12-09	卖出	600900	华林公司	10 000	6.50	65 000.00	13.00	65.00	0.00	64 922.00	2763593369	上海证券

表 2-23-3

3204163140

江苏 增值税专用发票

№ 40455835

3204163140
40455835

开票日期:2016年12月09日

购买方	名 称:常州东恒有限公司 纳税人识别号:913204113431068302 地 址、电话:江苏省常州市新北区杨勇街卢占路51号 0519-47516849 开户行及账号:中国建设银行常州市新北区支行 41622124147626	密码区	02*3187<4/+3252<+95-59+7<188 6054<0-->>-6>525<153216->7*7 87*3187<4/+8490<+21497082547 8+<712/<1+9016>0219++>84>059

货物或应税劳务、服务名称	规格型号	单位	数量	单价	金额	税率	税额
直接收费金融服务			1	12.26	12.26	6%	0.74
合 计					¥12.26		¥0.74

价税合计(大写) ⊗壹拾叁元整 ¥13.00

销售方	名 称:江苏华兴证券服务股份有限公司 纳税人识别号:913204111602225343 地 址、电话:江苏省常州市新北区张秀街陈宝路76号 0519-23456121 开户行及账号:中国建设银行江苏省常州市新北区支行 41671242428441	备注	91320411160222534 发票专用章

收款人: 复核: 开票人:孙浩 销售方:

表2-23-4

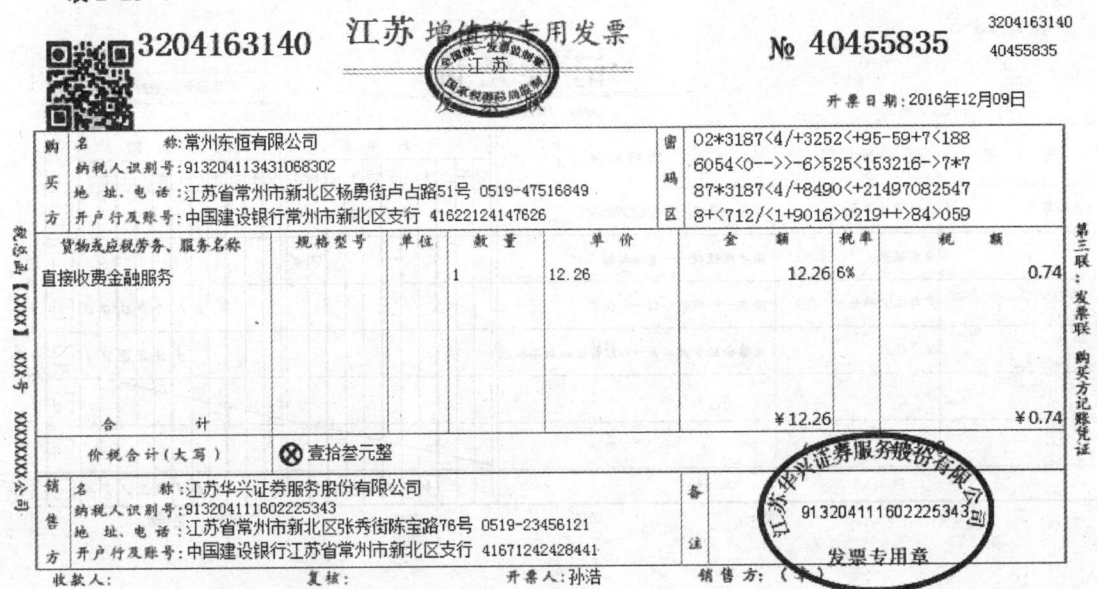

上述原始凭证中：

表2-23-1是本公司形成的经理办公会议纪要,应作为出售金融商品的依据。该原始凭证注明,本公司拟以每股不低于6.5元的价格出售华林公司10 000股股票。

表2-23-2是卖出证券交割单,应作为收款方收取款项的记账依据。该原始凭证注明,"股东姓名"是本公司,"资金账户"是2763593369,"操作"内容是卖出,"证券名称"是华林公司,"成交金额"是65 000.00元,含税"手续费"是13.00元,"结算金额"是64 922.00元,这表明本公司因卖出10 000股华林公司股票,账号为2763593369的证券资金账户收取了64 922.00元。

表2-23-3是江苏增值税专用发票的第二联抵扣联,此联应作为购买方抵扣进项税额的依据。该抵扣联不能作为记账凭证的附件,专门用于在规定期限内到税务机关办理认证或在平台办理勾选确认,并在认证通过或勾选确认的次月申报期内,向主管税务机关申报抵扣进项税额。

表2-23-4是江苏增值税专用发票的第三联发票联,此联应作为购买方的记账依据。该原始凭证注明,"购买方"是本公司,"销售方"是江苏华兴证券服务股份有限公司,"货物或应税劳务、服务名称"是直接收费金融服务,"金额"是12.26元,"税额"是0.74元,"价税合计"是13.00元,这表明本公司接受了江苏华兴证券服务股份有限公司的金融服务。根据业务19以及表2-23-1、表2-23-2、表2-23-4进行会计核算时,"结算金额"64 922.00元应记入"其他货币资金——存出投资款——2763593369"科目的借方,"税额"0.74元应记入"应交税费——应交增值税——进项税额"科目的借方,因业务19而形成的"交易性金融资产——股票——华林公司(成本)"科目的借方余额58 000.00元应记入"交易性金融资产——股票——华林公司(成本)"科目的贷方,差额6 922.74元应记入"投资收益——出售金融资产收益——出售金融商品收益"科目的贷方。

因此,该笔业务应填制如表2-23-5所示记账凭证。

表 2-23-5

记账凭证

2016 年12 月09 日

记字总号 *023* 分号

摘 要	总账科目	明细科目	借方金额 亿千百十万千百十元角分	贷方金额 亿千百十万千百十元角分	√
出售股票	其他货币资金	存出投资款——2763593369	6 4 9 2 2 0 0		□
	应交税费	应交增值税——进项税额	7 4		□
	交易性金融资产	股票——早林公司——成本		5 8 0 0 0 0 0	□
	投资收益	出售金融资产收益——出售金融商品收益		6 9 2 2 7 4	□
					□
					□
合 计			¥ 6 4 9 2 2 7 4	¥ 6 4 9 2 2 7 4	□

附单据 3 张

会计主管:　　　记账:　　　出纳:　　　复核:　　　制单: 王红

【业务 2-24】 （共 4 张原始凭证,于 2016 年 12 月 9 日取得）

表 2-24-1

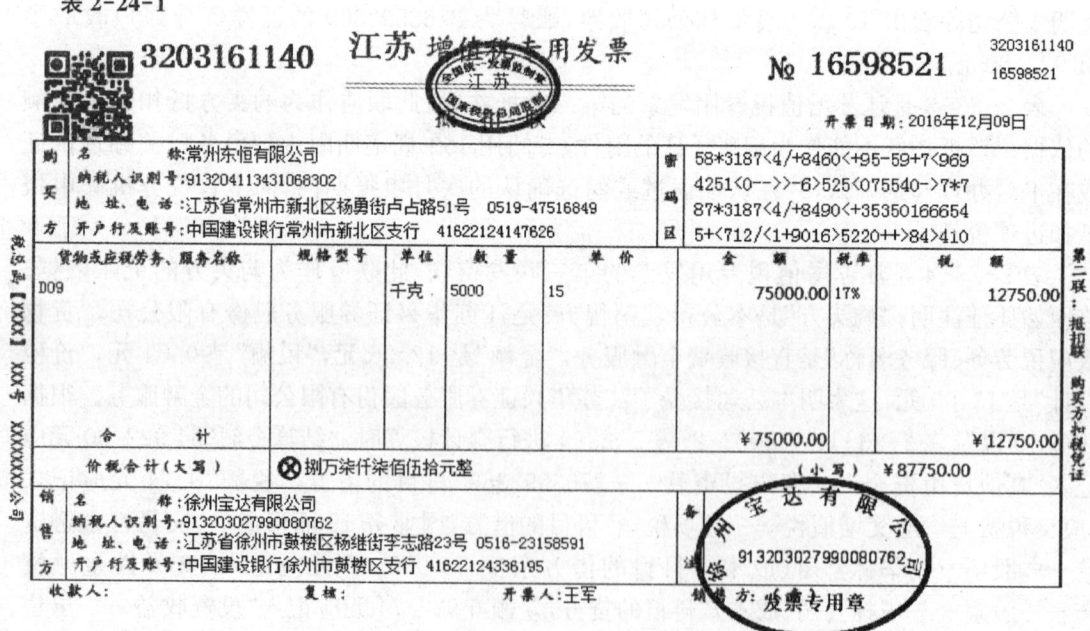

表 2-24-2

3203161140

江苏增值税专用发票

全国统一发票监制章
江苏
国家税务总局监制

№ 16598521

3203161140
16598521

开票日期：2016年12月09日

购买方	名　　称：常州东恒有限公司
	纳税人识别号：91320411343106830302
	地址、电话：江苏省常州市新北区杨勇街卢占路51号　0519-47516849
	开户行及账号：中国建设银行常州市新北区支行　41622124147626

密码区：
58*3187<4/+8460<+95-59+7<969
4251<0-->>-6>525<075540--7*7
87*3187<4/+8490<+35350166654
5+<712/<1+9016>5220++>84>410

货物或应税劳务、服务名称	规格型号	单位	数量	单价	金额	税率	税额
D09		千克	5000	15	75000.00	17%	12750.00
合　　　计					￥75000.00		￥12750.00

价税合计（大写）	⊗ 捌万柒仟柒佰伍拾元整	（小写）　￥87750.00

销售方	名　　称：徐州宝达有限公司
	纳税人识别号：91320302799080762
	地址、电话：江苏省徐州市鼓楼区杨维街李志路23号　0516-23158591
	开户行及账号：中国建设银行徐州市鼓楼区支行　41622124336195

徐州宝达有限公司
91320302799080762
发票专用章

收款人：　　　复核：　　　开票人：王军　　　销售方：发票专用章

第三联：发票联　购买方记账凭证

表 2-24-3

收 料 单

供应单位：徐州宝达有限公司　　　　2016 年 12 月 09 日　　　　编号 SL068

材料编号	名　称	单 位	规 格	数　量		实际成本			
				应收	实收	单价	发票价格	运杂费	总价
hs005	D09	千克		5 000	5 000				
备注：									

收料人：费林　　　　　　　　　　　　　　　　　　交料人：张献荣

第二联记账联

表 2-24-4

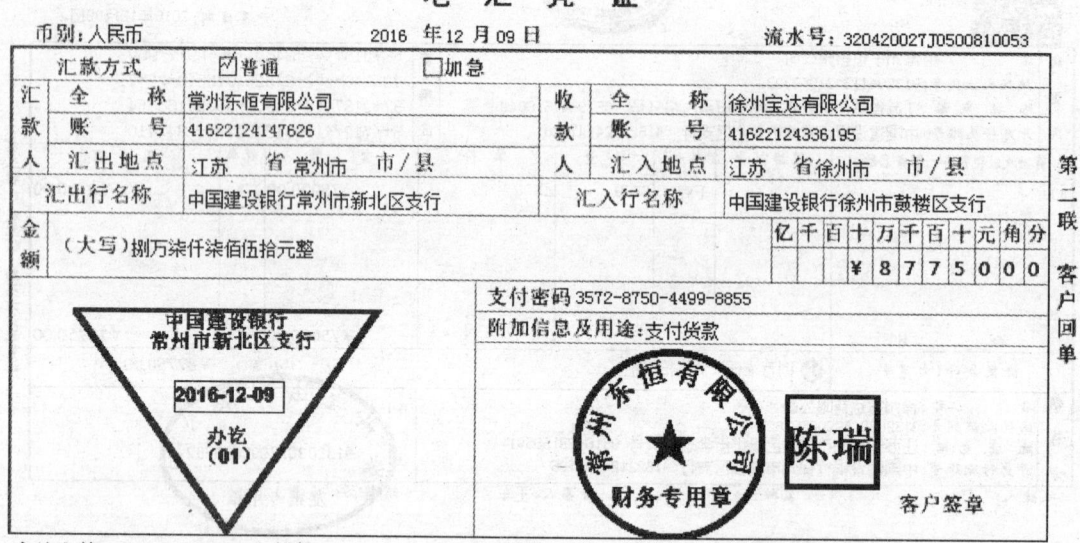

上述原始凭证中:

表 2-24-1 是江苏增值税专用发票的第二联抵扣联,此联应作为购买方抵扣进项税额的依据。该抵扣联不能作为记账凭证的附件,专门用于在规定期限内到税务机关办理认证或在平台办理勾选确认,并在认证通过或勾选确认的次月申报期内,向主管税务机关申报抵扣进项税额。

表 2-24-2 是江苏增值税专用发票的第三联发票联,此联应作为购买方的记账依据。该原始凭证注明,"购买方"是本公司,"销售方"是徐州宝达有限公司,"货物或应税劳务、服务名称"是 D09,这表明本公司从徐州宝达有限公司购买了 D09。

表 2-24-3 是收料单的第二联记账联,此联应作为收到材料的记账依据。该原始凭证注明,"供应单位"是徐州宝达有限公司,"名称"是 D09,"数量应收"及"数量实收"均为 5 000 千克,这表明本公司向徐州宝达有限公司购买的原材料 D09 已全部验收入库。根据表 2-24-2 及表 2-24-3 进行会计核算时,"金额"75 000.00 元应记入"原材料——D09"科目的借方,"税额"12 750.00 元应记入"应交税费——应交增值税——进项税额"科目的借方。

表 2-24-4 是电汇凭证客户回单联,此联应作为付款人支付款项的记账依据。该原始凭证注明,"汇款人"是本公司,"账号"是 41622124147626,"收款人"是徐州宝达有限公司,"金额"是 87 750.00 元,"用途"是支付货款,这表明本公司已通过账号 41622124147626 的基本户向徐州宝达有限公司支付了货款,进行会计核算时,"金额"87 750.00 元应记入"银行存款——中国建设银行常州市新北区支行(41622124147626)"科目的贷方。

因此,该笔业务应填制如表 2-24-5 所示记账凭证。

表 2-24-5

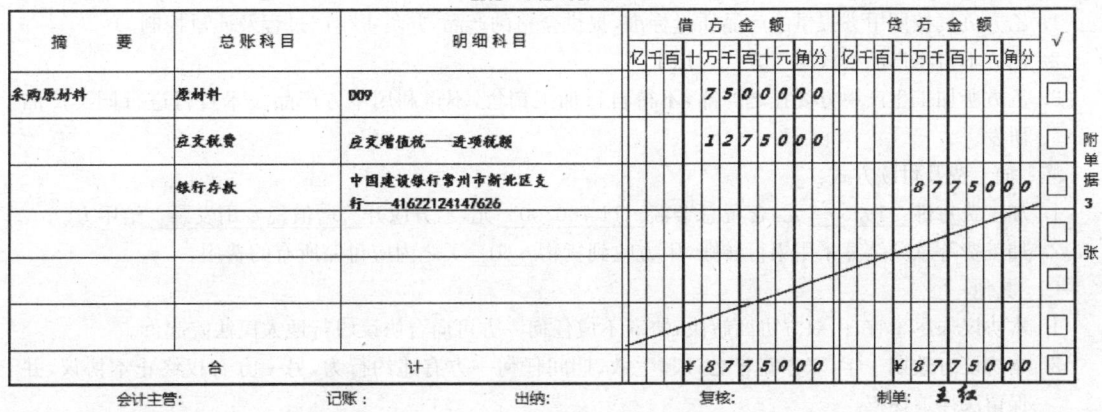

记 账 凭 证

2016 年 12 月 09 日

记字总号 024 分号

摘　要	总账科目	明细科目	借方金额	贷方金额	√
			亿千百十万千百十元角分	亿千百十万千百十元角分	
采购原材料	原材料	D09	7 5 0 0 0 0 0		☐
	应交税费	应交增值税——进项税额	1 2 7 5 0 0 0		☐
	银行存款	中国建设银行常州市新北区支行——41622124147626		8 7 7 5 0 0 0	☐
					☐
					☐
					☐
合　　　　　计			¥ 8 7 7 5 0 0 0	¥ 8 7 7 5 0 0 0	☐

附单据 3 张

会计主管：　　　记账：　　　出纳：　　　复核：　　　制单：王红

【业务 2-25】 （共 6 张原始凭证，于 2016 年 12 月 9 日取得）

表 2-25-1

领　料　单

领料部门：采购部

用　　途：委托加工产品领用　　　　　2016 年 12 月 09 日　　　　　编号 LL114

材料编号	名　称	规　格	计量单位	请领数量	实发数量	备注
	E12		千克	1 200	1 200	

领料人：刘用生　　　　　　　　　　　　　　　　　发料人：费林

第三联记账联

表 2-25-2

委托加工协议书

甲方(委托方)：常州东恒有限公司　　　　　　　乙方(受托方)：镇江联晶有限公司

　　甲、乙双方在平等互利、自愿的基础上，经协商，就甲方用　1 200 千克 E12　委托乙方加工生产 600 件 R588　事宜，达成如下协议：

　　一、甲方责任：

　　1. 甲方负责提供委托加工产品技术和质量文件，包括生产工艺、质量控制、质量标准、包装要求等。

　　2. 甲方在　2016 年 12 月 09 日　负责向乙方提供委托加工产品所需的全部材料，并向乙方提供相关的技术支持。

3. 甲方有权对乙方的生产标准、产品质量进行检查监督,并提出意见和建议。

4. 甲方按照甲乙双方确定的标准进行验收货品。

二、乙方责任:

1. 乙方负责按照甲方提供的产品质量标准,提供合格的产品,并负责生产过程及质量控制。

2. 乙方不得将产品授权第三方代为加工。

3. 乙方所加工生产甲方委托之产品,不得自行加工销售,不得利用甲方产品技术自行进行同类产品研发。

三、加工费及付款方式:

1. 加工费每件__19.50__元,含税总金额__11 700.00__元,乙方应开__增值税专用发票__给甲方。

2. 加工费等款项结算采用银行转账,甲方收到货物__60__天之内应付完所有的费用。

四、其他:

1. 本协议未尽事宜,由双方协商解决,协商不成任何一方可向合议履行地人民法院起诉。

2. 本协议有效期一年,双方签署之日起生效,期间任何一方有违约行为,另一方有权终止本协议,并保留法律追述权。

3. 本协议一式四份,甲乙双方各执两份,同具法律效力。

甲方(盖章):常州东恒有限公司

法定(授权)代表人:田园

签订日期:2016 年 12 月 06 日

乙方(盖章):镇江联晶有限公司

法定(授权)代表人:李志华

签订日期:2016 年 12 月 06 日

表 2-25-3

表 2-25-4

江苏 增值税专用发票   № 30870608

3204161140
30870608

3204161140

开票日期：2016年12月09日

购买方	名 称：常州东恒有限公司	密码区	66*3187<4/+3131<+95-59+7<951 9561<0-->>-6>525<406781->7*7 87*3187<4/+8490<+15812485921 9+<712/<1+9016>0608++>84>109
	纳税人识别号:913204113431068302		
	地 址、电 话：江苏省常州市新北区杨勇街卢占路51号 0519-47516849		
	开户行及账号：中国建设银行常州市新北区支行 41622124147626		

货物或应税劳务、服务名称	规格型号	单位	数量	单价	金额	税率	税额
运费			1	1000.00	1000.00	11%	110.00
合 计					¥1000.00		¥110.00

价税合计（大写）	⊗壹仟壹佰壹拾元整	（小写） ¥1110.00

销售方	名 称：常州捷达物流有限公司	车种车号：苏A79452 货物名称：E12
	纳税人识别号:913204048624163834	
	地 址、电 话：江苏省常州市钟楼区刘峰街李彦路66号 0519-53775285	
	开户行及账号：中国建设银行常州市钟楼区支行 4162212438952	

收款人：　　　复核：　　　开票人：杨玉　　　销售方（章）

第三联：发票联 购买方记账凭证

表 2-25-5

中国建设银行客户专用回单

币别：人民币　　　2016 年 12 月 09 日　　　流水号 320420027J0500810046

付款人	全称	常州东恒有限公司	收款人	全称	常州捷达物流有限公司
	账号	41622124147626		账号	41622124389524
	开户行	中国建设银行常州市新北区支行		开户行	中国建设银行常州市钟楼区支行
金 额	（大写）人民币 壹仟壹佰壹拾元整			（小写）¥1110.00	
凭证种类	网银		凭证号码		
结算方式	转账		用途	支付运费	

打印柜员：320425584257
打印机构：中国建设银行常州市新北区支行
打印卡号：105534076375

第一联借方（回单）

打印时间：2016-12-09　　　交易柜员：320425584268　　　交易机构：320464509

表 2-25-6

委托加工发出原材料成本计算表

2016-12-09   单位:元

领用部门	领料用途	委托加工产品名称	E12		
			数量	单位成本	金额
采购部	委托加工产品领用	R588	1 200	30.00	36 000
合 计					36 000.00

审核:胡清   制表:王红

上述原始凭证中:

表 2-25-1 是领料单的记账联,此联应作为发出材料的记账依据。该原始凭证注明,采购部领用 1 200 千克 E12 材料用于委托加工产品。

表 2-25-2 是委托加工协议书,应作为发出材料委托加工产品的记账依据。该原始凭证注明,"委托方"是本公司,"受托方"是镇江联晶有限公司,本公司发出 1 200 千克 E12 材料委托镇江联晶有限公司加工生成 600 件 R588 产品。

表 2-25-3 是江苏增值税专用发票的第二联抵扣联,此联应作为购买方抵扣进项税额的依据。该抵扣联不能作为记账凭证的附件,专门用于在规定期限内到税务机关办理认证或在平台办理勾选确认,并在认证通过或勾选确认的次月申报期内,向主管税务机关申报抵扣进项税额。

表 2-25-4 是江苏增值税专用发票的第三联发票联,此联应作为购买方的记账依据。该原始凭证注明,"购买方"是本公司,"销售方"是常州捷达物流有限公司,"货物或应税劳务、服务名称"是运费,"备注"运输的货物名称是 E12,这表明本公司在发出原材料 E12 过程中接受了运输服务。进行会计核算时,"金额"1 000.00 元应记入"委托加工物资——R588——运费"科目的借方,"税额"110.00 元应记入"应交税费——应交增值税——进项税额"科目的借方。

表 2-25-5 是中国建设银行客户专用回单第一联借方回单,此联应作为付款人支付款项的记账依据。该原始凭证注明,"付款人"是本公司,"账号"是 41622124147626,"收款人"是常州捷达物流有限公司,"金额"是 1 110.00 元,"用途"是支付运费,这表明本公司已通过账号 41622124147626 的基本户向常州捷达物流有限公司支付了运费,进行会计核算时,"金额"1 110.00 元应记入"银行存款——中国建设银行常州市新北区支行(41622124147626)"科目的贷方。

表 2-25-6 是委托加工物资发出材料成本计算表,也应作为发出材料委托加工产品的记账依据。该原始凭证注明,发出 1 200 千克 E12 材料的"单位成本"是 30.00 元,"金额"是 36 000.00 元,这表明本公司按照先进先出法计算的用于委托加工 R588 产品的 E12 材料的成本为 36 000.00 元,进行会计核算时,"金额"36 000.00 元应分别记入"委托加工物资——R588——差旅费"科目的借方以及"原材料——E12"科目的贷方。

因此,该笔业务应填制如表 2-25-7 所示记账凭证。

表 2-25-7

记 账 凭 证

2016 年 12 月 09 日

记字总号　025　分号

摘　要	总账科目	明细科目	借方金额 亿千百十万千百十元角分	贷方金额 亿千百十万千百十元角分	√
委托加工物资发出	委托加工物资	R588——材料费	3 6 0 0 0 0 0		□
	委托加工物资	R588——运费	1 0 0 0 0 0		□
	应交税费	应交增值税——进项税额	1 1 0 0 0		□
	原材料	E12		3 6 0 0 0 0 0	□
	银行存款	中国建设银行常州市新北区支行——41622124147626		1 1 1 0 0 0	□
					□
合　　　　计			¥ 3 7 1 1 0 0 0	¥ 3 7 1 1 0 0 0	□

附单据 5 张

会计主管:　　　记账:　　　出纳:　　　复核:　　　制单: 王红

【业务 2-26】 (共 3 张原始凭证,于 2016 年 12 月 12 日取得)

表 2-26-1

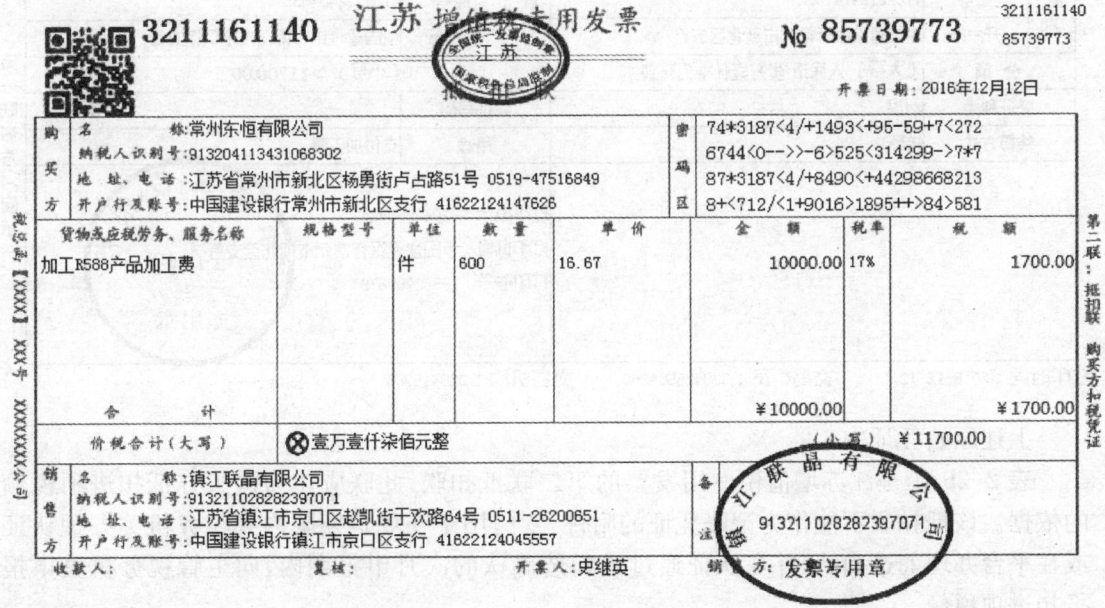

表 2-26-2

表 2-26-3

中国建设银行客户专用回单

币别：人民币　　　　　　2016 年 12 月 12 日　　流水号 320420027J0500810035

付款人	全称	常州东恒有限公司	收款人	全称	镇江联晶有限公司
	账号	41622124147626		账号	41622124045557
	开户行	中国建设银行常州市新北区支行		开户行	中国建设银行镇江市京口区支行
金　额	（大写）人民币 壹万壹仟柒佰元整			（小写）¥11700.00	
凭证种类	网银		凭证号码		
结算方式	转账		用途	支付加工费	

打印柜员：320425584257
打印机构：中国建设银行常州市新北区支行
打印卡号：105529638767

打印时间：2016-12-12　　交易柜员：320425584268　　交易机构：320419986

上述原始凭证中：

表 2-26-1 是江苏增值税专用发票的第二联抵扣联，此联应作为购买方抵扣进项税额的依据。该抵扣联不能作为记账凭证的附件，专门用于在规定期限内到税务机关办理认证或在平台办理勾选确认，并在认证通过或勾选确认的次月申报期内，向主管税务机关申报抵扣进项税额。

表 2-26-2 是江苏增值税专用发票的第三联发票联，此联应作为购买方的记账依据。该原始凭证注明，"购买方"是本公司，"销售方"是镇江联晶有限公司，"货物或应税劳务、服务名称"是加工 R588 产品加工费，这表明本公司委托镇江联晶有限公司提供了加工劳务，

进行会计核算时，"金额"10 000.00 元应记入"委托加工物资——R588—— 加工费"科目的借方，"税额"1 700.00 元应记入"应交税费——应交增值税——进项税额"科目的借方。

表 2-26-3 是中国建设银行客户专用回单第一联借方回单，此联应作为付款人支付款项的记账依据。该原始凭证注明，"付款人"是本公司，"账号"是 41622124147626，"收款人"是镇江联晶有限公司，"金额"是 11 700.00 元，"用途"是支付加工费，这表明本公司已通过账号 41622124147626 的基本户向镇江联晶有限公司支付了加工费，进行会计核算时，"金额"11 700.00元应记入"银行存款——中国建设银行常州市新北区支行(41622124147626)"科目的贷方。

因此，该笔业务应填制如表 2-26-4 所示记账凭证。

表 2-26-4

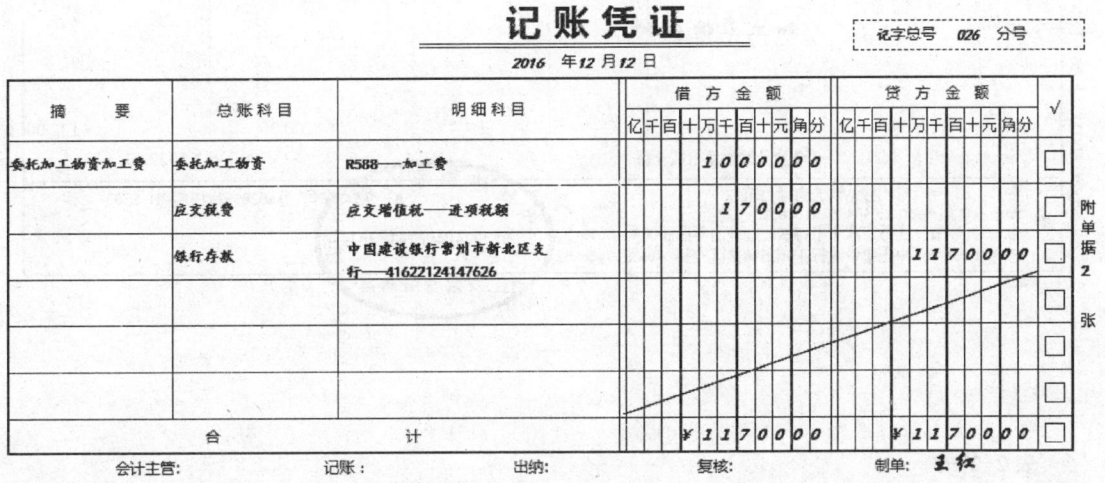

【业务 2-27】（共 5 张原始凭证，于 2016 年 12 月 12 日取得）

表 2-27-1

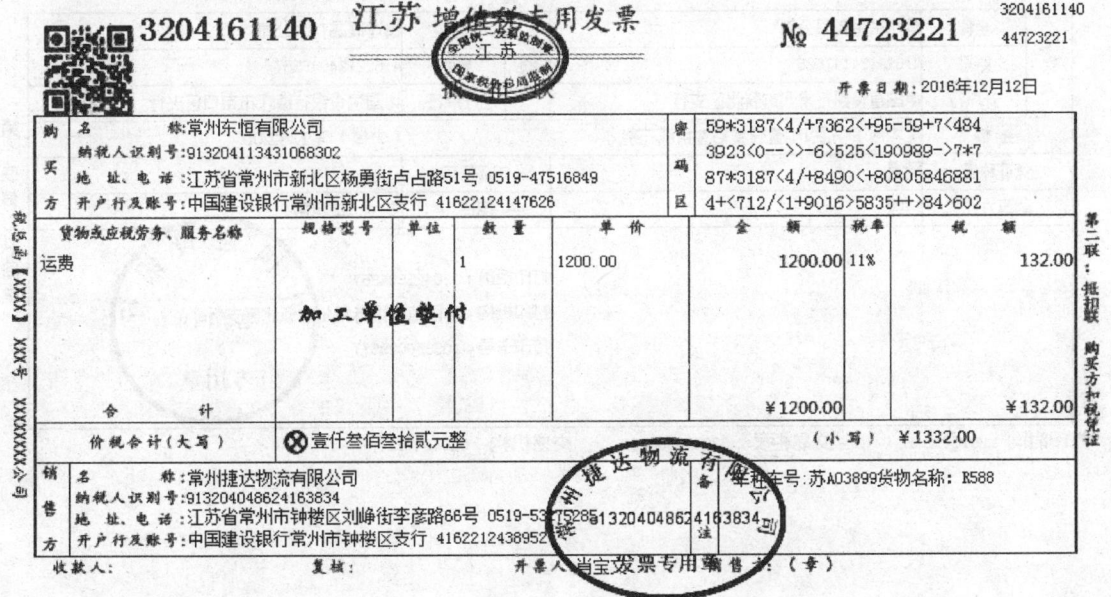

表 2-27-2

表 2-27-3

中国建设银行客户专用回单

币别：人民币　　　　　　　2016 年 12 月 12 日　　流水号 320420027J0500810075

付款人	全称	常州东恒有限公司	收款人	全称	镇江联晶有限公司
	账号	41622124147626		账号	41622124045557
	开户行	中国建设银行常州市新北区支行		开户行	中国建设银行镇江市京口区支行
金　额	（大写）人民币 壹仟叁佰叁拾贰元整			（小写）￥1332.00	
凭证种类	网银		凭证号码		
结算方式	转账		用途	支付代垫运费	
			打印柜员：320425584257 打印机构：中国建设银行常州市新北区支行 打印卡号：105656029577		

打印时间：2016-12-12　　　交易柜员：320425584268　　　交易机构：320484712

表 2-27-4

委托加工物资入库单

供应单位:镇江联晶有限公司　　　　2016 年 12 月 12 日　　　　　　编号:7528999

产品编号	名　称	单　位	规格	数　量		实际成本			
				应　收	实　收	发出材料成本	加工费	运费	总金额
	R588	件		600	600				
备注:									

收货人:费林　　　　　　　　　　　　　　　　　　　　　交货人:陈昌生

（会计联）

表 2-27-5

委托加工物资完工入库成本计算表

2016-12-12　　　　　　　　　　　　　　　　单位:元

产品名称	材料费	加工费	运费	合计
R588	36 000.00	10 000.00	2 200.00	48 200.00

审核:胡清　　　　　　　　　　　　　　　　　　　　　制表:王红

　　上述原始凭证中:

　　表 2-27-1 是江苏增值税专用发票的第二联抵扣联,此联应作为购买方抵扣进项税额的依据。该抵扣联不能作为记账凭证的附件,专门用于在规定期限内到税务机关办理认证或在平台办理勾选确认,并在认证通过或勾选确认的次月申报期内,向主管税务机关申报抵扣进项税额。

　　表 2-27-2 是江苏增值税专用发票的第三联发票联,此联应作为购买方的记账依据。该原始凭证注明,"购买方"是本公司,"销售方"是常州捷达物流有限公司,"货物或应税劳务、服务名称"是运费,"备注"运输货物名称是 R588,这表明本公司收回委托加工的 R588产品时接受了运输服务,且运费由加工单位垫付,进行会计核算时,"金额"1 200.00 元应记入"委托加工物资——R588——运费"科目的借方,"税额"132.00 元应记入"应交税费——应交增值税——进项税额"科目的借方。

　　表 2-27-3 是中国建设银行客户专用回单第一联借方回单,此联应作为付款人支付款项的记账依据。该原始凭证注明,"付款人"是本公司,"账号"是 41622124147626,"收款人"是镇江联晶有限公司,"金额"是 1 332.00 元,"用途"是支付代垫运费,这表明本公司已通过账号 41622124147626 的基本户向镇江联晶有限公司支付了其代垫的运费,进行会计核算时,"金额"1 332.00 元应记入"银行存款——中国建设银行常州市新北区支行

（41622124147626）"科目的贷方。

表2-27-4是委托加工物资入库单，应作为委托加工产品完工入库的记账依据。该原始凭证注明，委托镇江联晶有限公司加工的600件R588产品已经全部验收入库。

表2-27-5是委托加工物资完工入库成本计算表，也应作为委托加工产品完工入库的记账依据。该原始凭证注明，完工入库的R588产品的成本"合计"是48 200.00元，进行会计核算时，成本"合计"48 200.00元应记入"库存商品——R588"科目的借方，"材料费"36 000.00元应记入"委托加工物资——R588——材料费"科目的贷方，"加工费"10 000.00元应记入"委托加工物资——R588——加工费"科目的贷方，"运费"2 200.00元应记入"委托加工物资——R588——运费"科目的贷方。

因此，该笔业务应填制如表2-27-6、表2-27-7所示记账凭证。

表2-27-6

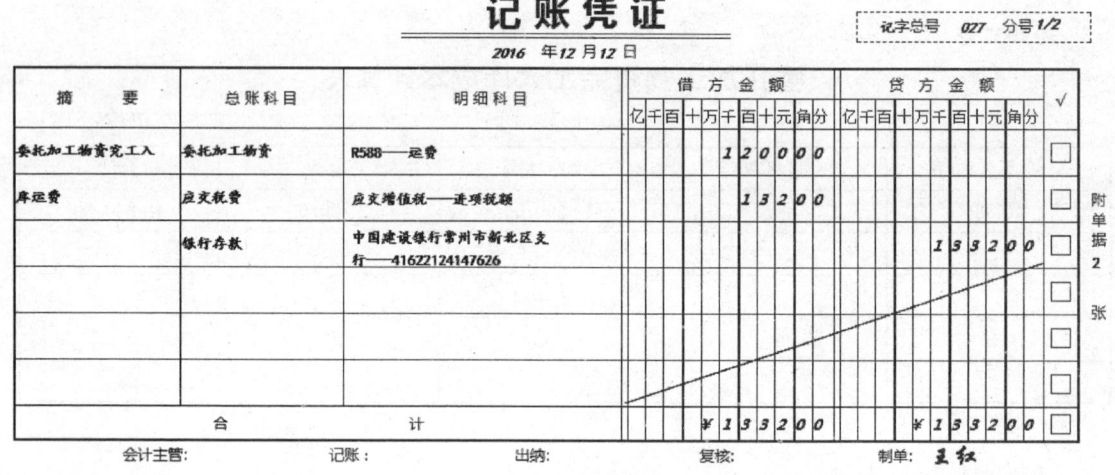

表2-27-7

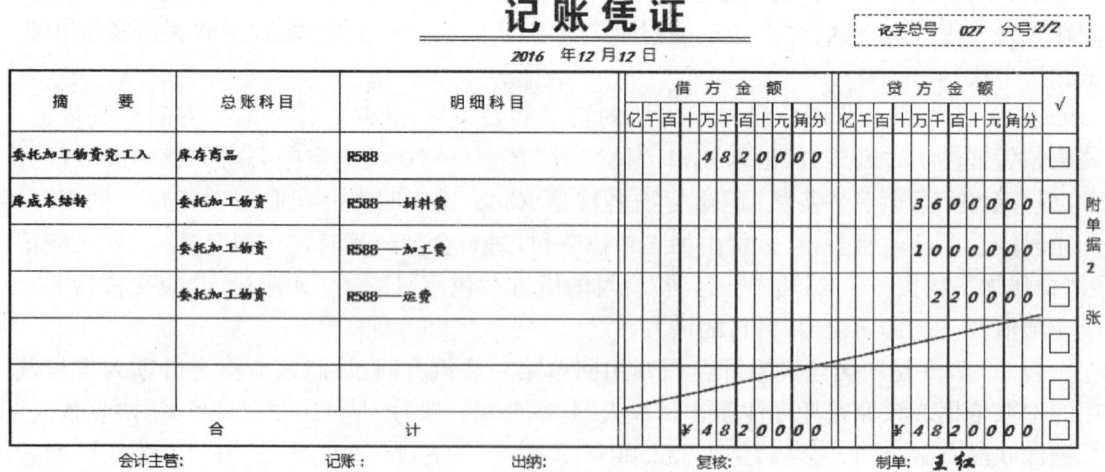

【业务2-28】　（共4张原始凭证，于2016年12月12日取得）

表2-28-1(复印件)

房屋租赁合同

承租方:常州东恒有限公司　　　　　　　　（以下简称甲方）

出租方:苏州永达房产有限公司　　　　　　（以下简称乙方）

为明确双方权利义务,经协商一致,订本合同:

第一条　房屋基本情况。

1. 乙方出租给甲方的房屋位于:江苏省苏州市吴中区邢建街高林路91号

2. 出租房屋面积共3 000　　　　平方米(使用面积)。

第二条　租赁期限、用途。

1. 该房租赁共　　　　年。自2016-10-12起2019-12-31止。

2. 用途:销售网点用房　　　　　　　　　　　　　　　　　　　　　　　　　。

第三条　租金及支付方式

该房租每月租金为21 000.00　　元(大写贰万壹仟元整　　　　)。

……

第十八条　本合同及附件一式二份,由甲、乙双方各执一份。具有同等法律效力。

甲方:常州东恒有限公司　　　　　　　　　乙方:苏州永达房产有限公司

签约代表:田园　　　　　　　　　　　　　签约代表:张镏如

签约日期:2016-10-12　　　　　　　　　　签约日期:2016-10-12

表2-28-2

3205161140	江苏 增值税专用发票		№ 22105456	3205161140 22105456

开票日期:2016年12月12日

购买方	名称:常州东恒有限公司 纳税人识别号:913204113431068302 地址、电话:江苏省常州市新北区杨勇街卢占路51号　0519-47516849 开户行及账号:中国建设银行常州市新北区支行　41622124147626	密码区	86*3187<4/+0135<+95-59+7<164 6486<0-->-6>525<720702->7*7 87*3187<4/+8490<+36444757402 0+<712/<1+9016>5958++>84>273

货物或应税劳务、服务名称	规格型号	单位	数量	单价	金额	税率	税额
装修费		次	1	70000.00	70000.00	11%	7700.00
合　　计					¥70000.00		¥7700.00

价税合计(大写)	⊗柒万柒仟柒佰元整	¥77700.00

销售方	名称:苏州美居装潢有限公司 纳税人识别号:913205064837503606 地址、电话:江苏省苏州市吴中区司徽街欧阳路21号　0512-53414964 开户行及账号:中国建设银行苏州市吴中区支行　41622124390107	备注	江苏省苏州市吴中区邢建街高林路91号 913205064837503606 发票专用章

收款人:	复核:	开票人:赵雪云	销售方:(章)

表 2-28-3

表 2-28-4

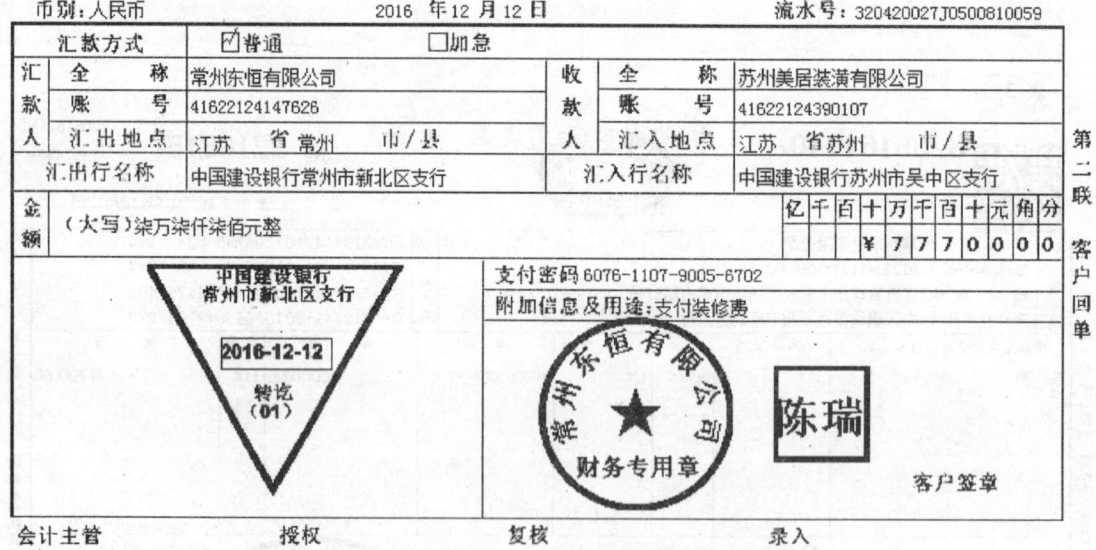

上述原始凭证中：

表 2-28-1 是房屋租赁合同复印件，此复印件应作为承租方付款的记账依据。该原始凭证注明，本公司租用江苏省苏州市吴中区邢建街高林路 91 号的房屋 39 个月，作为销售网

点用房。

表 2-28-2 是江苏增值税专用发票的第二联抵扣联,此联应作为购买方抵扣进项税额的依据。该抵扣联不能作为记账凭证的附件,专门用于在规定期限内到税务机关办理认证或在平台办理勾选确认,并在认证通过或勾选确认的次月申报期内,向主管税务机关申报抵扣进项税额。

表 2-28-3 是江苏增值税专用发票的第三联发票联,此联应作为购买方的记账依据。该原始凭证注明,"购买方"是本公司,"销售方"是苏州美居装潢有限公司,"货物或应税劳务、服务名称"是装修费,"备注"的装修地址是江苏省苏州市吴中区邢建街高林路 91 号,这表明本公司从苏州美居装潢有限公司接受了装修服务,受益期截止租赁期满,根据表2-28-1、表 2-28-3 进行会计核算时,"金额"70 000.00 元应记入"长期待摊费用——经营租入固定资产改良支出——销售网店用房"科目的借方,"税额"7 700.00 元应记入"应交税费——应交增值税——进项税额"科目的借方。

表 2-28-4 是电汇凭证客户回单联,此联应作为付款人支付款项的记账依据。该原始凭证注明,"汇款人"是本公司,"账号"是 41622124147626,"收款人"是苏州美居装潢有限公司,"金额"是 77 700.00 元,"用途"是支付装修费,这表明本公司已通过账号41622124147626 的基本户向苏州美居装潢有限公司支付了装修费,进行会计核算时,"金额"77 700.00 元应记入"银行存款——中国建设银行常州市新北区支行(41622124147626)"科目的贷方。

因此,该笔业务应填制如表 2-28-5 所示记账凭证。

表 2-28-5

记账凭证
2016 年 12 月 12 日 记字总号 028 分号

摘要	总账科目	明细科目	借方金额	贷方金额	√
支付租入房屋装修费	长期待摊费用	经营租入固定资产改良支出——销售网点用房	7000000		
	应交税费	应交增值税——进项税额	770000		
	银行存款	中国建设银行常州市新北区支行——41622124147626		7770000	
合计			¥7770000	¥7770000	

会计主管: 记账: 出纳: 复核: 制单:王红

附单据 3 张

【业务 2-29】 (共 1 张原始凭证,于 2016 年 12 月 12 日取得)

表 2-29-1

中国建设银行客户专用回单

转账日期：2016 年 12 月 12 日

凭证字号：2016121235023009

纳税人全称及纳税人识别号：常州东恒有限公司913204113431068302	
付款人全称：常州东恒有限公司	
付款人账号：41622124147626	征收机关名称：常州市新北区国家税务局
付款人开户银行：中国建设银行常州市新北区支行	收缴国库（银行）名称：国家金库常州市新北区支库
小写（合计）金额：￥40200.00	缴款书交易流水号：201612121217276
大写（合计）金额：人民币 肆万零贰佰元整	税票号码：042016800713427646
税（费）种名称　　　　所属时期	实缴金额
增值税　　　　20161101-20161130	￥40200.00

上述原始凭证中：

表 2-29-1是中国建设银行客户专用回单，此联应作为付款方支付款项的记账依据。该原始凭证注明，"付款人"是本公司，"账号"是 41622124147626，表明本公司已通过账号为41622124147626 的基本户支付了款项，进行会计核算时，"金额"40 200.00 元应记入"银行存款——中国建设银行常州市新北区支行（41622124147626）"科目的贷方；"征收机关名称"是常州市新北区国家税务局，"税（费）种名称"是增值税，"所属时期"是 20161101-20161130，同时 2016 年 11 月 30 日"应交税费——未交增值税"科目的贷方余额为40 200.00元，这表明本公司向常州市新北区国家税务局上交了上月未交的增值税，进行会计核算时，应记入"应交税费——未交增值税"科目的借方。

因此，该笔业务应填制如表 2-29-2 所示记账凭证。

表 2-29-2

记账凭证

记字总号 029 分号

2016 年 12 月 12 日

摘　要	总账科目	明细科目	借方金额 亿千百十万千百十元角分	贷方金额 亿千百十万千百十元角分	√
扣缴上月税费	应交税费	未交增值税	4 0 2 0 0 0 0		□
	银行存款	中国建设银行常州市新北区支行——41622124147626		4 0 2 0 0 0 0	□
					□
					□
					□
					□
合　计			￥4 0 2 0 0 0 0	￥4 0 2 0 0 0 0	□

附单据 1 张

会计主管：　　　记账：　　　出纳：　　　复核：　　　制单：王红

【业务 2-30】 （共 1 张原始凭证,于 2016 年 12 月 12 日取得）

表 2-30-1

中国建设银行客户专用回单

转账日期：2016 年 12 月 12 日

凭证字号：2016121235023031

纳税人全称及纳税人识别号：常州东恒有限公司913204113431068302	
付款人全称：常州东恒有限公司	
付款人账号：41622124147626	征收机关名称：常州市新北区地方税务局
付款人开户银行：中国建设银行常州市新北区支行	收缴国库（银行）名称：国家金库常州市新北区支库
小写（合计）金额：¥4824.00	缴款书交易流水号：201612123377228
大写（合计）金额：人民币 肆仟捌佰贰拾肆元整	税票号码：042016542113286332

税（费）种名称	所属时期	实缴金额
城市维护建设税	20161101-20161130	¥2814.00
教育费附加	20161101-20161130	¥1206.00
地方教育费附加	20161101-20161130	¥804.00

（中国建设银行 电子回单 专用章）

上述原始凭证中：

表 2-30-1 是中国建设银行客户专用回单,此联应作为付款方支付款项的记账依据。该原始凭证注明,"付款人"是本公司,"账号"是 41622124147626,表明本公司已通过账号为 41622124147626 的基本户支付了款项,进行会计核算时,"金额"4 824.00 元应记入"银行存款——中国建设银行常州市新北区支行(41622124147626)"科目的贷方;"征收机关名称"是常州市新北区地方税务局,"税（费）种名称"是城市维护建设税、教育费附加、地方教育费附加,"所属时期"均为 20161101-20161130,同时 2016 年 11 月 30 日"应交税费——应交城市维护建设税"科目的贷方余额为 2 814.00 元,"应交税费——应交教育费附加"科目的贷方余额为 1 206.00 元,"应交税费——应交地方教育费附加"科目的贷方余额为804.00元,这表明本公司向常州市新北区地方税务局上交了上月未交的城市维护建设税、教育费附加、地方教育费附加,进行会计核算时,应分别记入"应交税费——应交城市维护建设税""应交税费——应交教育费附加""应交税费——应交地方教育费附加"科目的借方。

因此,该笔业务应填制如表 2-30-2 所示记账凭证。

表 2-30-2

记 账 凭 证

2016 年 12 月 12 日

记字总号 030 分号

摘 要	总账科目	明细科目	借方金额 亿千百十万千百十元角分	贷方金额 亿千百十万千百十元角分	√
扣缴上月税费	应交税费	应交城市维护建设税	2 8 1 4 0 0		□
	应交税费	应交教育费附加	1 2 0 6 0 0		□
	应交税费	应交地方教育费附加	8 0 4 0 0		□
	银行存款	中国建设银行常州市新北区支行—41622124147626		4 8 2 4 0 0	□
					□
					□
合　　计			¥4 8 2 4 0 0	¥4 8 2 4 0 0	□

附单据 1 张

会计主管：　　　记账：　　　出纳：　　　复核：　　　制单：王红

【业务 2-31】　（共 1 张原始凭证，于 2016 年 12 月 12 日取得）

表 2-31-1

中国建设银行客户专用回单

转账日期： 2016 年 12 月 12 日

凭证字号： 2016121235023054

纳税人全称及纳税人识别号：常州东恒有限公司913204113431068302	
付款人全称：常州东恒有限公司	
付款人账号：41622124147626	征收机关名称：常州市新北区国家税务局
付款人开户银行：中国建设银行常州市新北区支行	收缴国库（银行）名称：国家金库常州市新北区支库
小写（合计）金额　¥61800.00	缴款书交易流水号：201612126690279
大写（合计）金额　人民币 陆万壹仟捌佰元整	税票号码：042016919861163057
税（费）种名称　　　　所属时期	实缴金额
企业所得税　　　20161101-20161130	¥61800.00

（中国建设银行 电子回单 专用章）

上述原始凭证中：

表 2-31-1 是中国建设银行客户专用回单，此联应作为付款方支付款项的记账依据。该原始凭证注明，"付款人"是本公司，"账号"是 41622124147626，表明本公司已通过账号为 41622124147626 的基本户支付了款项，进行会计核算时，"金额"61 800.00 元应记入"银行存款——中国建设银行常州市新北区支行（41622124147626）"科目的贷方；"征收机关名称"是常州市新北区国家税务局，"税（费）种名称"是企业所得税，"所属时期"为 20161101-20161130，同时 2016 年 11 月 30 日"应交税费——应交所得税"科目的贷方余额为 61 800.00 元，这表明本公司向常州市新北区国家税务局上交了上月未交的企业所得税，进

行会计核算时,应记入"应交税费——应交所得税"科目的借方。

因此,该笔业务应填制如表2-31-2所示记账凭证。

表2-31-2

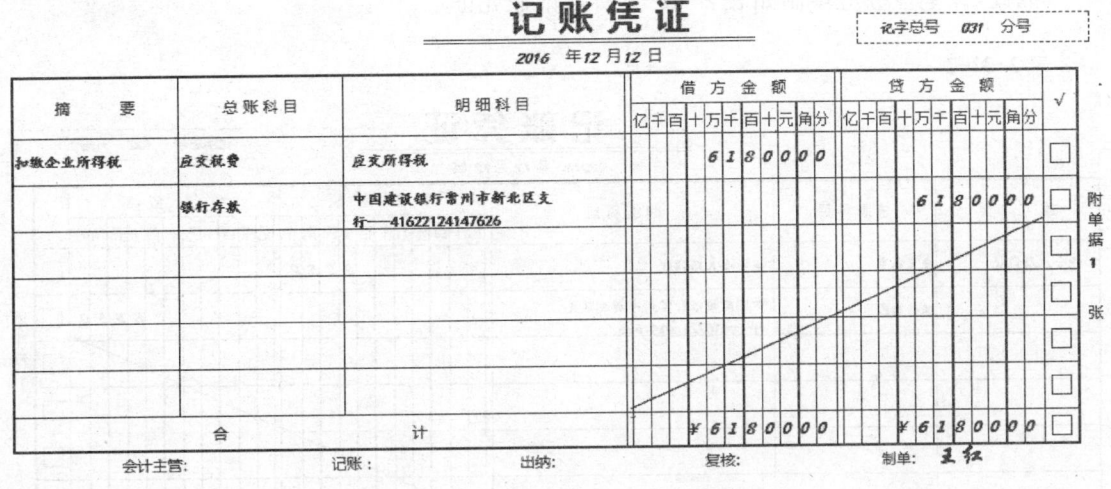

记 账 凭 证

2016 年12 月12 日

记字总号 *031* 分号

摘 要	总账科目	明细科目	借方金额											贷方金额											√
			亿	千	百	十	万	千	百	十	元	角	分	亿	千	百	十	万	千	百	十	元	角	分	
扣缴企业所得税	应交税费	应交所得税				6	1	8	0	0	0	0													
	银行存款	中国建设银行常州市新北区支行——41622124147626														6	1	8	0	0	0	0		
合　　　计			￥			6	1	8	0	0	0	0			￥			6	1	8	0	0	0	0	

附单据 1 张

会计主管:　　　　记账:　　　　出纳:　　　　复核:　　　　制单: 王红

【业务2-32】 (共1张原始凭证,于2016年12月12日取得)

表2-32-1

中国建设银行客户专用回单

转账日期: 2016 年12 月12 日

凭证字号: 2016121235023005

纳税人全称及纳税人识别号:常州东恒有限公司913204113431068302	
付款人全称:常州东恒有限公司	
付款人账号:41622124147626	征收机关名称:常州市新北区地方税务局
付款人开户银行:中国建设银行常州市新北区支行	收缴国库(银行)名称:国家金库常州市新北区支库
小写(合计)金额 ￥85.50	缴款书交易流水号:201612127698091
大写(合计)金额 人民币 捌拾伍元伍角整	税票号码:042016616527130311
税(费)种名称　　　所属时期	实缴金额
个人所得税　　20161101-20161130	￥85.50

中国建设银行 电子回单 专用章

上述原始凭证中:

表2-32-1是中国建设银行客户专用回单,此联应作为付款方支付款项的记账依据。该原始凭证注明,"付款人"是本公司,"账号"是41622124147626,表明本公司已通过账号为41622124147626的基本户支付了款项,进行会计核算时,"金额"85.50元应记入"银行存款——中国建设银行常州市新北区支行(41622124147626)"科目的贷方;"征收机关名称"是常州市新北区地方税务局,"税(费)种名称"是个人所得税,"所属时期"为20161101-

20161130,同时2016年11月30日"应交税费——应交个人所得税"科目的贷方余额为85.50元,这表明本公司向常州市新北区地方税务局上交了上月未交的个人所得税,进行会计核算时,应记入"应交税费——应交个人所得税"科目的借方。

因此,该笔业务应填制如表2-32-2所示记账凭证。

表2-32-2

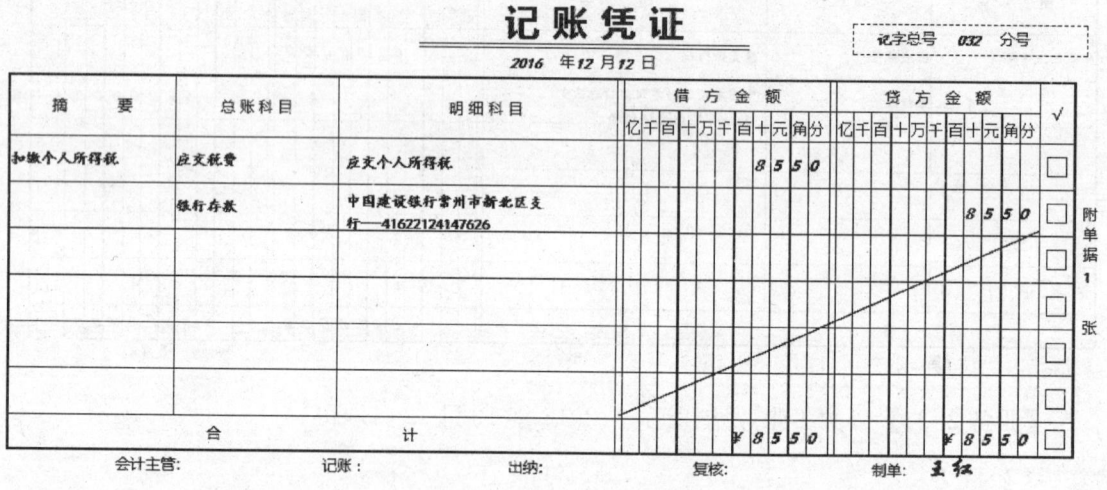

记 账 凭 证

2016 年 12 月 12 日　　　记字总号 032 分号

摘 要	总账科目	明细科目	借方金额 亿千百十万千百十元角分	贷方金额 亿千百十万千百十元角分	√
扣缴个人所得税	应交税费	应交个人所得税	8 5 5 0		☐
	银行存款	中国建设银行常州市新北区支行——41622124147626		8 5 5 0	☐
					☐
					☐
					☐
					☐
合　　计			¥ 8 5 5 0	¥ 8 5 5 0	☐

附单据1张

会计主管:　　　记账:　　　出纳:　　　复核:　　　制单:王红

【业务2-33】（共1张原始凭证,于2016年12月12日取得）

表2-33-1

中国建设银行客户专用回单

转账日期: 2016 年 12 月 12 日

凭证字字号: 20161211928002883

纳税人全称及纳税人识别号:常州东恒有限公司913204113431068302	
付款人全称:常州东恒有限公司	
付款人账号:41622124147626	征收机关名称:常州市新北区地方税务局
付款人开户银行:中国建设银行常州市新北区支行	收缴国库（银行）名称:国家金库常州市新北区支库
小写（合计）金额 ¥41094.20	缴款书交易流水号:201612125391209
大写（合计）金额 人民币 肆万壹仟零玖拾肆元贰角整	税票号码:042016121237447345977

税（费）种名称	所属时期	实缴金额
医疗保险本金	2016-12-01至2016-12-31	¥10430.00
养老保险本金	2016-12-01至2016-12-31	¥27783.00
失业保险本金	2016-12-01至2016-12-31	¥1543.50
生育保险本金	2016-12-01至2016-12-31	¥514.50
工伤保险本金	2016-12-01至2016-12-31	¥823.20

中国建设银行 电子回单 专用章

上述原始凭证中：

表 2-33-1 是中国建设银行客户专用回单，此联应作为付款方支付款项的记账依据。该原始凭证注明，"付款人"是本公司，"账号"是 41622124147626，表明本公司已通过账号为 41622124147626 的基本户支付了款项，进行会计核算时，"金额"41 094.20 元应记入"银行存款——中国建设银行常州市新北区支行（41622124147626）"科目的贷方；"征收机关名称"是常州市新北区地方税务局，"税（费）种名称"是医疗保险本金、养老保险本金、失业保险本金、生育保险本金、工伤保险本金，"所属时期"均为 20161201-20161231，"实缴金额"分别为 10 430.00 元、27 783.00 元、1 543.50 元、514.50 元、823.20 元，同时 2016 年 11 月 30 日"应付职工薪酬——社会保险费——医疗保险""应付职工薪酬——设定提存计划——养老保险""应付职工薪酬——设定提存计划——失业保险""应付职工薪酬——社会保险费——生育保险""应付职工薪酬——社会保险费——工伤保险"科目的贷方余额分别为 8 232.00 元、19 551.00 元、1 029.00 元、514.50 元、823.20 元，实缴金额大于期初余额的部分为个人应承担的医疗保险、养老保险、失业保险，待本公司发放工资时扣取。该原始凭证表明本公司向常州市新北区地方税务局上交了本月应交的医疗保险、养老保险、失业保险、生育保险、工伤保险，进行会计核算时，应按期初余额分别记入"应付职工薪酬——社会保险费——医疗保险""应付职工薪酬——设定提存计划——养老保险""应付职工薪酬——设定提存计划——失业保险""应付职工薪酬——社会保险费——生育保险""应付职工薪酬——社会保险费——工伤保险"科目的借方，同时计算个人应承担的医疗保险 2 198.00 元、养老保险 8 232.00 元、失业保险 514.50 元后分别记入"其他应付款——社会保险费——医疗保险""其他应付款——设定提存计划——养老保险""其他应付款——设定提存计划——失业保险"科目的借方。

因此，该笔业务应填制如表 2-33-2、表 2-33-3 所示记账凭证。

表 2-33-2

记账凭证

礼字总号　033　分号 1/2

2016 年 12 月 12 日

摘要	总账科目	明细科目	借方金额 亿千百十万千百十元角分	贷方金额 亿千百十万千百十元角分	√
支付社会保险费	应付职工薪酬	社会保险费——医疗保险	8 2 3 2 0 0		☐
	应付职工薪酬	设定提存计划——养老保险	1 9 5 5 1 0 0		☐
	应付职工薪酬	设定提存计划——失业保险	1 0 2 9 0 0		☐
	应付职工薪酬	社会保险费——生育保险	5 1 4 5 0		☐
	应付职工薪酬	社会保险费——工伤保险	8 2 3 2 0		☐
	其他应付款	社会保险费——医疗保险	2 1 9 8 0 0		☐
合　　计					☐

附单据 1 张

会计主管：　　　记账：　　　出纳：　　　复核：　　　制单：王红

【业务 2-34】 （共 1 张原始凭证，于 2016 年 12 月 12 日取得）

表 2-33-3

记账凭证

2016 年 12 月 12 日

记字总号 033　分号 2/2

摘　要	总账科目	明细科目	借方金额										贷方金额										√
			亿	千	百	十	万	千	百	十	元	角	分	亿	千	百	十	万	千	百	十	元	角	分	
支付社会保险费	其他应付款	设定提存计划——养老保险					8	2	3	2	0	0													☐
	其他应付款	设定提存计划——失业保险						5	1	4	5	0													☐
	银行存款	中国建设银行常州市新北区支行——41622124147626													4	1	0	9	4	2	0				☐
																								☐
																								☐
																								☐
合　　　　计			¥		4	1	0	9	4	2	0			¥		4	1	0	9	4	2	0			☐

会计主管：　　记账：　　出纳：　　复核：　　制单：王红

附单据 月记033 1/2 张

表 2-34-1

中国建设银行客户专用回单

币别：人民币　　　　2016 年 12 月 12 日　　流水号 320420027J0500810011

付款人	全称	常州东恒有限公司	收款人	全称	常州市住房公积金管理中心
	账号	41622124147626		账号	41622124992424
	开户行	中国建设银行常州市新北区支行		开户行	同城实时借记业务
金额		（大写）人民币 贰万零伍佰陆拾元整		（小写）¥20560.00	
凭证种类		其他凭证	凭证号码		00005514
结算方式		转账	用途		WFP公积金：000121255：20161212

打印柜员：320425584257
打印机构：中国建设银行常州市新北区支行
打印卡号：105732023995

电子回单专用章（中国建设银行）

第一联 借方（回单）

打印时间：2016-12-12　　交易柜员：320425584268　　交易机构：320410500541155014

上述原始凭证中：

表 2-34-1 是中国建设银行客户专用回单的第一联借方回单,此联应作为付款方支付款项的记账依据。该原始凭证注明,"付款人"是本公司,"账号"是 41622124147626,表明本公司已通过账号为 41622124147626 的基本户支付了款项,进行会计核算时,"金额"20 560.00元应记入"银行存款——中国建设银行常州市新北区支行(41622124147626)"科目的贷方;同时,"收款人"是常州市住房公积金管理中心,"金额"为 20 560.00 元,同时 2016年 11 月 30 日"应付职工薪酬——住房公积金"科目的贷方余额为 10 280.00 元,金额大于期初余额的部分为个人应承担的住房公积金,待本公司发放工资时扣取。该原始凭证表明本公司向常州市住房公积金管理中心上交了本月应交的住房公积金,进行会计核算时,应按期初余额记入"应付职工薪酬——住房公积金"科目的借方,同时计算个人应承担的住房公积金 10 280.00 元后记入"其他应付款——住房公积金"科目的借方。

因此,该笔业务应填制如表 2-34-2 所示记账凭证。

表 2-34-2

记 账 凭 证

2016 年 12 月 12 日

记字总号　034　分号

摘　要	总账科目	明细科目	借方金额 亿千百十万千百十元角分	贷方金额 亿千百十万千百十元角分	√
支付住房公积金	应付职工薪酬	住房公积金	1 0 2 8 0 0 0		□
	其他应付款	住房公积金	1 0 2 8 0 0 0		□
	银行存款	中国建设银行常州市新北区支行—41622124147626		2 0 5 6 0 0 0	□
					□
					□
					□
合　　　　计			¥ 2 0 5 6 0 0 0	¥ 2 0 5 6 0 0 0	□

附单据 1 张

会计主管：　　　记账：　　　出纳：　　　复核：　　　制单：王红

【业务 2-35】 （共 4 张原始凭证，于 2016 年 12 月 13 日取得）

表 2-35-1

经理办公会议纪要 　　企业拟购入国盛公司于 2015 年 12 月 31 日发行的面值为 100 元的 3 年期的债券 2 000 张，每年末付息一次，准备持有至到期。 参加人员：　　胡清　高娥　田园　　周小军 　　　　　　　　　　　　　　　　　　　　　2016 年 12 月 12 日

表 2-35-2

交 割 单

营业部名：江苏华兴证券服务股份有限公司

股东姓名：常州东恒有限公司

资金账户：2763593369

当前币种：人民币

成交日期	操作	证券代码	证券名称	成交数量	面值	成交单价	成交金额	手续费	其他费用	结算金额	账户	交易市场
2016-12-13	买入	600800	国盛公司	2 000	100.00	108.00	216 000.00	43.20	0.00	216 043.20	2763593369	上海证券

表 2-35-3

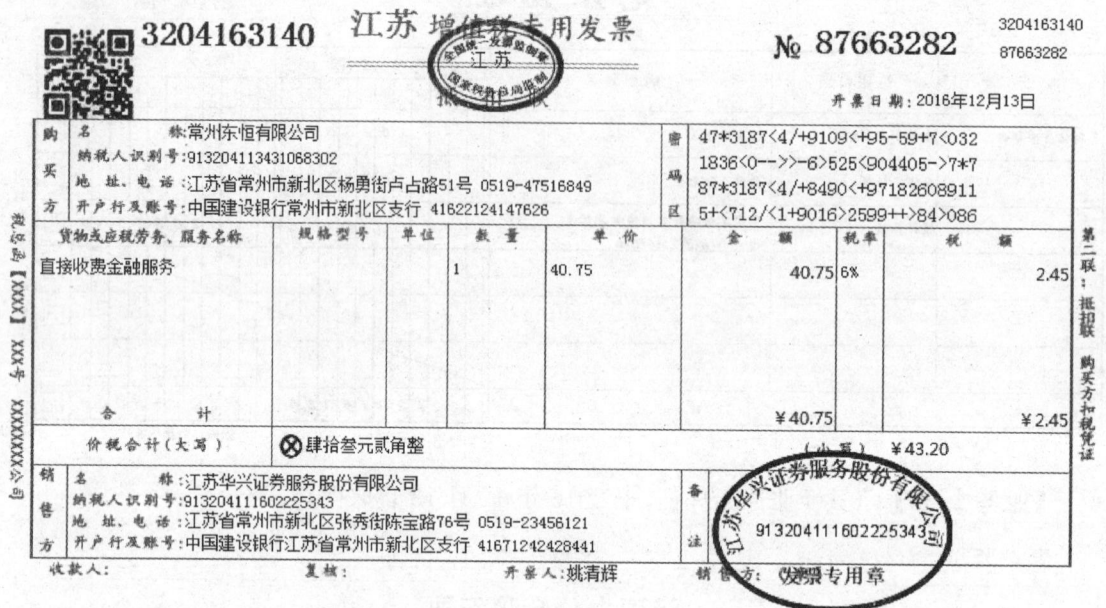

表 2-35-4

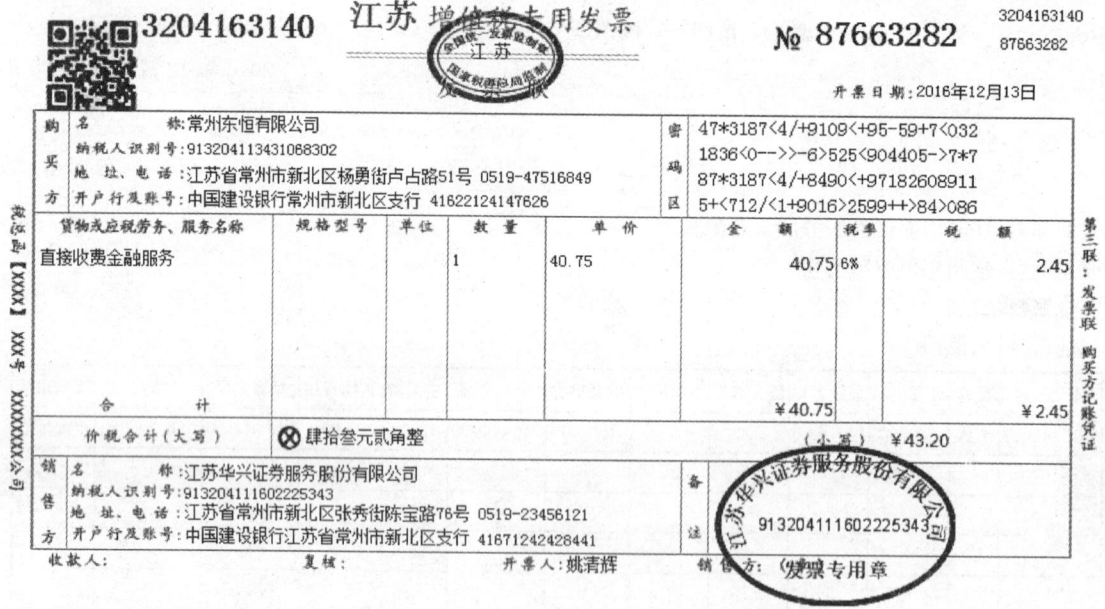

上述原始凭证中：

表 2-35-1 是本公司形成的经理办公会议纪要，应作为购买金融商品并对其进行分类的依据。该原始凭证注明，本公司拟购入国盛公司发行的分期付息到期一次还本债券，并准备持有至到期。

表 2-35-2 是买入证券交割单,应作为付款方支付款项的记账依据。该原始凭证注明,"股东姓名"是本公司,"资金账户"是 2763593369,"操作"内容是买入,"证券名称"是国盛公司,"成交数量"是 2 000,"面值"是 100.00 元,"成交金额"是 216 000.00 元,含税"手续费"是 43.20 元,"结算金额"是 216 043.20 元,这表明本公司的通过账号为 2763593369 的证券资金账户支付 216 043.20 元买入了 2 000 张国盛公司债券。

表 2-35-3 是江苏增值税专用发票的第二联抵扣联,此联应作为购买方抵扣进项税额的依据。该抵扣联不能作为记账凭证的附件,专门用于在规定期限内到税务机关办理认证或在平台办理勾选确认,并在认证通过或勾选确认的次月申报期内,向主管税务机关申报抵扣进项税额。

表 2-35-4 是江苏增值税专用发票的第三联发票联,此联应作为购买方的记账依据。该原始凭证注明,"购买方"是本公司,"销售方"是江苏华兴证券服务股份有限公司,"货物或应税劳务、服务名称"是直接收费金融服务,"金额"是 40.75 元,"税额"是 2.45 元,"价税合计"是 43.20 元,这表明本公司接受了江苏华兴证券服务股份有限公司的金融服务。根据表 2-35-1、表 2-35-2、表 2-35-4 进行会计核算时,"成交数量"2 000 乘以"面值"100.00 元为 200 000.00 元应记入"持有至到期投资——债券——国盛公司(成本)"科目的借方,"税额"2.45 元应记入"应交税费——应交增值税——进项税额"科目的借方,"结算金额"216 043.20元应记入"其他货币资金——存出投资款——2763593369"科目的贷方,差额16 040.75元作为溢价应记入"持有至到期投资——债券——国盛公司(利息调整)"科目的借方"。

因此,该笔业务应填制如表 2-35-5 所示记账凭证。

表 2-35-5

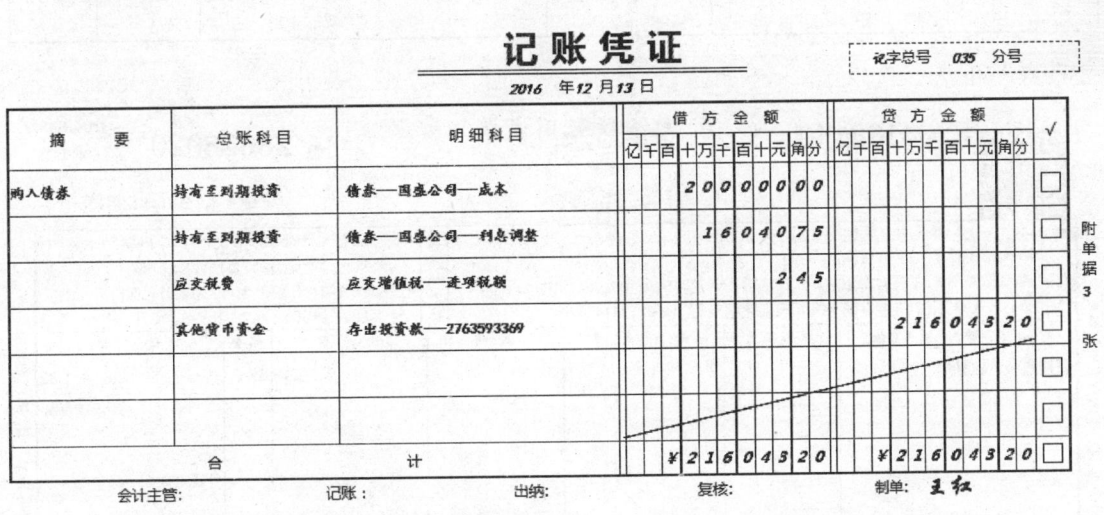

【业务 2-36】 (共 4 张原始凭证,于 2016 年 12 月 13 日取得)

表 2-36-1

经理办公会议纪要

企业拟以不低于每份 161 元的价格将持有的平智公司的债券全部出售。

参加人员： 田园 胡清 周小军 高娥

2016 年 12 月 12 日

表 2-36-2

交 割 单

营业部名：江苏华兴证券服务股份有限公司
股东姓名：常州东恒有限公司
资金账户：2763593369
当前币种：人民币

成交日期	操作	证券代码	证券名称	成交数量	面值	成交单价	成交金额	手续费	其他费用	结算金额	账户	交易市场
2016-12-13	卖出	600700	平智公司	1 000	100.00	161.00	161 000.00	32.20	0.00	160 967.80	2763593369	上海 A 股

表 2-36-3

3204163140　　江苏 增值税专用发票　　№ 28628020　　3204163140
28628020

开票日期：2016年12月13日

购买方	名 称：常州东恒有限公司 纳税人识别号：913204113431068302 地 址、电话：江苏省常州市新北区杨勇街卢占路51号 0519-47516849 开户行及账号：中国建设银行常州市新北区支行 41622124147626	密码区	78*3187<4/+7563<+95-59+7<083 7160<0--->-6>525<231527->7*7 87*3187<4/+8490<+04950465410 7+<712/<1+9016>4287++>84<575

货物或应税劳务、服务名称	规格型号	单位	数量	单价	金额	税率	税额
直接收费金融服务			1	30.38	30.38	6%	1.82
合 计					￥30.38		￥1.82
价税合计（大写）		⊗叁拾贰元贰角整			（小写）￥32.20		

销售方	名 称：江苏华兴证券服务股份有限公司 纳税人识别号：913204111602225343 地 址、电话：江苏省常州市新北区张秀街陈宝路76号 0519-23456121 开户行及账号：中国建设银行江苏省常州市新北区支行 41671242428441

收款人：　　　　复核：　　　　开票人：杨连进

第二联：抵扣联　购买方扣税凭证

表 2-36-4

上述原始凭证中：

表 2-36-1 是本公司形成的经理办公会议纪要，应作为出售金融商品的依据。该原始凭证注明，本公司拟以每份不低于 161.00 元的价格出售全部平智公司债券。

表 2-36-2 是卖出证券交割单，应作为收款方收取款项的记账依据。该原始凭证注明，"股东姓名"是本公司，"资金账户"是 2763593369，"操作"内容是卖出，"证券名称"是平智公司，"成交数量"是 1 000，"面值"是 100.00 元，"成交金额"是 161 000.00 元，含税"手续费"是 32.20 元，"结算金额"是 16 0 967.80 元，这表明本公司账号为 2763593369 的证券资金账户因出售全部平智公司债券而收到了 160 967.80 元。

表 2-36-3 是江苏增值税专用发票的第二联抵扣联，此联应作为购买方抵扣进项税额的依据。该抵扣联不能作为记账凭证的附件，专门用于在规定期限内到税务机关办理认证或在平台办理勾选确认，并在认证通过或勾选确认的次月申报期内，向主管税务机关申报抵扣进项税额。

表 2-36-4 是江苏增值税专用发票的第三联发票联，此联应作为购买方的记账依据。该原始凭证注明，"购买方"是本公司，"销售方"是江苏华兴证券服务股份有限公司，"货物或应税劳务、服务名称"是直接收费金融服务，"金额"是 30.38 元，"税额"是 1.82 元，"价税合计"是 32.20 元，这表明本公司接受了江苏华兴证券服务股份有限公司的金融服务，同时 2016 年 11 月 30 日"持有至到期投资——债券——平智公司（成本）""持有至到期投资——债券——平智公司（利息调整）""持有至到期投资——债券——平智公司（应计利息）"科目的借方余额分别为 100 000.00 元、12 302.22 元、15 000.00 元，根据表 2-36-1、表 2-36-2、表 2-36-4 进行会计核算时，"结算金额"160 967.80 元应记入"其他货币资金——存出投资款——2763593369"科目的借方，"税额"1.82 元应记入"应交税费——应交增值税——进项

税额"科目的借方,成本 100 000.00 元、利息调整 12 302.22 元、应计利息 15 000.00 元应分别记入"持有至到期投资——债券——平智公司(成本)""持有至到期投资——债券——平智公司(利息调整)""持有至到期投资——债券——平智公司(应计利息)"科目的贷方,差额 33 667.40 元作为转让所得应记入"投资收益——出售金融资产收益——出售金融商品收益"科目的贷方。

　　因此,该笔业务应填制如表 2-36-5 所示记账凭证。

表 2-36-5

记账凭证

2016 年 12 月 14 日

记字总号 036 分号

摘要	总账科目	明细科目	借方金额 亿千百十万千百十元角分	贷方金额 亿千百十万千百十元角分	√
出售债券	其他货币资金	存出投资款——2763593369	1 6 0 9 6 7 8 0		☐
	应交税费	应交增值税——进项税额	1 8 2		☐
	持有至到期投资	债券——平智公司——成本		1 0 0 0 0 0 0 0	☐
	持有至到期投资	债券——平智公司——利息调整		1 2 3 0 2 2 2	☐
	持有至到期投资	债券——平智公司——应计利息		1 5 0 0 0 0 0	☐
	投资收益	出售金融资产收益——出售金融商品收益		3 3 6 6 7 4 0	☐
合计			￥1 6 0 9 6 9 6 2	￥1 6 0 9 6 9 6 2	☐

会计主管:　　　　记账:　　　　出纳:　　　　复核:　　　　制单:王红

附单据 3 张

【业务 2-37】 (共 2 张原始凭证,于 2016 年 12 月 14 日取得)

表 2-37-1

股东会决议

时间:2016 年 12 月 12 日

应到会股东人数:2 人　　实际到会股东人数:2 人

　　企业拟用货币资金 1 200 000.00 元(人民币壹佰贰拾万元整)对新设的常州弘毅有限公司进行投资,持股比例 60%,能控制被投资企业并准备长期持有。

股东签名:刘玉颖　张源

2016 年 12 月 12 日

表 2-37-2

中国建设银行客户专用回单

币别：人民币　　　　　　　2016 年 12 月 14 日　　　流水号 320420027J0500810028

付款人	全称	常州东恒有限公司	收款人	全称	常州弘毅有限公司
	账号	41622124147626		账号	41622124250270
	开户行	中国建设银行常州市新北区支行		开户行	中国建设银行常州市天宁区支行
金 额		（大写）人民币 壹佰贰拾万元整			（小写）￥1200000.00
凭证种类		网银	凭证号码		
结算方式		转账	用途		长期股权投资款

打印柜员：3204255842574
打印机构：中国建设银行常州市新北区支行
打印卡号：4162212414782...

（第一联 借方（回单）

打印时间：2016-12-14　　交易柜员：320425584268　　交易机构：320417074

上述原始凭证中：

表 2-37-1 是本公司形成的股东会决议，应作为对外投资的依据。该原始凭证注明，本公司拟以 1 200 000.00 元对新设的常州弘毅有限公司进行投资，持股比例为 60%，准备长期持有并控制被投资企业常州弘毅有限公司。

表 2-37-2 是中国建设银行客户专用回单的第一联借方回单，此联应作为付款方支付款项的记账依据。该原始凭证注明，"付款人"是本公司，"账号"是 41622124147626，这表明本公司已通过账号 41622124147626 的基本户支付了对常州弘毅有限公司的投资款，进行会计核算时，"金额" 1 200 000.00 元应分别记入"长期股权投资——常州弘毅有限公司"科目的借方和"银行存款——中国建设银行常州市新北区支行（41622124147626）"科目的贷方。

因此，该笔业务应填制如表 2-37-3 所示记账凭证。

表 2-37-3

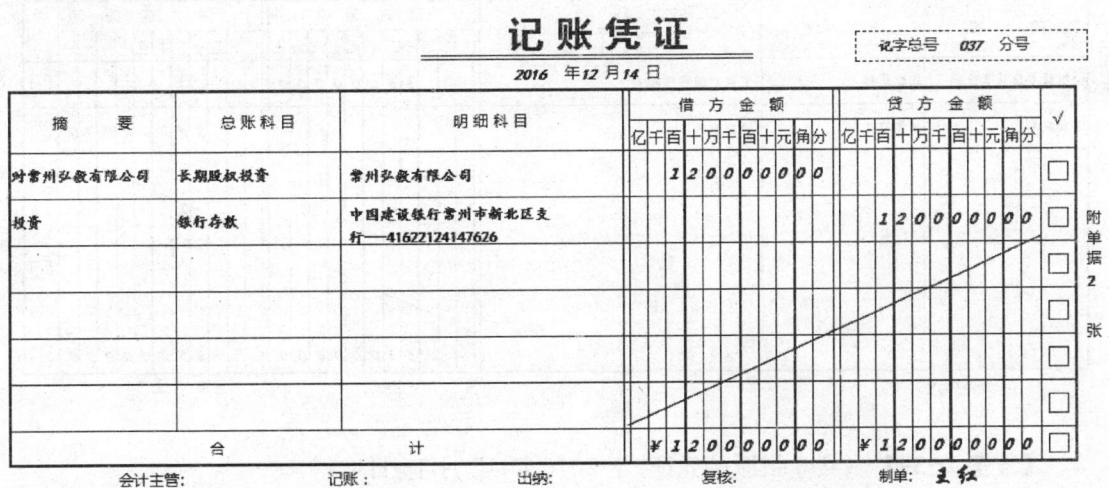

记账凭证

2016 年 12 月 14 日

记字总号 037 分号

摘要	总账科目	明细科目	借方金额 亿千百十万千百十元角分	贷方金额 亿千百十万千百十元角分	√
对常州弘毅有限公司投资	长期股权投资	常州弘毅有限公司	1 2 0 0 0 0 0 0 0		□
	银行存款	中国建设银行常州市新北区支行——41622124147626		1 2 0 0 0 0 0 0 0	□
					□
					□
					□
					□
合　计			￥1 2 0 0 0 0 0 0 0	￥1 2 0 0 0 0 0 0 0	□

附单据 2 张

会计主管：　　记账：　　出纳：　　复核：　　制单：王红

【业务 2-38】（共 1 张原始凭证，于 2016 年 12 月 14 日取得）

表 2-38-1(复印件)

股东会决议

时间：2016 年 12 月 14 日

应到会股东人数：3 人　实际到会股东人数：3 人

　　经全体股东审议，一致通过如下决议：本公司截至 2015 年 12 月 31 日未分配利润 1 250 000.00 元（人民币壹佰贰拾伍万元整），现向全体股东分配现金利润 500 000.00 元（人民币伍拾万元整），按出资比例分配，其中：常州东恒有限公司出资 70.00%，吴意帆出资 25.00%，赵沐沐出资 5.00%。

股东签名：田园　吴意帆　赵沐沐

2016 年 12 月 14 日

上述原始凭证中：

表 2-38-1 是宜兴广陵有限公司的股东会决议复印件，应作为投资方确认投资收益的记账依据。该原始凭证注明，宜兴广陵有限公司向全体股东分配现金利润 500 000.00 元，本公司持股 70%，同时 2016 年 11 月 30 日用成本法进行后续计量的"长期股权投资——宜兴广陵有限公司"科目有余额，且截至 2016 年 12 月 14 日本公司仍继续持有该股权，这表明本公司将取得现金分红 350 000.00 元，进行会计核算时，应分别记入"应收股利——宜兴广陵有限公司"科目的借方以及"投资收益——股利收入"科目的贷方。

　　因此，该笔业务应填制如表 2-38-2 所示记账凭证。

表 2-38-2

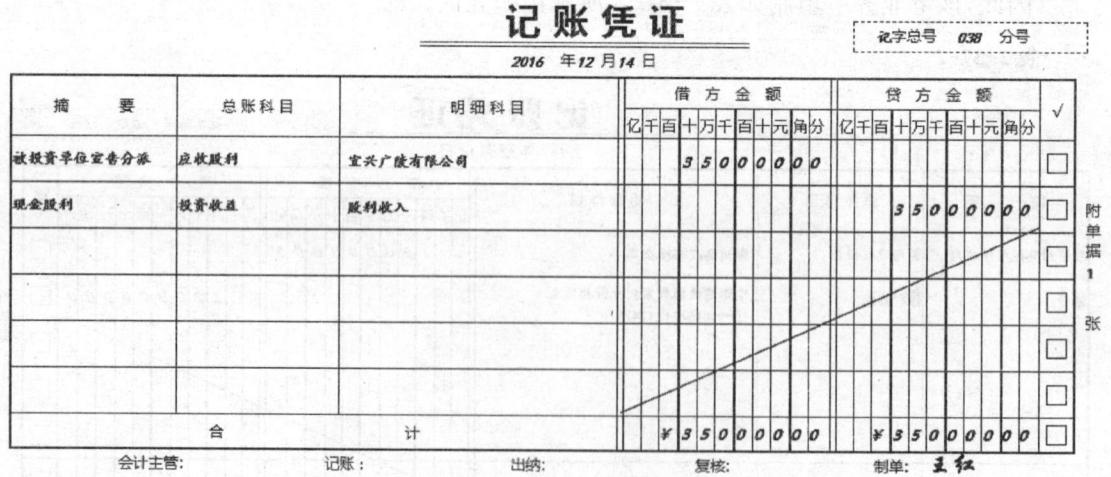

【业务 2-39】（共 3 张原始凭证，于 2016 年 12 月 15 日取得）

表 2-39-1

股东会决议

时间：2016 年 12 月 15 日

应到会股东人数：2 人　实际到会股东人数：2 人

　　企业拟以 103 000.00 元(人民币壹拾万叁仟元整)的价格将长期持有且能控制昆山正发有限公司 55％的股权，全部出售给昆山冰虹有限公司。

股东签名：肖昆　文志勇

2016 年 12 月 15 日

表 2-39-2

股权转让协议

转让方：常州东恒有限公司

受让方：昆山冰虹有限公司

　　一、根据《中华人民共和国公司法》第七十二条的规定，并经公司股东会会议决议，股东常州东恒有限公司　　同意将其在昆山正发有限公司　　55％股权以人民币￥103 000.00　　元(人民币壹拾万叁仟元整　　)转让给受让方昆山冰虹有限公司　　。

　　二、依照本协议转让的股权于2016　年12月15日实施，即受让方通过网银将股权收购款支付给转让方。

　　三、转让方自本协议规定的股权转让之日起，不再享受任何股东权利，同时也不对昆山正发有限公司承担任何责任。

　　四、受让方自本协议规定的股权转让之日起，应当依法以其受让的股权为限，享受股东权利，同时也承担股东责任。

　　五、如有一方违反本协议的，应协商解决；协商不成时，另一方有权向有管辖权的人民法院依法起诉。

　　六、本协议经双方当事人签名、盖章后生效。

转让方(签字、盖章)：

法定(授权)代表大：陈瑞

受让方(签字、盖章)：

法定(授权)代表大：李纪

本协议签订日期：2016 年 12 月 15 日

表 2-39-3

中国建设银行客户专用回单

币别：人民币　　　　　　　2016 年 12 月 15 日　　　流水号 320420027J0500810096

付款人	全称	昆山冰虹有限公司	收款人	全称	常州东恒有限公司
	账号	41622124007611		账号	41622124147626
	开户行	中国建设银行苏州市吴江区支行		开户行	中国建设银行常州市新北区支行
金　额		（大写）人民币 壹拾万叁仟元整			（小写）￥103000.00
凭证种类		网银	凭证号码		
结算方式		转账	用途		股权转让款

打印柜员：320425584257
打印机构：中国建设银行常州市新北区支行电子回单
打印卡号：41622124147626

第二联贷方（回单）

打印时间：2016-12-15　　　交易柜员：320425584268　　　交易机构：320473443

上述原始凭证中：

表 2-39-1 是本公司形成的股东会决议，应作为投资方转让被投资企业股权的依据。该原始凭证注明，本公司拟以 103 000.00 元的价格转让持有的昆山正发有限公司 55％的股权。

表 2-39-2 是股权转让协议，也应作为投资方转让被投资企业股权的依据。该原始凭证注明，本公司拟以 103 000.00 元的价格将持有的昆山正发有限公司 55％的股权转让给昆山冰虹有限公司，股权转让行为即日生效。

表 2-39-3 是中国建设银行客户专用回单第二联贷方回单，此联应作为收款人收取款项的记账依据。该原始凭证注明，"付款人"是昆山冰虹有限公司，"收款人"是本公司，"收款人账号"是 41622124147626，"金额"是 103 000.00 元，"用途"是股权转让款，这表明本公司账号为 41622124147626 的基本户收取了昆山冰虹有限公司支付的股权转让款，同时 2016 年 11 月 30 日用成本法进行后续计量的"长期股权投资——昆山正发有限公司"科目借方余额是 110 000.00 元，且截至 2016 年 12 月 15 日本公司仍继续持有该股权，这表明本公司转让股权的账面成本 110 000.00 元大于转让价格 103 000.00 元的部分 7 000.00 元为转让损失。根据表 2-39-1、表 2-39-2、表 2-39-3 进行会计核算时，应将"金额"103 000.00 元记入"银行存款——中国建设银行常州市新北区支行（41622124147626）"科目的借方，将账面成本 110 000.00 元记入"长期股权投资——昆山正发有限公司"科目的贷方，差额 7 000.00 元作为转让损失记入"投资收益——出售长期股权投资收益"科目的借方。

因此，该笔业务应填制如表 2-39-4 所示记账凭证。

表 2-39-4

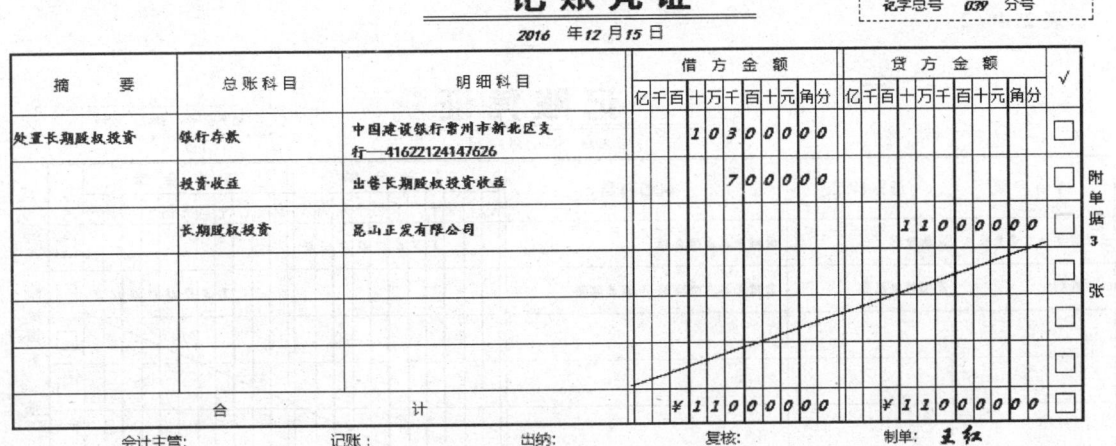

记 账 凭 证

2016 年12月15日

记字总号 039 分号

摘 要	总账科目	明细科目	借方金额 亿千百十万千百十元角分	贷方金额 亿千百十万千百十元角分	√
处置长期股权投资	银行存款	中国建设银行常州市新北区支行—41622124147626	1 0 3 0 0 0 0 0		□
	投资收益	出售长期股权投资收益	7 0 0 0 0 0		□
	长期股权投资	昆山正发有限公司		1 1 0 0 0 0 0 0	□
					□
					□
					□
合 计			¥ 1 1 0 0 0 0 0 0	¥ 1 1 0 0 0 0 0 0	□

附单据 3 张

会计主管： 记账： 出纳： 复核： 制单：王红

【业务 2-40】 （共 1 张原始凭证，于 2016 年 12 月 15 日取得）

表 2-40-1(复印件)

股东会决议

时间:2016 年 12 月 15 日

应到会股东人数:3 人 实际到会股东人数:3 人

经全体股东审议,一致通过如下决议:本公司截至 2015 年 12 月 31 日未分配利润 1 250 000.00 元
(人民币壹佰贰拾伍万元整),现向全体股东分配现金利润 500 000.00 元(人民币伍拾万元整),按出资
比例分配,其中:常州东恒有限公司出资 30.00%,肖肃出资 25.00%,崔海鹏出资 45.00%。

股东签名:田园 肖肃 崔海鹏

2016 年 12 月 15 日

上述原始凭证中:

表 2-40-1 是常州上善有限公司的股东会决议复印件,应作为投资方确认投资收益的
记账依据。该原始凭证注明,常州上善有限公司向全体股东分配现金利润 500 000.00 元,
本公司持股 30%,同时 2016 年 11 月 30 日用权益法进行后续计量的"长期股权投资——常
州上善有限公司"科目有余额,且截至 2016 年 12 月 15 日本公司仍继续持有该股权,这表明
本公司将取得现金分红 150 000.00 元,进行会计核算时,应分别记入"应收股利——常州上
善有限公司"科目的借方以及"长期股权投资——常州上善有限公司——损益调整"科目的
贷方。

因此,该笔业务应填制如表 2-40-2 所示记账凭证。

表 2-40-2

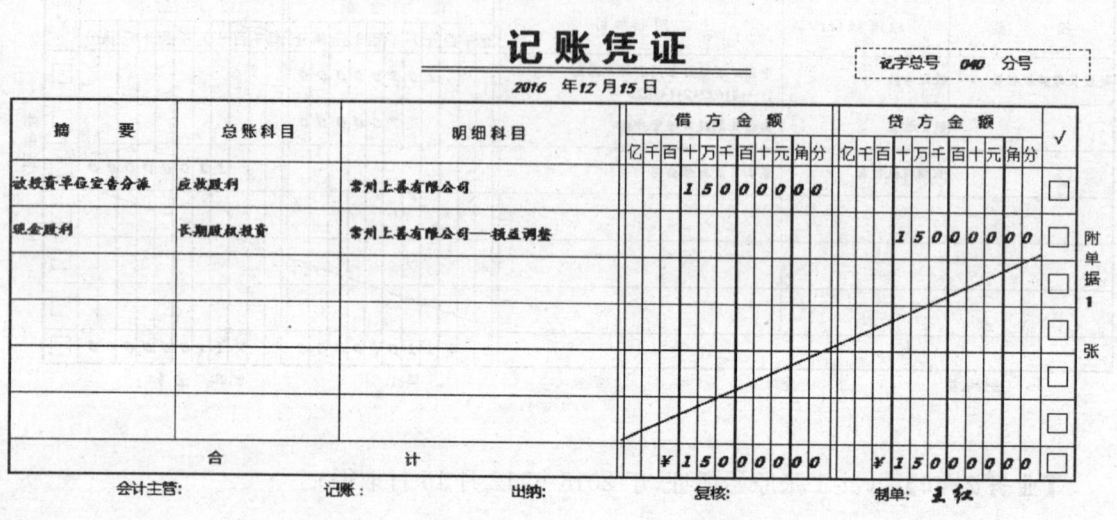

记 账 凭 证

2016 年 12 月 15 日

记字总号 <u>040</u> 分号

摘 要	总账科目	明细科目	借方金额										贷方金额										√
			亿	千	百	十	万	千	百	十	元	角	分	亿	千	百	十	万	千	百	十	元	角	分	
被投资单位宣告分派	应收股利	常州上善有限公司				1	5	0	0	0	0	0	0												□
现金股利	长期股权投资	常州上善有限公司——损益调整															1	5	0	0	0	0	0	0	□
																								□
																								□
																								□
合		计		¥	1	5	0	0	0	0	0	0			¥	1	5	0	0	0	0	0	0	□

附单据 1 张

会计主管:　　　记账:　　　出纳:　　　复核:　　　制单: 王红

【业务 2-41】 (共 3 张原始凭证,于 2016 年 12 月 15 日取得)

表 2-41-1

交通银行股份有限公司贷款还款凭证

打印日期 2016 年 12 月 15 日

客户号:05277431　　　　　　　　　　　　　　　　机构代码:105

借款单位:常州东恒有限公司

贷款账号	归还金额	Osp现有余额	备 注
41924996236728	300000.00元		00091

金额合计	(大写)人民币 叁拾万元整 (小写)CNY****300000.00	交通银行 常州市新北区支行 **2016-12-15** 转讫 (01)
付款账号:41924996230389		
合同编号:00091		
交易业务号:105LAA110091000		

开票:岳强　　　　　　　　　　记账　　　　　　　　　　复核

表 2-41-2

交通银行股份有限公司贷款还息凭证

打印日期 2016 年 12 月 15 日

客户号：05277431			机构代码：105
借款单位：常州东恒有限公司			
产生利息账号	还息金额	Osp现有余额	备　注
41924996236728	1200.00元		00091

金额合计	（大写）人民币 壹仟贰佰元整
	（小写）CNY****1200.00

交通银行
常州市新北区支行

2016-12-15

转讫
（01）

付款账号：41924996230389

合同编号：00091

交易业务号：105LAA110089008

开票：齐金锁　　　记账　　　复核　　　　　　　（盖章）

表 2-41-3

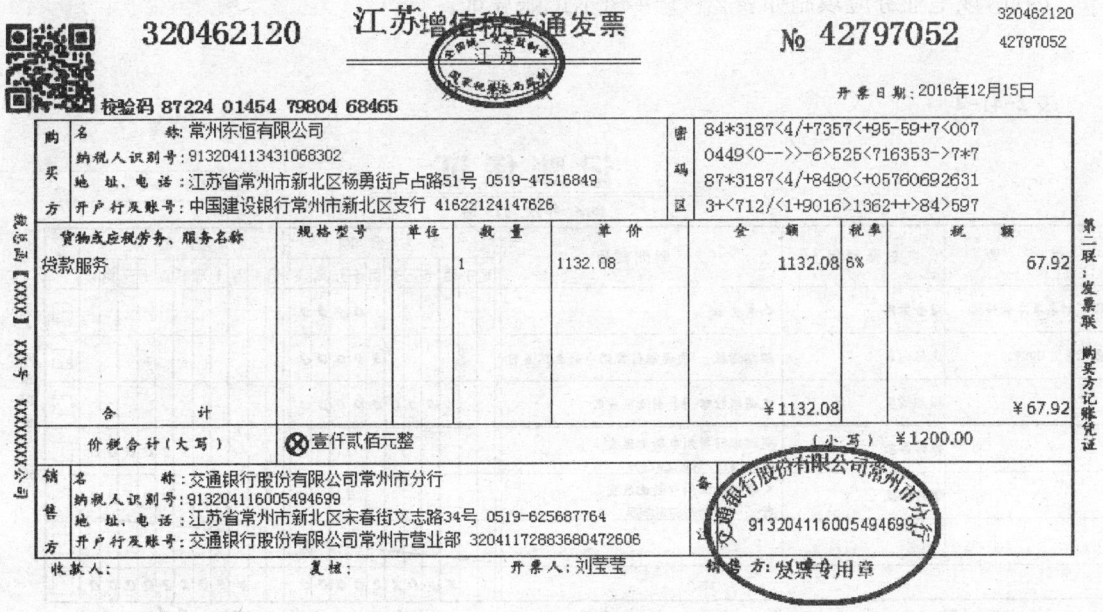

上述原始凭证中：

　　表 2-41-1 是交通银行股份有限公司贷款还款凭证，此凭证应作为付款方归还借款本金的记账依据。该原始凭证注明，付款账号为 41924996230389，"备注"的借款合同号是 00091，这表明本公司已从账号为 41924996230389 的结算户支付了款项，同时 2016 年 11 月

30 日"短期借款——交通银行常州新北区支行"科目贷方余额是 300 000.00 元,其对应的借款合同号是 00091,进行会计核算时,"归还金额"300 000.00 元应分别记入"短期借款——交通银行常州新北区支行"科目的借方以及"银行存款——交通银行常州新北区支行(41924996230389)"科目的贷方。

表 2-41-2 是交通银行股份有限公司贷款还息凭证,此凭证应作为付款方支付利息的记账依据。该原始凭证注明,付款账号为 41924996230389,"备注"的借款合同号是 00091,这表明本公司已从账号为 41924996230389 的结算户支付了款项,进行会计核算时,"还息金额"1 200.00 元应记入"银行存款——交通银行常州新北区支行(41924996230389)"科目的贷方。

表 2-41-3 是江苏增值税普通发票的第二联发票联,此联应作为购买方的记账依据。该原始凭证注明,"购买方"是本公司,根据交通银行股份有限公司常州市分行规定,提供贷款服务的增值税发票一律由分行统一开具,因而"销售方"是交通银行股份有限公司常州市分行,"货物或应税劳务、服务名称"是贷款服务,这表明本公司向交通银行常州新北区支行借款产生了利息支出。同时 2016 年 11 月 30 日与借款合同号 00091 对应的"应付利息——短期借款——交通银行常州新北区支行"科目贷方余额是 500.00 元,根据表 2-41-2、表 2-41-3 进行会计核算时,"价税合计"1 200 元中的 500.00 元应记入"应付利息——短期借款——交通银行常州新北区支行"科目的借方,差额 700.00 元应记入"财务费用——利息支出"科目的借方。

因此,该笔业务应填制如表 2-41-4 所示记账凭证。

表 2-41-4

记账凭证

记字总号 041 分号

2016 年 12 月 15 日

摘要	总账科目	明细科目	借方金额 亿千百十万千百十元角分	贷方金额 亿千百十万千百十元角分	√
偿还利息及本金借款	财务费用	利息支出	70000		☐
合同号:00091	应付利息	短期借款——交通银行常州市新北区支行	50000		☐
	短期借款	交通银行常州市新北区支行	30000000		☐
	银行存款	交通银行常州市新北区支行——41924996230389		120000	☐
	银行存款	交通银行常州市新北区支行——41924996230389		30000000	☐
					☐
合计			¥30120000	¥30120000	☐

附单据 3 张

会计主管:　　　记账:　　　出纳:　　　复核:　　　制单: 王红

【业务 2-42】 (共 2 张原始凭证,于 2016 年 12 月 15 日取得)

表 2-42-1

工资发放明细表

2016-12-15　　　　　　　　　　　　　　　　　　　　　　　单位：元

| 姓名 | 部门 | 岗位 | 应付工资 | 代扣三险一金 | | | | 计税基础 | 代扣个人所得税 | 代扣款合计 | 实发工资 |
				代扣医疗保险	代扣养老保险	代扣失业保险	代扣住房公积金				
田　园	办公室	总经理	5 800.00	121.00	464.00	29.00	580.00	4 611.00	33.33	1 227.33	4 572.67
和小平	办公室	办公室主室	4 200.00	89.00	336.00	21.00	420.00	3 339.00	0.00	866.00	3 334.00
刘　华	办公室	办公室职员	3 200.00	69.00	256.00	16.00	320.00	2 544.00	0.00	661.00	2 539.00
胡　清	财务部	财务经理	5 200.00	109.00	416.00	26.00	520.00	4 134.00	19.02	1 090.02	4 109.98
王　红	财务部	会计	3 500.00	75.00	280.00	17.50	350.00	2 782.50	0.00	722.50	2 777.50
金丽丽	财务部	出纳	3 000.00	65.00	240.00	15.00	300.00	2 385.00	0.00	620.00	2 380.00
高　娥	采购部	采购经理	4 600.00	97.00	368.00	23.00	460.00	3 6457.00	4.71	952.71	3 647.29
章亚菲	采购部	采购员	3 200.00	69.00	256.00	15.00	320.00	2 544.00	0.00	661.00	2 539.00
周小军	销售网点	销售经理	4 800.00	101.00	384.00	24.00	480.00	3 816.00	9.48	998.48	3 801.52
叶　明	销售网点	销售员	3 200.00	69.00	256.00	16.00	320.00	2 544.00	0.00	661.00	2 539.00
孙月月	生产车间	生产车间主任	5 000.00	105.00	400.00	25.00	500.00	3 975.00	14.25	1 044.25	3 955.75
费　林	生产车间	仓售员	4 600.00	97.00	368.00	23.00	460.00	3 657.00	4.71	952.71	3 647.29
王华远	生产车间	车间核算员	3 500.00	75.00	280.00	17.50	350.00	2 782.50	0.00	722.50	2 777.50
程园园	生产车间	车间工人	3 400.00	73.00	272.00	17.00	340.00	2 703.00	0.00	702.00	2 698.00
钦平安	生产车间	车间工人	3 400.00	73.00	272.00	17.00	340.00	2 703.00	0.00	702.00	2 698.00
汤红军	生产车间	车间工人	3 300.00	71.00	264.00	16.50	330.00	2 623.50	0.00	681.50	2 618.50
夏安安	生产车间	车间工人	3 400.00	73.00	272.00	17.00	340.00	2 703.00	0.00	702.00	2 698.00
丁可可	生产车间	车间工人	3 200.00	69.00	256.00	15.00	320.00	2 544.00	0.00	661.00	2 539.00
袁小红	生产车间	车间工人	3 600.00	77.00	288.00	18.00	360.00	2 862.00	0.00	743.00	2 857.00
施明利	生产车间	车间工人	3 000.00	65.00	240.00	15.00	300.00	2 385.00	0.00	620.00	2 380.00
陈芳芳	生产车间	车间工人	3 100.00	67.00	248.00	15.50	310.00	2 464.50	0.00	640.50	2 459.50
陈　雪	生产车间	车间工人	3 200.00	69.00	256.00	16.00	320.00	2 544.00	0.00	661.00	2 539.00
施成益	生产车间	车间工人	3 200.00	69.00	256.00	16.00	320.00	2 544.00	0.00	661.00	2 539.00
王　州	生产车间	车间工人	3 400.00	73.00	272.00	17.00	340.00	2 703.00	0.00	702.00	2 698.00
强平佳	生产车间	车间工人	3 300.00	71.00	264.00	16.50	330.00	2 623.50	0.00	681.50	2 618.50
王陈可	生产车间	车间工人	3 600.00	77.00	288.00	18.00	360.00	2 862.00	0.00	743.00	2 857.00
张一菲	生产车间	车间工人	3 100.00	67.00	248.00	15.50	310.00	2 464.50	0.00	640.50	2 459.50
李昊然	生产车间	车间工人	2 800.00	63.00	232.00	14.50	280.00	2 215.50	0.00	589.50	2 210.50
合　计			102 800.00	2 198.00	8 232.00	514.50	10 280.00	81 715.50	85.50	21 310.00	81 490.00

制表：王红　　　　　　　　　　　　　　　　　　　　　　　审核：胡清

表 2-42-2

中国建设银行
转账支票存根
10503226

00001701

附加信息 付款行账号：
41622124147626

出票日期 2016 年 12 月 15日

收款人：常州东恒有限公司

金 额：¥81490.00

用 途：支付工资

单位主管　　　会计

上述原始凭证中：

表 2-42-1 是工资发放明细表,此表应作为支付工资和扣取相关款项的记账依据。该原始凭证注明,"应付工资"是 102 800.00 元,"代扣三险一金"分别是"养老保险"8 232.00元、"医疗保险"2 198.00 元、"失业保险"514.50 元、"住房公积金"是 10 280.00 元,"代扣个人所得税"是 85.50 元,这表明本公司已从个人工资总额中扣除了个人应承担的社会保险费、住房公积金和个人所得税等,因此,"实发工资"是 81 490.00 元。

表 2-42-2 是中国建设银行转账支票存根,应作为付款方支付款项的记账依据。该原始凭证注明,"收款人"是本公司,"付款行账号"为 41622124147626,"用途"是支付工资,这表明本公司已经按照"实发工资"支付了职工工资,进行会计核算时,"实发工资"81 490.00元应记入"银行存款——中国建设银行常州市新北区支行(41622124147626)"科目的贷方。

根据表 2-42-1 和表 2-42-2,进行会计核算时,"应付工资"102 800.00 元应记入"应付职工薪酬——工资"科目的借方。同时,表 2-42-1 中代扣的款项在业务32 至业务34 中已经上交给了税务征收机关及住房公积金管理中心,进行会计核算时,应将"养老保险"8 232.00 元记入"其他应付款——设定提存计划——养老保险"科目的贷方,"医疗保险"2 198.00 元记入"其他应付款——社会保险费——医疗保险"科目的贷方,"失业保险"514.50 元记入"其他应付款——设定提存计划——失业保险"科目的贷方,"住房公积金"10 280.00 元记入"其他应付款——住房公积金"科目的贷方,"代扣个人所得税"85.50 元记入"应交税费——应交个人所得税"科目的贷方。

因此,该笔业务应填制如表 2-42-3、表 2-42-4 所示记账凭证。

表 2-42-3

记 账 凭 证

记字总号　042　分号 1/2

2016 年 12 月 15 日

摘　要	总账科目	明细科目	借方金额											贷方金额											√
			亿	千	百	十	万	千	百	十	元	角	分	亿	千	百	十	万	千	百	十	元	角	分	
支付上月工资并代扣	应付职工薪酬	工资				1	0	2	8	0	0	0	0												☐
三险一金及个税	银行存款	中国建设银行常州市新北区支行—41622124147626															8	1	4	9	0	0	0	☐
	应交税费	应交个人所得税																			8	5	0	☐
	其他应付款	住房公积金															1	0	2	8	0	0	0	☐
	其他应付款	社会保险费——医疗保险																2	1	9	8	0	0	☐
	其他应付款	设定提存计划——养老保险																8	2	3	2	0	0	☐
合　　计																									☐

附单据 2 张

会计主管：　　　记账：　　　出纳：　　　复核：　　　制单：王红

表 2-42-4

记 账 凭 证

记字总号　042　分号 2/2

2016 年 12 月 15 日

摘　要	总账科目	明细科目	借方金额											贷方金额											√
			亿	千	百	十	万	千	百	十	元	角	分	亿	千	百	十	万	千	百	十	元	角	分	
支付上月工资并代扣	其他应付款	设定提存计划——失业保险																	5	1	4	5	0	☐
三险一金及个税																								☐
																								☐
																								☐
																								☐
																								☐
合　　计				¥	1	0	2	8	0	0	0	0			¥	1	0	2	8	0	0	0	0	☐

附单据 同记042 1/2 张

会计主管：　　　记账：　　　出纳：　　　复核：　　　制单：王红

【业务 2-43】（共 1 张原始凭证，于 2016 年 12 月 16 日取得）

表 2-43-1

中国建设银行客户专用回单

币别：人民币　　　　　2016 年 12 月 16 日　　流水号 320420027J0500810044

付款人	全称	宜兴广陵有限公司	收款人	全称	常州东恒有限公司
	账号	41622124934263		账号	41622124147626
	开户行	中国建设银行无锡市滨湖区支行		开户行	中国建设银行常州市新北区支行

金 额	（大写）人民币 叁拾伍万元整	（小写）￥350000.00
凭证种类	电汇凭证	凭证号码	
结算方式	电子汇划汇入	用途	股利

打印柜员：320425584257
打印机构：中国建设银行常州市新北区支行电子回单
打印卡号：41622124147626

（中国建设银行 专用章）

打印时间：2016-12-16　　交易柜员：320425584268　　交易机构：320457101

第二联 贷方（回单）

上述原始凭证中：

表 2-43-1 是中国建设银行客户专用回单的第二联贷方回单，此联也应作为收款方收取款项的记账依据。该原始凭证注明"付款人"是宜兴广陵有限公司，"收款人"是本公司，"账号"是 41622124147626，"金额"是 350 000.00 元，"用途"是股利，这表明宜兴广陵有限公司已向本公司账号为 41622124147626 的基本户支付了股利 350 000.00 元，根据表 2-43-1 及业务 38 进行会计核算时，"金额"350 000.00 元应分别记入"银行存款——中国建设银行常州市新北区支行(41622124147626)"科目的借方以及"应收股利——宜兴广陵有限公司"科目的贷方。

因此，该笔业务应填制如表 2-43-2 所示记账凭证。

表 2-43-2

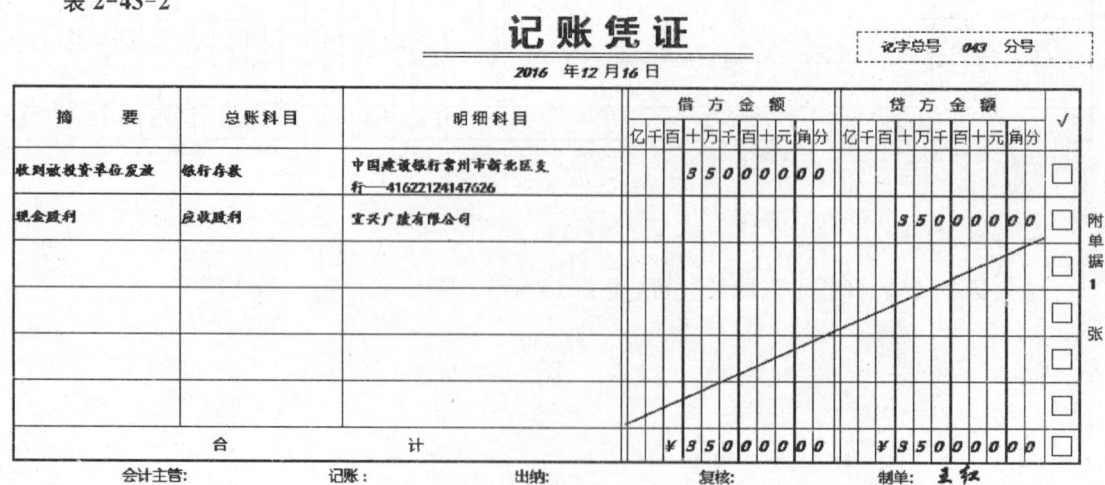

记账凭证

记字总号 043 分号

2016 年12 月16 日

摘要	总账科目	明细科目	借方金额 亿千百十万千百十元角分	贷方金额 亿千百十万千百十元角分	√
收到被投资单位发放	银行存款	中国建设银行常州市新北区支行——41622124147626	3 5 0 0 0 0 0 0		☐
现金股利	应收股利	宜兴广陵有限公司		3 5 0 0 0 0 0 0	☐
					☐
					☐
					☐
					☐
合　　计			￥3 5 0 0 0 0 0 0	￥3 5 0 0 0 0 0 0	☐

附单据 1 张

会计主管：　　记账：　　出纳：　　复核：　　制单：王红

【业务2-44】 （共1张原始凭证，于2016年12月16日取得）

表 2-44-1

借 款 借 据

单位编号：05277431　　　　借款日期 2016 年12月16日　　　合同编号：10037

收款单位	名　称	常州东恒有限公司	借款单位	名　称	常州东恒有限公司
	结算户账号	41924996230389		贷款户账号	41924996236728
	开户银行	交通银行常州市新北区支行		开户银行	交通银行常州市新北区支行

借款金额	人民币壹佰万元整	亿 千 百 十 万 千 百 十 元 角 分
		￥ 1 0 0 0 0 0 0 0 0

借款原因及用途	生产经营所需借款	批准借款利率	年息 7.20 ％

借款期限				
期次	计划还款日期	√	计划还款金额	
1	2019-12-16		1000000.00元	
2				
3				

备注：

借款单位（公章）

你单位上列借款，已转入你单位结算户内，借款到期时由我行按期自你单位结算户转还。
交通银行 常州市新北区支行 2016-12-16 转讫（01）

陈瑞 （银行盖章）

此联由银行退借款单位作入账通知

上述原始凭证中：

表 2-44-1 是借款借据的入账通知联，此联应作为借款单位借入款项的记账依据。该原始凭证注明，"合同编号"是10037，"收款单位"和"借款单位"都是本公司，"收款单位结算账号"为41924996230389，"借款单位贷款账号"为41924996236728，这表明本公司借入的款项已在账号为41924996230389的借款结算户进账，进行会计核算时，应记入"银行存款——交通银行常州新北区支行（41924996230389）"科目的借方；同时，该凭证又注明"借款日期"为2016年12月16日，"计划还款日期"为2019年12月16日，这表明本公司向中国银行借入了期限为3年、年利率为7.2%的长期借款，进行会计核算时，应记入"长期借款——交通银行常州市新北区支行"科目的贷方。

因此，该笔业务应填制如表2-44-1所示记账凭证。

表 2-44-2

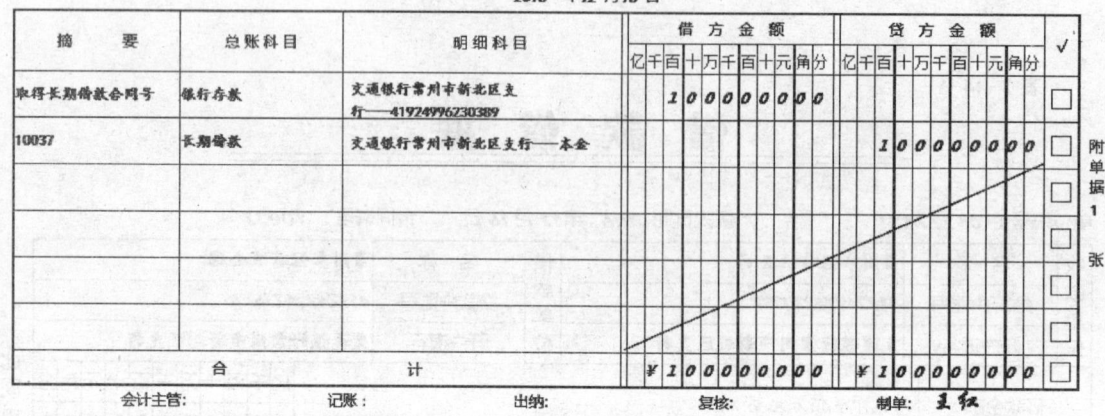

【业务 2-45】 （共 3 张原始凭证,于 2016 年 12 月 16 日取得)

表 2-45-1

股东会决议

时间:2016 年 12 月 16 日

应到会股东人数:2 人　实际到会股东人数:2 人

　　企业拟以 108 000.00 元(人民币壹拾万捌仟元整)的价格将长期持有且不能控制盐城久辉有限公司 35%的股权,全部出售给江苏经贸有限公司。

参加人员　　肖宝文　　张建国

2016 年 12 月 16 日

表 2-45-2

股权转让协议

转让方:常州东恒有限公司

受让方:江苏经贸有限公司

　　一、根据《中华人民共和国公司法》第七十二条的规定,并经公司股东会会议决议,股东常州东恒有限公司　　　　同意将其在盐城久辉有限公司　　　　35%股权以人民币￥108 000.00　　　　元(人民币壹拾万捌仟元整　　　　)转让给受让方江苏经贸有限公司　　　　。

　　二、依照本协议转让的股权于2016　年12月16日实施,即受让方通过网银将股权收购款支付给转让方。

　　三、转让方自本协议规定的股权转让之日起,不再享受任何股东权利,同时也不对盐城久辉有限公司　　公司承担任何责任。

　　四、受让方自本协议规定的股权转让之日起,应当依法以其受让的股权为限,享受股东权利,同时也承担股东责任。

五、如有一方违反本协议的,应协商解决;协商不成时,另一方有权向有管辖权的人民法院依法起诉。

六、本协议经双方当事人签名、盖章后生效。

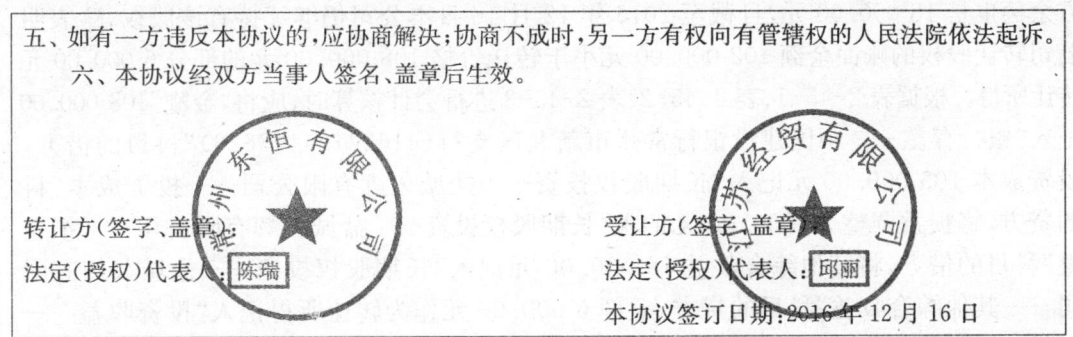

转让方(签字、盖章):

法定(授权)代表人: 陈瑞

受让方(签字、盖章):

法定(授权)代表人: 邱丽

本协议签订日期:2016 年 12 月 16 日

表 2-45-3

<h3 style="text-align:center">中国建设银行客户专用回单</h3>

币别:人民币　　　　2016 年 12 月 16 日　　　流水号 320420027J0500810091

付款人	全称	江苏经贸有限公司	收款人	全称	常州东恒有限公司
	账号	41622124099191		账号	41622124147626
	开户行	中国建设银行南京市玄武区支行		开户行	中国建设银行常州市新北区支行
金 额		(大写)人民币 壹拾万捌仟元整			(小写)￥108000.00
凭证种类		网银	凭证号码		
结算方式		转账	用途		股权转让款

打印柜员:320425584257
打印机构:中国建设银行常州市新北区支电子回单
打印卡号:41622124147626

第二联 贷方(回单)

打印时间:2016-12-16　　交易柜员:320425584268　　交易机构:320427472

上述原始凭证中:

表 2-45-1 是本公司形成的股东会决议,应作为投资方转让被投资企业股权的依据。该原始凭证注明,本公司拟以 108 000.00 元的价格转让持有的盐城久辉有限公司 35% 的股权。

表 2-45-2 是股权转让协议,也应作为投资方转让被投资企业股权的记账依据。该原始凭证注明,本公司拟以 108 000.00 元的价格将持有的盐城久辉有限公司 35% 的股权转让给江苏经贸有限公司,股权转让行为即日生效。

表 2-45-3 是中国建设银行客户专用回单第二联贷方回单,此联应作为收款人收取款项的记账依据。该原始凭证注明,"付款人"是江苏经贸有限公司,"收款人"是本公司,"收款人账号"是 41622124147626,"金额"是 108 000.00 元,"用途"是股权转让款,这表明本公司账号为 41622124147626 的基本户收取了江苏经贸有限公司支付的股权转让款,同时 2016 年 11 月 30 日用权益法进行后续计量的"长期股权投资——盐城久辉有限公司——投资成本"科目借方余额是 105 000.00 元、"长期股权投资——盐城久辉有限公司——损益调整"科目贷方余额是 21 000.00 元,"长期股权投资——盐城久辉有限公司——其他综合收益"科目借方余额是 18 000.00 元,"其他综合收益——被投资单位其他综合收益变动"科目

贷方余额也是 18 000.00 元,且截至 2016 年 12 月 16 日本公司仍继续持有该股权,这表明本公司转让股权的账面余额 102 000.00 元小于转让价格 108 000.00 元的部分 6 000.00 元为转让所得。根据表 2-45-1、表 2-45-2、表 2-45-3 进行会计核算时,应将"金额"108 000.00 元记入"银行存款——中国建设银行常州市新北区支行(41622124147626)"科目的借方,将投资成本 105 000.00 元记入"长期股权投资——盐城久辉有限公司——投资成本"科目的贷方,将损益调整 21 000.00 元记入"长期股权投资——盐城久辉有限公司——损益调整"科目的借方,将其他综合收益 18 000.00 元记入"长期股权投资——盐城久辉有限公司——其他综合收益"科目的贷方,差额 6 000.00 元作为转让所得记入"投资收益——出售长期股权投资收益"科目的贷方。同时,将"其他综合收益——被投资单位其他综合收益变动"科目的贷方余额 18 000.00 元转入"投资收益——出售长期股权投资收益"科目的贷方。

因此,该笔业务应填制如表 2-45-4、表 2-45-5 所示记账凭证。

表 2-45-4

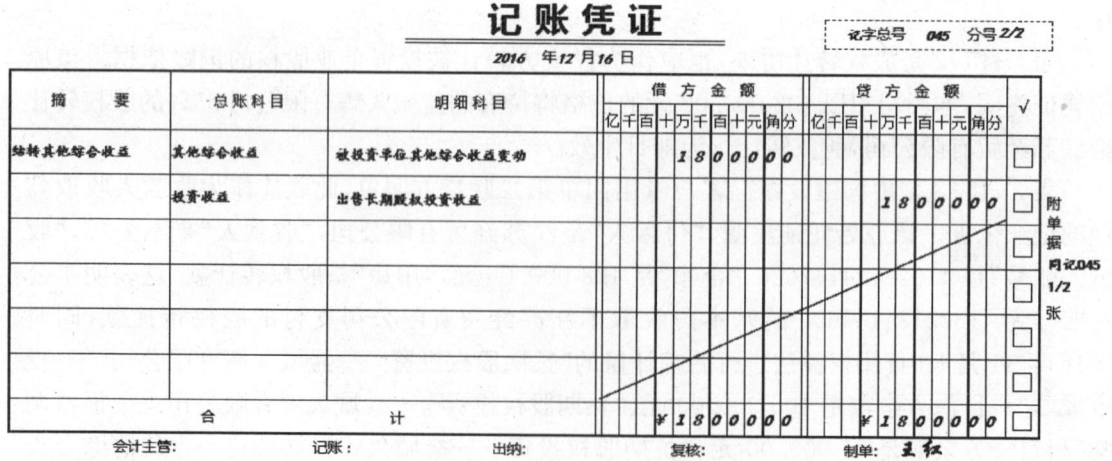

【业务2-46】（共 3 张原始凭证，于 2016 年 12 月 16 日取得）

表 2-46-1

表 2-46-2

表 2-46-3

上述原始凭证中：

表 2-46-1 是江苏增值税专用发票的第二联抵扣联，此联应作为购买方抵扣进项税额的依据。该抵扣联不能作为记账凭证的附件，专门用于在规定期限内到税务机关办理认证或在平台办理勾选确认，并在认证通过或勾选确认的次月申报期内，向主管税务机关申报抵扣进项税额。

表 2-46-2 是江苏增值税专用发票的第三联发票联，此联应作为购买方的记账依据。该原始凭证注明，"购买方"是本公司，"销售方"是精炼教育服务有限公司，"货物或应税劳务、服务名称"是培训费，这表明本公司从精炼教育服务有限公司接受了培训服务。

表 2-46-3 是中国建设银行转账支票存根，应作为付款方支付款项的记账依据。该原始凭证注明，"收款人"是精炼教育服务有限公司，"用途"是支付职工教育经费，这表明本公司已通过账号 41622124147626 的基本户向精炼教育服务有限公司支付了职工教育经费，进行会计核算时，表 2-46-2 中的"金额"500.00 元应记入"应付职工薪酬——职工教育经费"科目的借方，"税额"30.00 元应记入"应交税费——应交增值税（进项税额）"科目的借方，表 2-46-3 中的"金额"530.00 元"银行存款——中国建设银行常州市新北区支行（41622124147626）"科目的贷方。

因此，该笔业务应填制如表 2-46-4 所示记账凭证。

表 2-46-4

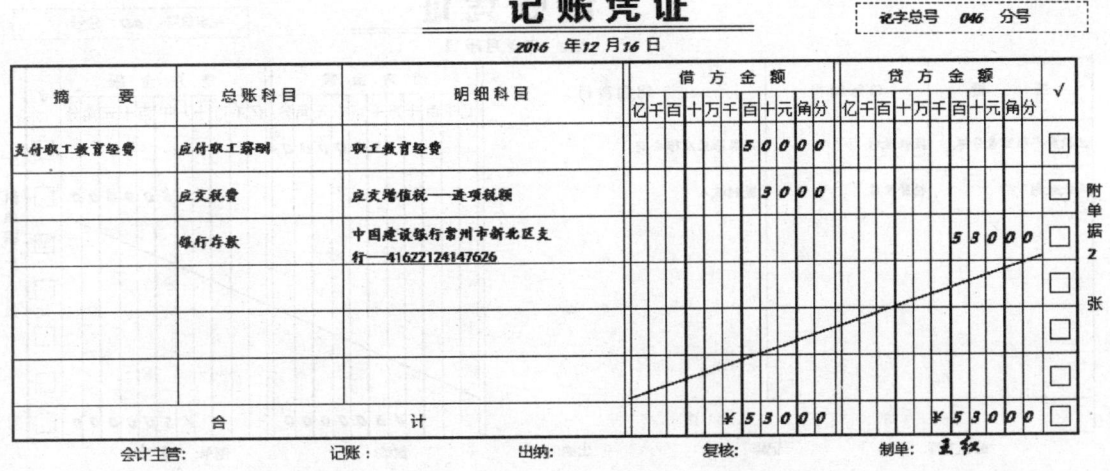

记账凭证

2016 年 12 月 16 日

记字总号 046 分号

摘要	总账科目	明细科目	借方金额	贷方金额	√
			亿千百十万千百十元角分	亿千百十万千百十元角分	
支付职工教育经费	应付职工薪酬	职工教育经费	5 0 0 0 0		☐
	应交税费	应交增值税——进项税额	3 0 0 0		☐
	银行存款	中国建设银行常州市新北区支行——41622124147626		5 3 0 0 0	☐
					☐
					☐
					☐
合 计			￥5 3 0 0 0	￥5 3 0 0 0	☐

附单据 2 张

会计主管: 记账: 出纳: 复核: 制单: 王红

【业务 2-47】 （共 1 张原始凭证,于 2016 年 12 月 19 日取得）

表 2-47-1(复印件)

股东会决议

时间:2016 年 12 月 19 日

应到会股东人数:3 人 实际到会股东人数:3 人

经全体股东审议,一致通过如下决议:本公司截至 2015 年 12 月 31 日未分配利润 250 000.00 元(人民币壹拾伍万元整),现向全体股东分配现金利润 100 000.00 元(人民币伍拾万元整),按出资比例分配,其中:常州东恒有限公司出资 5.00%,节振国出资 25.00%,杨玉光出资 70.00%

股东签名:田园 节振国 杨玉光

2016 年 12 月 19 日

上述原始凭证中:

表 2-47-1 是南昌海天有限公司的股东会决议复印件,应作为投资方确认投资收益的记账依据。该原始凭证注明,南昌海天有限公司向全体股东分配现金利润 100 000.00 元,本公司持股 5%,同时 2016 年 11 月 30 日"可供出售金融资产——股权——南昌海天有限公司"科目有余额,且截至 2016 年 12 月 19 日本公司仍继续持有该股权,这表明本公司将取得现金分红 5 000.00 元,进行会计核算时,应分别记入"应收股利——南昌海天有限公司"科目的借方以及"投资收益——股利收入"科目的贷方。

因此,该笔业务应填制如表 2-47-2 所示记账凭证。

表 2-47-2

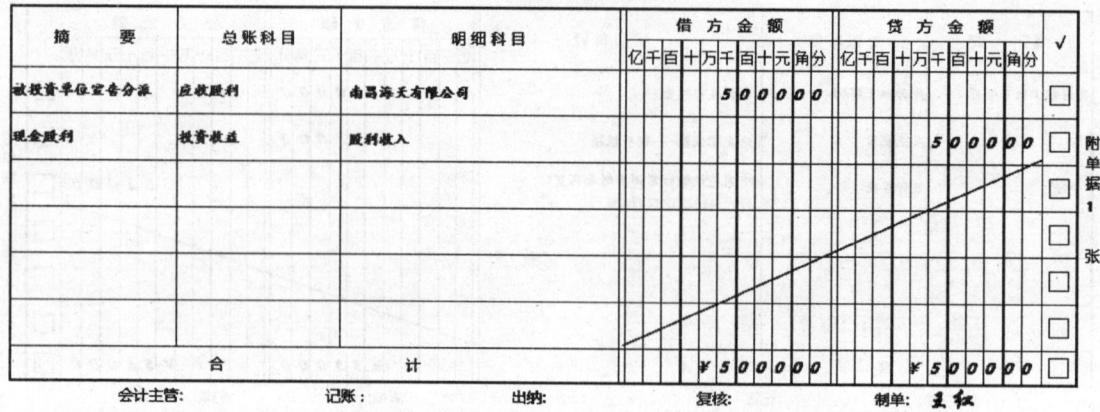

记 账 凭 证

2016 年 12 月 19 日

记字总号 047 分号

摘　　要	总账科目	明细科目	借方金额 亿千百十万千百十元角分	贷方金额 亿千百十万千百十元角分	√
被投资单位宣告分派	应收股利	南昌海天有限公司	5 0 0 0 0 0		☐
现金股利	投资收益	股利收入		5 0 0 0 0 0	☐
					☐
					☐
					☐
					☐
					☐
合　　　　计			¥ 5 0 0 0 0 0	¥ 5 0 0 0 0 0	☐

附单据 1 张

会计主管:　　　记账:　　　出纳:　　　复核:　　　制单: 王红

【业务 2-48】 (共 4 张原始凭证,于 2016 年 12 月 19 日取得)

表 2-48-1

经理办公会议纪要

　　企业拟以不高于每股 12.6 元的价格买入中信公司发行在外的 20 000 股股票,划分为可供出售金融资产。

参加人员: 胡清　　高娥　　田园　　周小军

2016 年 12 月 18 日

表 2-48-2

交　割　单

营业部名:江苏华兴证券服务股份有限公司
股东姓名:常州东恒有限公司
资金账户:2763593369
当前币种:人民币

成交日期	操作	证券代码	证券名称	成交数量	成交均价	成交金额	手续费	印花税	其他费用	结算金额	账户	市场名称
2016-12-19	买入	600100	中信公司	20 000	12.60	252 000.00	50.40	0.00	0.00	252 050.40	2763593369	上海 A 股

表 2-48-3

											3204163140

3204163140 江苏 增值税专用发票 № 39992430 3204163140 39992430

开票日期：2016年12月19日

购买方	名　　称：常州东恒有限公司	密码区	27*3187<4/+5185<+95-59+7<709
	纳税人识别号：913204113431068302		0416<0-->-6>525<403733->7*7
	地址、电话：江苏省常州市新北区杨勇街卢占路51号 0519-47516849		87*3187<4/+8490<+24945787319
	开户行及账号：中国建设银行常州市新北区支行 41622124147626		1+<712/<1+9016>4549++>84<301

货物或应税劳务、服务名称	规格型号	单位	数量	单价	金额	税率	税额
直接收费金融服务			1	47.55	47.55	6%	2.85
合　　　计					¥47.55		¥2.85

价税合计（大写） ⊗ 伍拾元肆角整 （小写）¥50.40

销售方	名　　称：江苏华兴证券服务股份有限公司	备注
	纳税人识别号：91320411602225343	
	地址、电话：江苏省常州市新北区张秀街陈宝路76号 0519-23456121	江苏华兴证券服务股份有限公司 91320411602225343 发票专用章
	开户行及账号：中国建设银行江苏省常州市新北区支行 41671242428441	

收款人：　　　　复核：　　　　开票人：王乐彬　　　　销售方：（发票专用章）

第二联：抵扣联 购买方扣税凭证

表 2-48-4

3204163140 江苏 增值税专用发票 № 39992430 3204163140 39992430

开票日期：2016年12月19日

购买方	名　　称：常州东恒有限公司	密码区	27*3187<4/+5185<+95-59+7<709
	纳税人识别号：913204113431068302		0416<0-->-6>525<403733->7*7
	地址、电话：江苏省常州市新北区杨勇街卢占路51号 0519-47516849		87*3187<4/+8490<+24945787319
	开户行及账号：中国建设银行常州市新北区支行 41622124147626		1+<712/<1+9016>4549++>84<301

货物或应税劳务、服务名称	规格型号	单位	数量	单价	金额	税率	税额
直接收费金融服务			1	47.55	47.55	6%	2.85
合　　　计					¥47.55		¥2.85

价税合计（大写） ⊗ 伍拾元肆角整 （小写）¥50.40

销售方	名　　称：江苏华兴证券服务股份有限公司	备注
	纳税人识别号：91320411602225343	
	地址、电话：江苏省常州市新北区张秀街陈宝路76号 0519-23456121	江苏华兴证券服务股份有限公司 91320411602225343 发票专用章
	开户行及账号：中国建设银行江苏省常州市新北区支行 41671242428441	

收款人：　　　　复核：　　　　开票人：王乐彬　　　　销售方：（发票专用章）

第三联：发票联 购买方记账凭证

上述原始凭证中：

表 2-48-1 是本公司形成的经理办公会议纪要，应作为购买金融商品并对其进行分类的依据。该原始凭证注明，本公司拟以每股不高于 12.60 元的价格买入中信公司 20 000 股股票，并划分为可供出售金融资产。

表 2-48-2 是买入证券交割单，应作为付款方支付款项的记账依据。该原始凭证注明，"股东姓名"是本公司，"资金账户"是 2763593369，"操作"内容是买入，"证券名称"是中信公

司，"成交金额"是 252 000.00 元，含税"手续费"是 50.40 元，"结算金额"是 252 050.40 元，这表明本公司的通过账号为 2763593369 的证券资金账户支付 252 050.40 元买入了 20 000 股中信公司股票。

表 2-48-3 是江苏增值税专用发票的第二联抵扣联，此联应作为购买方抵扣进项税额的依据。该抵扣联不能作为记账凭证的附件，专门用于在规定期限内到税务机关办理认证或在平台办理勾选确认，并在认证通过或勾选确认的次月申报期内，向主管税务机关申报抵扣进项税额。

表 2-48-4 是江苏增值税专用发票的第三联发票联，此联应作为购买方的记账依据。该原始凭证注明，"购买方"是本公司，"销售方"是江苏华兴证券服务股份有限公司，"货物或应税劳务、服务名称"是直接收费金融服务，"金额"是 47.55 元，"税额"是 2.85 元，"价税合计"是 50.40 元，这表明本公司接受了江苏华兴证券服务股份有限公司的金融服务。根据表 2-48-1、表 2-48-2、表 2-48-4 进行会计核算时，"税额"2.85 元应记入"应交税费——应交增值税——进项税额"科目的借方，"结算金额"252 050.40 元应记入"其他货币资金——存出投资款——2763593369"科目的贷方，差额 252 047.55 元作为初始确认成本应记入"可供出售金融资产——股票——中信公司（成本）"科目的借方。

因此，该笔业务应填制如表 2-48-5 所示记账凭证。

表 2-48-5

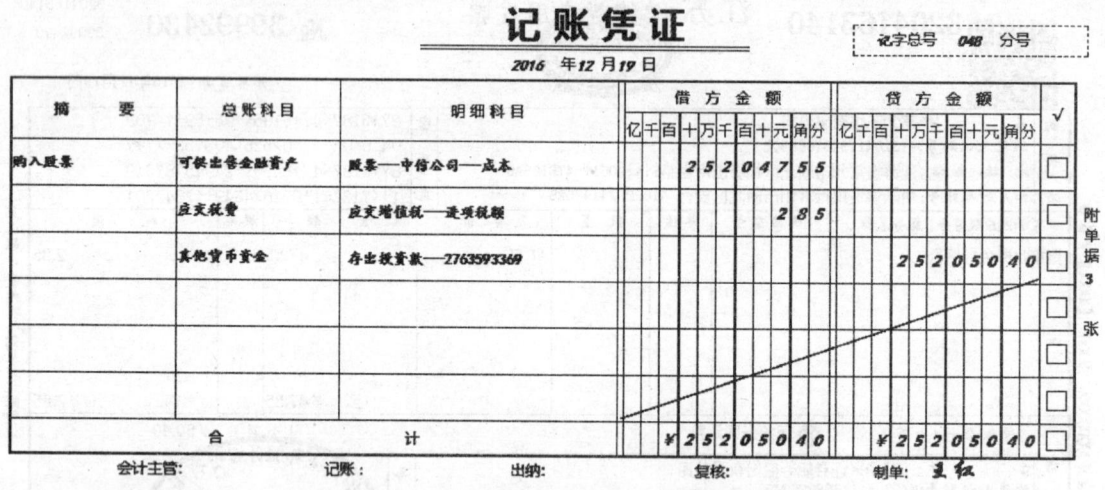

【业务 2-49】 （共 9 张原始凭证，于 2016 年 12 月 19 日取得）

表 2-49-1

经理办公会议纪要

因业务拓展需要，拟购买江苏省南京市玄武区伊翔街赵兴路 87 号世纪广场 1-108 一套。

参加人员：　　胡清　　田园　　高娥　　周小军

2016 年 12 月 17 日

表 2-49-2

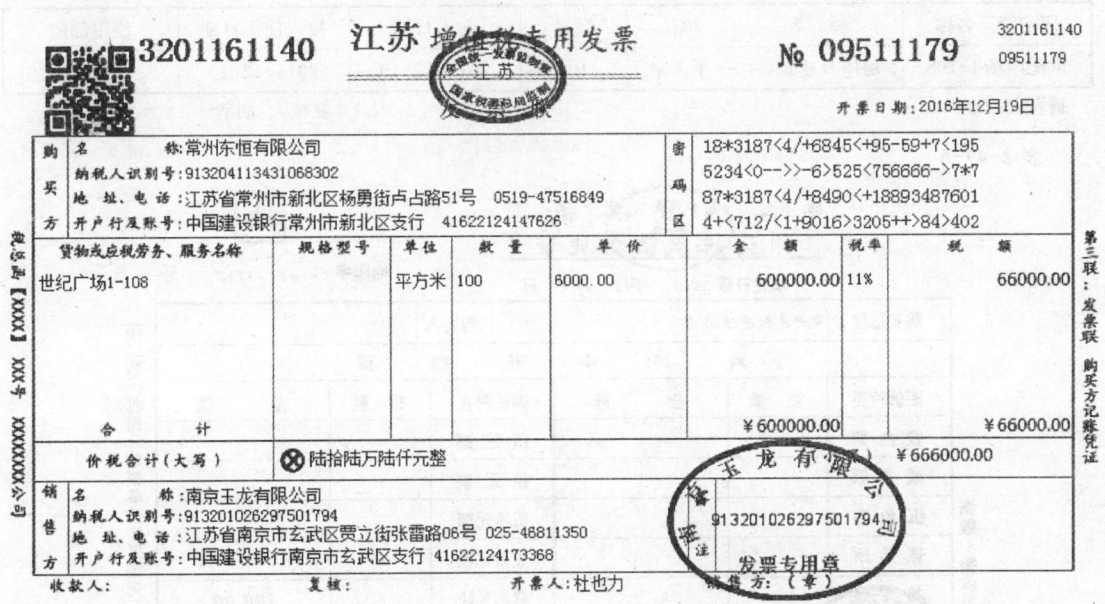

表 2-49-3

3201161140				江苏 增值税专用发票			№ 09511179			3201161140 09511179

开票日期：2016年12月19日

购买方

名　称：常州东恒有限公司
纳税人识别号：913204113431068302
地址、电话：江苏省常州市新北区杨勇街卢占路51号　0519-47516849
开户行及账号：中国建设银行常州市新北区支行　41622124147626

密码区：
18*3187<4/+6845<+95-59+7<195
5234<0-->-6>525<756666->7*7
87*3187<4/+8490<+18893487601
4+<712/<1+9016>3205++>84>402

货物或应税劳务、服务名称	规格型号	单位	数量	单价	金额	税率	税额
世纪广场1-108		平方米	100	6000.00	600000.00	11%	66000.00
合　　计					￥600000.00		￥66000.00

价税合计（大写）　⊗陆拾陆万陆仟元整　　　￥666000.00

销售方

名　称：南京玉龙有限公司
纳税人识别号：913201026297501794
地址、电话：江苏省南京市玄武区贾立街张雷路06号　025-46811350
开户行及账号：中国建设银行南京市玄武区支行　41622124173368

（发票专用章）
913201026297501794

收款人：　　　复核：　　　开票人：杜也力　　销货方：（章）

第三联：发票联　购买方记账凭证

表 2-49-4

中华人民共和国

税收缴款书(契税专用)

填发日期:2016 年 12 月 19 日

地

53294470

税务机关南京市玄武区税务局契税所

纳税人识别号	913204113431068302		纳税人名称	常州东恒有限公司		
土地、房屋	世纪广场 1-108		成交面积	100 平方米	用途	办公
地址	江苏省南京市玄武区伊翔街赵兴路 87 号					
税种	品目名称	计税依据	税率或单位税额	减免税额	税款所属时期	实缴金额
契税	房屋买卖	600 000.00	3%		2016-12-19	18 000.00
金额合计	(大写)人民币壹万捌仟元整					￥18 000.00
税务机关 (盖章) 征税专用章	填票人 王彦伟 (盖章)			契税征收 (013)000001199498 房地产交易契税申报 113183747819831230000 人民银行玄武区市级金库		

第一联 (收据) 交纳税人作完税凭证

表 2-49-5

新增固定资产登记表

2016 年 12 月 19 日

固定资产名称	种 类	单位	数量	购入日期	投入使用日期	使用部门
世纪广场 1-108	房屋及建筑物	平方米	100	.2016-12-19	2016-12-19	销售网点

制表人:王红   复核人:胡清

表 2-49-6

中华人民共和国

印花税票销售凭证

地

填发日期:2016 年 12 月 19 日   地印字 65143162 号

购买单位	常州东恒有限公司		购买人			
购 买 印 花 税 票						
面值种类	数 量	金 额	面值种类	数 量	金 额	
壹角票			伍元票			
贰角票			拾元票			
伍角票			伍拾元票			
壹元票			壹百元票	3	300.00	
			总 计		300.00	
金额总计(大写)	零佰 零拾 零万 零仟 叁佰 零拾 零元 零角 零分					
销售单位 征税专用章 (章)	售票人 刘筹主 (盖章)		备 注			

撕毁、涂改号码无效

第二联 (收据) 购票单位作报销凭证

表 2-49-7

南京市政府非税收入一般缴款书

财准印 018 号　No 57121055

执收单位代码：110034

执收单位名称：南京市不动产登记中心　　　　　　　　收款日期2016 年12 月19 日

缴款人	全 称	常州东恒有限公司	收款人	全 称	南京市政府非税收入专户	流水号	00028307
	账 号	41622124147626		账 号	41001956110097		
	开户银行	中国建设银行常州市新北区支行		开户银行	中国建设银行南京市玄武区支行		

代理银行网点代码	046	开票方式		缴款方式	

项目执行码	收费项目名称	单位	标准	数量	金额（小写）	
1670	土地登记费	本	100.00	1	￥100.00	复核
1542	房屋登记费	件	450.00	1	￥450.00	记账
						开户行签章
合计人民币（大写）伍佰伍拾元整					￥550.00	
备注：						

执收单位（盖章）：　　　　　　　　　　　　　　　　经办人：刘绍荣

非税收入管理中心监制　　　第二联收据联

表 2-49-8

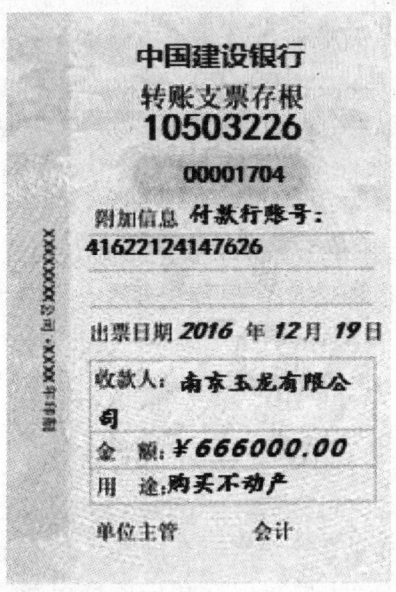

中国建设银行
转账支票存根
10503226
00001704

附加信息 付款行账号：
41622124147626

出票日期 2016 年 12 月 19 日
收款人：南京玉龙有限公司
金 额：￥666000.00
用 途：购买不动产

单位主管　　会计

表 2-49-9

中国建设银行
转账支票存根
10503226
00001703

附加信息 付款行账号：
41622124147626

出票日期 2016 年 12 月 19 日
收款人：南京玉龙有限公司
金 额：￥18850.00
用 途：支付税费

单位主管　　会计

上述原始凭证中：

表 2-49-1 是本公司形成的经理办公会议纪要，应作为购买房屋的依据。该原始凭证注明，本公司拟购买世纪广场房屋一套。

表 2-49-2 是江苏增值税专用发票的第二联抵扣联,此联应作为购买方抵扣进项税额的依据。该抵扣联不能作为记账凭证的附件,专门用于在规定期限内到税务机关办理认证或在平台办理勾选确认,并在认证通过或勾选确认的次月申报期内,向主管税务机关申报抵扣进项税额。

表 2-49-3 是江苏增值税专用发票的第三联发票联,此联应作为购买方的记账依据。该原始凭证注明,"购买方"是本公司,"销售方"是南京玉龙有限公司,"货物或应税劳务、服务名称"是世纪广场 1-108,"金额"是 600 000.00 元,"税额"是 66 000.00 元,"价税合计"是 666 000.00 元,这表明本公司向南京玉龙有限公司购买了世纪广场 1-108 的房屋。

表 2-49-4 是税收缴款书,应作为付款人支付款项的记账依据。该原始凭证注明,购置世纪广场 1-108 房屋应缴纳契税,"实缴金额"是 18 000.00 元。

表 2-49-5 是新增固定资产登记表,此表应作为固定资产增加的记账依据。该原始凭证注明,"资产名称"是世纪广场 1-108,"种类"是房屋及建筑物,"使用部门"是销售网点,"购入日期"与"投入使用日期"均为 2016 年 12 月 19 日,这表明本公司购置的房屋已在销售网点投入使用。

表 2-49-6 是印花税票销售凭证第二联收据联,此联应作为付款方支付款项的记账依据。该原始凭证注明,"购买单位"是本公司,"印花税票总计"是 300.00 元,这表明本公司因购置房屋而交纳了印花税。

表 2-49-7 是南京市非税收入一般缴款书第二联收据联,此联应作为付款方支付款项的记账依据。该原始凭证注明,"缴款人名称"是本公司,土地登记费和房屋登记费"金额"是 550.00 元,这表明本公司因办理房屋产权证书而交纳了土地登记费和房屋登记费。

根据表 2-49-1、表 2-49-3、表 2-49-4、表 2-49-5、表 2-40-6、表 2-49-7 进行会计核算时,表 2-49-3 中的"金额"600 000.00 元、表 2-9-4 中的契税"实缴金额"18 000.00 元、表 2-49-6 中的"印花税票总计"300.00 元、表 2-49-7 中的土地登记费和房屋登记费"金额"550.00 元合计 618 850.00 元应记入"固定资产——房屋及建筑物——世纪广场 1-108"科目的借方,而表 2-49-3 中"税额"66 000.00 元的 60% 即 39 600.00 元应记入"应交税费——应交增值税——进项税额"科目的借方,40% 即 26 400.00 元应记入"应交税费——待抵扣进项税额"科目的借方。

表 2-49-8 是中国建设银行转账支票存根,应作为付款方支付款项的记账依据。该原始凭证注明,"收款人"是南京玉龙有限公司,"用途"是购买不动产,这表明本公司已通过账号 41622124147626 的基本户向南京玉龙有限公司支付了购买不动产的款项,进行会计核算时,"金额"666 000.00 元应记入"银行存款——中国建设银行常州市新北区支行(41622124147626)"科目的贷方。

表 2-49-9 是中国建设银行转账支票存根,应作为付款方支付款项的记账依据。该原始凭证注明,"收款人"是南京玉龙有限公司,"用途"是支付税费,这表明本公司已通过账号 41622124147626 的基本户向南京玉龙有限公司支付了购买不动产应支付的税费(包括契税"实缴金额"18 000.00 元、"印花税票总计"300.00 元、土地登记费和房屋登记费"金额"550.00 元),进行会计核算时,"金额"18 850.00 元应记入"银行存款——中国建设银行常州市新北区支行(41622124147626)"科目的贷方。

因此,该笔业务应填制如表 2-49-10 所示记账凭证。

表 2-49-10

记 账 凭 证

2016 年 12 月 19 日

记字总号　049　分号

摘　要	总账科目	明细科目	借方金额	贷方金额	√
购买销售网点用房	固定资产	房屋及建筑物——世纪广场1-108	618 850 00		☐
	应交税费	应交增值税——进项税额	39 600 00		☐
	应交税费	待抵扣进项税额	26 400 00		☐
	银行存款	中国建设银行常州市新北区支行——41622124147626		666 000 00	☐
	银行存款	中国建设银行常州市新北区支行——41622124147626		18 850 00	☐
合　　计			¥ 684 850 00	¥ 684 850 00	☐

附单据 8 张

会计主管：　　记账：　　出纳：　　复核：　　制单：王红

【业务 2-50】 （共 4 张原始凭证，于 2016 年 12 月 19 日取得）

表 2-50-1

3204164140	江苏 增值税专用发票	№ 50280985	3204164140 50280985

开票日期：2016年12月19日

购买方	名　　称：常州东恒有限公司 纳税人识别号：913204113431068302 地　址、电话：江苏省常州市新北区杨勇街卢占路51号 0519-47516849 开户行及账号：中国建设银行常州市新北区支行 41622124147626	密码区	04*3187<4/+3040<+95-59+7<371 0462<0-->>-6>525<968534->7*7 87*3187<4/+8490<+36905395691 9+<712/<1+9016>3602++>84>612

货物或应税劳务、服务名称	规格型号	单位	数 量	单 价	金 额	税率	税 额
不动产维修服务		次	1	23000	23000.00	11%	2530.00
合　　计					¥23000.00		¥2530.00

价税合计（大写）	⊗ 贰万伍仟伍佰叁拾元整	（小写） ¥25530.00

销售方	名　　称：常州人和维修有限公司 纳税人识别号：913204025346956966 地　址、电话：江苏省常州市天宁区钟国街孙素路11号 0519-57931194 开户行及账号：中国建设银行常州市天宁区支行 41622124887700	常州人和维修有限公司 新区厂房 91320402534695696 6 销售发票专用章

收款人：　　复核：　　开票人 胡燕华

第二联：抵扣联　购买方扣税凭证

表 2-50-2

3204164140	江苏增值税专用发票	№ 50280985	3204164140 50280985

开票日期：2016年12月19日

<table>
<tr><td rowspan="4">购买方</td><td>名 称：常州东恒有限公司</td><td rowspan="4">密码区</td><td>04*3187<4/+3040<+95-59+7<371</td></tr>
<tr><td>纳税人识别号：913204113431068302</td><td>0462<0-->-6>525<968534->7*7</td></tr>
<tr><td>地 址、电 话：江苏省常州市新北区杨勇街卢占路51号 0519-47516849</td><td>87*3187<4/+8490<+36905395691</td></tr>
<tr><td>开户行及账号：中国建设银行常州市新北区支行 41622124147626</td><td>9+<712/<1+9016>3602++>84>612</td></tr>
</table>

货物或应税劳务、服务名称	规格型号	单位	数量	单价	金额	税率	税额
不动产维修服务		次	1	23000	23000.00	11%	2530.00
合　　计					￥23000.00		￥2530.00

价税合计（大写）	⊗ 贰万伍仟伍佰叁拾元整	（小写） ￥25530.00

<table>
<tr><td rowspan="4">销售方</td><td>名 称：常州人和维修有限公司</td></tr>
<tr><td>纳税人识别号：913204025346956966</td></tr>
<tr><td>地 址、电 话：江苏省常州市天宁区钟国街孙素路11号 0519-57931194</td></tr>
<tr><td>开户行及账号：中国建设银行常州市天宁区支行 41622124887700</td></tr>
</table>

收款人：　　　　复核：　　　　开票人：胡燕华

第三联：发票联 购买方记账凭证

表 2-50-3

费用分配表

2016-12-19　　　　　　　　　　　　单位:元

部　　门	分配金额
生产车间	23 000
合　　计	23 000.00

制表:王红　　　　　　　　　　　　　　　　　　审核:胡清

表 2-50-4

上述原始凭证中：

表 2-50-1 是江苏增值税专用发票的第二联抵扣联,此联应作为购买方抵扣进项税额的依据。该抵扣联不能作为记账凭证的附件,专门用于在规定期限内到税务机关办理认证或在平台办理勾选确认,并在认证通过或勾选确认的次月申报期内,向主管税务机关申报抵扣进项税额。

表 2-50-2 是江苏增值税专用发票的第三联发票联,此联应作为购买方的记账依据。该原始凭证注明,"购买方"是本公司,"销售方"是常州人和维修有限公司,"货物或应税劳务、服务名称"是不动产维修服务,"金额"是 23 000.00 元,"税额"是 2 530.00 元,"价税合计"是 25 530.00 元,"备注"列明了维修的不动产是新区厂房,这表明本公司从常州人和维修有限公司接受了不动产维修服务。

表 2-50-3 是费用分配表,此表应作为分配费用的记账依据。该原始凭证注明,本公司生产车间本月应承担的费用为 23 000.00 元。根据表 2-50-2 及表 2-50-3 进行会计核算时,"金额"23 000.00 元应记入"管理费用——固定资产维修费"科目的借方,"税额"2 530.00元应记入"应交税费——应交增值税——进项税额"科目的借方。

表 2-50-4 是中国建设银行转账支票存根,应作为付款方支付款项的记账依据。该原始凭证注明,"收款人"是常州人和维修有限公司,"用途"是支付不动产维修费,这表明本公司已通过账号 41622124147626 的基本户向常州人和维修有限公司支付了不动产维修费,进行会计核算时,"金额"25 530.00 元应记入"银行存款——中国建设银行常州市新北区支行(41622124147626)"科目的贷方。

因此,该笔业务应填制如表 2-50-5 所示记账凭证。

表 2-50-5

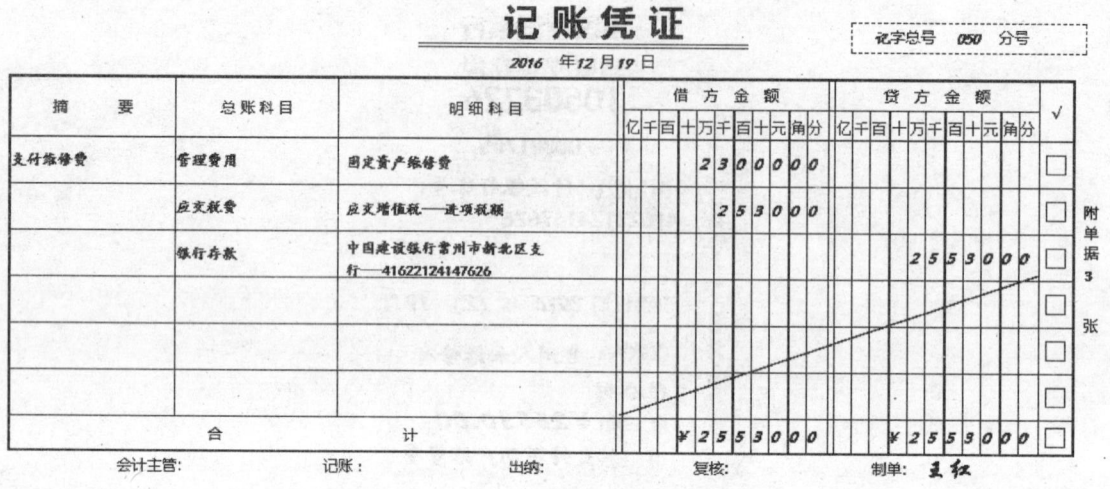

【业务 2-51】 （共 1 张原始凭证，于 2016 年 12 月 19 日取得）

表 2-51-1

固定资产处置申请单

2016 年 12 月 19 日

固定资产名称	L	单位	台	型号		数量	1
资产编号	GDZC003	停用时间	2016-12-19	投入使用时间	2013-12-12	使用部门	生产车间
已提折旧月数	35	原值	98 000.00	累计折旧		27 440.00	
有效使用年限	10	月折旧额	784.00	净值		70 560.00	
处置原因：因不满足生产需要而出售							
财务部门意见： 同意出售　胡清 　　　　　　2016 年 12 月 19 日				公司领导意见： 同意出售固定资产　　田园 　　　　　　　2016 年 12 月 19 日			

编制人：程园园　　　　　　　　　　　　　　　　使用部门负责人：孙月月

上述原始凭证中：

表 2-51-1 是固定资产处置申请单，应作为处置固定资产的记账依据。该原始凭证注明，因不满足生产需要而被出售的固定资产是生产车间的设备 L，"原值"是 98 000.00 元，截至上月月末"累计折旧"是 27 440.00 元，这表明本公司将出售设备 L。进行会计核算时，首先应计提 12 月份的折旧，"月折旧额"784.00 元应同时记入"制造费用——折旧费"科目的借方以及"累计折旧"科目的贷方；其次应将截至 2016 年 12 月 19 日设备 L 的账面净值转入固定资产清理，即"原值"98 000.00 元应记入"固定资产——生产设备——L"科目的贷

方,截至 2016 年 12 月 19 日的累计折旧账面余额 28 224.00 元应记入"累计折旧"科目的借方,差额 69 776.00 元为设备 L 的账面净值,应记入"固定资产清理——生产设备——L"科目的借方。

因此,该笔业务应填制如表 2-51-2、表 2-51-3 所示记账凭证。

表 2-51-2

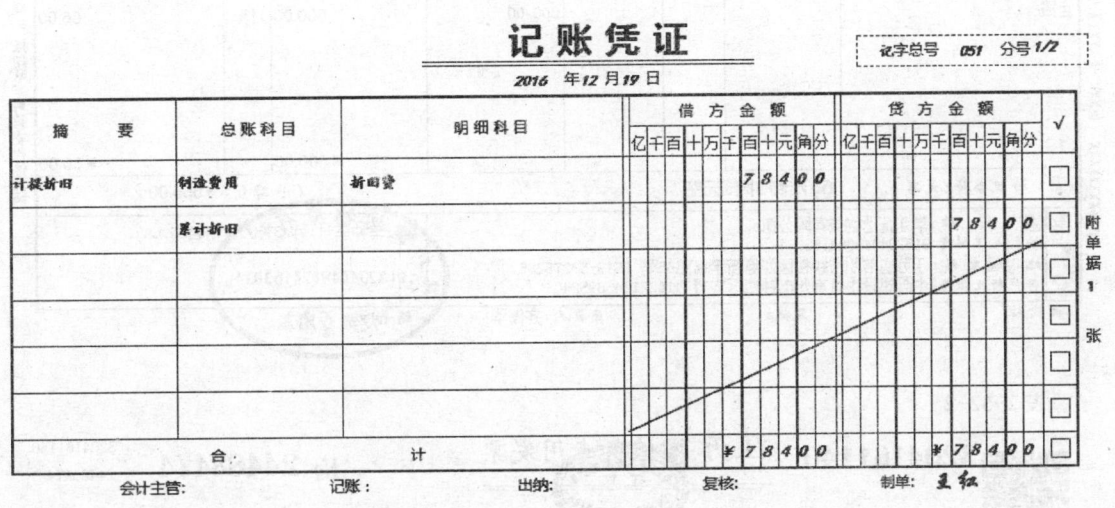

表 2-51-3

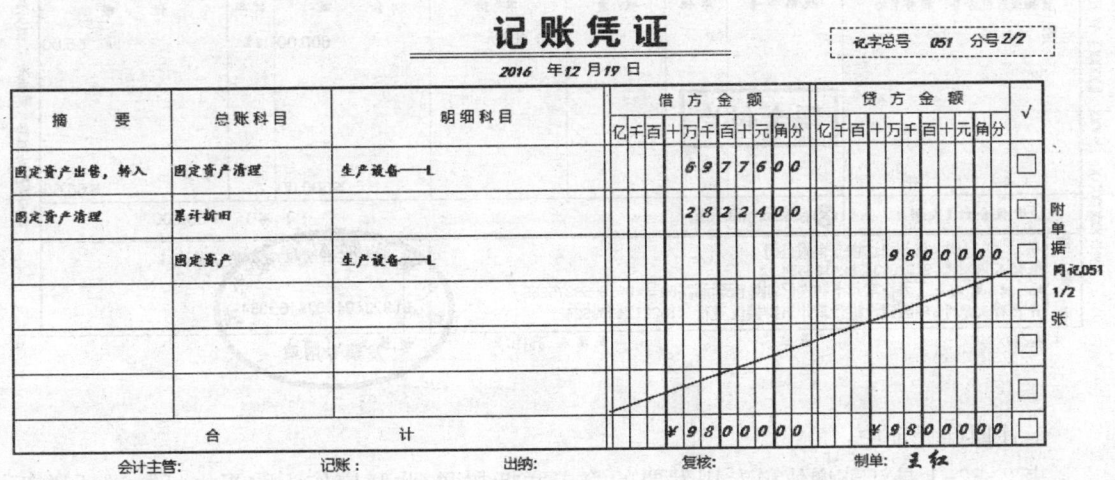

【业务 2-52】　(共 2 张原始凭证,于 2016 年 12 月 20 日取得)

表 2-52-1

江苏 增值税专用发票

3204161140

№ 24488474

3204161140
24488474

开票日期：2016年12月20日

| 购买方 | 名　称：常州东恒有限公司
纳税人识别号：913204113431068302
地　址、电话：江苏省常州市新北区杨勇街卢占路51号　0519-47516849
开户行及账号：中国建设银行常州市新北区支行　41622124147626 | | | | | | 密码区 | 59*3187<4/+9811<+95-59+7<454
7392<0-->-6>525<308921->7*7
87*3187<4/+8490<+06504701052
7+<712/<1+9016>1058++>84>481 | |

货物或应税劳务、服务名称	规格型号	单位	数量	单价	金额	税率	税额
运费		次	1	600.00	600.00	11%	66.00
合　　计					¥600.00		¥66.00

价税合计（大写）　⊗陆佰陆拾陆元整　　　　（小写）¥666.00

| 销售方 | 名　称：常州捷达物流有限公司
纳税人识别号：913204048624163834
地　址、电话：江苏省常州市钟楼区刘峰街李彦路66号　0519-53275285
开户行及账号：中国建设银行常州市钟楼区支行　41622124389524 |

收款人：　　　复核：　　　开票人：齐伟华

第二联：抵扣联　购买方扣税凭证

表 2-52-2

江苏 增值税专用发票

3204161140

№ 24488474

3204161140
24488474

开票日期：2016年12月20日

| 购买方 | 名　称：常州东恒有限公司
纳税人识别号：913204113431068302
地　址、电话：江苏省常州市新北区杨勇街卢占路51号　0519-47516849
开户行及账号：中国建设银行常州市新北区支行　41622124147626 | | | | | | 密码区 | 59*3187<4/+9811<+95-59+7<454
7392<0-->-6>525<308921->7*7
87*3187<4/+8490<+06504701052
7+<712/<1+9016>1058++>84>481 | |

货物或应税劳务、服务名称	规格型号	单位	数量	单价	金额	税率	税额
运费		次	1	600.00	600.00	11%	66.00
现金付讫							
合　　计					¥600.00		¥66.00

价税合计（大写）　⊗陆佰陆拾陆元整　　　　（小写）¥666.00

| 销售方 | 名　称：常州捷达物流有限公司
纳税人识别号：913204048624163834
地　址、电话：江苏省常州市钟楼区刘峰街李彦路66号　0519-53275285
开户行及账号：中国建设银行常州市钟楼区支行　41622124389524 |

收款人：　　　复核：　　　开票人：齐伟华

第三联：发票联　购买方记账凭证

上述原始凭证中：

表 2-52-1 是江苏增值税专用发票的第二联抵扣联，此联应作为购买方抵扣进项税额的依据。该抵扣联不能作为记账凭证的附件，专门用于在规定期限内到税务机关办理认证或在平台办理勾选确认，并在认证通过或勾选确认的次月申报期内，向主管税务机关申报抵扣进项税额。

表 2-52-2 是江苏增值税专用发票的第三联发票联，此联应作为购买方的记账依据。

该原始凭证注明,"购买方"是本公司,"销售方"是常州捷达物流有限公司,"货物或应税劳务、服务名称"是运费,"备注"运输货物名称是 L,并加盖了现金付讫章,这表明本公司在出售设备 L 的过程中从常州捷达物流有限公司接受了运输服务,且以现金方式支付了运费,进行会计核算时,"金额"600.00 元应记入"固定资产清理——生产设备——L"科目的借方,"税额"66.00 元应记入"应交税费——应交增值税——进项税额"科目的借方,"价税合计"666.00 元应记入"库存现金"科目的贷方。

因此,该笔业务应填制如表 2-52-3 所示记账凭证。

表 2-52-3

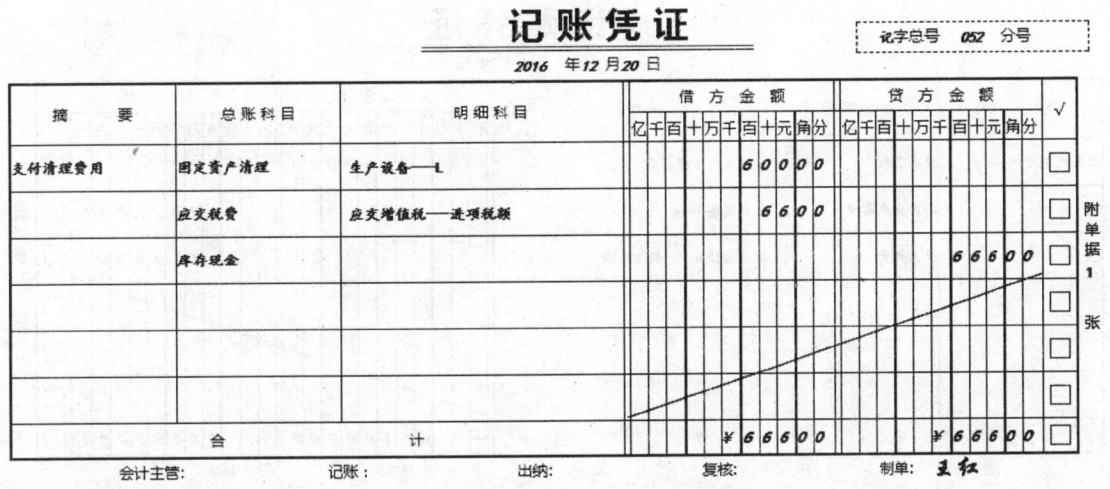

【业务 2-53】 (共 1 张原始凭证,于 2016 年 12 月 20 日取得)

表 2-53-1

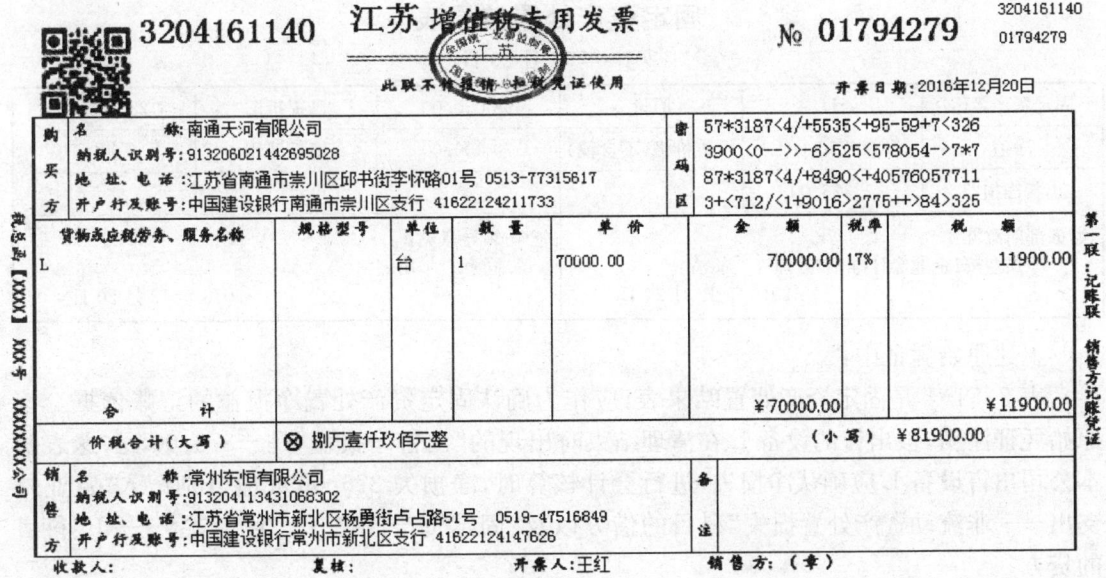

上述原始凭证中:

表 2-53-1 是江苏增值税专用发票的第一联记账联,此联应作为销售方的记账依据。

该原始凭证注明,"销售方"是本公司,"购买方"是南通天河有限公司,"货物或应税劳务、服务名称"是 L,这表明本公司出售了设备 L 给南通天河有限公司,进行会计核算时,"金额"70 000.00 元应记入"固定资产清理——生产设备——L"科目的贷方,"税额"11 900.00 元应记入"应交税费——应交增值税——销项税额"科目的贷方,因该笔出售设备 L 的业务没有相关收款的原始凭证,同时在此之前也没有发生相关的预收款业务,"价税合计"81 900.00元应记入"应收账款——南通天河有限公司"科目的借方。

因此,该笔业务应填制如表 2-53-2 所示记账凭证。

表 2-53-2

记账凭证

2016 年 12 月 20 日

记字总号 053 分号

摘要	总账科目	明细科目	借方金额	贷方金额	√
			亿千百十万千百十元角分	亿千百十万千百十元角分	
出售固定资产	应收账款	南通天河有限公司	8 1 9 0 0 0 0		☐
	固定资产清理	生产设备——L		7 0 0 0 0 0 0	☐
	应交税费	应交增值税——销项税额		1 1 9 0 0 0 0	☐
					☐
					☐
					☐
合计			¥ 8 1 9 0 0 0 0	¥ 8 1 9 0 0 0 0	☐

附单据 1 张

会计主管: 记账: 出纳: 复核: 制单: 王红

【业务 2-54】 (共 1 张原始凭证,于 2016 年 12 月 20 日取得)

表 2-54-1

固定资产处置结果表

2016 年 12 月 20 日

固定资产名称	L	原价	98 000.00	已提折旧	28 224.00
净值	69 776.00	出售价格(不含税)	70 000.00	清理费用	600.00
出售净损益	−376.00				
财务部门意见: 净损益按《企业会计准则》处理　胡清 　　　　　　　　　　2016 年 12 月 20 日			公司领导意见: 　　同意　　田园 　　　　　　　2016 年 12 月 20 日		

上述原始凭证中:

表 2-54-1 是固定资产处置结果表,应作为确认固定资产处置净损益的记账依据。该原始凭证注明,被出售的设备 L 在清理结束时出现的"出售净损益"是−376.00 元,这表明本公司出售设备 L 应确认净损失,进行会计核算时,净损失 376.00 元应分别记入"营业外支出——非流动资产处置损失"科目的借方以及"固定资产清理——生产设备——L"科目的贷方。

因此,该笔业务应填制如表 2-54-2 所示记账凭证。

表 2-54-2

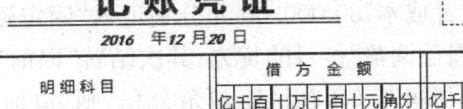

记账凭证

2016 年 12 月 20 日

记字总号　*054*　分号

摘　　要	总账科目	明细科目	借方金额 亿千百十万千百十元角分	贷方金额 亿千百十万千百十元角分	√
结转固定资产出售净	营业外支出	非流动资产处置损失	3 7 6 0 0		☐
损益	固定资产清理	生产设备——L		3 7 6 0 0	☐
					☐
					☐
					☐
合　　　　　计			¥ 3 7 6 0 0	¥ 3 7 6 0 0	☐

附单据 1 张

会计主管:　　　记账:　　　出纳:　　　复核:　　　制单: *王红*

【业务 2-55】（共 2 张原始凭证,于 2016 年 12 月 20 日取得）

表 2-55-1

固定资产盘盈盘亏报告表

2016 年 12 月 20 日　　　　　　　　　单位:元

类别	名称规格	单位	存放地点	账面数量	实物数量	盘　盈		盘　亏				原因
						数量	重置成本	数量	原值	已提折旧	月折旧额	
生产设备	S	台	生产车间	0	1	1	30 000.00					原因不明
合　计							¥30 000.00					

第一联:会计联

使用部门:生产车间　　　　会计:王红　　　　主管:孙月月

表 2-55-2

固定资产盘盈核销报告表

2016 年 12 月 20 日

固定资产名称	单位	盘盈		盘盈原因
		数量	重置成本	
S	台	1	30 000.00	原因不明

财务部门意见:　　　　　　　保管部门意见:　　　　　　公司领导意见:
　按《企业会计准则》处理。胡清　　同意　　孙月月　　　　同意　　田园
　2016 年 12 月 20 日　　　　2016 年 12 月 20 日　　　　2016 年 12 月 20 日

上述原始凭证中:
表 2-55-1 是固定资产盘盈盘亏报告表,应作为确认固定资产盘盈盘亏的记账依据。
表 2-55-2 是固定资产盘盈核销报告表,应作为确认固定资产盘盈利得的记账依据。

上述原始凭证注明,生产车间盘盈1台生产设备S,"重置成本"是30 000.00元,原因不明,这表明本公司发生了不明原因的固定资产盘盈,应确认固定资产的盘盈利得,进行会计核算时,首先应将"重置成本"30 000.00元分别记入"固定资产——生产设备——S"科目的借方以及"以前年度损益调整"科目的贷方;其次结转"以前年度损益调整"科目的贷方发生额并调整年初未分配利润以及年初法定盈余公积,则"以前年度损益调整"30 000.00元应记入"以前年度损益调整"科目的借方,由此增加年初未分配利润的同时还应补充计提10%的年初法定盈余公积金,因此,"以前年度损益调整"30 000.00元的90%即27 000.00元应记入"利润分配——未分配利润"科目的贷方,"以前年度损益调整"30 000.00元的10%即3 000.00元应记入"盈余公积——法定盈余公积"科目的贷方。

因此,该笔业务应填制如表2-55-3、表2-55-4所示记账凭证。

表2-55-3

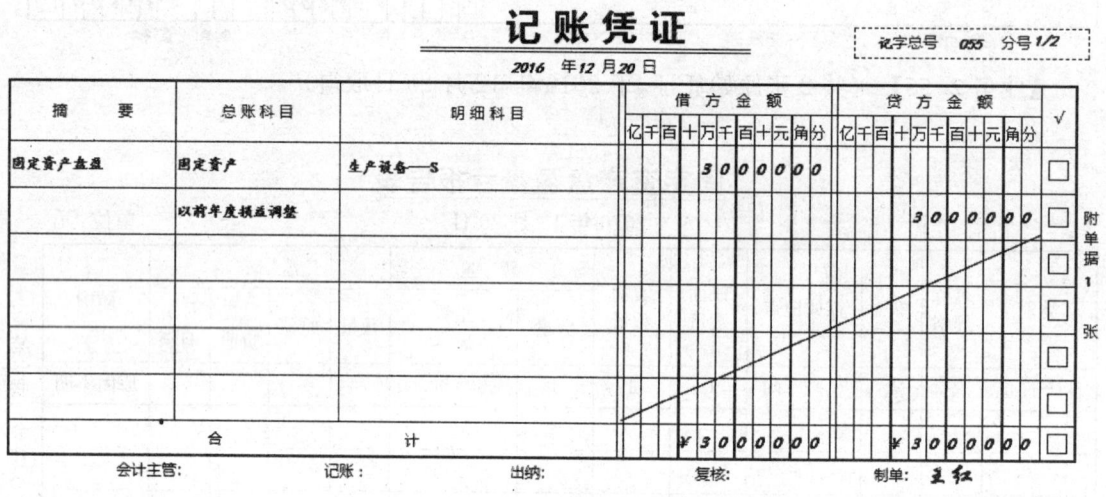

表2-55-4

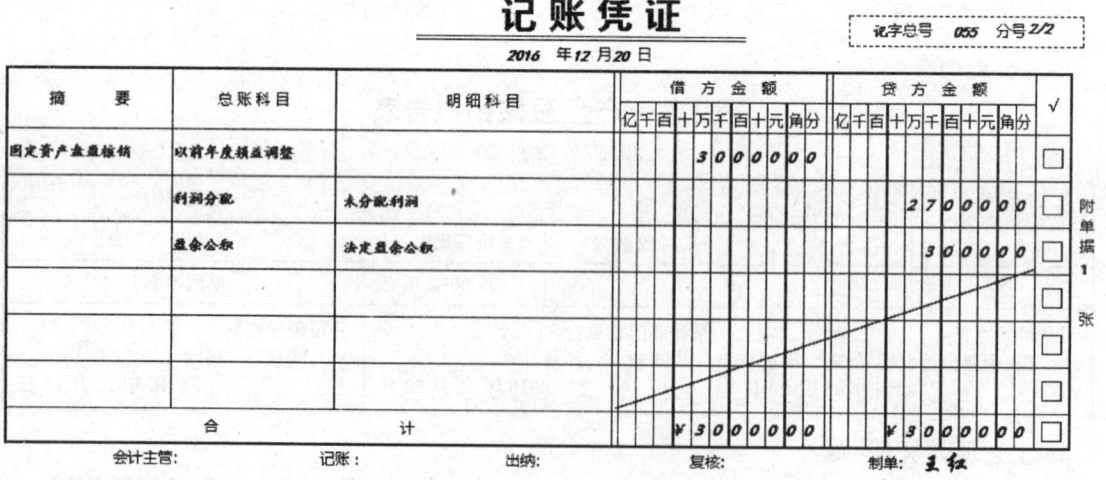

【业务2-56】 (共1张原始凭证,于2016年12月20日取得)

表 2-56-1

固定资产盘盈盘亏报告表

2016 年 12 月 20 日　　　　　　　　　　　　　单位:元

类别	名称规格	单位	存放地点	账面数量	实物数量	盘　盈		盘　亏				原因
						数量	重置成本	数量	原值	已提折旧	月折旧额	
电子设备	电脑 HP	台	办公室	5	4			1	4 000.00	1 068.00	106.80	丢失被盗
合　计									¥4 000.00	¥1 068.00		

使用部门:办公室　　　　　　　会计:王红　　　　　　　　　　　主管:陈瑞

第一联:会计联

上述原始凭证中:

表 2-56-1 是固定资产盘盈盘亏报告表,应作为确认固定资产盘盈盘亏的记账依据。该原始凭证注明,办公室盘亏 1 台 HP 电脑,"原值"是 4 000.00 元,截至 2016 年 11 月 30 日"已提折旧"是 1 068.00 元,"原因"是丢失被盗,这表明本公司发生了管理原因造成的固定资产盘亏,应确认固定资产的盘盈损失,进行会计核算时,首先应计提 12 月份的折旧,"月折旧额"106.80 元应同时记入"管理费用——折旧费"科目的借方以及"累计折旧"科目的贷方;其次应将截至 2016 年 12 月 20 日 HP 电脑的账面净值连同应转出的进项税额转入"待处理财产损溢",即"原值"4 000.00 元应记入"固定资产——电子设备——电脑 HP"科目的贷方,截至 2016 年 12 月 19 日的累计折旧账面余额 1 174.80 元应记入"累计折旧"科目的借方,按照账面净值 2 825.20 元乘以增值税适用税率 17% 计算得出 480.28 元不得再在销项税额中抵扣,则 480.28 元应记入"应交税费——应交增值税——进项税额转出"科目的贷方,差额 3 305.48 元作为盘亏 HP 电脑的损失,应记入"待处理财产损溢——待处理固定资产损溢"科目的借方。

因此,该笔业务应填制如表 2-56-2、表 2-56-3 所示记账凭证。

表 2-56-2

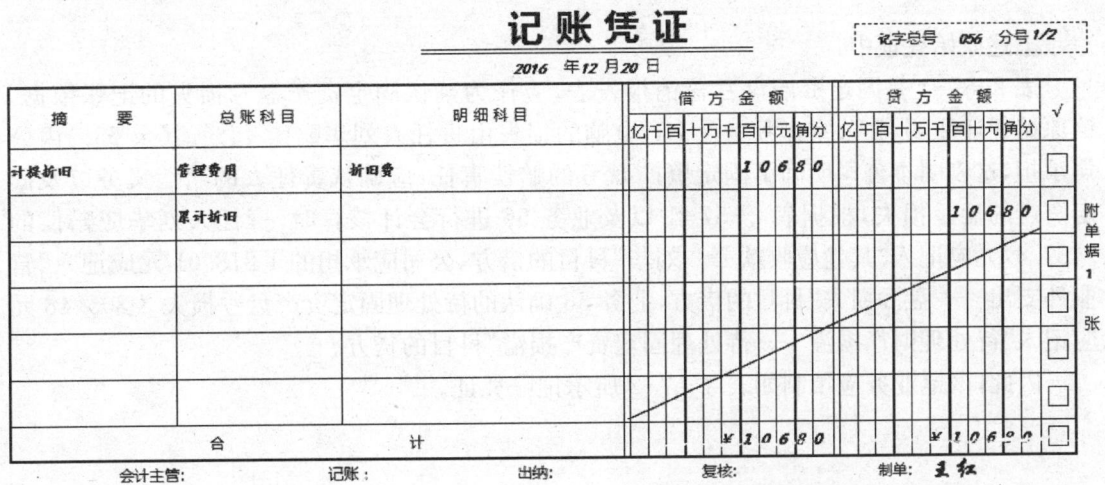

记 账 凭 证

记字总号 056 分号 1/2

2016 年 12 月 20 日

摘　要	总账科目	明细科目	借方金额									贷方金额									√
			亿	千	百	十	万	千	百	十	元	角	分	亿	千	百	十	万	千	百	十	元	角	分	
计提折旧	管理费用	折旧费							1	0	6	8	0									
	累计折旧																		1	0	6	8	0	
合　　　　　计									¥	1	0	6	8	0					¥	1	0	6	8	0	

附单据 1 张

会计主管:　　　　记账:　　　　出纳:　　　　复核:　　　　制单:王红

表 2-56-3

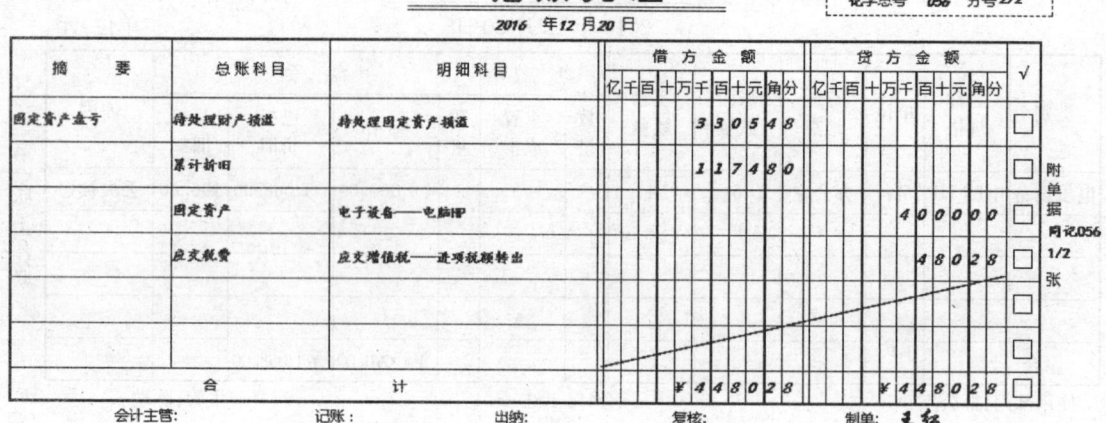

记账凭证

2016 年 12 月 20 日

记字总号 *056* 分号 *2/2*

摘　要	总账科目	明细科目	借方金额											贷方金额											√
			亿	千	百	十	万	千	百	十	元	角	分	亿	千	百	十	万	千	百	十	元	角	分	
固定资产盘亏	待处理财产损溢	待处理固定资产损溢						3	3	0	5	4	8												□
	累计折旧							1	1	7	4	8	0												□
	固定资产	电子设备——电脑HP																4	0	0	0	0	0	□
	应交税费	应交增值税——进项税额转出																	4	8	0	2	8	□
																								□
合　计						¥	4	4	8	0	2	8				¥	4	4	8	0	2	8		□

附单据同记056 1/2 张

会计主管：　　　记账：　　　出纳：　　　复核：　　　制单：王红

【业务 2-57】（共 1 张原始凭证，于 2016 年 12 月 20 日取得）

表 2-57-1

固定资产盘亏核销报告表

2016 年 12 月 20 日

固定资产名称	单位	盘亏			盘亏原因
		数量	原值	已提折旧	
电脑 HP	台	1	4 000.00	1 174.80	丢失被盗
财务部门意见： 责任人（刘华）赔偿 45.00%，公司承担 55.00% 胡清 2016 年 12 月 20 日		保管部门意见： 同意 陈瑞 2016 年 12 月 20 日		公司领导意见： 同意 田园 2016 年 12 月 20 日	

上述原始凭证中：

表 2-57-1 是固定资产盘亏核销报告表，应作为确认固定资产盘亏损失的记账依据。该原始凭证注明，办公室盘亏 1 台 HP 电脑的损失由责任人刘华赔偿 45%，其余 55% 由公司承担，这表明本公司明确了固定资产盘亏的赔偿责任，应确认责任人的赔偿义务以及固定资产的盘亏损失，根据表 2-57-1 以及业务 56 进行会计核算时，责任人刘华应赔偿的 1487.47 元应记入"其他应收款——刘华"科目的借方，公司应承担的 1 818.01 元应记入"营业外支出——盘亏损失"科目的借方，业务 56 确认的待处理固定资产盘亏损失 3 305.48 元应记入"待处理财产损溢——待处理固定资产损溢"科目的贷方。

因此，该笔业务应填制如表 2-57-2 所示记账凭证。

表 2-57-2

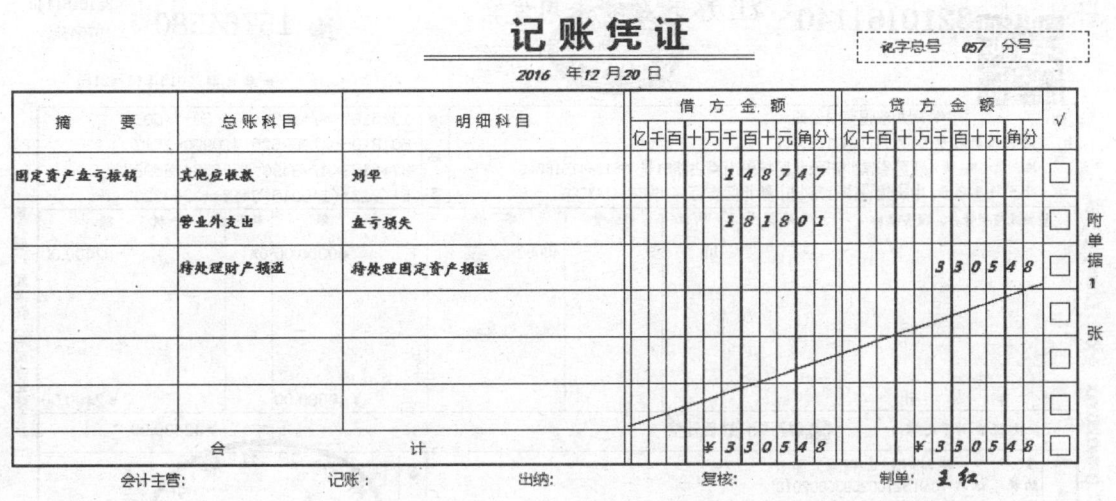

记账凭证

2016 年 12 月 20 日

记字总号　057　分号

摘　要	总账科目	明细科目	借方金额 亿千百十万千百十元角分	贷方金额 亿千百十万千百十元角分	√
固定资产盘亏转销	其他应收款	刘甲	1 4 8 7 4 7		☐
	营业外支出	盘亏损失	1 8 1 8 0 1		☐
	待处理财产损溢	待处理固定资产损溢		3 3 0 5 4 8	☐
					☐
					☐
					☐
合　　　计			¥ 3 3 0 5 4 8	¥ 3 3 0 5 4 8	☐

附单据 1 张

会计主管：　　　记账：　　　出纳：　　　复核：　　　制单：王红

【业务 2-58】（共 4 张原始凭证，于 2016 年 12 月 21 日取得）

表 2-58-1

江苏增值税专用发票

3210161140　　　　No 15764580　　　3210161140
　　　　　　　　　　　　　　　　　　　　15764580

开票日期：2016年12月21日

购买方	名　称：常州东恒有限公司 纳税人识别号：91320411343106830 2 地　址、电话：江苏省常州市新北区杨勇街卢占路51号 0519-47516849 开户行及账号：中国建设银行常州市新北区支行 41622124147626	密码区	19*3187<4/+5862<+95-59+7<601 6018<0-->>-6>525<420990->7*7 87*3187<4/+8490<+77756428698 5+<712/<1+9016>3417++>84>320

货物或应税劳务、服务名称	规格型号	单位	数量	单价	金额	税率	税额
W		项	1	40000	40000.00	6%	2400.00
合　　计					¥40000.00		¥2400.00

价税合计（大写）	⊗ 肆万贰仟肆佰元整	（小写）¥42400.00

销售方	名　称：扬州大华有限公司 纳税人识别号：91321002593600201 8 地　址、电话：江苏省扬州市广陵区高林街董达路43号 0514-39974550 开户行及账号：中国建设银行扬州市广陵区支行 41622124277910	备注	扬州大华有限公司 913210025936002018 （章发票专用章）

收款人：　　　复核：　　　开票人：胡景峰　　　销售方：

表 2-58-2

3210161140   江苏 增值税专用发票   № 15764580   3210161140
                                                          15764580

开票日期:2016年12月21日

购买方	名　称:常州东恒有限公司				密码区	19*3187<4/+5862<+95-59+7<601
	纳税人识别号:9132041134310683O2					6018<0-->-6>525<420990->7*7
	地　址、电话:江苏省常州市新北区杨勇街卢占路51号 0519-47516849					87*3187<4/+8490<++77756428698
	开户行及账号:中国建设银行常州市新北区支行 41622124147626					5+<712/<1+9016>3417++>84>320

货物或应税劳务、服务名称	规格型号	单位	数量	单价	金　额	税率	税　额
W		项	1	40000	40000.00	6%	2400.00
合　　计					¥40000.00		¥2400.00

价税合计(大写)	⊗ 肆万贰仟肆佰元整	(小写) ¥42400.00

销售方	名　称:扬州大华有限公司	备注
	纳税人识别号:913210025936002018	
	地　址、电话:江苏省扬州市广陵区高林街董达路43号 0514-39974550	
	开户行及账号:中国建设银行扬州市广陵区支行 41622124277910	

收款人:　　　　复核:　　　　开票人:胡景峰　　　　销售方:(发票专用章)

第三联:发票联 购买方记账凭证

表 2-58-3

新增无形资产登记表

2016 年 12 月 21 日

资产名称	种类	单位	数量	购入日期	投入使用日期	使用部门
W	非专利技术	项	1	2016-12-21	2016-12-21	办公室

制表人:王红　　　　　　　　　　　　　　　　复核人:胡清

表 2-58-4

中国建设银行客户专用回单

币别:人民币　　　　　　2016 年 12 月 21 日　　　　流水号 1050054115502767l1

付款人	全　称	常州东恒有限公司	收款人	全　称	扬州大华有限公司
	账　号	41622124147626		账　号	41622124277910
	开户行	中国建设银行常州市新北区支行		开户行	中国建设银行扬州市广陵区支行
金　额	(大写)人民币肆万贰仟肆佰元整			(小写)¥42 400.00	
凭证种类	网银		凭证号码		
结算方式	转账		用　途	转账	

打印柜员:320425584237
打印机构:中国建设银行常州市新北区支行
打印卡号:10551l522146

第一联借方(回单)

打印时间:2016-12-21　　　交易柜员:320425584268　　　交易机构:320410500541155034

上述原始凭证中：

表 2-58-1 是江苏增值税专用发票的第二联抵扣联，此联应作为购买方抵扣进项税额的依据。该抵扣联不能作为记账凭证的附件，专门用于在规定期限内到税务机关办理认证或在平台办理勾选确认，并在认证通过或勾选确认的次月申报期内，向主管税务机关申报抵扣进项税额。

表 2-58-2 是江苏增值税专用发票的第三联发票联，此联应作为购买方的记账依据。该原始凭证注明，"购买方"是本公司，"销售方"是扬州大华有限公司，"货物或应税劳务、服务名称"是 W，这表明本公司从扬州大华有限公司购买了 W。

表 2-58-3 是新增无形资产登记表，此表应作为无形资产增加的记账依据。该原始凭证注明，"资产名称"是 W，"种类"是非专利技术，"购入日期"与"投入使用日期"均为 2016 年 12 月 21 日，这表明本公司已将非专利技术 W 投入使用。根据表 2-58-2 及表 2-58-3 进行会计核算时，"金额"40 000.00 元应记入"无形资产——非专利技术——W"科目的借方，"税额"2 400.00 元应记入"应交税费——应交增值税——进项税额"科目的借方。

表 2-58-4 是中国建设银行客户专用回单的第一联借方回单，此联应作为付款方支付款项的记账依据。该原始凭证注明，"付款人"是本公司，"账号"是 41622124147626，这表明本公司已通过账号 41622124147626 的基本户支付了款项，进行会计核算时，"金额"42 400.00元应记入"银行存款——中国建设银行常州市新北区支行(41622124147626)"科目的贷方。

因此，该笔业务应填制如表 2-58-5 所示记账凭证。

表 2-58-5

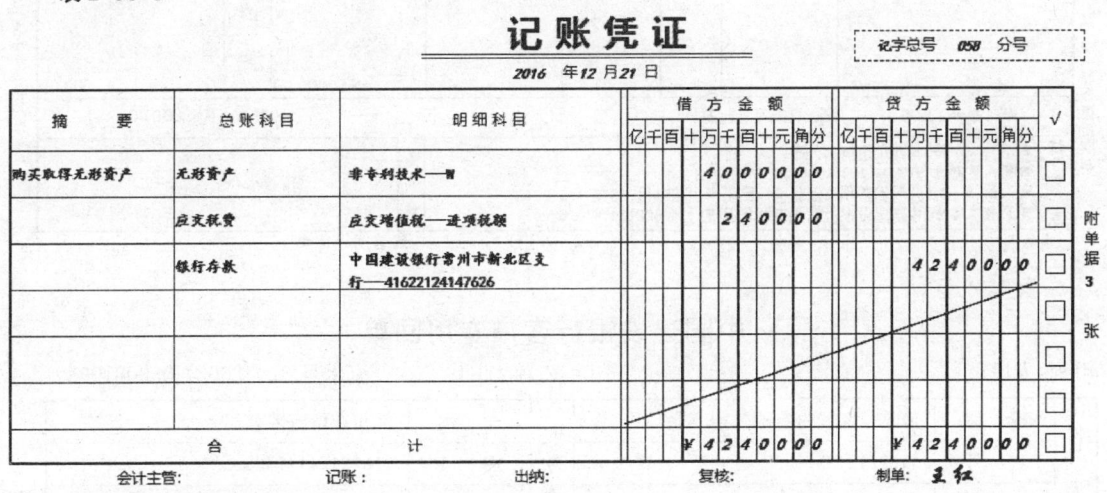

【业务 2-59】（共 3 张原始凭证，于 2016 年 12 月 21 日取得）

表 2-59-1

无形资产处置申请单

2016 年 12 月 21 日

无形资产名称	原价	累计摊销额	净值	处置原因
K	90 000.00	36 000.00	54 000.00	对外转让

无形资产管理部门意见： 同意 张莉 2016 年 12 月 21 日	财务部门意见： 同意 胡清 2016 年 12 月 21 日	单位领导意见： 同意 田园 2016 年 12 月 21 日

表 2-59-2

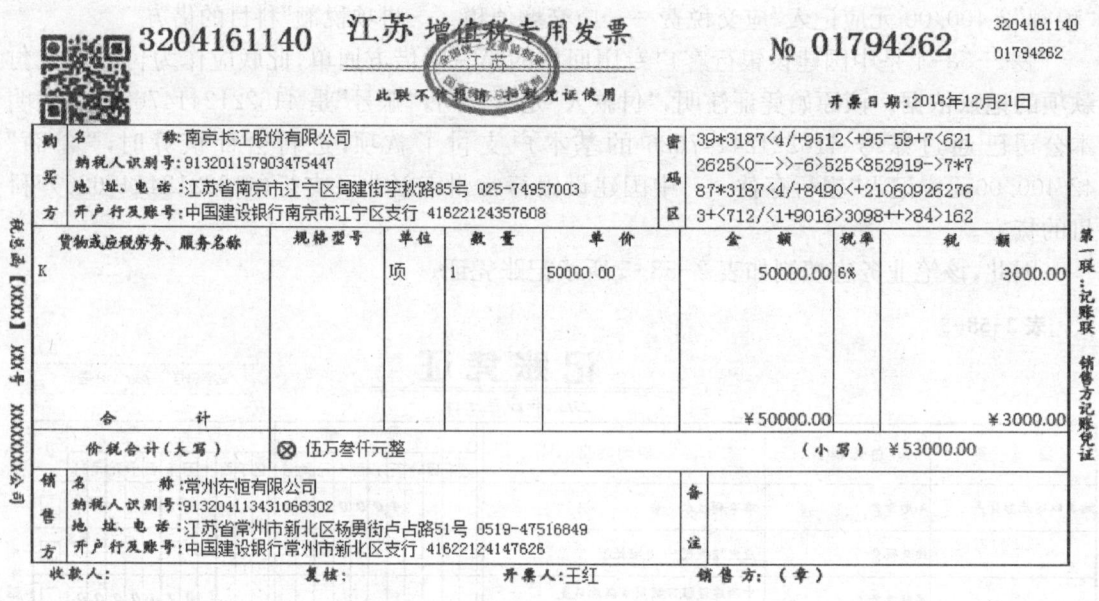

表 2-59-3

中国建设银行客户专用回单

币别：人民币 　　　　　2016 年 12 月 21 日 　　　　流水号 320420027J0500810039

付款人	全　称	南京长江股份有限公司	收款人	全　称	常州东恒有限公司
	账　号	41622124357608		账　号	41622124147626
	开户行	中国建设银行南京市江宁区支行		开户行	中国建设银行常州市新北区支行
金　额	（大写）人民币伍万叁仟元整			（小写）¥53 000.00	
凭证种类	网银		凭证号码		
结算方式	网银		用　途	转账	
	打印柜员：320425584257 打印机构：中国建设银行常州市新北区支行 打印卡号：105096550717			电子回单专用章（中国建设银行）	

第二联贷方（回单）

打印时间：2016-12-21 　　　　交易柜员：320425584268 　　　　交易机构：320410500541155089

上述原始凭证中：

表 2-59-1 是无形资产处置申请单，应作为处置无形资产的记账依据。该原始凭证注明，对外转让无形资产 K，"原价"是 90 000.00 元，"累计摊销额"是 36 000.00 元，这表明本公司将出售无形资产 K，进行会计核算时，"原价"90 000.00 元应记入"无形资产——专利权——K"科目的贷方，"累计摊销额"36 000.00 元应记入"累计摊销——专利权——K"科目的借方。

表 2-59-2 是江苏增值税专用发票的第一联记账联，此联应作为销售方的记账依据。该原始凭证注明，"销售方"是本公司，"购买方"是南京长江股份有限公司，"货物或应税劳务、服务名称"是 K，这表明本公司出售了专利权 L 给南京长江股份有限公司，进行会计核算时，"税额"3 000.00 元应记入"应交税费——应交增值税——销项税额"科目的贷方。

表 2-59-3 是中国建设银行客户专用回单的第二联贷方回单，此联也应作为收款方收取款项的记账依据。该原始凭证注明，"付款人"是南京长江股份有限公司，"收款人"是本公司，"账号"是 41622124147626，"金额"是 53 000.00 元，这表明南京长江股份有限公司已向本公司账号为 41622124147626 的基本户支付了款项 53 000.00 元，进行会计核算时，"金额"53 000.00元应记入"银行存款——中国建设银行常州市新北区支行(41622124147626)"科目的借方，由此产生的差额 4 000.00 元作为转让无形资产的损失应记入"营业外支出——非流动资产处置损失"科目的借方。

因此，该笔业务应填制如表 2-59-4 所示记账凭证。

表 2-59-4

记账凭证

记字总号 _059_ 分号 ____

2016 年 12 月 21 日

摘　要	总账科目	明细科目	借方金额 亿千百十万千百十元角分	贷方金额 亿千百十万千百十元角分	√
转让无形资产	银行存款	中国建设银行常州市新北区支行——41622124147626	5 3 0 0 0 0 0		□
	累计摊销	专利权——K	3 6 0 0 0 0 0		□
	营业外支出	非流动资产处置损失	4 0 0 0 0 0		□
	应交税费	应交增值税——销项税额		3 0 0 0 0 0	□
	无形资产	专利权——K		9 0 0 0 0 0 0	□
					□
合　　计			￥9 3 0 0 0 0 0	￥9 3 0 0 0 0 0	□

附单据 3 张

会计主管：　　　记账：　　　出纳：　　　复核：　　　制单： 王红

【业务 2-60】（共 1 张原始凭证，于 2016 年 12 月 21 日取得）

表 2-60-1

经理办公会议纪要

鉴于郑州红方有限公司已于 2014 年 12 月 21 日完成破产清算程序，清算组未向我司请求支付欠其应付账款 ￥230.00（人民币贰佰叁拾元整），且该请求付款权已过诉讼时效，经决定将此笔款项计入当期损益。

参加人员：　　　田园　　　胡清　　　高娥　　　周小军

2016 年 12 月 21 日

上述原始凭证中：

表 2-60-1 是本公司形成的经理办公会议纪要，应作为债务人确认利得的记账依据。该原始凭证注明，应付郑州红方有限公司的 230.00 元因超过诉讼时效以及对方单位完成破产清算程序而不再需要支付，同时 2016 年 11 月 30 日"应付账款——郑州红方有限公司"科目的贷方余额为 230.00 元，这表明应付郑州红方有限公司的 230.00 元应确认为利得，进行会计核算时，应分别记入"应付账款——郑州红方有限公司"科目的借方以及"营业外收入——无法偿付的应付款项"科目的贷方。

因此，该笔业务应填制如表 2-60-2 所示记账凭证。

表 2-60-2

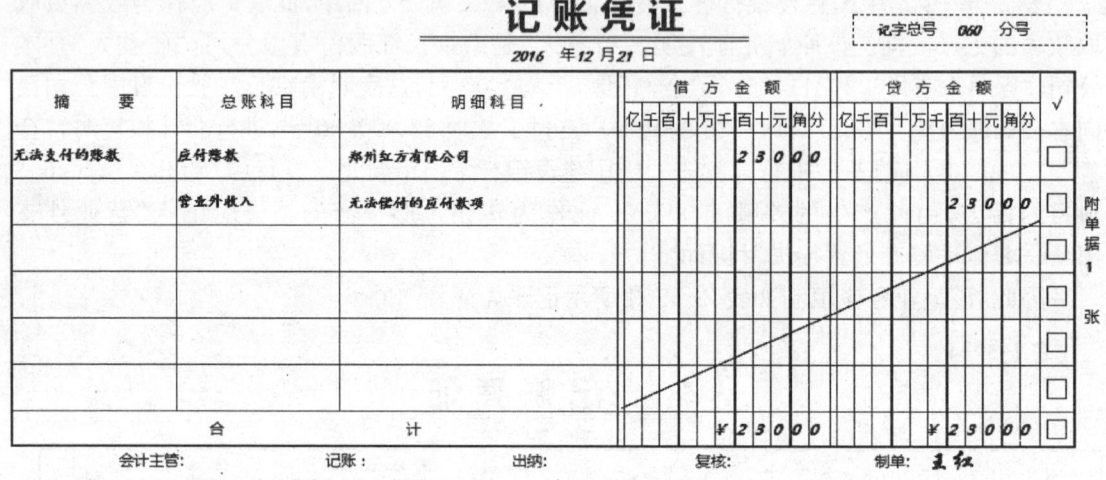

【业务 2-61】 （共 2 张原始凭证，于 2016 年 12 月 21 日取得）

表 2-61-1

交通银行股份有限公司贷款还息凭证

打印日期 2016 年 12 月 21 日

客户号：05277431			机构代码：105
借款单位：常州东恒有限公司			
生产利息账号	还息金额	Osp 现有余额	备 注
41924996236728	1 000.00 元		合同号：10037
金额合计	（大写）人民币壹仟元整 （小写）CNY＊＊＊＊1 000.00		交通银行 常州市新北区支行 2016-12-21 转讫 (01)
付款账号：41924996230389			
合同编号：10037			
交易业务号：105LAA110089008			

开票：顾苏平　　　　　记账　　　　　复核　　　　　（盖章）

表 2-61-2

上述原始凭证中：

表 2-61-1 是交通银行股份有限公司贷款还息凭证,此凭证应作为付款方支付利息的记账依据。该原始凭证注明,付款账号为 41924996230389,"备注"的借款合同号 10037 对应业务 44 借入的长期借款,这表明本公司已从账号为 41924996230389 的结算户支付了款项,进行会计核算时,"还息金额"1 000.00 元应记入"银行存款——交通银行常州新北区支行(41924996230389)"科目的贷方。

表 2-61-2 是江苏增值税普通发票的第二联发票联,此联应作为购买方的记账依据。该原始凭证注明,"购买方"是本公司,根据交通银行股份有限公司常州市分行规定,提供贷款服务的增值税发票一律由分行统一开具,因而"销售方"是交通银行股份有限公司常州市分行,"货物或应税劳务、服务名称"是贷款服务,这表明本公司向交通银行常州新北区支行借款产生了利息支出,进行会计核算时,"价税合计"1 000 元应记入"应付利息——长期借款——交通银行常州新北区支行"科目的借方。

因此,该笔业务应填制如表 2-61-3 所示记账凭证。

表 2-61-3

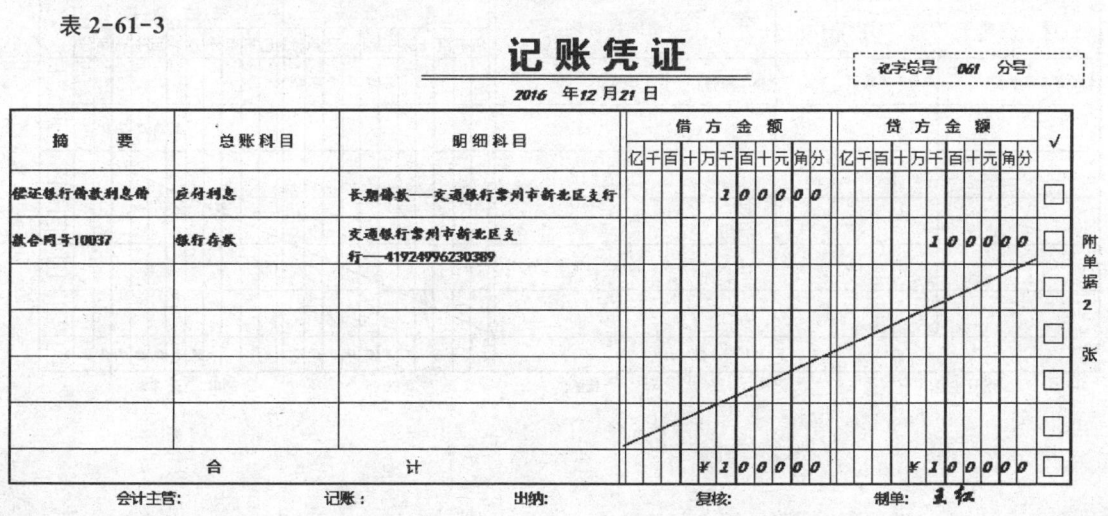

【业务 2-62】 （共 1 张原始凭证，于 2016 年 12 月 22 日取得）

表 2-62-1

职工困难补助申请支付表（代现金收据）

2016-12-22

申请人姓名	叶明	所在部门	
申请金额	人民币壹仟元整	现金付讫	
申请理由	爱人常年生病，无收入来源，家庭收入无法维持生计		

审批：田园　　　　　　财务审核：胡清　　　　　　部门审核：周小军

上述原始凭证中：

表 2-62-1 是职工困难补助申请支付表，应作为付款方支付款项的记账依据。该原始凭证注明，本公司以现金方式支付给销售网点员工叶明 1 000.00 元困难补助，这表明本公司支付了职工福利，进行会计核算时，应分别记入"应付职工薪酬——职工福利"科目的借方以及"库存现金"科目的贷方；同时，应将已发生的职工福利根据员工所属部门进行损益结转，分别记入"销售费用——职工福利费"科目的借方以及"应付职工薪酬——职工福利"科目的贷方。

因此，该笔业务应填制如表 2-62-2、表 2-62-3 所示记账凭证。

表 2-62-2

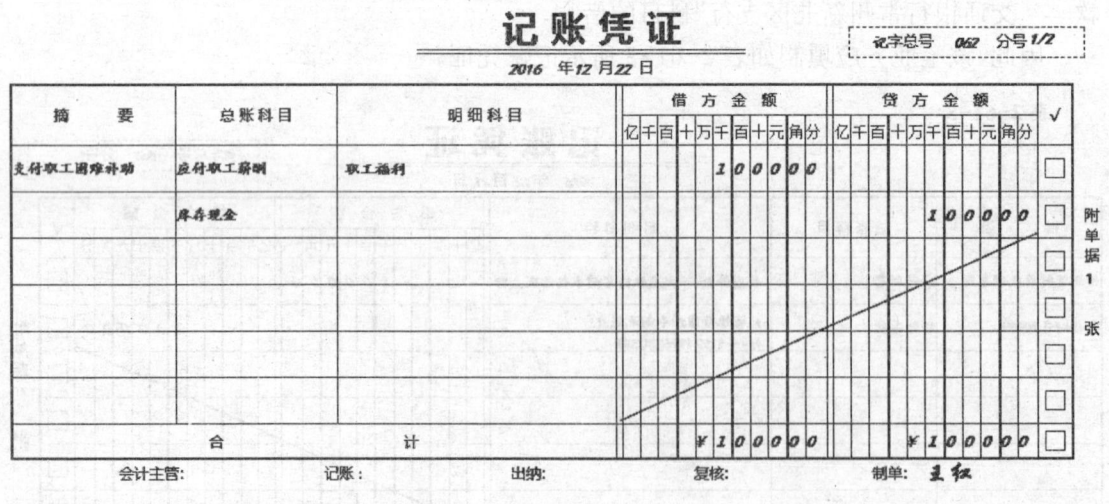

记账凭证

记字总号 062　分号 1/2

2016 年 12 月 22 日

摘要	总账科目	明细科目	借方金额 亿千百十万千百十元角分	贷方金额 亿千百十万千百十元角分	√
支付职工困难补助	应付职工薪酬	职工福利	1 0 0 0 0 0		□
	库存现金			1 0 0 0 0 0	□
					□
					□
					□
					□
合　　计			￥1 0 0 0 0 0	￥1 0 0 0 0 0	□

附单据 1 张

会计主管：　　　记账：　　　出纳：　　　复核：　　　制单：王红

表 2-62-3

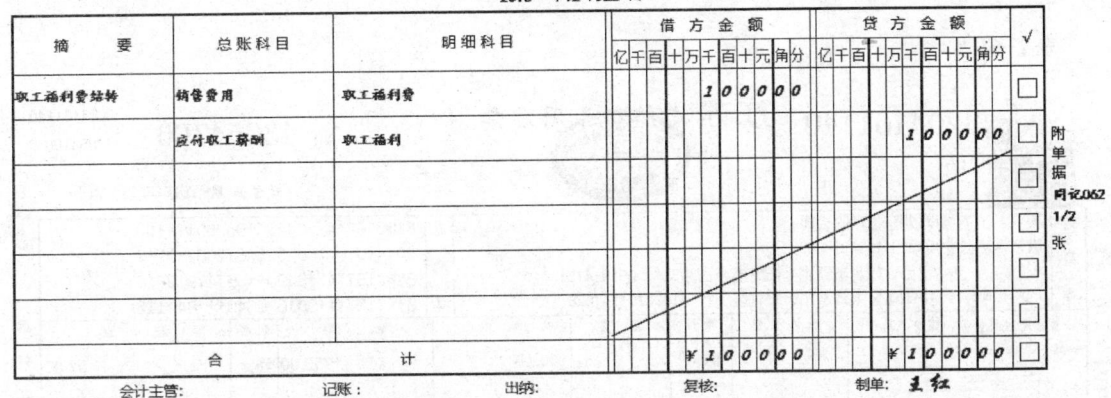

记账凭证

2016 年 12 月 22 日

记字总号 *062*　分号 *2/2*

摘　要	总账科目	明细科目	借方金额 亿千百十万千百十元角分	贷方金额 亿千百十万千百十元角分	√
职工福利费结转	销售费用	职工福利费	1 0 0 0 0 0		□
	应付职工薪酬	职工福利		1 0 0 0 0 0	□
					□
					□
					□
					□
合　　计			￥1 0 0 0 0 0	￥1 0 0 0 0 0	□

附单据 同记062 1/2 张

会计主管:　　　记账:　　　出纳:　　　复核:　　　制单: *王红*

【业务 2-63】　（共 1 张原始凭证，于 2016 年 12 月 22 日取得）

表 2-63-1

职工困难补助申请支付表（代现金收据）

2016-12-22

单位:元

申请人姓名	叶明	所在部门	
申请金额	人民币叁佰元整	现金付讫	
申请理由	爱人常年生病，无收入来源，家庭收入无法维持生计		

审批:田园　　　财务审核:胡清　　　部门审核:周小军

上述原始凭证中：

表 2-63-1 是职工困难补助申请支付表，应作为付款方支付款项的记账依据。该原始凭证注明，本公司工会以现金方式支付给销售网点员工叶明 300.00 元困难补助，这表明本公司工会支付了职工福利，进行会计核算时，应分别记入"应付职工薪酬——工会经费"科目的借方以及"库存现金"科目的贷方。

因此，该笔业务应填制如表 2-63-2 所示记账凭证。

表 2-63-2

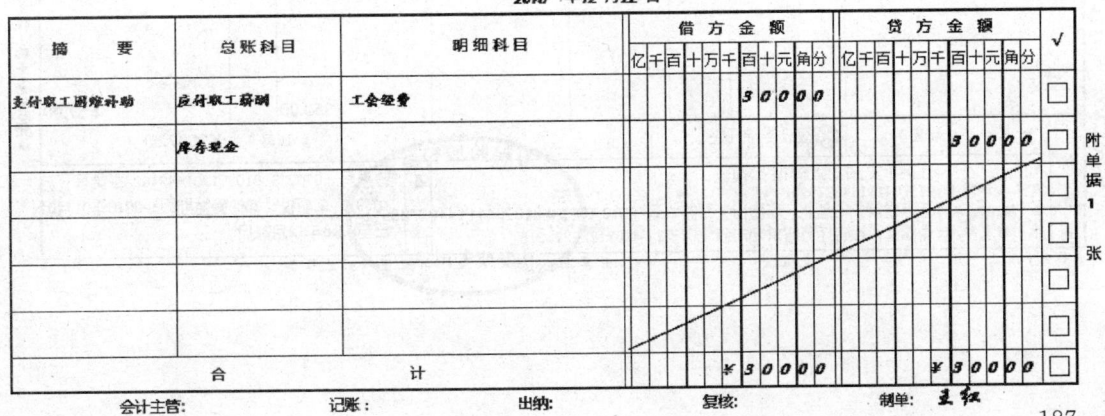

记账凭证

2016 年 12 月 22 日

记字总号 *063*　分号

摘　要	总账科目	明细科目	借方金额 亿千百十万千百十元角分	贷方金额 亿千百十万千百十元角分	√
支付职工困难补助	应付职工薪酬	工会经费	3 0 0 0 0		□
	库存现金			3 0 0 0 0	□
					□
					□
					□
合　　计			￥3 0 0 0 0	￥3 0 0 0 0	□

附单据 1 张

会计主管:　　　记账:　　　出纳:　　　复核:　　　制单: *王红*

【业务 2-64】 （共 5 张原始凭证，于 2016 年 12 月 22 日取得）

表 2-64-1

3204161140	江苏 增值税 专用发票					№ 43054700		3204161140 43054700

开票日期：2016年12月22日

购买方	名　称：常州东恒有限公司 纳税人识别号：913204113431068302 地址、电话：江苏省常州市新北区杨勇街卢占路51号 0519-47516849 开户行及账号：中国建设银行常州市新北区支行 41622124147626	密码区	81*3187<4/+2429<+95-59+7<153 2044<0-->-6>525<672062->7*7 87*3187<4/+8490<+56747919316 8+<712/<1+9016>6649++>84>113

货物或应税劳务、服务名称	规格型号	单位	数量	单价	金额	税率	税额
交强险		年	1	950.00	950.00	6%	57.00
合　计					￥950.00		￥57.00

价税合计（大写）	⊗壹仟零柒元整	（小写） ￥1007.00

销售方	名　称：江苏平安保险股份有限公司 纳税人识别号：913204111449279991 地址、电话：江苏省常州市新北区李博街王军路37号 0519-8 开户行及账号：中国建设银行江苏省常州市新北区支行 4167122228816	备注	保单号：07022689103512016 43482 车牌号：苏 车船税：360 受益期限：2016年01月01 日至2016年12月31日

收款人： 复核： 开票人：刘友 销售方：（章）

表 2-64-2

3204161140	江苏 增值税 专用发票					№ 43054700		3204161140 43054700

开票日期：2016年12月22日

购买方	名　称：常州东恒有限公司 纳税人识别号：913204113431068302 地址、电话：江苏省常州市新北区杨勇街卢占路51号 0519-47516849 开户行及账号：中国建设银行常州市新北区支行 41622124147626	密码区	81*3187<4/+2429<+95-59+7<153 2044<0-->-6>525<672062->7*7 87*3187<4/+8490<+56747919316 8+<712/<1+9016>6649++>84>113

货物或应税劳务、服务名称	规格型号	单位	数量	单价	金额	税率	税额
交强险		年	1	950.00	950.00	6%	57.00
合　计					￥950.00		￥57.00

价税合计（大写）	⊗壹仟零柒元整	（小写） ￥1007.00

销售方	名　称：江苏平安保险股份有限公司 纳税人识别号：913204111449279991 地址、电话：江苏省常州市新北区李博街王军路37号 0519-8 开户行及账号：中国建设银行江苏省常州市新北区支行 4167122228816	备注	保单号：07022689103512016 43482 车牌号：苏 车船税：360 受益期限：2016年01月01 日至2016年12月31日

收款人： 复核： 开票人：刘友 销售方：（章）

表 2-64-3

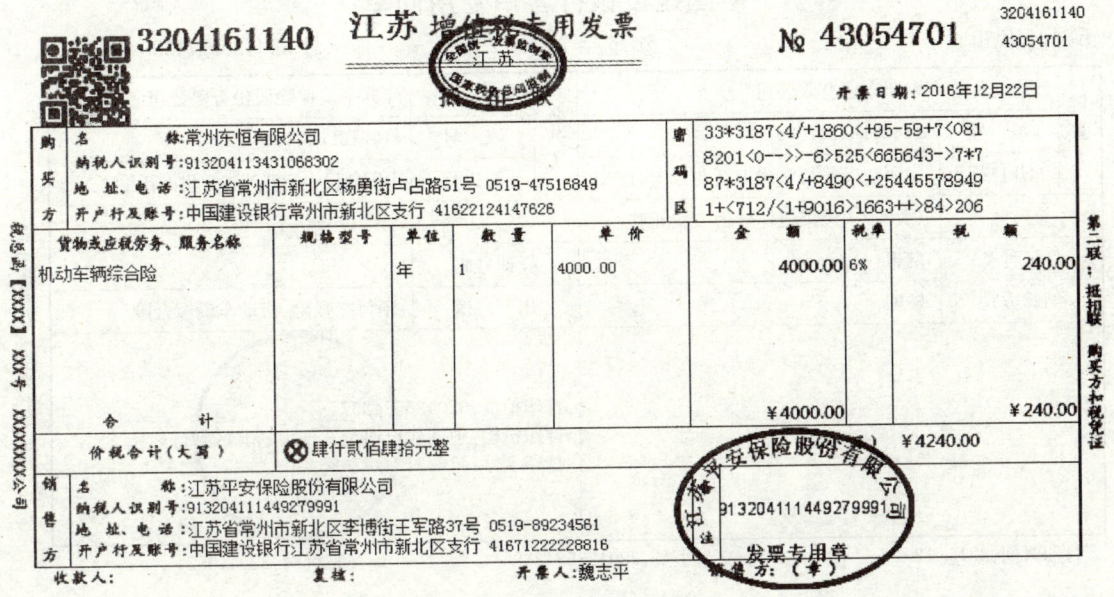

表 2-64-4

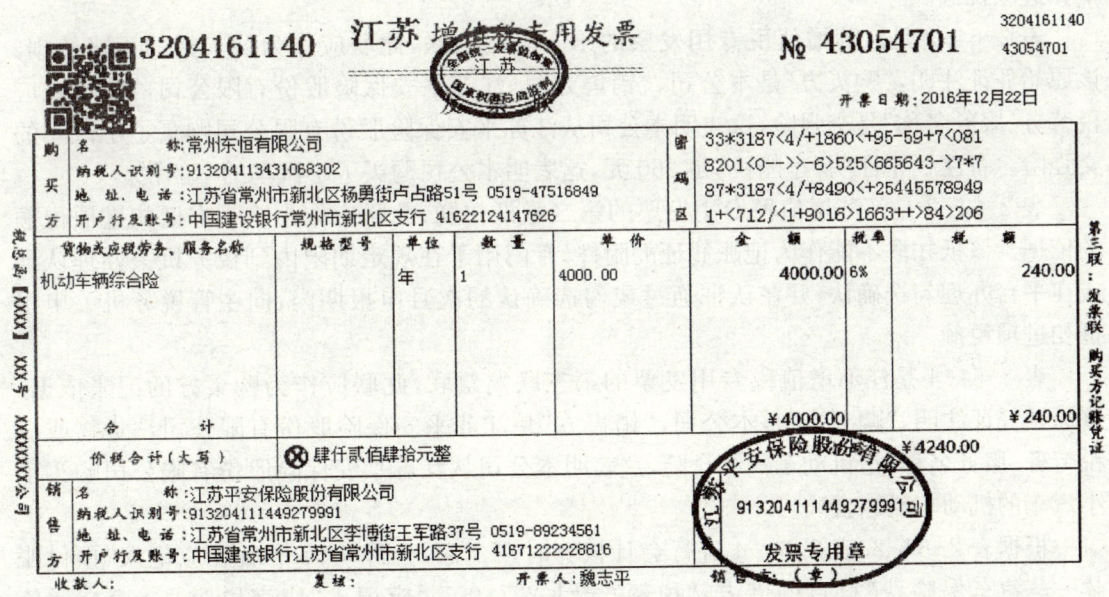

表 2-64-5

中国建设银行客户专用回单

币别：人民币　　　　　　　2016 年 12 月 22 日　　　　流水号 320420027J0500810011

付款人	全　称	常州东恒有限公司	收款人	全　称	江苏平安保险股份有限公司
	账　号	41622124147626		账　号	41671222228816
	开户行	中国建设银行常州市新北区支行		开户行	中国建设银行江苏省常州市新北区支行
金　额		(大写)人民币伍仟陆佰零柒元整		(小写)￥5 607.00	
凭证种类		网银	凭证号码		
结算方式		转账	用　途		预付交强险、机动车辆综合险

打印柜员：320425584237
打印机构：中国建设银行常州市新北区支行
打印卡号：41622124147626

第一联借方（回单）

打印时间：2016-12-22　　　　交易柜员：320425584268　　　　交易机构：320410524

上述原始凭证中：

表 2-64-1 是江苏增值税专用发票的第二联抵扣联，此联应作为购买方抵扣进项税额的依据。该抵扣联不能作为记账凭证的附件，专门用于在规定期限内到税务机关办理认证或在平台办理勾选确认，并在认证通过或勾选确认的次月申报期内，向主管税务机关申报抵扣进项税额。

表 2-64-2 是江苏增值税专用发票的第三联发票联，此联应作为购买方的记账依据。该原始凭证注明，"购买方"是本公司，"销售方"是江苏平安保险股份有限公司，"货物或应税劳务、服务名称"是交强险，这表明本公司从江苏平安保险股份有限公司购买了小汽车的交强险。备注栏中注明"车船税"是 360 元，这表明本公司购买了小汽车的车船税。

表 2-64-3 是江苏增值税专用发票的第二联抵扣联，此联应作为购买方抵扣进项税额的依据。该抵扣联不能作为记账凭证的附件，专门用于在规定期限内到税务机关办理认证或在平台办理勾选确认，并在认证通过或勾选确认的次月申报期内，向主管税务机关申报抵扣进项税额。

表 2-64-4 是江苏增值税专用发票的第三联发票联，此联应作为购买方的记账依据。该原始凭证注明，"购买方"是本公司，"销售方"是江苏平安保险股份有限公司，"货物或应税劳务、服务名称"是机动车辆综合险，这表明本公司从江苏平安保险股份有限公司购买了小汽车的机动车辆综合险。

根据表 2-64-2、表 2-64-4 进行会计核算时，"金额"合计 4 950.00 元应记入"预付账款——汽车保险费"科目的借方，"税额"合计 297.00 元应记入"应交税费——应交增值税——进项税额"科目的借方，"车船税"360.00 元应记入"税金及附加——车船税"科目的借方。

表 2-64-5 是中国建设银行客户专用回单的第一联借方回单，此联应作为付款方支付款项的记账依据。该原始凭证注明，"付款人"是本公司，"账号"是 41622124147626，这表明

本公司已通过账号 41622124147626 的基本户支付了款项,进行会计核算时,"金额" 5 607.00元应记入"银行存款——中国建设银行常州市新北区支行(41622124147626)"科目 的贷方。

因此,该笔业务应填制如表 2-64-6 所示记账凭证。

表 2-64-6

记账凭证

2016 年 12 月 22 日

记字总号　064　分号

摘　要	总账科目	明细科目	借方金额	贷方金额	√
			亿千百十万千百十元角分	亿千百十万千百十元角分	
预付汽车费用	应交税费	应交增值税——进项税额	29700		☐
	税金及附加	车船税	36000		☐
	预付账款	汽车保险费	495000		☐
	银行存款	中国建设银行常州市新北区支行——41622124147626		560700	☐
					☐
合　　计			￥560700	￥560700	☐

会计主管:　　　记账:　　　出纳:　　　复核:　　　制单: 王红

附单据3张

【业务 2-65】 (共 2 张原始凭证,于 2016 年 12 月 22 日取得)

表 2-65-1

3204161140

江苏 增值税专用发票

№ 01794271

3204161140
01794271

此联不作……凭证使用

开票日期:2016年12月22日

| 购买方 | 名　称:常州黄河有限公司 纳税人识别号:913204023611369753 地　址、电话:江苏省常州市天宁区何娜街孙素路92号　0519-21519433 开户行及账号:中国建设银行常州市天宁区支行　41622124764144 | 密码区 | 79*3187<4/+8967<+95-59+7<152 6038<0-->-6>525<696886->7*7 87*3187<4/+8490<+68378900425 7+<712/<1+9016>0353++>84>411 |

货物或应税劳务、服务名称	规格型号	单位	数量	单价	金额	税率	税额
12月房屋租赁费		月	1	10000.00	10000.00	5%	500.00
合　　计					￥10000.00		￥500.00

价税合计(大写)　⊗ 壹万零伍佰元整　　　(小写)　￥10500.00

| 销售方 | 名　称:常州东恒有限公司 纳税人识别号:913204113431068302 地　址、电话:江苏省常州市新北区杨勇街卢占路51号　0519-47516849 开户行及账号:中国建设银行常州市新北区支行　41622124147626 | 备注 | 老区厂房 |

收款人:　　　复核:　　　开票人:王红　　　销售方:(章)

第一联:记账联 销售方记账凭证

表 2-65-2

中国建设银行客户专用回单

币别:人民币　　　　　　　　　　2016 年 12 月 22 日　　　　流水号 320420027J0500810018

付款人	全　称	常州黄河有限公司	收款人	全　称	常州东恒有限公司
	账　号	41622124764144		账　号	41622124147626
	开户行	中国建设银行常州市天宁区支行		开户行	中国建设银行常州市新北区支行
金　额		(大写)人民币壹万零伍佰元整			(小写)¥10 500.00
凭证种类		网银		凭证号码	
结算方式		转账		用　途	转账

打印柜员:320425584257
打印机构:中国建设银行常州市新北区支行
打印卡号:105457543704

专用章

第二联贷方(回单)

打印时间:2016-12-22　　　　交易柜员:320425584268　　　　交易机构:320410500541155002

上述原始凭证中:

表 2-65-1 是江苏增值税专用发票的第一联记账联,此联应作为销售方的记账依据。该原始凭证注明,"销售方"是本公司,"购买方"是常州黄河有限公司,"货物或应税劳务、服务名称"是 12 月房屋租赁费,"税率"是 5%,"备注"出租房屋是老区厂房,这表明本公司向常州黄河有限公司提供了租赁服务,并采用了简易计税方法计缴增值税,提供租赁服务是本公司的非主营业务,进行会计核算时,"金额"10 000.00 元应记入"其他业务收入——出租固定资产收入"科目的贷方,"税额"500.00 元应记入"应交税费——简易计税"科目的贷方。

表 2-65-2 是中国建设银行客户专用回单的第二联贷方回单,此联也应作为收款方收取款项的记账依据。该原始凭证注明,"付款人"是常州黄河有限公司,"收款人"是本公司,"账号"是 41622124147626,"金额"是 10 500.00 元,这表明常州黄河有限公司已向本公司账号为 41622124147626 的基本户支付了货款 10 500.00 元,进行会计核算时,"金额"10 500.00元应记入"银行存款——中国建设银行常州市新北区支行(41622124147626)"科目的借方。

因此,该笔业务应填制如表 2-65-3 所示记账凭证。

表 2-65-3

记账凭证

Ζ字总号　065　分号

2016 年 12 月 22 日

摘　要	总账科目	明细科目	借方金额 亿千百十万千百十元角分	贷方金额 亿千百十万千百十元角分	√
取得房屋出租的租金	银行存款	中国建设银行常州市新北区支行—41622124147626	1050000		☐
	其他业务收入	出租固定资产收入		1000000	☐
	应交税费	简易计税		50000	☐
					☐
					☐
					☐
合　　计			¥1050000	¥1050000	☐

附单据 2 张

会计主管：　　　记账：　　　出纳：　　　复核：　　　制单：王红

【业务 2-66】　（共 2 张原始凭证，于 2016 年 12 月 22 日取得）

表 2-66-1

股东会决议

经全体股东审议,将本公司注册资本由 4 000 000.00　　　元增加至 4 500 000.00　　　元,一致通过如下决议:

一、增资股东身份情况

（略）

二、增资股东出资情况

股东名称	认缴新增注册资本	认缴比例	实际出资金额	实际出资额占全体股东出资	出资到位日期	出资方式
南京中昊有限公司	500 000.00	11.11％	1 200 000.00	23.08％	2016-12-22	货币资金

二、增资股东出资情况

股东名称	认缴新增注册资本	认缴比例	实际出资金额	实际出资额占全体股东出资	出资到位日期	出资方式
南京中昊有限公司	500 000.00	11.11％	1 200 000.00	23.08％	2016-12-22	货币资金

三、增资后各股东持股比例

股东名称	实际出资情况			
	变更前		变更后	
	金额	所占份额	金额	所占份额
常州银河股份有限公司	3 200 000.00	80.00%	3 200 000.00	71.11%
常州源生有限公司	800 000.00	20.00%	800 000.00	17.78%
南京中昊有限公司	0.00	0.00%	500 000.00	11.11%

股东代表签字:张开风　　张源　　梁树柏

2016 年 12 月 22 日

表 2-66-2

中国建设银行客户专用回单

币别:人民币　　　　　　　　2016 年 12 月 22 日　　　　流水号 320420027J0500810019

付款人	全　称	南京中昊有限公司	收款人	全　称	常州东恒有限公司
	账　号	41622124910940		账　号	41622124147626
	开户行	中国建设银行南京市玄武区支行		开户行	中国建设银行常州市新北区支行
金　额	(大写)人民币壹佰贰拾万元整			(小写)¥1 200 000.00	
凭证种类	网银		凭证号码		
结算方式	转账		用　途	投资款	
			打印柜员:320425584257 打印机构:中国建设银行常州市新北区支行 打印卡号:41622124147626		

第二联贷方(回单)

打印时间:2016-12-22　　　　　交易柜员:320425584268　　　　　交易机构:320482841

上述原始凭证中:

表 2-66-1 是本公司形成的股东会决议,应作为增加注册资本及实收资本的依据。该原始凭证注明,南京中昊有限公司实际出资 1 200 000.00 元对本公司进行单方面增资,其中的 500 000.00 元作为新增注册资本,这表明本公司接受南京中昊有限公司投资后注册资本将增资到 4 500 000.00 元。

表 2-66-2 是中国建设银行客户专用回单的第二联贷方回单,此联也应作为收款方收取款项的记账依据。该原始凭证注明,"付款人"是南京中昊有限公司,"收款人"是本公司,"账号"是 41622124147626,"金额"是 1 200 000.00 元,这表明南京中昊有限公司已向本公司账号为 41622124147626 的基本户支付了投资款 1 200 000.00 元,根据表 2-66-1、表 2-66-2 进行会计核算时,"金额"1 200 000.00 元应记入"银行存款——中国建设银行常州市新北区支行(41622124147626)"科目的借方,"认缴新增注册资本"500 000.00 元应记

入"实收资本——南京中昊有限公司"科目的贷方,差额 700 000.00 元作为南京中昊有限公司单方面增资的溢价应记入"资本公积——资本溢价"科目的贷方。

因此,该笔业务应填制如表 2-66-3 所示记账凭证。

表 2-66-3

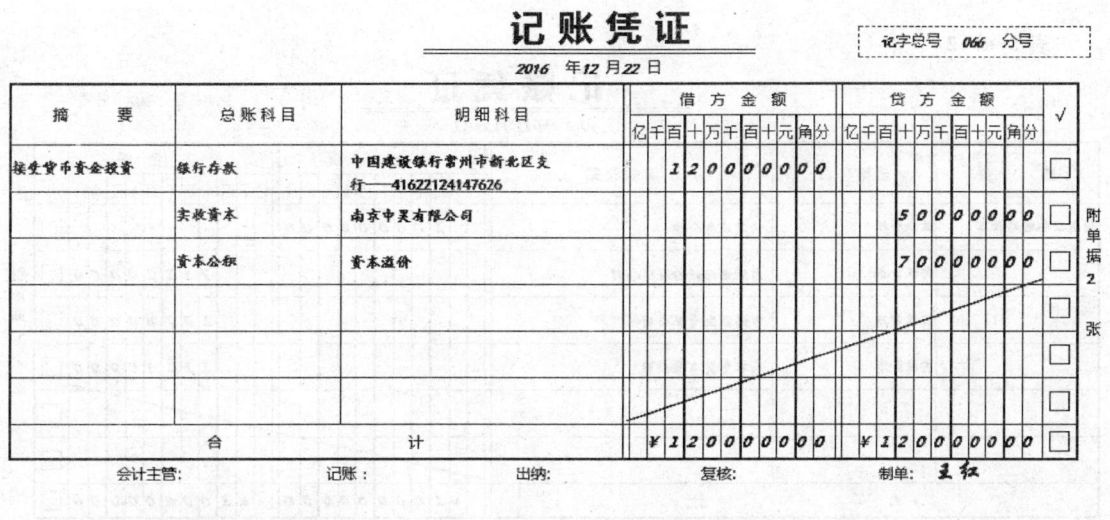

摘　要	总账科目	明细科目	借方金额										贷方金额										√
			亿	千	百	十	万	千	百	十	元	角	分	亿	千	百	十	万	千	百	十	元	角	分	
接受货币资金投资	银行存款	中国建设银行常州市新北区支行——41622124147626				1	2	0	0	0	0	0	0	0												☐
	实收资本	南京中昊有限公司																5	0	0	0	0	0	0	0	☐
	资本公积	资本溢价																7	0	0	0	0	0	0	0	☐
																							☐
																							☐
																							☐
合　计				¥	1	2	0	0	0	0	0	0	0		¥	1	2	0	0	0	0	0	0	0	☐

会计主管:　　记账:　　出纳:　　复核:　　制单: 王红

【业务 2-67】 (共 1 张原始凭证,于 2016 年 12 月 23 日取得)

表 2-67-1

股东会决议

时间:2016 年 12 月 23 日

应到会股东人数:3 人,实际到会股东人数:3 人

经全体股东审议,一致通过如下决议:本公司截至 2015 年 12 月 31 日的盈余公积(法定盈余公积) 2 126 215.05 元,现以盈余公积(法定盈余公积)转增注册资本 1 000 000.00 元,将公司注册资本由 4 500 000.00 元增加到 5 500 000.00 元。公司增加注册资本后,股东的出资额和持股比例如下:

常州银河股份有限公司:出资额为 3 911 100.00 元,持股比例为 71.11%;

常州源生有限公司:出资额为 977 800.00 元,持股比例为 17.78%;

南京中昊有限公司:出资额为 611 100.00 元,持股比例为 11.11%。

股东签名:刘玉颖　张源　苏卫红

2016 年 12 月 23 日

上述原始凭证中:

表 2-67-1 是本公司形成的股东会决议,应作为增加注册资本及实收资本的记账依据。该原始凭证注明,本公司按照各股东的持股比例以法定盈余公积 1 000 000.00 元转增注册资本,这表明本公司以法定盈余公积转增注册资本后注册资本将增加到 5 500 000.00 元,

进行会计核算时,用于转增资本的法定盈余公积 1 000 000.00 元应记入"盈余公积——法定盈余公积"科目的借方,按照各股东的持股比例 71.11%、17.78%、11.11%计算的金额 711 100.00 元、177 800.00 元、111 100.00 元应分别记入"实收资本——常州银河股份有限公司""实收资本——常州源生有限公司""实收资本——南京中昊有限公司"科目的贷方。

因此,该笔业务应填制如表 2-67-2 所示记账凭证。

表 2-67-2

记账凭证

2016 年12 月23 日

记字总号 067 分号

摘 要	总账科目	明细科目	借方金额	贷方金额	√
			亿千百十万千百十元角分	亿千百十万千百十元角分	
盈余公积转增资本	盈余公积	法定盈余公积	1 0 0 0 0 0 0 0		☐
	实收资本	常州银河股份有限公司		7 1 1 1 0 0 0 0	☐
	实收资本	常州源生有限公司		1 7 7 8 0 0 0 0	☐
	实收资本	南京中昊有限公司		1 1 1 1 0 0 0 0	☐
					☐
					☐
合 计			¥ 1 0 0 0 0 0 0 0	¥ 1 0 0 0 0 0 0 0	☐

附单据 1 张

会计主管: 记账: 出纳: 复核: 制单:王红

【业务 2-68】 (共 2 张原始凭证,于 2016 年 12 月 23 日取得)

表 2-68-1

销 售 单

购货单位:广州福耀有限公司
纳税识别号:914401036895402593
地址和电话:广东省广州市荔湾区李彦街李波路 68 号 020-46555402
开户行及账号:中国建设银行广州市荔湾区支行 41622124528806

单据编号:XS034
制单日期:2016-12-23

编码	产品名称	规 格	单位	单价	数量	金 额	备注
ZZCL004	Q220		件	1 170.00	1 500	1 755 000.00	
ZZCL004	P331		件	2 340.00	450	1 053 000.00	
ZZCL004	R588		件	585.00	600	351 000.00	
	包装箱		只	35.10	60	2 106.00	
合 计	人民币(大写):叁佰壹拾陆万壹仟壹佰零陆元整				—	¥3 161 106.00	

会计联

销售经理:周小军 经手人:叶明 会计:王红 签收人:杨秋青

表 2-68-2

上述原始凭证中：

表 2-68-1 是销售单，应作为销售方的记账依据。该原始凭证注明，"购货单位"是广州福耀有限公司，销售产品 Q220、P331、R588 以及周转材料包装箱的含税"金额"是 3 161 106.00 元，这表明本公司实现了上述产品以及周转材料的销售。

表 2-68-2 是江苏增值税专用发票的第一联记账联，此联应作为销售方的记账依据。该原始凭证注明，"销售方"是本公司，"购买方"是广州福耀有限公司，"货物或应税劳务、服务名称"是 Q220、P331、R588 以及包装箱，这表明本公司销售了 Q220、P331、R588 产品给广州福耀有限公司，并销售了单独计价的周转材料包装箱。销售产品是本公司的主营业务，销售周转材料是本公司的非主营业务，因此，进行会计核算时，销售产品的"金额"1 500 000.00 元、900 000.00 元、300 000.00 元应分别记入"主营业务收入——商品销售收入——Q220""主营业务收入——商品销售收入——P331""主营业务收入——商品销售收入——R588"科目的贷方，销售周转材料的"金额"1 800.00 元应记入"其他业务收入——包装物销售收入"科目的贷方，"税额"459 306.00 元应记入"应交税费——应交增值税——销项税额"科目的贷方。而该笔业务没有相关收款的原始凭证，同时在此之前也没有发生相关的预收款业务，因此"价税合计"3 161 106.00 元应记入"应收账款——广州福耀有限公司"科目的借方。

因此，该笔业务应填制如表 2-68-3 所示记账凭证。

表 2-68-3

记账凭证

2016 年 12 月 23 日　　　　记字总号 068　分号

摘要	总账科目	明细科目	借方金额 亿	千	百	十	万	千	百	十	元	角	分	贷方金额 亿	千	百	十	万	千	百	十	元	角	分	√
销售商品及包装物	应收账款	广州福继有限公司			3	1	6	1	1	0	6	0	0												□
	主营业务收入	商品销售收入——Q220														1	5	0	0	0	0	0	0	0	□
	主营业务收入	商品销售收入——P331															9	0	0	0	0	0	0	0	□
	主营业务收入	商品销售收入——R588															3	0	0	0	0	0	0	0	□
	其他业务收入	包装物销售收入																	1	8	0	0	0	0	□
	应交税费	应交增值税——销项税额															4	5	9	3	0	6	0	0	□
合　计			¥		3	1	6	1	1	0	6	0	0	¥		3	1	6	1	1	0	6	0	0	□

会计主管：　　　记账：　　　出纳：　　　复核：　　　制单：王红

附单据 2 张

【业务 2-69】　（共 1 张原始凭证，于 2016 年 12 月 26 日取得）

表 2-69-1

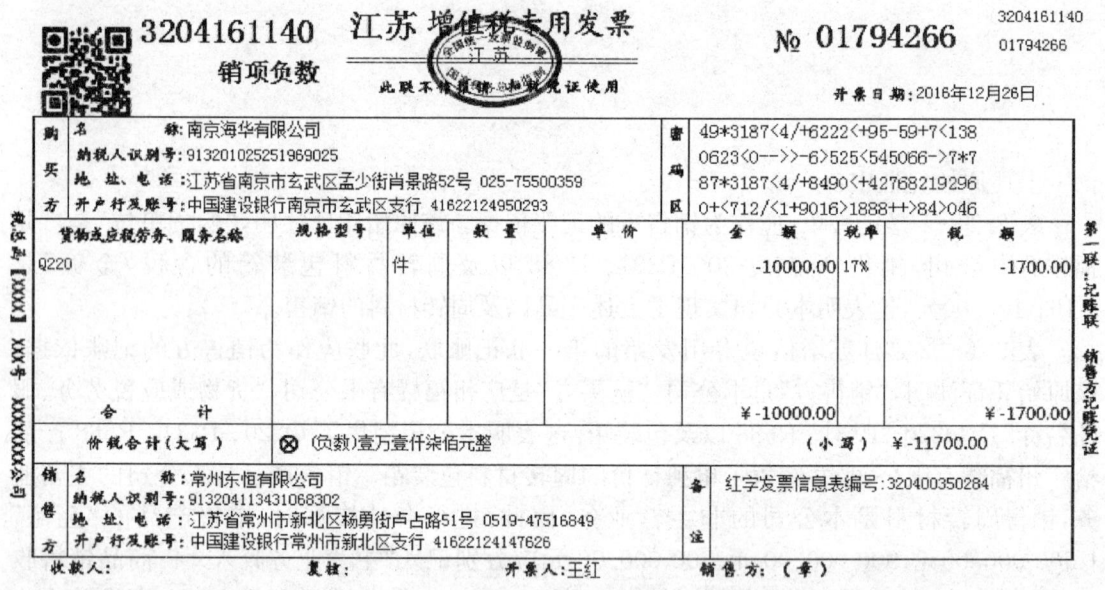

上述原始凭证中：

表 2-69-1 是江苏增值税专用发票的第一联记账联，此联应作为销售方的记账依据。该原始凭证注明，"销售方"是本公司，"购买方"是南京海华有限公司，"货物或应税劳务、服务名称"是 Q220，"数量"是空白，"金额"是－10 000.00 元，"税额"是－1 700.00 元，这表明本公司前期销售给南京海华有限公司的 Q220 产品发生了销售折让，进行会计核算时，"金额"应以红字 10 000.00 元记入"主营业务收入——商品销售收入——Q220"科目的贷方，"税额"应以红字 1 700.00 元记入"应交税费——应交增值税——销项税额"科目的贷方。同时 2016 年 11 月 30 日"应收账款——南京海华有限公司"科目的借方余额为 585 000.00 元，这表明本公司前期销售形成的应收南京海华有限公司款项尚未收回，"价税合计"应以

红字11 700.00元记入"应收账款——南京海华有限公司"科目的借方。

因此,该笔业务应填制如表 2-69-2 所示记账凭证。

表 2-69-2

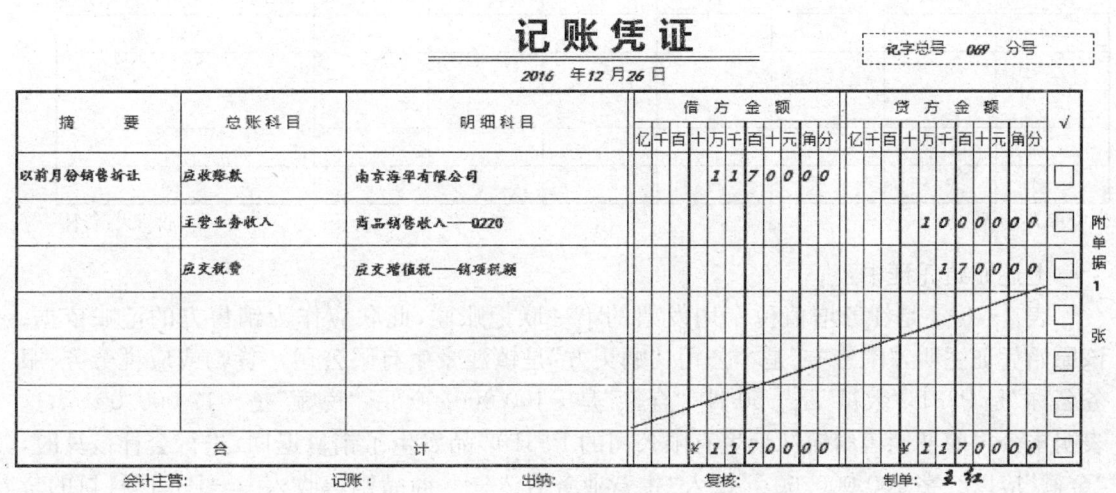

记 账 凭 证

2016 年12月26日

记字总号 *069* 分号

摘 要	总账科目	明细科目	借方金额 亿千百十万千百十元角分	贷方金额 亿千百十万千百十元角分	√
以前月份销售折让	应收账款	南京海华有限公司	1 1 7 0 0 0 0		□
	主营业务收入	商品销售收入——0220		1 0 0 0 0 0 0	□
	应交税费	应交增值税——销项税额		1 7 0 0 0 0	□
					□
					□
					□
合 计			¥ 1 1 7 0 0 0 0	¥ 1 1 7 0 0 0 0	□

附单据 1 张

会计主管: 记账: 出纳: 复核: 制单: 王红

【业务 2-70】 (共 2 张原始凭证,于 2016 年 12 月 26 日取得)

表 2-70-1

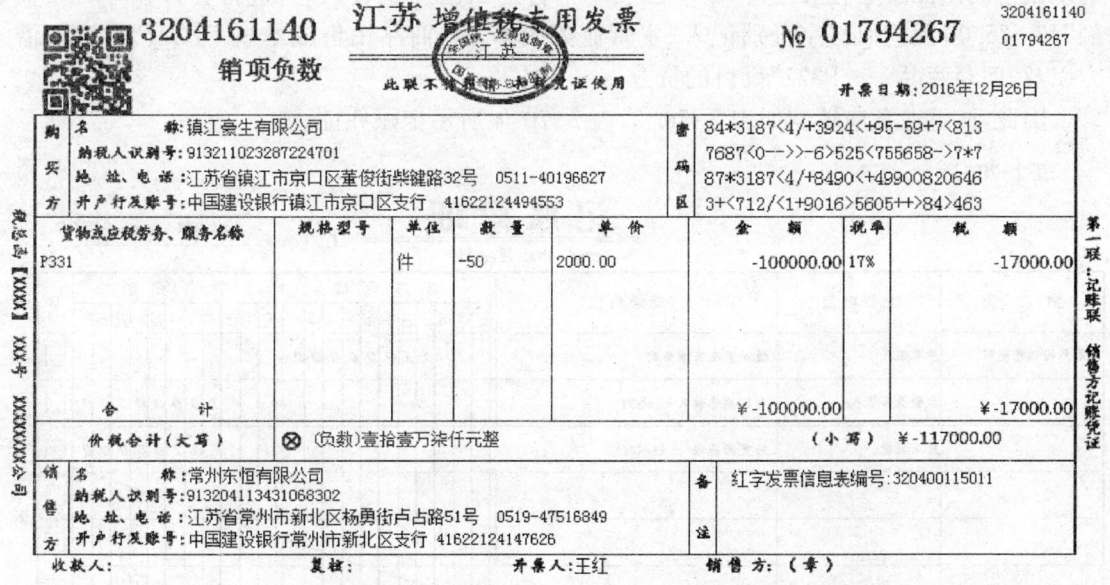

表 2-70-2

入 库 单

2016 年 12 月 26 日
编号RK049

产品编号	名 称	规格	计算单位	数量	单位成本	金 额	备 注	
	P331		件	50	809.50	40 475.00	以前月份销售本月退货	会计联

交库人:王晨
收货人:费林

上述原始凭证中:

表 2-70-1 是江苏增值税专用发票的第一联记账联,此联应作为销售方的记账依据。该原始凭证注明,"销售方"是本公司,"购买方"是镇江豪生有限公司,"货物或应税劳务、服务名称"是 P331,"数量"是－50 件,"金额"是－100 000.00 元,"税额"是－17 000.00 元,这表明本公司前期销售给镇江豪生有限公司的 P331 产品发生了销售退回,进行会计核算时,"金额"应以红字 100 000.00 元记入"主营业务收入——商品销售收入——P331"科目的贷方,"税额"应以红字 17 000.00 元记入"应交税费——应交增值税——销项税额"科目的贷方。同时 2016 年 11 月 30 日"应收账款——镇江豪生有限公司"科目的借方余额为 351 000.00 元,这表明本公司前期销售形成的应收镇江豪生有限公司款项尚未收回,"价税合计"应以红字 117 000.00 元记入"应收账款——镇江豪生有限公司"科目的借方。

表 2-70-2 是入库单会计联,此联应作为存货入库的记账依据。该原始凭证注明,入库存货"名称"是 P331,"数量"是 50 件,"备注"内容是以前月份销售本月退回,这表明本公司前期销售给镇江豪生有限公司 P331 因发生销售退回已经验收入库,进行会计核算时,"金额"40 475.00 元应以红字分别记入"主营业务成本——商品销售成本——P331"科目的借方以及"库存商品——P331"科目的贷方。

因此,该笔业务应填制如表 2-70-3、表 2-70-4 所示记账凭证。

表 2-70-3

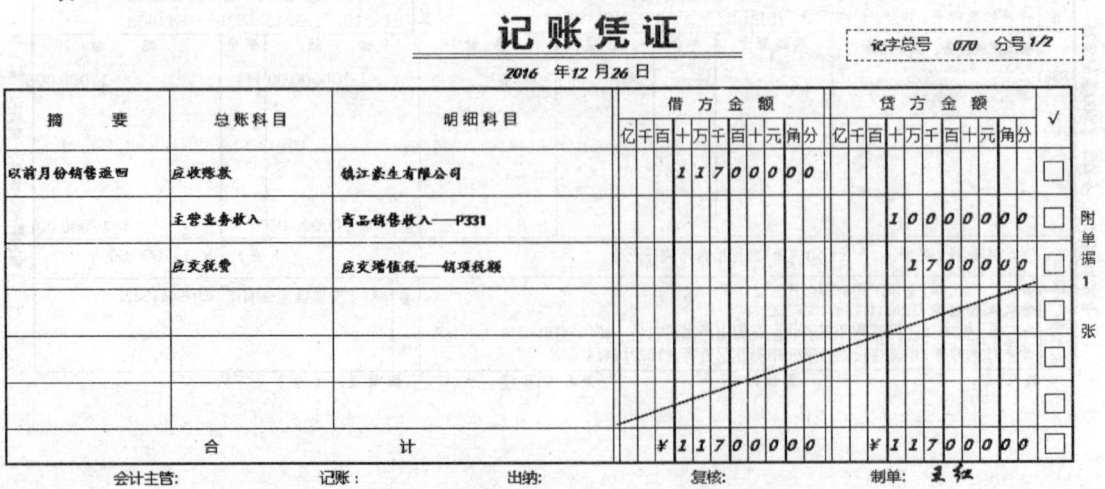

记 账 凭 证

记字总号 070 分号1/2

2016 年 12 月26 日

摘 要	总账科目	明细科目	借 方 金 额											贷 方 金 额											√	
			亿	千	百	十	万	千	百	十	元	角	分	亿	千	百	十	万	千	百	十	元	角	分		
以前月份销售退回	应收账款	镇江豪生有限公司			1	1	7	0	0	0	0	0													☐	
	主营业务收入	商品销售收入——P331														1	0	0	0	0	0	0	0	0	☐	附单据1张
	应交税费	应交增值税——销项税额															1	7	0	0	0	0	0	0	☐	
																									☐	
																									☐	
																									☐	
合 计			¥		1	1	7	0	0	0	0	0		¥		1	1	7	0	0	0	0	0	0	☐	

会计主管: 记账: 出纳: 复核: 制单:王红

表 2-70-4

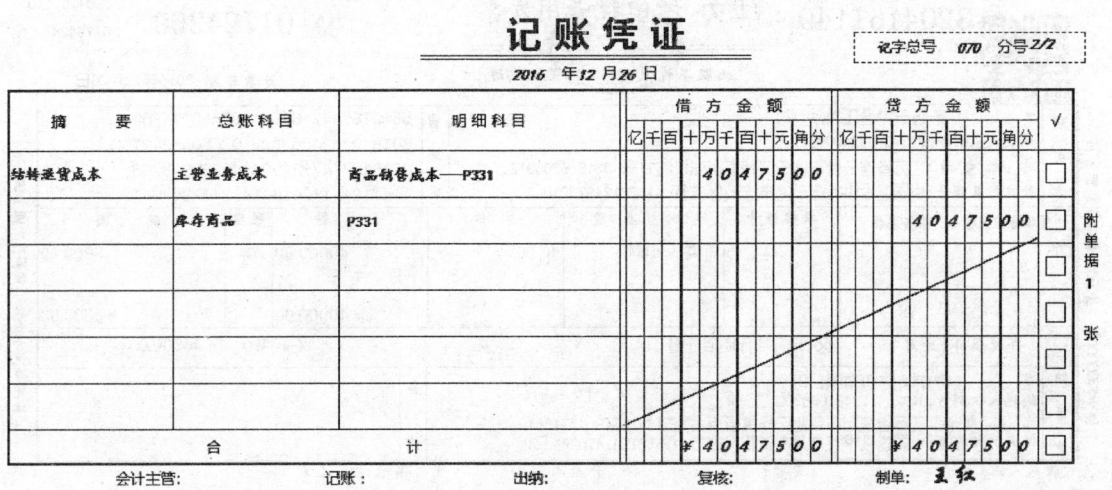

记 账 凭 证

2016 年 12 月 26 日

记字总号 *070* 分号 *2/2*

摘　　要	总账科目	明细科目	借方金额 亿千百十万千百十元角分	贷方金额 亿千百十万千百十元角分	√
结转退货成本	主营业务成本	商品销售成本——P331	4 0 4 7 5 0 0		☐
	库存商品	P331		4 0 4 7 5 0 0	☐
					☐
					☐
					☐
					☐
合　　　　　计			¥ 4 0 4 7 5 0 0	¥ 4 0 4 7 5 0 0	☐

附单据 1 张

会计主管:　　　记账:　　　出纳:　　　复核:　　　制单: 王红

注:在实际工作中,发生销售退回时,公司作为销售方开具的红字发票上"数量""金额""税额"均为负数;发生销售折让时,公司作为销售方开具的红字发票上"数量"为空白,但"金额""税额"均为负数。

【业务 2-71】（共 2 张原始凭证,于 2016 年 12 月 26 日取得）

表 2-71-1

销 售 单

购货单位:连云港通江有限公司
纳税识别号:913207032400988156
地址和电话:江苏省连云港市连云区孙素街张以路 71 号 0518-63069123　　　单据编号:XS035
开户行及账号:中国建设银行连云港市连云港区支行 41622124973210　　　制单日期:2016-12-26

编码	产品名称	规　格	单位	单　价	数量	金　额	备　注	
hs004	C05		千克	46.80	1 000	46 800.00		会 计 联
合　计	人民币(大写):肆万陆仟捌佰元整				—	¥46 800.00		

销售经理:周小军　　　经手人:叶明　　　会计:王红　　　签收人:李兰

表 2-71-2

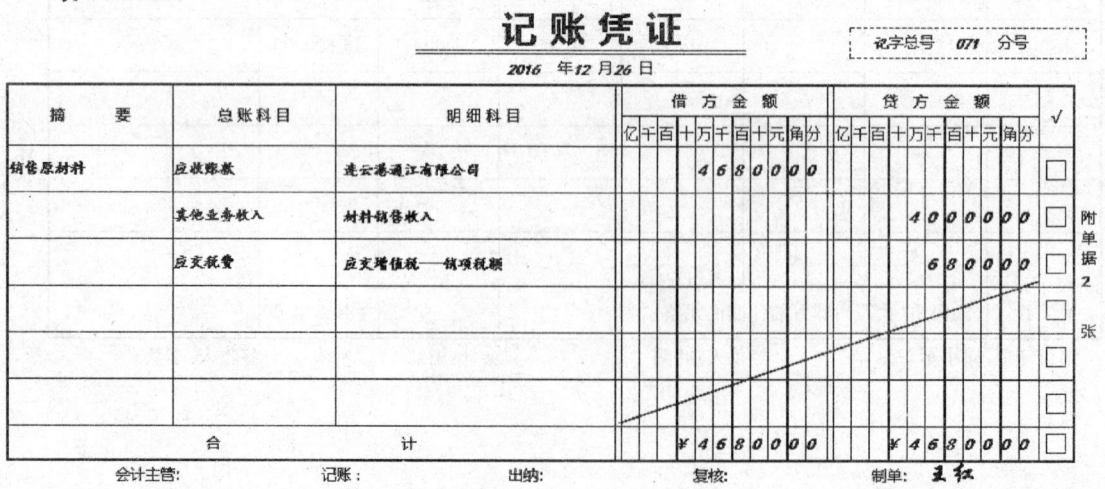

上述原始凭证中：

表 2-71-1 是销售单，应作为销售方的记账依据。该原始凭证注明，"购货单位"是连云港通江有限公司，销售材料 C05 的含税"金额"是 46 800.00 元，这表明本公司实现了 C05 材料的销售。

表 2-71-2 是江苏增值税专用发票的第一联记账联，此联应作为销售方的记账依据。该原始凭证注明，"销售方"是本公司，"购买方"是连云港通江有限公司，"货物或应税劳务、服务名称"是 C05，这表明本公司销售了 C05 材料给连云港通江有限公司，销售材料是本公司的非主营业务，因此，进行会计核算时，"金额"40 000.00 元应记入"其他业务收入——材料销售收入"科目的贷方，"税额"6 800.00 元应记入"应交税费——应交增值税——销项税额"科目的贷方。而该笔业务没有相关收款的原始凭证，同时在此之前也没有发生相关的预收款业务，因此"价税合计"46 800.00 元应记入"应收账款——连云港通江有限公司"科目的借方。

因此，该笔业务应填制如表 2-71-3 所示记账凭证。

表 2-71-3

记 账 凭 证

2016 年 12 月 26 日　　　　记字总号 071 分号

摘　要	总账科目	明细科目	借方金额										贷方金额										√
---	---	---	亿	千	百	十	万	千	百	十	元	角	分	亿	千	百	十	万	千	百	十	元	角	分	
销售原材料	应收账款	连云港通江有限公司				4	6	8	0	0	0	0													☐
	其他业务收入	材料销售收入															4	0	0	0	0	0	0	☐
	应交税费	应交增值税——销项税额																6	8	0	0	0	0	☐
																								☐
																								☐
																								☐
合　　计					¥	4	6	8	0	0	0	0			¥	4	6	8	0	0	0	0		

会计主管：　　　记账：　　　出纳：　　　复核：　　　制单：王红

附单据 2 张

【业务2-72】（共2张原始凭证，于2016年12月27日取得）

表2-72-1

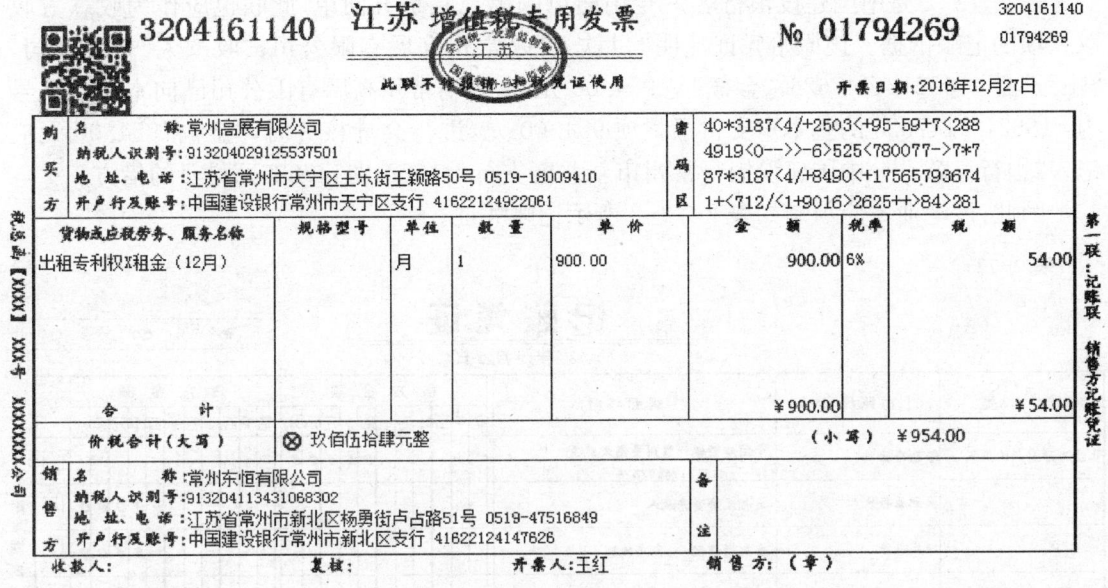

3204161140		江苏 增值税专用发票		№ 01794269		3204161140 01794269

此联不作报销、扣税凭证使用

开票日期:2016年12月27日

购买方	名　称：常州高展有限公司 纳税人识别号：913204029125537501 地址、电话：江苏省常州市天宁区王乐街王颖路50号 0519-18009410 开户行及账号：中国建设银行常州市天宁区支行 41622124922061	密码区	40*3187<4/+2503<+95-59+7<288 4919<0-->-6>525<780077->7*7 87*3187<4/+8490<+17565793674 1+<712/<1+9016>2625++>84>281

货物或应税劳务、服务名称	规格型号	单位	数量	单价	金额	税率	税额
出租专利权X租金（12月）		月	1	900.00	900.00	6%	54.00
合　计					¥900.00		¥54.00

价税合计（大写）	⊗玖佰伍拾肆元整	（小写）¥954.00

销售方	名　称：常州东恒有限公司 纳税人识别号：913204113431068302 地址、电话：江苏省常州市新北区杨勇街卢占路51号 0519-47516849 开户行及账号：中国建设银行常州市新北区支行 41622124147626	备注	

收款人：　　　　复核：　　　　开票人：王红　　　　销售方：（章）

第一联：记账联 销售方记账凭证

表2-72-2

中国建设银行客户专用回单

币别:人民币　　　　　　2016年12月27日　　　　流水号 320420027J0500810083

付款人	全　称	常州高展有限公司	收款人	全　称	常州东恒有限公司
	账　号	41622124922061		账　号	41622124147626
	开户行	中国建设银行常州市天宁区支行		开户行	中国建设银行常州市新北区支行
金　额	（大写）人民币玖佰伍拾肆元整			（小写）¥954.00	
凭证种类	电汇凭证		凭证号码		
结算方式	电汇		用　途	转账	

打印柜员:320425584257
打印机构:中国建设银行常州市新北区支行
打印卡号:105943295427

第二联贷方（回单）

打印时间:2012-12-27　　　交易柜员:320425584268　　　交易机构:320410500541155071

上述原始凭证中：

表2-72-1是江苏增值税专用发票的第一联记账联，此联应作为销售方的记账依据。该原始凭证注明，"销售方"是本公司，"购买方"是常州高展有限公司，"货物或应税劳务、服务名称"是出租专利权X租金(12月)，这表明本公司向常州高展有限公司提供了无形资产出租服务，出租无形资产是本公司的非主营业务，因此，进行会计核算时，"金额"900.00元

应记入"其他业务收入——出租无形资产收入"科目的贷方,"税额"54.00元应记入"应交税费——应交增值税——销项税额"科目的贷方。

表2-72-2是中国建设银行客户专用回单的第二联贷方回单,此联也应作为收款方收取款项的记账依据。该原始凭证注明"付款人"是常州高展有限公司,"收款人"是本公司,"账号"是41622124147626,"金额"是954.00元,这表明常州高展有限公司已向本公司账号为41622124147626的基本户支付了款项954.00元,进行会计核算时,"金额"954.00元应记入"银行存款——中国建设银行常州市新北区支行(41622124147626)"科目的借方。

因此,该笔业务应填制如表2-72-3所示记账凭证。

表2-72-3

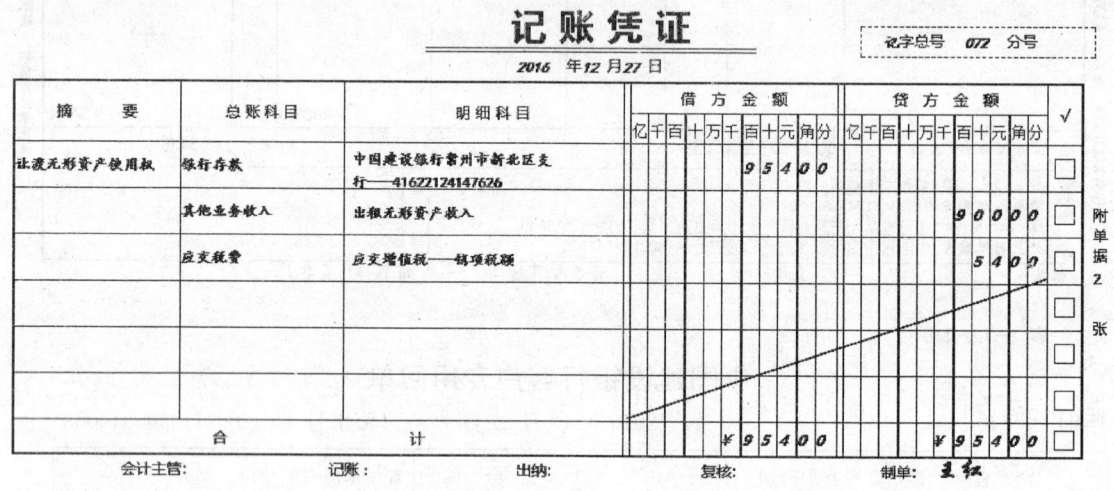

【业务2-73】(共3张原始凭证,于2016年12月27日取得)

表2-73-1

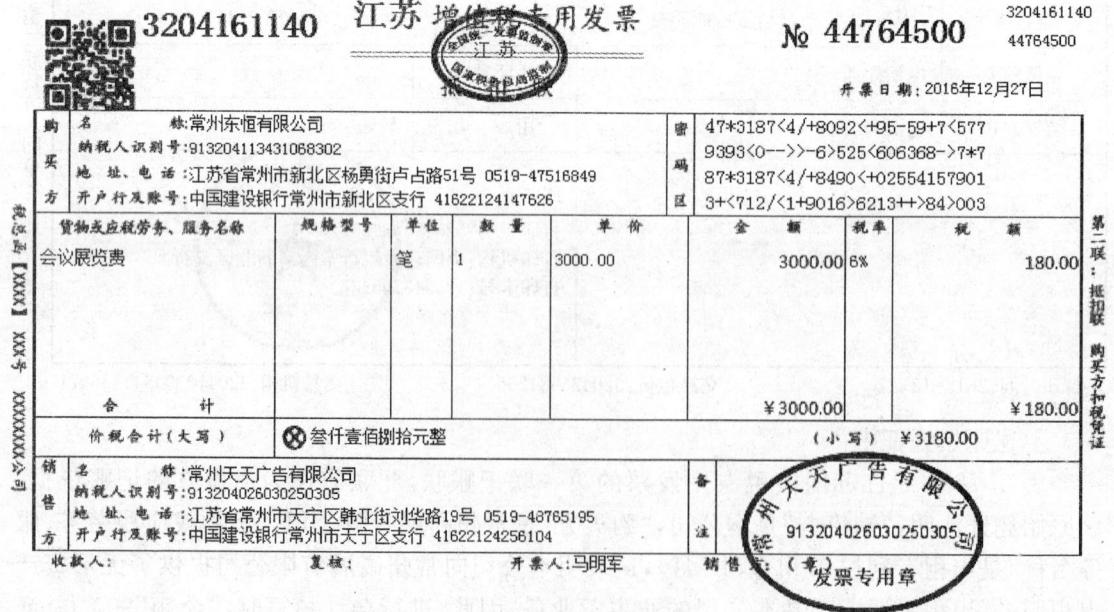

表 2-73-2

江苏 增值税专用发票　№ 44764500

3204161140

3204161140
44764500

开票日期：2016年12月27日

名　　称：常州东恒有限公司						
纳税人识别号：913204113431068302						

购买方
地址、电话：江苏省常州市新北区杨勇街卢占路51号 0519-47516849
开户行及账号：中国建设银行常州市新北区支行 41622124147626

密码区：
47*3187<4/+8092<+95-59+7<577
9393<0-->-6>525<606368->7*7
87+3187<4/+8490<+02554157901
3+<712/<1+9016>6213++>84<003

第三联：发票联　购买方记账凭证

货物或应税劳务、服务名称	规格型号	单位	数量	单价	金额	税率	税额
会议展览费		笔	1	3000.00	3000.00	6%	180.00
合　　计					¥3000.00		¥180.00
价税合计（大写）	⊗叁仟壹佰捌拾元整				（小写）¥3180.00		

销售方
名　　称：常州天天广告有限公司
纳税人识别号：913204026030250305
地址、电话：江苏省常州市天宁区韩亚街刘华路19号 0519-48765195
开户行及账号：中国建设银行常州市天宁区支行 41622124256104

备注

常州天天广告有限公司
913204026030250305
发票专用章

收款人：　　　复核：　　　开票人：马明军　　　销售方：

表 2-73-3

中国建设银行客户专用回单

币别：人民币　　　　　2016 年 12 月 27 日　　　流水号 320420027J0500810095

付款人	全　称	常州东恒有限公司	收款人	全　称	常州天天广靠有限公司
	账　号	41622124147626		账　号	41622124256104
	开户行	中国建设银行常州市新北区支行		开户行	中国建设银行常州市天宁区支行
金　额	（大写）人民币叁仟壹佰捌拾元整			（小写）¥3 180.00	
凭证种类	网银		凭证号码		
结算方式	转账		用　途	广告宣传费	
			打印柜员：320425584257 打印机构：中国建设银行常州市新北区支行 打印卡号：41622124147626		

第二联贷方（回单）

中国建设银行专用章

打印时间：2012-12-27　　　交易柜员：320425584268　　　交易机构：320410579

上述原始凭证中：

表 2-73-1 是江苏增值税专用发票的第二联抵扣联，此联应作为购买方抵扣进项税额的依据。该抵扣联不能作为记账凭证的附件，专门用于在规定期限内到税务机关办理认证或在平台办理勾选确认，并在认证通过或勾选确认的次月申报期内，向主管税务机关申报抵扣进项税额。

表 2-73-2 是江苏增值税专用发票的第三联发票联，此联应作为购买方的记账依据。该原始凭证注明，"购买方"是本公司，"销售方"是常州天天广告有限公司，"货物或应税劳务、服务名称"是会议展览费，这表明本公司为宣传产品从常州天天广告有限公司接受了会

议展览服务。

表 2-73-3 是中国建设银行客户专用回单的第一联借方回单,此联应作为付款方支付款项的记账依据。该原始凭证注明,"付款人"是本公司,"账号"是 41622124147626,这表明本公司已通过账号 41622124147626 的基本户支付了款项,"用途"是广告宣传费,根据表 2-73-2、表 2-73-3 进行会计核算时,表 2-73-2 中的"金额"3 000.00 元应记入"销售费用——广告宣传费"科目的借方,"税额"180.00 元应记入"应交税费——应交增值税——进项税额"科目的借方,表 2-73-3 中的"金额"3 180.00 元应记入"银行存款——中国建设银行常州市新北区支行(41622124147626)"科目的贷方。

因此,该笔业务应填制如表 2-73-4 所示记账凭证。

表 2-73-4

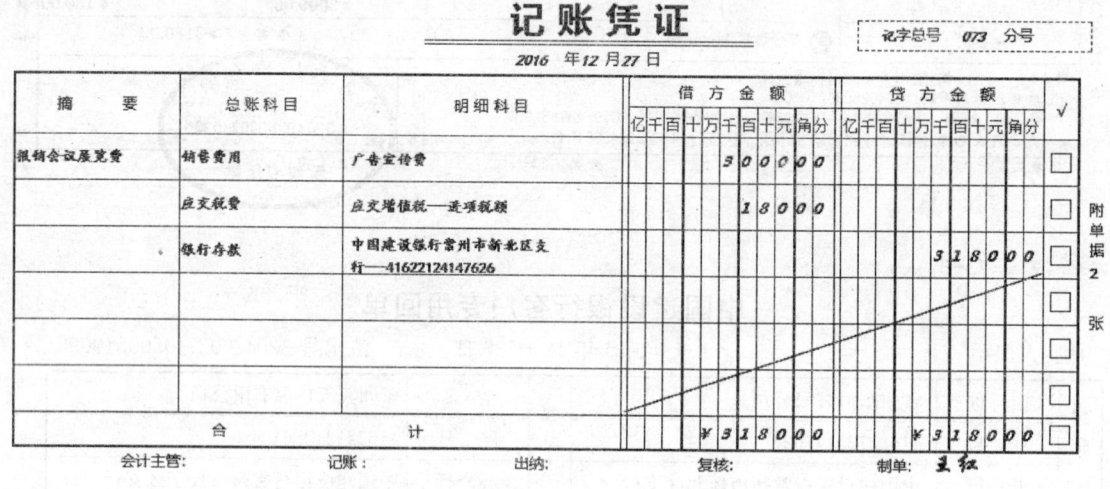

记账凭证

2016 年 12 月 27 日 记字总号 073 分号

摘要	总账科目	明细科目	借方金额 亿千百十万千百十元角分	贷方金额 亿千百十万千百十元角分	√
报销会议展览费	销售费用	广告宣传费	3 0 0 0 0 0		
	应交税费	应交增值税——进项税额	1 8 0 0 0		
	银行存款	中国建设银行常州市新北区支行——41622124147626		3 1 8 0 0 0	
合　　计			￥3 1 8 0 0 0	￥3 1 8 0 0 0	

附单据 2 张

会计主管:　　记账:　　出纳:　　复核:　　制单:王红

【业务 2-74】 (共 3 张原始凭证,于 2016 年 12 月 27 日取得)

表 2-74-1

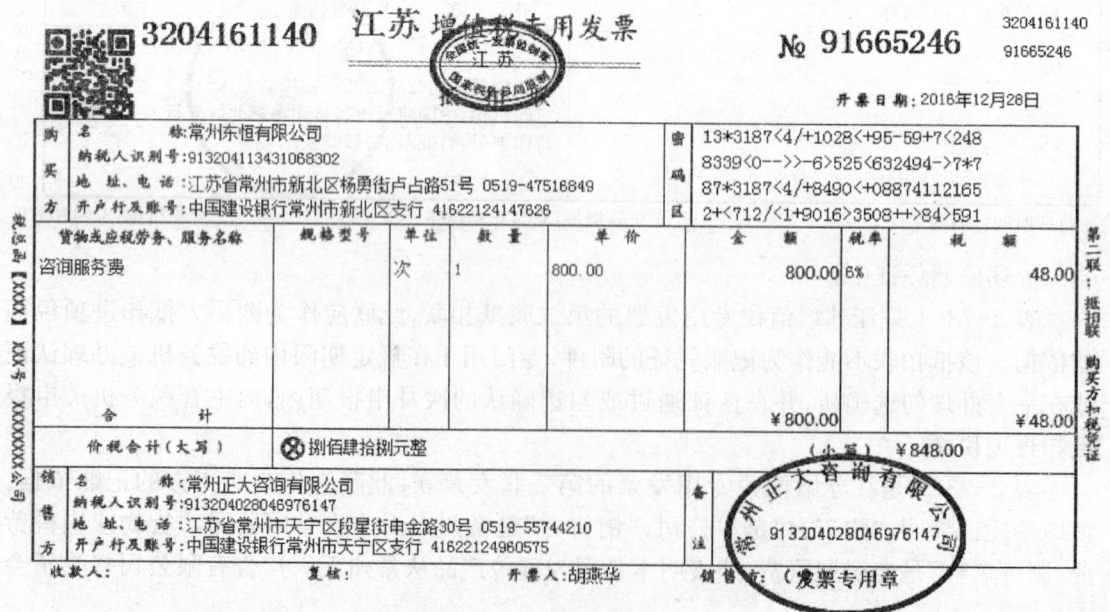

表 2-74-2

江苏增值税专用发票　№ 91665246

3204161140
91665246

3204161140

开票日期：2016年12月28日

购买方	名　称：常州东恒有限公司
	纳税人识别号：91320411343106830
	地址、电话：江苏省常州市新北区杨勇街卢占路51号　0519-47516849
	开户行及账号：中国建设银行常州市新北区支行　41622124147626

密码区

13*3187<4/+1028<+95-59+7<248
8339<0-->-6>525<632494->7*7
87*3187<4/+8490<+08874112165
2+<712/<1+9016>3508++>84>591

货物或应税劳务、服务名称	规格型号	单位	数量	单价	金额	税率	税额
咨询服务费		次	1	800.00	800.00	6%	48.00
现金付讫							
合　计					¥800.00		¥48.00

价税合计（大写）　⊗ 捌佰肆拾捌元整　　　　（小写）¥848.00

销售方	名　称：常州正大咨询有限公司
	纳税人识别号：91320402804697614
	地址、电话：江苏省常州市天宁区段星街申金路30号　0519-55744210
	开户行及账号：中国建设银行常州市天宁区支行　41622124960575

备注

收款人：　　　复核：　　　开票人：胡燕华　　　销售方：（章发票专用章）

表 2-74-3

收 款 收 据

NO.606275

2016 年 12月 28日

现金收讫

今 收 到 常州东恒有限公司

交来：咨询服务费

金额（大写）	零佰	零拾	零万	零仟	捌佰	肆拾	捌元	零角	零分

¥ 848.00　　☑现金　□转账支票　□其他

收款单位（盖章）财务专用章

核准　　　会计　　　记账　　　出纳 刘景阳　　经手人 和小平

上述原始凭证中：

表 2-74-1 是江苏增值税专用发票的第二联抵扣联，此联应作为购买方抵扣进项税额的依据。该抵扣联不能作为记账凭证的附件，专门用于在规定期限内到税务机关办理认证或在平台办理勾选确认，并在认证通过或勾选确认的次月申报期内，向主管税务机关申报抵扣进项税额。

表 2-74-2 是江苏增值税专用发票的第三联发票联，此联应作为购买方的记账依据。该原始凭证注明，"购买方"是本公司，"销售方"是常州正大咨询有限公司，"货物或应税劳务、服务名称"是咨询服务费，并加盖了现金付讫章，这表明本公司以支付现金的方式从常州正大咨询有限公司接受了咨询服务。

表 2-74-3 是收款收据第二联,此联应作为付款方支付款项的记账依据。该原始凭证注明,常州正大咨询有限公司收到了本公司支付的现金,根据表 2-74-2、表 2-74-3 进行会计核算时,表 2-74-2 中的"金额"800.00 元应记入"管理费用——咨询服务费"科目的借方,"税额"48.00 元应记入"应交税费——应交增值税——进项税额"科目的借方,表 2-74-3 中的"金额"848.00 元应记入"库存现金"科目的贷方。

因此,该笔业务应填制如表 2-74-4 所示记账凭证。

表 2-74-4

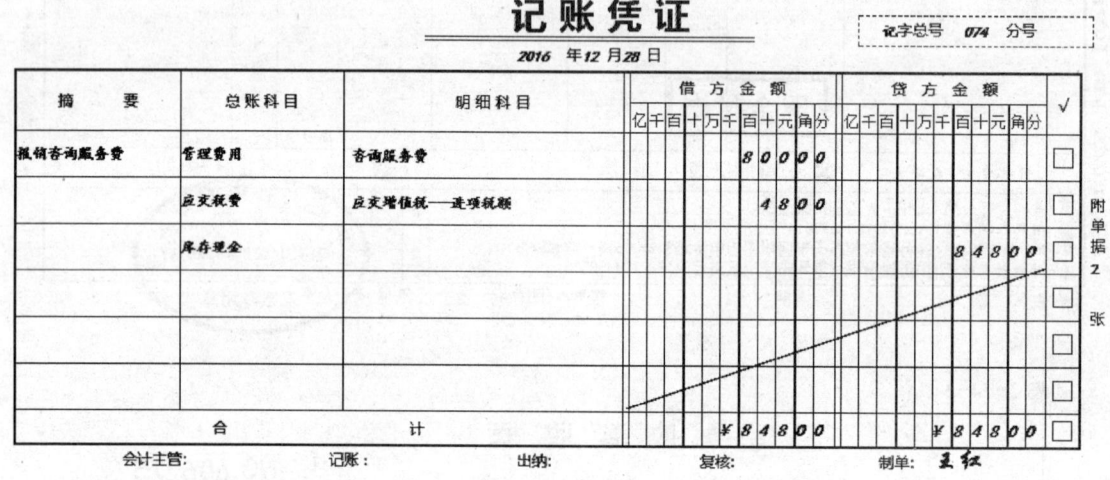

【业务 2-75】 (共 5 张原始凭证,于 2016 年 12 月 29 日取得)

表 2-75-1

表 2-75-1-1

表 2-75-1-2

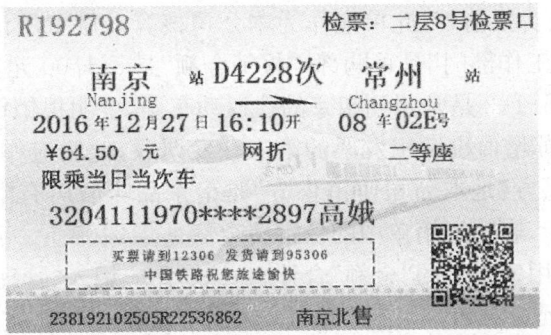

表 2-75-1-3

| 3201161140 | 江苏 增值税专用发票 | № 51060019 | 3201161140 51060019 |

开票日期：2016年12月27日

| 购买方 | 名　称：常州东恒有限公司 纳税人识别号：91320411343106830 地　址、电　话：江苏省常州市新北区杨勇街卢占路51号 0519-47516849 开户行及账号：中国建设银行常州市新北区支行 41622124147626 | 密码区 | 36*3187<4/+3348<+95-59+7<121 2466<0-->>-6>525<101339->7*7 87*3187<4/+8490<+24898064684 3+<712</1+9016>5240++>84>481 |

货物或应税劳务、服务名称	规格型号	单位	数量	单价	金额	税率	税额
住宿费		天	1	200.00	200.00	6%	12.00
合　　计					¥200.00		¥12.00

价税合计（大写）　⊗ 贰佰壹拾贰元整　　　　　　　　（小写）　¥212.00

| 销售方 | 名　称：南京品味酒店有限公司 纳税人识别号：91320104687574524 地　址、电　话：江苏省南京市秦淮区郑松街亓伟路73号 025-56962638 开户行及账号：中国建设银行南京市秦淮区支行 41622124647418 | 备注 | 南京品味酒店有限公司 913201046875745244 发票专用章 |

收款人：　　　　　复核：　　　　　开票人：董文革　　　　　销售方：（章）

第三联：发票联　购买方记账凭证

表 2-75-2

| 3201161140 | 江苏 增值税专用发票 | № 51060019 | 3201161140 51060019 |

开票日期：2016年12月27日

| 购买方 | 名　称：常州东恒有限公司 纳税人识别号：91320411343106830 地　址、电　话：江苏省常州市新北区杨勇街卢占路51号 0519-47516849 开户行及账号：中国建设银行常州市新北区支行 41622124147626 | 密码区 | 36*3187<4/+3348<+95-59+7<121 2466<0-->>-6>525<101339->7*7 87*3187<4/+8490<+24898064684 3+<712</1+9016>5240++>84>481 |

货物或应税劳务、服务名称	规格型号	单位	数量	单价	金额	税率	税额
住宿费		天	1	200.00	200.00	6%	12.00
合　　计					¥200.00		¥12.00

价税合计（大写）　⊗ 贰佰壹拾贰元整　　　　　　　　（小写）　¥212.00

| 销售方 | 名　称：南京品味酒店有限公司 纳税人识别号：91320104687574524 地　址、电　话：江苏省南京市秦淮区郑松街亓伟路73号 025-56962638 开户行及账号：中国建设银行南京市秦淮区支行 41622124647418 | 备注 | 南京品味酒店有限公司 913201046875745244 发票专用章 |

收款人：　　　　　复核：　　　　　开票人：董文革　　　　　销售方：（章）

第二联：抵扣联　购买方扣税凭证

上述原始凭证中:

表 2-75-1 是差旅费报销单,此单应作为本公司核算差旅费的记账依据。该原始凭证注明,"姓名"是高娥,"工作部门"是采购部,"报销金额"是 541.00 元,并加盖了现金付讫章;表 2-75-1-1 和表 2-75-1-2 是常州到南京的往返动车票,表明报销单中的车船费是 129.00 元;表 2-75-1-3 是江苏增值税专用发票的第三联发票联,此联应作为购买方的记账依据,该原始凭证注明,"购买方"是本公司,"销售方"是南京品味酒店有限公司,"货物或应税劳务、服务名称"是住宿费,表明报销单中的住宿费金额是 212.00 元。进行会计核算时,"车船费""补贴"和增值税专用发票上的"金额"合计 529.00 元应记入"管理费用——差旅费"科目的借方,"税额"12.00 元应记入"应交税费——应交增值税——进项税额"科目的借方,"报销金额"541.00 元应记入"库存现金"科目的贷方。

表 2-75-2 是江苏增值税专用发票的第二联抵扣联,此联应作为购买方抵扣进项税额的依据。该抵扣联不能作为记账凭证的附件,专门用于在规定期限内到税务机关办理认证或在平台办理勾选确认,并在认证通过或勾选确认的次月申报期内,向主管税务机关申报抵扣进项税额。

因此,该笔业务应填制如表 2-75-3 所示记账凭证。

表 2-75-3

记 账 凭 证

记字总号 _075_ 分号

2016 年 12 月 29 日

摘 要	总账科目	明细科目	借方金额										贷方金额										√
			亿	千	百	十	万	千	百	十	元	角	分	亿	千	百	十	万	千	百	十	元	角	分	
报销差旅费用	管理费用	差旅费							5	2	9	0	0												☐
	应交税费	应交增值税——进项税额								1	2	0	0												☐
	库存现金																		5	4	1	0	0		☐
																								☐
																								☐
																								☐
合 计						¥	5	4	1	0	0						¥	5	4	1	0	0		☐

会计主管:　　　　记账:　　　　出纳:　　　　复核:　　　　制单: 王红

附单据 1 张

【业务 2-76】 (共 3 张原始凭证,于 2016 年 12 月 30 日取得)

表 2-76-1

表 2-76-2

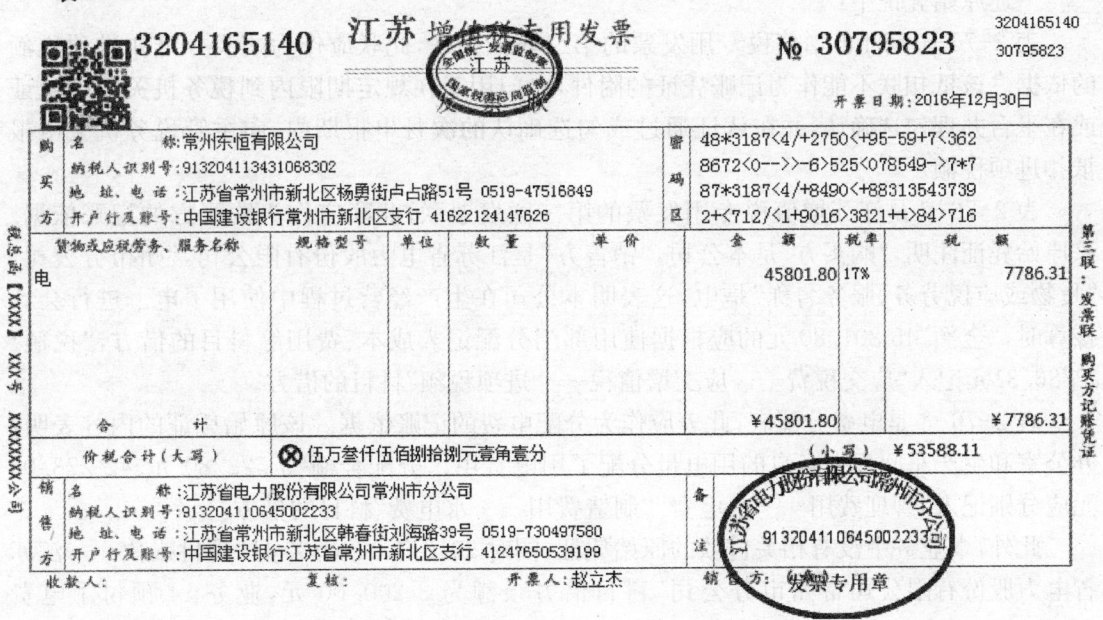

表 2-76-3

费用分配表

2016-12-30

单位:元

部　门	实际用量	分配率	分配金额
办公室	3 208	1.10	3 528.80
生产车间	38 430	1.10	42 273.00
合　计	41 638.00		45 801.80

制表:王红   审核:胡清

上述原始凭证中:

表 2-76-1 是江苏增值税专用发票的第二联抵扣联,此联应作为购买方抵扣进项税额的依据。该抵扣联不能作为记账凭证的附件,专门用于在规定期限内到税务机关办理认证或在平台办理勾选确认,并在认证通过或勾选确认的次月申报期内,向主管税务机关申报抵扣进项税额。

表 2-76-2 是江苏增值税专用发票的第三联发票联,此联应作为购买方的记账依据。该原始凭证注明,"购买方"是本公司,"销售方"是江苏省电力股份有限公司常州市分公司,"货物或应税劳务、服务名称"是电,这表明本公司在生产经营过程中使用了电。进行会计核算时,"金额"45 801.80 元的应根据使用部门分配记入成本、费用等科目的借方,"税额"7 786.31元记入"应交税费——应交增值税——进项税额"科目的借方。

表 2-76-3 是电费分配表,此表应作为分配电费的记账依据。该原始凭证的内容表明,办公室和生产车间根据各自的用电量分配了用电费用,"分配金额"3 528.80 元、42 273.00元应分别记入"管理费用——水电费""制造费用——水电费"科目的借方。

此外,本业务中没有相关付款的原始凭证,同时 2016 年 11 月 30 日"预付账款——江苏省电力股份有限公司常州市分公司"科目借方余额为 3 200.00 元,业务 14 预付了电费80 000.00 元,这表明本公司采用预付款方式与供电公司结算电费,因此,进行会计核算时,表 2-76-3 中的"分配金额"合计 45 801.80 元应记入"预付账款——江苏省电力股份有限公司常州市分公司"科目的贷方。

因此,该笔业务应填制如表 2-76-4 所示记账凭证。

表 2-76-4

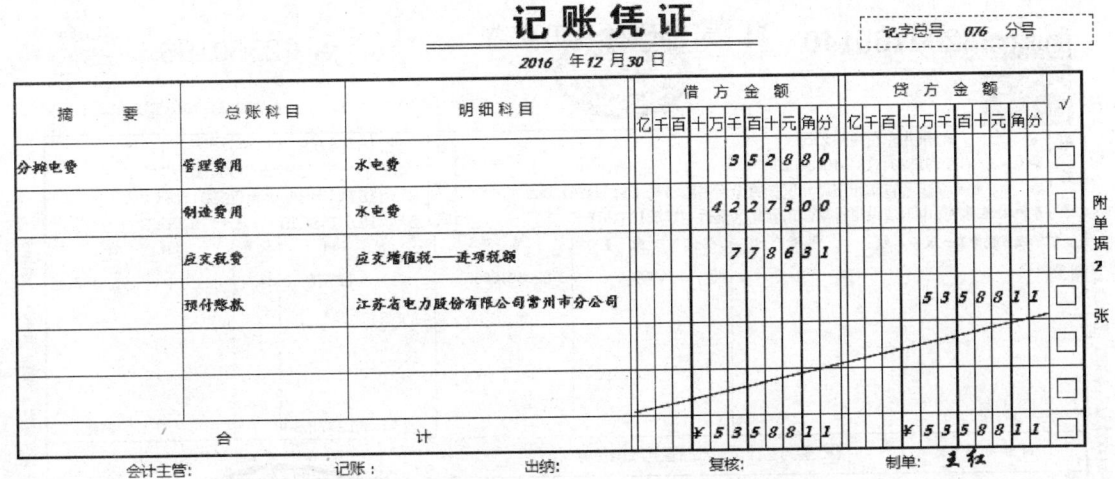

记账凭证

2016 年12月30日

记字总号 076 分号

摘 要	总账科目	明细科目	借方金额 亿千百十万千百十元角分	贷方金额 亿千百十万千百十元角分	√
分摊电费	管理费用	水电费	3 5 2 8 8 0		☐
	制造费用	水电费	4 2 2 7 3 0 0		☐
	应交税费	应交增值税——进项税额	7 7 8 6 3 1		☐
	预付账款	江苏省电力股份有限公司常州市分公司		5 3 5 8 8 1 1	☐
					☐
					☐
					☐
合 计			¥ 5 3 5 8 8 1 1	¥ 5 3 5 8 8 1 1	☐

附单据 2 张

会计主管: 记账: 出纳: 复核: 制单: 王红

【业务 2-77】 （共 5 张原始凭证，于 2016 年 12 月 30 日取得）

表 2-77-1

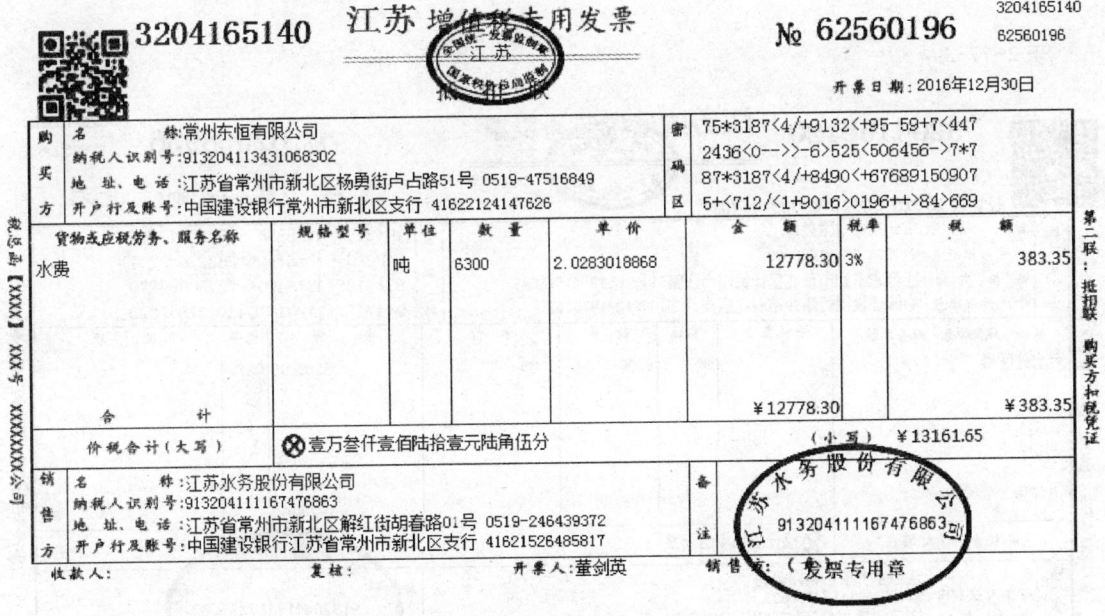

3204165140

江苏 增值税专用发票

№ 62560196

3204165140
62560196

开票日期：2016年12月30日

购买方	名 称：常州东恒有限公司 纳税人识别号：9132041131068302 地 址、电话：江苏省常州市新北区杨勇街卢占路51号 0519-47516849 开户行及账号：中国建设银行常州市新北区支行 41622124147626

密码区
75*3187<4/+9132<+95-59+7<447
2436<0-->>-6>525<506456->7*7
87*3187<4/+8490<+67689150907
5+<712/<1+9016>0196++>84>669

货物或应税劳务、服务名称	规格型号	单位	数量	单价	金额	税率	税额
水费		吨	6300	2.0283018868	12778.30	3%	383.35
合 计					¥12778.30		¥383.35

价税合计（大写）　⊗壹万叁仟壹佰陆拾壹元陆角伍分　　　（小写）　¥13161.65

销售方	名 称：江苏水务股份有限公司 纳税人识别号：913204111167476863 地 址、电话：江苏省常州市新北区解红街胡春路01号 0519-246439372 开户行及账号：中国建设银行江苏省常州市新北区支行 41621526485817

备注 江苏水务股份有限公司 913204111167476863 发票专用章

收款人: 复核: 开票人：董剑英 销售方：（发票专用章）

第二联：抵扣联 购买方扣税凭证

表 2-77-2

表 2-77-3

表 2-77-4

费用分配表

2016-12-30

单位:元

部　门	实际用量	水费分摊金额	污水处理费分摊金	合　计
办公室	300.00	608.49	405.80	1 013.49
生产车间	6 000.00	12 169.81	8 100.00	20 269.81
合　计	6 300.00	12 778.30	8 505.00	23 283.30

制表:王红   审核:胡清

表 2-77-5

中国建设银行客户专用回单

币别:人民币　　　　　　　2016 年 12 月 30 日　　　流水号 320420027J0500810020

付款人	全　称	常州东恒有限公司	收款人	全　称	江苏水务股份有限公司
	账　号	41622124147626		账　号	41621526485817
	开户行	中国建设银行常州市新北区支行		开户行	中国建设银行江苏省常州市新北区支行
金　额		(大写)人民币贰万壹仟陆佰陆拾陆元陆角伍分		(小写)￥21 666.65	
凭证种类		网银	凭证号码		
结算方式		转账	用　途		支付水费
		打印柜员:320425584257 打印机构:中国建设银行常州市新北区支行 打印卡号:41622124147626			

矫生联借方(回单)

打印时间:2012-12-30　　　　交易柜员:320425584268　　　　交易机构:320410506

上述原始凭证中:

表 2-77-1 是江苏增值税专用发票的第二联抵扣联,此联应作为购买方抵扣进项税额的依据。该抵扣联不能作为记账凭证的附件,专门用于在规定期限内到税务机关办理认证或在平台办理勾选确认,并在认证通过或勾选确认的次月申报期内,向主管税务机关申报抵扣进项税额。

表 2-77-2 是江苏增值税专用发票的第三联发票联,此联应作为购买方的记账依据。该原始凭证注明,"购买方"是本公司,"销售方"是江苏水务股份有限公司,"货物或应税劳务、服务名称"是水费,这表明本公司在生产经营过程中使用了自来水。

表 2-77-3 是江苏增值税普通发票的第二联发票联,此联应作为购买方的记账依据。该原始凭证注明,"购买方"是本公司,"销售方"是江苏水务股份有限公司,"货物或应税劳务、服务名称"是污水处理费,这表明本公司在生产经营过程中使用自来水而发生污水处理

费。根据表 2-77-2 和表 2-77-3,进行会计核算时,"金额"的合计数应根据使用部门分配记入成本、费用等科目的借方,"税额"383.35 元记入"应交税费——应交增值税——进项税额"科目的借方。

表 2-77-4 是水费分配表,此表应作为分配水费的记账依据。该原始凭证的内容表明,办公室和生产车间根据各自的用水量分配了用水费用,"分配金额"1 013.49 元、20 269.81 元分别记入"管理费用——水电费"和"制造费用——水电费"科目的借方。

表 2-77-5 是中国建设银行客户专用回单的第一联借方回单,此联应作为付款方支付款项的记账依据。该原始凭证注明,"付款人"是本公司,"账号"是 41622124147626,这表明本公司已通过账号 41622124147626 的基本户支付了款项,进行会计核算时,"金额"21 666.65 元应记入"银行存款——中国建设银行常州市新北区支行(41622124147626)"科目的贷方。

因此,该笔业务应填制如表 2-77-6 所示记账凭证。

表 2-77-6

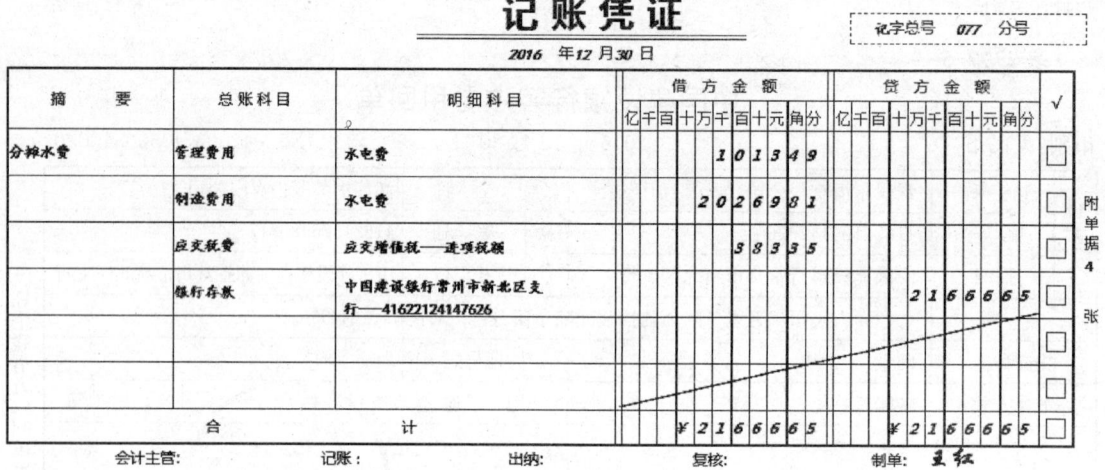

【业务 2-78】 (共 1 张原始凭证,于 2016 年 12 月 31 日取得)

表 2-78-1

汽车保险费分配表

2016-12-31　　　　　　　　　　　　单位:元

部　门	实际发生金额	受益期限(月)	月分摊金额
办公室	4 950.00	12	412.50
合　计	4 950.00		412.50

制表:王红　　　　　　　　　　　　　　　　　　　　　审核:胡清

上述原始凭证中：

表 2-78-1 是汽车保险费分配表,此表应作为确认本期汽车费用中的保险费摊销金额的记账依据。该原始凭证的内容表明,本公司办公室本月应承担的保险费为 412.50 元,进行会计核算时,应记入"管理费用——汽车费用"科目的借方;同时,业务 64 中本公司已预付了汽车保险费,因此摊销保险费时,应记入"预付账款——汽车保险费"科目的贷方。

因此,该笔业务应填制如表 2-78-2 所示记账凭证。

表 2-78-2

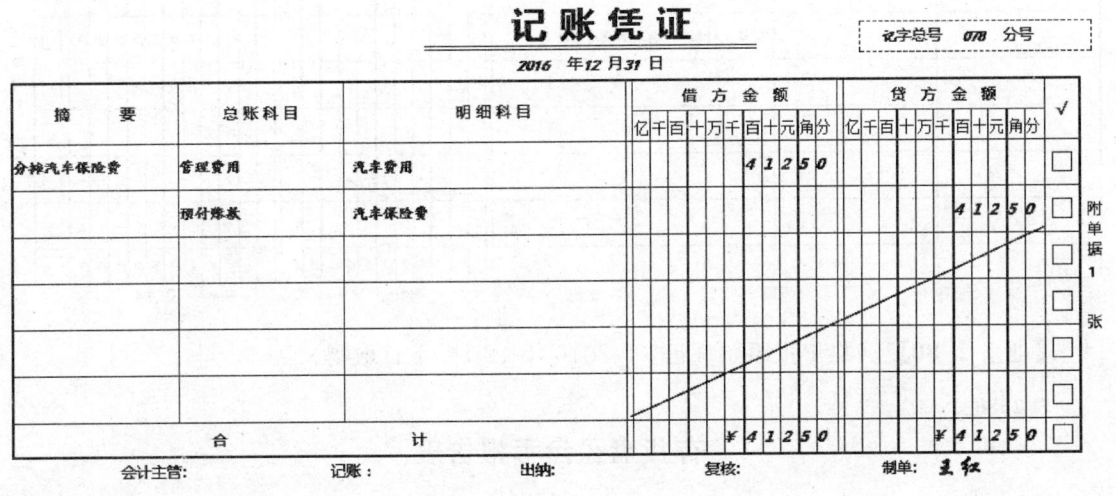

记账凭证

2016 年 12 月 31 日　　　　　记字总号 078 分号

摘要	总账科目	明细科目	借方金额 亿千百十万千百十元角分	贷方金额 亿千百十万千百十元角分	√
分摊汽车保险费	管理费用	汽车费用	4 1 2 5 0		□
	预付账款	汽车保险费		4 1 2 5 0	□
					□
					□
					□
					□
合　　计			¥ 4 1 2 5 0	¥ 4 1 2 5 0	□

附单据 1 张

会计主管：　　　记账：　　　出纳：　　　复核：　　　制单：王红

【业务 2-79】 (共 1 张原始凭证,于 2016 年 12 月 31 日取得)

表 2-79-1

原材料暂估入账清单

2016 年 12 月 31 日　　　　　No. 002233

材料名称	合同号	供货单位	数量	合同单价	合同金额	入库日期
F87	2016120052	宿迁洪湖有限公司	500	21	10 500.00	2016-12-31
合　计					10 500.00	

编制：王红　　　　　　　　　　　　　　　审核：胡清

第二联暂估联

上述原始凭证中：

表 2-79-1 是原材料暂估入账清单第二联暂估联,此联应作为月末暂估入账原材料的记账依据。该原始凭证注明,编制日期是 2016 年 12 月 31 日,"材料名称"是 F87,"供货单位"是宿迁洪湖有限公司,"数量"是 500 千克,"合同金额"是 10 500.00 元,"入库日期"是 2016-12-31,这表明由于料到票未到的原因,公司应对从宿迁洪湖有限公司购入的 500 千克 F87 材料按照合同金额进行暂估入账,在进行会计核算时,"合同金额"10 500.00 元应分别记入"原材料——F87"科目的借方,以及"应付账款——暂估应付账款(宿迁洪湖有限公

司)"科目的贷方。

因此,该笔业务应填制如表 2-79-2 所示记账凭证。

表 2-79-2

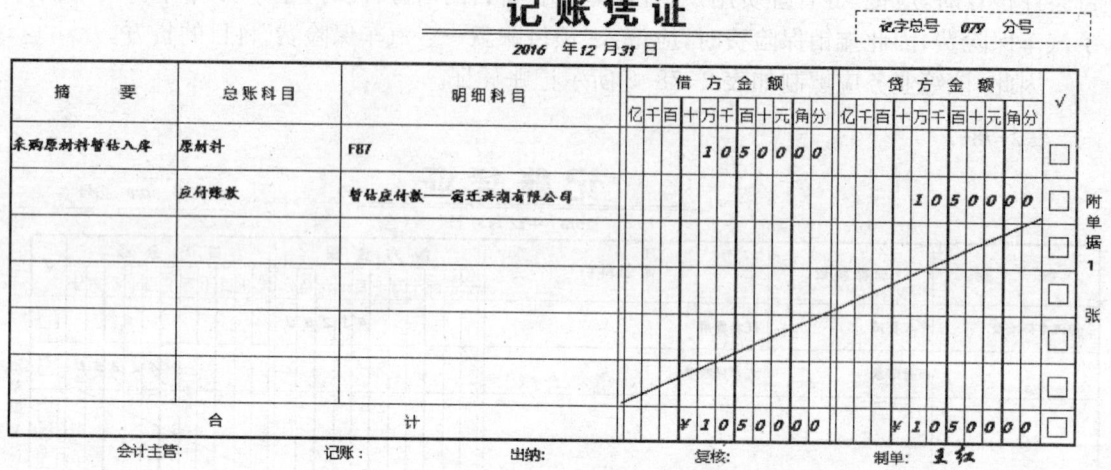

记 账 凭 证

2016 年 12 月 31 日

记字总号 079 分号

摘 要	总账科目	明细科目	借方金额 亿千百十万千百十元角分	贷方金额 亿千百十万千百十元角分	√
采购原材料暂估入库	原材料	F87	1050000		□
	应付账款	暂估应付款——宿迁洪湖有限公司		1050000	□
					□
					□
					□
					□
合 计			¥1050000	¥1050000	□

附单据 1 张

会计主管: 记账: 出纳: 复核: 制单:王红

【业务 2-80】 (共 1 张原始凭证,于 2016 年 12 月 31 日取得)

表 2-80-1

存货盘盈盘亏报告表

2016-12-31   单位:元

编号	品名	单位	账面数量	实存数量	盘盈		盘亏		原因
					数量	金额	数量	金额	
hs004	C05	千克	3 000	3 010	10	300.00			计量不准
合 计						300.00			

制表:王红   审核:胡清

上述原始凭证中:

表 2-80-1 是存货盘盈盘亏报告表,此表应作为核算存货盘盈盘亏的记账依据。该原始凭证的内容表明,"品名"是 C05,"账面数量"是 3 000 千克,"实存数量"是 3 010 千克,"金额"是 300.00 元,表明本公司期末原材料 C05 盘盈 10 千克,进行会计核算时,"金额"300.00元应分别记入"原材料——C05"科目的借方和"待处理财产损溢——待处理流动资产损溢"科目的贷方。

因此,该笔业务应填制如表 2-80-2 所示记账凭证。

表 2-80-2

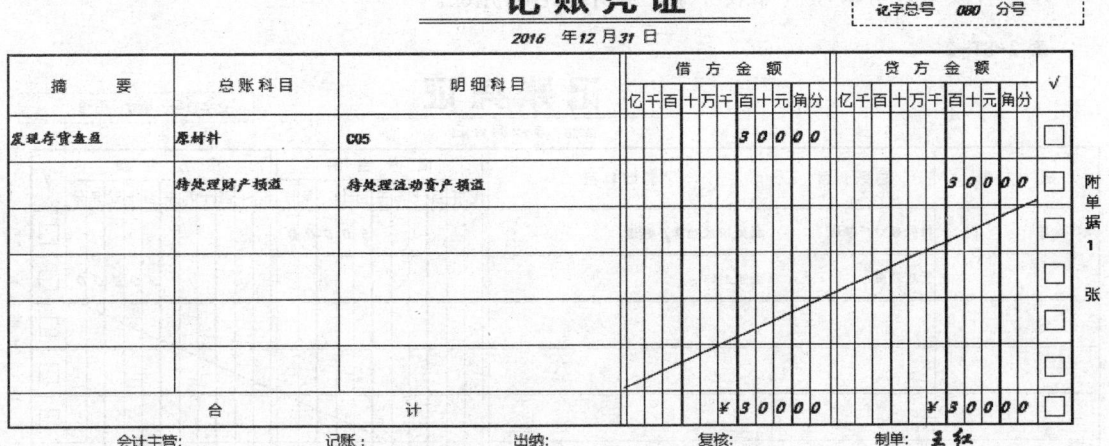

记 账 凭 证

2016 年12月31日

记字总号　080　分号

摘　要	总账科目	明细科目	借 方 金 额											贷 方 金 额											√
			亿	千	百	十	万	千	百	十	元	角	分	亿	千	百	十	万	千	百	十	元	角	分	
发现存货盘盈	原材料	C05						3	0	0	0	0													□
	待处理财产损溢	待处理流动资产损溢																	3	0	0	0	0		□
																									□
																									□
																									□
																									□
合　　　计							￥	3	0	0	0	0						￥	3	0	0	0	0		□

会计主管：　　　记账：　　　出纳：　　　复核：　　　制单：王红

附单据 1 张

【业务 2-81】　（共 1 张原始凭证，于 2016 年 12 月 31 日取得）

表 2-81-1

存货盘盈盘亏核销报告表

2016 年 12 月 31 日

编号	品名	单位	账面数量	实存数量	盘 盈		盘 亏		原因
					数量	金额	数量	金额	
hs004	C05	千克	3 000	3 010	10	300.00			计量不准
	合计					300.00			

财务部门意见：	保管部门意见：	公司领导意见：
盘盈按《企业会计准则》规定进行处理	同意	同意
胡清	费林	田园
2016 年 12 月 31 日	2016 年 12 月 31 日	2016 年 12 月 31 日

上述原始凭证中：

表 2-81-1 是存货盘盈盘亏核销报告表，此表应作为企业期末处理存货盘盈盘亏的记账依据。该原始凭证的内容表明，原材料 C05 盘盈 10 千克，"原因"是计量不准，进行会计核算时，"金额"300.00 元应分别记入"待处理财产损溢——待处理流动资产损溢"科目的借

方和"管理费用——盘盈利得"科目的贷方。

因此,该笔业务应填制如表 2-81-2 所示记账凭证。

表 2-81-2

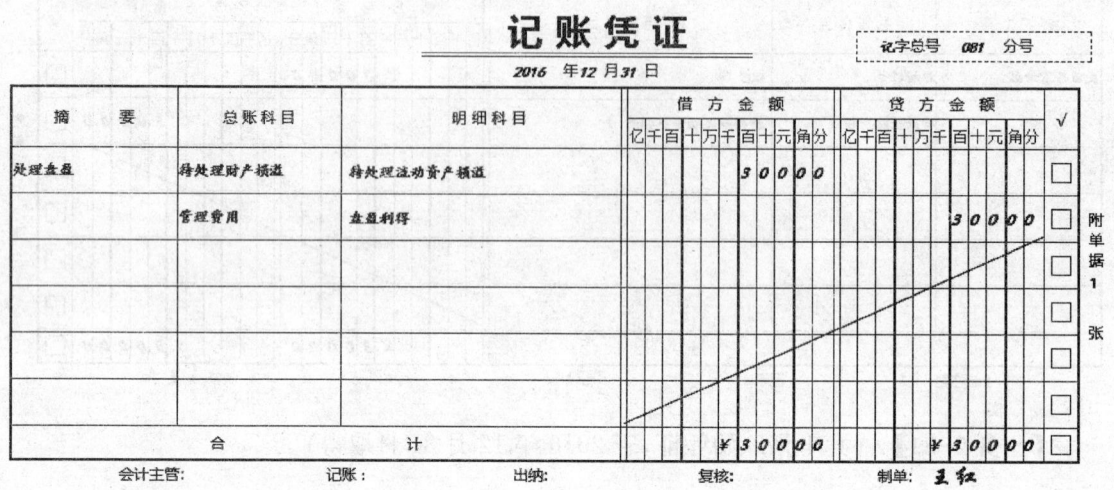

记 账 凭 证

2016 年 12 月 31 日

记字总号 081 分号

摘 要	总账科目	明细科目	借 方 金 额 亿千百十万千百十元角分	贷 方 金 额 亿千百十万千百十元角分	√
处理盘盈	待处理财产损溢	待处理流动资产损溢	3 0 0 0 0		☐
	管理费用	盘盈利得		3 0 0 0 0	☐
					☐
					☐
					☐
合 计			¥ 3 0 0 0 0	¥ 3 0 0 0 0	☐

附单据 1 张

会计主管: 记账: 出纳: 复核: 制单:王红

【业务 2-82】（共 1 张原始凭证,于 2016 年 12 月 31 日取得）

表 2-82-1

存货盘盈盘亏报告表

2016-12-31

单位:元

编号	品名	单位	账面数量	实存数量	盘盈		盘亏		原因
					数量	金额	数量	金额	
hs005	D09	千克	500	497			3	45.84	合理损耗
合 计								45.84	

制表:王红   审核:胡清

上述原始凭证中:

表 2-82-1 是存货盘盈盘亏报告表,此表应作为核算存货盘盈盘亏的记账依据。该原始凭证的内容表明,"品名"是 D09,"账面数量"是 500 千克,"实存数量"是 497 千克,"金额"是 45.84 元,"原因"是合理损耗,这表明本公司期末原材料 D09 盘亏 3 千克不属于非正常损失,不需要进项税额转出,进行会计核算时,"金额"45.84 元应分别记入"待处理财产损溢——待处理流动资产损溢"科目的借方和"原材料——D09"科目的贷方。

因此,该笔业务应填制如表 2-82-2 所示记账凭证。

表 2-82-2

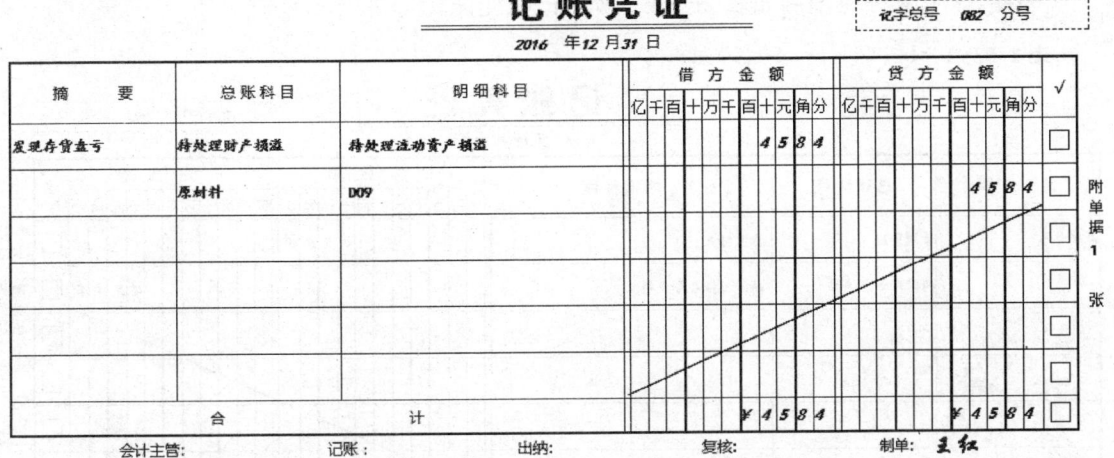

记账凭证

2016 年12 月31 日

记字总号　*082*　分号

摘　要	总账科目	明细科目	借方金额 亿千百十万千百十元角分	贷方金额 亿千百十万千百十元角分	√
发现存货盘亏	待处理财产损溢	待处理流动资产损溢	4 5 8 4		☐
	原材料	D09		4 5 8 4	☐
					☐
					☐
					☐
合　　计			¥4 5 8 4	¥4 5 8 4	☐

附单据 1 张

会计主管：　　　　记账：　　　　出纳：　　　　复核：　　　　制单：*王红*

【业务 2-83】（共 1 张原始凭证，于 2016 年 12 月 31 日取得）

表 2-83-1

存货盘盈盘亏核销报告表

2016 年 12 月 31 日

编号	品名	单位	账面数量	实存数量	盘　盈 数量	盘　盈 金额	盘　亏 数量	盘　亏 金额	原因
hs005	D09	千克	500	497			3	45.84	合理损耗
合计						0		45.84	

财务部门意见：

　　　　　　　　胡清
　　　　2016 年 12 月 31 日

保管部门意见：
同意

　　　　　　　　费林
　　　　2016 年 12 月 31 日

公司领导意见：
同意

　　　　　　　　田园
　　　　2016 年 12 月 31 日

上述原始凭证中：

表 2-83-1 是存货盘盈盘亏核销报告表，此表应作为企业期末处理存货盘盈盘亏的记账依据。该原始凭证的内容表明，原材料 D09 盘亏 3 千克，"原因"是合理损耗，进行会计核算时，"金额"45.84 元应分别记入"管理费用——盘亏损失"科目的借方和"待处理财产损

溢——待处理流动资产损溢"科目的贷方。

因此,该笔业务应填制如表 2-83-2 所示记账凭证。

表 2-83-2

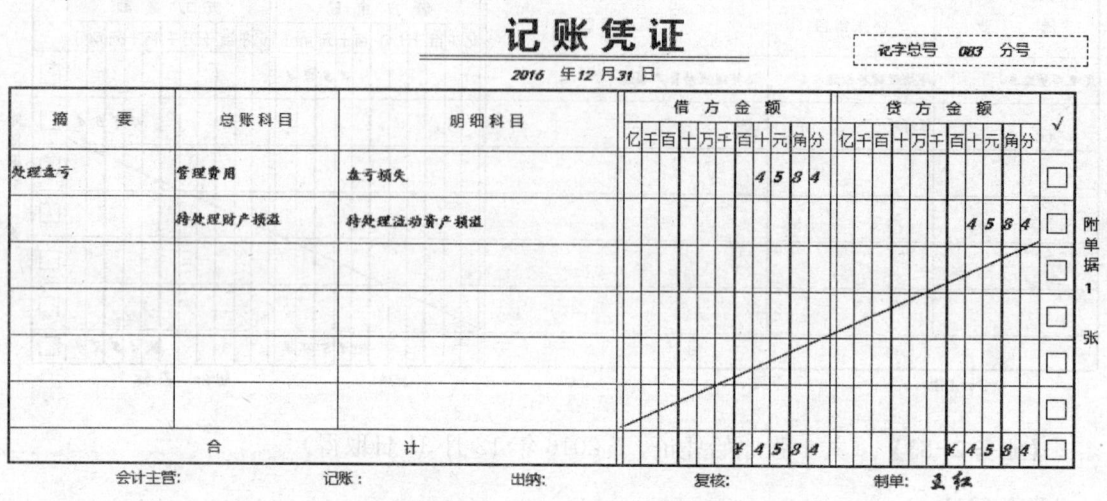

记 账 凭 证

2016 年 12 月 31 日

记字总号 083 分号

摘 要	总账科目	明细科目	借 方 金 额	贷 方 金 额	√
			亿千百十万千百十元角分	亿千百十万千百十元角分	
处理盘亏	管理费用	盘亏损失	4 5 8 4		□
	待处理财产损溢	待处理流动资产损溢		4 5 8 4	□
					□
					□
					□
					□
					□
合 计			¥ 4 5 8 4	¥ 4 5 8 4	

附单据 1 张

会计主管:　　　记账:　　　出纳:　　　复核:　　　制单: 王红

【业务 2-84】 (共 1 张原始凭证,于 2016 年 12 月 31 日取得)

表 2-84-1

坏账准备计算表

2016-12-31

单位:元

项　目	应收款项期末余额	计提比例	坏账准备期初余额	本期确认坏账损失	已确认坏账本期收回	应补提金额	应冲减金额
应收账款坏账准备	4 120 106.00	0.05%	56 940.00	2 800.00	1 350.00	150 515.30	0.00
其他应收款坏账准备	61 487.47	0.05%	165.00	0.00	0.00	2 909.37	0.00
合　计	4 181 593.47		57 105.00	2 800.00	1 350.00	153 424.67	0.00

审核:胡清　　　　　　　　　　　　　　　　　　　　编制:王红

上述原始凭证中:

表 2-84-1 是坏账准备计算表,此表应作为期末计提坏账准备的记账依据。该原始凭证注明的内容表明,本公司本期应收账款坏账准备"应补提金额"是 150 515.30 元,其他应收款坏账准备"应补提金额"是 2 909.37 元,公司计提的坏账准备应作为资产减值损失,进行会计核算时,"应补提金额合计"153 424.67 元应记入"资产减值损失——坏账损失"科目的借方,应收账款坏账准备"应补提金额"150 515.30 元、其他应收款坏账准备"应补提金额"2 909.37 元应分别记入"坏账准备——应收账款坏账准备""坏账准备——其他应收款坏账准备"科目的贷方。

因此,该笔业务应填制如表 2-84-2 所示记账凭证。

表 2-84-2

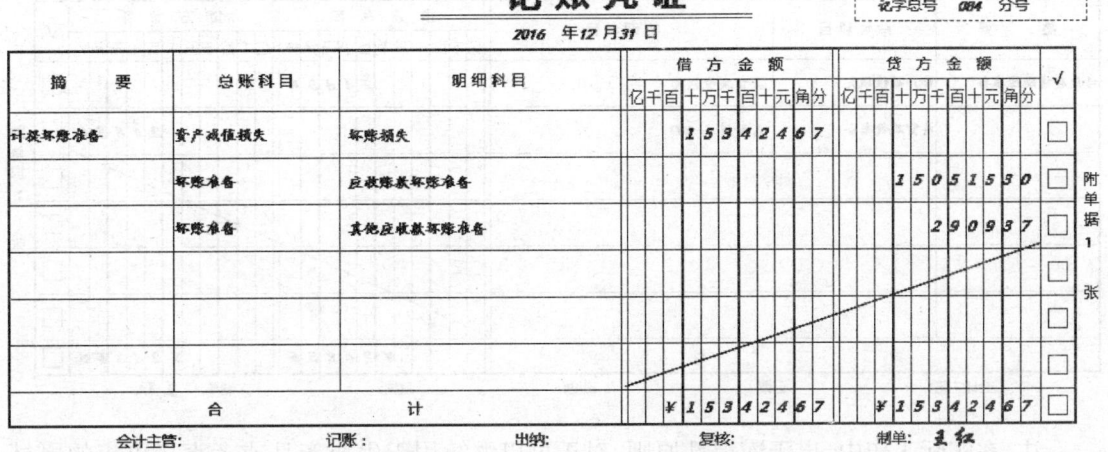

记 账 凭 证

2016 年12 月31 日

记字总号　084　分号

摘　要	总账科目	明细科目	借方金额										贷方金额										√
			亿	千	百	十	万	千	百	十	元	角	分	亿	千	百	十	万	千	百	十	元	角	分	
计提坏账准备	资产减值损失	坏账损失				1	5	3	4	2	4	6	7												□
	坏账准备	应收账款坏账准备															1	5	0	5	1	5	3	0	□
	坏账准备	其他应收款坏账准备																	2	9	0	9	3	7	□
																								□
																								□
																								□
合　计			¥			1	5	3	4	2	4	6	7	¥			1	5	3	4	2	4	6	7	□

附单据 1 张

会计主管:　　　记账:　　　出纳:　　　复核:　　　制单:王红

【业务 2-85】 (共 1 张原始凭证,于 2016 年 12 月 31 日取得)

表 2-85-1

存货跌价准备计算表

2016-12-31　　　　　　　　　　　　　　　　　　　　　　　　单位:元

资产减值损失项目	存货账面成本	存货跌价准备的期初余额	存货账面价值	存货可变现净值	应计提的存货跌价准备	应转回的存货跌价准备
D09	7 604.16		7 604.16	7 355.6	248.56	
合　计	7 604.16		7 604.16	7 355.60	248.56	

制表:王红　　　　　　　　　　　　　　　　　　　　　　　审核:胡清

上述原始凭证中:

表 2-85-1 是存货跌价准备计算表,此表应作为期末计提存货跌价准备的记账依据。该原始凭证注明的内容表明,本公司本期 D09 材料"应计提的存货跌价准备"是 248.56 元,公司计提的存货跌价准备应作为资产减值损失,进行会计核算时,应分别记入"资产减值损失——存货跌价损失"科目的借方及"存货跌价准备——原材料——D09"科目的贷方。

因此,该笔业务应填制如表 2-85-2 所示记账凭证。

表 2-85-2

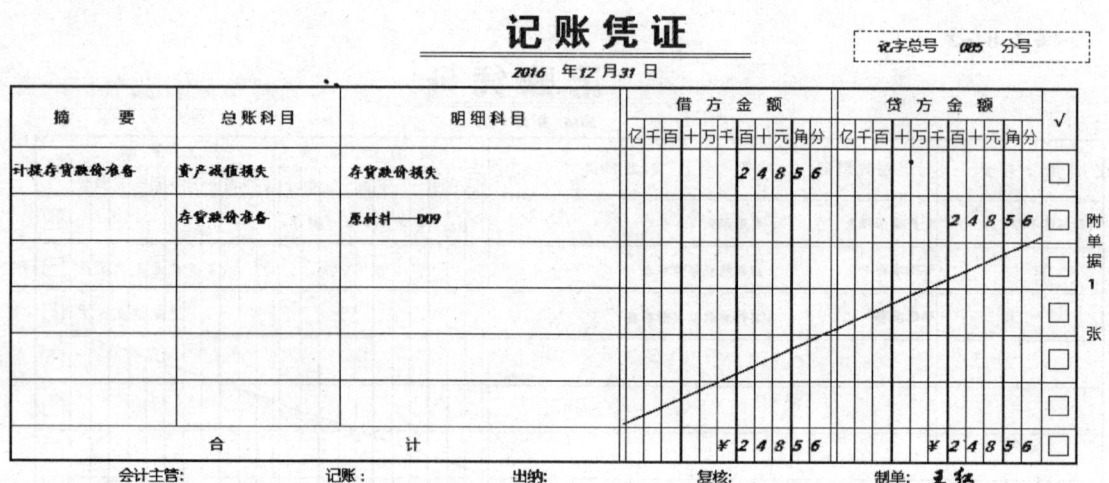

记 账 凭 证

2016 年 12 月 31 日

记字总号 085 分号

摘　要	总账科目	明细科目	借方金额 亿千百十万千百十元角分	贷方金额 亿千百十万千百十元角分	√
计提存货跌价准备	资产减值损失	存货跌价损失	2 4 8 5 6		□
	存货跌价准备	原材料——D09		2 4 8 5 6	□
					□
					□
					□
					□
合　　计			￥2 4 8 5 6	￥2 4 8 5 6	□

附单据 1 张

会计主管：　　　记账：　　　出纳：　　　复核：　　　制单：王红

注：在实际工作中，出于谨慎性原则，对于可以继续用于生成产品或者直接出售的原材料，一般可按照直接出售的原材料进行减值测试，当出现可变现净值低于账面价值时，则计提存货跌价准备。

【业务 2-86】（共 1 张原始凭证，于 2016 年 12 月 31 日取得）

表 2-86-1

固定资产折旧表

2016-12-31　　　　　　　　　　　　　　　　　　　　单位：元

固定资产类别	使用部门	名称	单位	数量	单位成本	原值（元）	投入使用日期	预计使用年限	月折旧率	本月折旧额（元）
房屋及建筑物	办公室	办公楼	幢	1	950 000.00	950 000.00	2012-11-08	20	0.004 0	3 800.00
房屋及建筑物	生产车间	新区厂房	幢	1	1 800 000.00	1 800 000.00	2012-11-08	20	0.004 0	7 200.00
生产设备	生产车间	H	台	10	36 000.00	36 000.00	2013-07-10	10	0.008 0	2 880.00
生产设备	生产车间	N	台	5	25 000.00	125 000.00	2014-05-09	10	0.008 0	1 000.00
生产设备	生产车间	K	台	5	30 000.00	150 000.00	2014-07-17	10	0.008 0	1 200.00
运输工具	办公室	通用轿车	辆	1	250 000.00	250 000.00	2015-01-09	4	0.020 0	5 000.00
电子设备	生产车间	空调 AOX	台	6	3 000.00	18 000.00	2015-08-12	3	0.026 7	480.60
电子设备	生产车间	电脑 DELL	台	2	4 500.00	9 000.00	2015-03-10	3	0.026 7	240.30
电子设备	办公室	空调 SMZ	台	5	4 800.00	24 000.00	2015-05-19	3	0.026 7	640.80
电子设备	办公室	电脑 HP	台	4	4 00.00	16 000.00	2016-01-06	3	0.026 7	427.20
电子设备	销售网点	电脑 HP	台	2	4 000.00	8 000.00	2016-01-13	3	0.026 7	213.60
合　计						3710 000.00				23 082.50

制表：王红　　　　　　　　　　　　　　　　　审核：胡清

上述原始凭证中：

表 2-86-1 是固定资产折旧表，此表应作为期末计提固定资产折旧的记账依据。该原始凭证的内容表明，本公司计提了折旧，进行会计核算时，"本月折旧额"23 082.50 元应记

入"累计折旧"科目的贷方;同时,该原始凭证的内容还表明办公室承担了折旧费用9 868.00元、生产车间承担了折旧费用13 000.90元、销售网点承担了折旧费用213.60元,进行会计核算时,应分别记入"管理费用——折旧费""制造费用——折旧费""销售费用——折旧费"科目的借方。

因此,该笔业务应填制如表2-86-2所示记账凭证。

表2-86-2

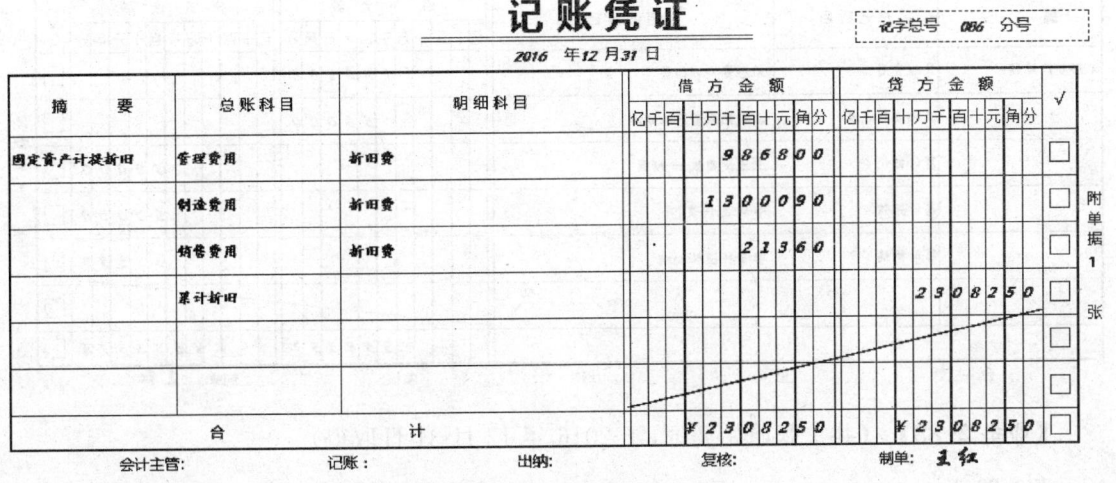

【业务2-87】 (共1张原始凭证,于2016年12月31日取得)

表2-87-1

无形资产摊销表

2016-12-31

单位:元

名称	账面原值	摊销期限(年)	月摊销额	类型	使用部门
新区	1 500 000.00	50	2 500.00	土地使用权	办公室
X	60 000.00	10	500.00	专利权	出租
W	40 000.00	10	333.33	非专利技术	办公室
合　计	1 600 000.00		3 333.33		

制表:王红　　　　　　　　　　　　　　　　　　　　　　　　审核:胡清

上述原始凭证中:

表2-87-1是无形资产摊销表,此表应作为期末摊销无形资产的记账依据。该原始凭证的内容表明,本公司摊销了无形资产新区土地使用权、专利权X、非专利技术W的价值分别是2 500.00元、500.00元、333.33元,进行会计核算时,应分别记入"累计摊销——土地使用权——新区""累计摊销——专利权——X""累计摊销——非专利技术——W"科目的贷方;同时,该原始凭证的内容还表明办公室承担了摊销费用2 833.33元、对外出租承担了

摊销费用500.00元,进行会计核算时,应分别记入"管理费用——无形资产摊销费""其他业务成本——出租无形资产摊销额"科目的借方。

因此,该笔业务应填制如表2-87-2所示记账凭证。

表2-87-2

记 账 凭 证

2016 年 12 月 31 日

记字总号 087 分号

摘 要	总账科目	明细科目	借方金额 亿千百十万千百十元角分	贷方金额 亿千百十万千百十元角分	√
无形资产摊销	管理费用	无形资产摊销费	2 8 3 3 3		☐
	其他业务成本	出租无形资产摊销额	5 0 0 0 0		☐
	累计摊销	土地使用权——新区		2 5 0 0 0 0	☐
	累计摊销	专利权——X		5 0 0 0 0	☐
	累计摊销	非专利技术——W		3 3 3 3 3	☐
					☐
合 计			¥ 3 3 3 3 3 3	¥ 3 3 3 3 3 3	☐

附单据 1 张

会计主管: 记账: 出纳: 复核: 制单: 王红

【业务2-88】(共1张原始凭证,于2016年12月31日取得)

表2-88-1

长期待摊费用摊销表

2016-12-31

单位:元

长期待摊费用名称	摊销总金额	剩余租赁月份	每月应摊销金额	备注
销售网点用房装修费	70 000.00	36	1 944.44	销售网点
合 计	70 000.00		1 944.44	

制表:王红   审核:胡清

上述原始凭证中:

表2-88-1是长期待摊费用摊销表,此表应作为确认本期长期待摊费用摊销金额的记账依据。该原始凭证的内容表明,本公司销售网点本月应承担的装修费为1 944.44元,进行会计核算时,应记入"销售费用——装修费"科目的借方;同时,业务28中本公司已支付了销售网点租入房屋的装修费,因此摊销时,应记入"长期待摊费用——经营租入固定资产改良支出——销售网店用房"科目的贷方。

因此,该笔业务应填制如表2-88-2所示记账凭证。

表 2-88-2

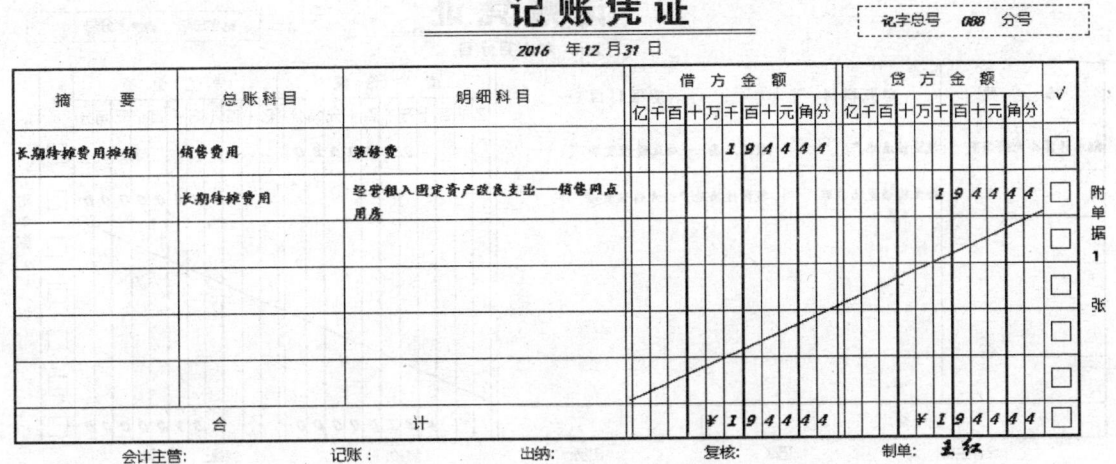

记账凭证

2016 年12月31 日

记字总号 088 分号

摘 要	总账科目	明细科目	借方金额 亿千百十万千百十元角分	贷方金额 亿千百十万千百十元角分	√
长期待摊费用摊销	销售费用	装修费	1 9 4 4 4 4		☐
	长期待摊费用	经营租入固定资产改良支出——销售网点用房		1 9 4 4 4 4	☐
					☐
					☐
					☐
	合	计	¥1 9 4 4 4 4	¥1 9 4 4 4 4	☐

附单据 1 张

会计主管: 记账: 出纳: 复核: 制单: 王红

【业务 2-89】 （共 1 张原始凭证,于 2016 年 12 月 31 日取得）

表 2-89-1

投资性房地产公允价值变动损益计算表

2016-12-31　　　　　　　　　　　　　　　　单位:元

名称	账面价值	公允价值	公允价值变动损益
老区厂房	719 000.00	750 000.00	31 000.00
合 计	719 000.00	750 000.00	31 000.00

制表:王红　　　　　　　　　　　　　　　　审核:胡清

上述原始凭证中:

表 2-89-1 是投资性房地产公允价值变动损益计算表,此表应作为确认本期投资性房地产公允价值变动金额的记账依据。该原始凭证的内容表明,本公司用于出租的老区厂房的价值增值了 31 000.00 元,进行会计核算时,应分别记入"投资性房地产——老区厂房——公允价值变动"科目的借方以及"公允价值变动损益——投资性房地产公允价值变动"科目的贷方。

因此,该笔业务应填制如表 2-89-2 所示记账凭证。

表 2-89-2

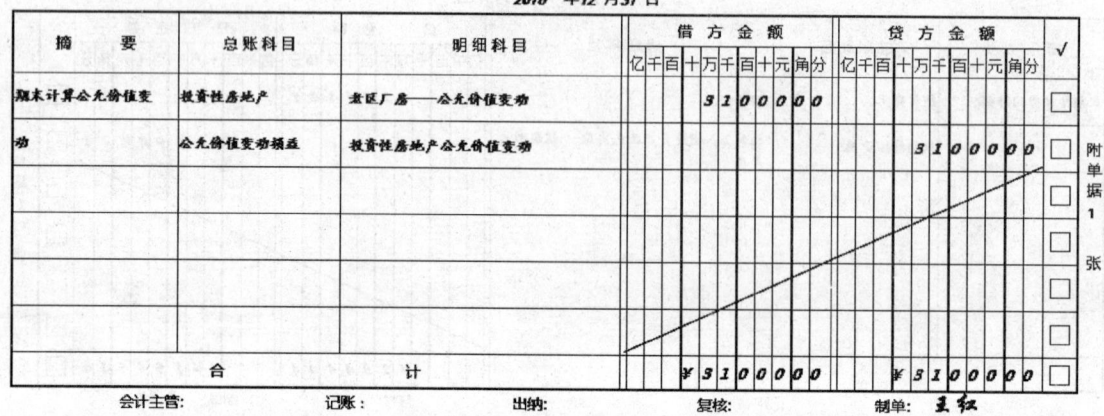

记账凭证

记字总号 089 分号

2016 年12月31日

摘 要	总账科目	明细科目	借 方 金 额	贷 方 金 额	√
			亿千百十万千百十元角分	亿千百十万千百十元角分	
期末计算公允价值变动	投资性房地产	盘区厂房——公允价值变动	3 1 0 0 0 0 0		□
	公允价值变动损益	投资性房地产公允价值变动		3 1 0 0 0 0 0	□ 附单据1张
					□
					□
					□
					□
合 计			¥3 1 0 0 0 0 0	¥3 1 0 0 0 0 0	□

会计主管: 记账: 出纳: 复核: 制单: 王红

【业务 2-90】 （共 1 张原始凭证,于 2016 年 12 月 31 日取得）

表 2-90-1

银行借款利息计算单

2016 年 12 月 31 日　　　　　　　　　　　　　单位:元

借款种类	借款金额	年贷款利率	月利息额	备 注
36 个月借款	1 000 000	7.2%	3 200.00	2016-12-16 借入(合同号:10037)
合 计			3 200.00	

制表:王红　　　　　　　　　　　　　　　　　　审核:胡清

上述原始凭证中:

表 2-90-1 是银行借款利息计算单,此单应作为借款方期末计算利息支出的记账依据。该原始凭证注明,"备注"内容是 2016 年 12 月 16 日业务 44 借入的合同号为 10037 的长期借款,这表明本公司发生了非资本化的长期借款利息支出,进行会计核算时,"月利息额" 3 200.00 元应记入"财务费用——利息支出"科目的借方;同时,由于本业务没有支付利息的原始凭证,因此,进行会计核算时,应记入"应付利息——长期借款(交通银行常州市新北区支行)"科目的贷方。

因此,该笔业务应填制如表 2-90-2 所示记账凭证。

表 2-90-2

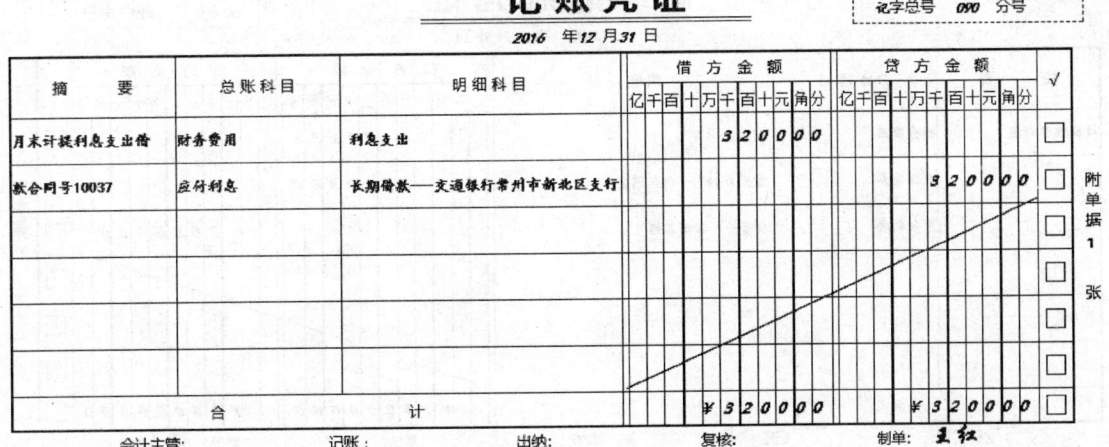

记 账 凭 证

2016 年 12 月 31 日

记字总号 090 分号

摘　　要	总账科目	明细科目	借方金额										贷方金额										√
---	---	---	亿	千	百	十	万	千	百	十	元	角	分	亿	千	百	十	万	千	百	十	元	角	分	
月末计提利息支出借	财务费用	利息支出					3	2	0	0	0	0													☐
款合同号10037	应付利息	长期借款——交通银行常州市新北区支行																3	2	0	0	0	0		☐
																									☐
																									☐
																									☐
合　　计						¥	3	2	0	0	0	0					¥	3	2	0	0	0	0		☐

附单据 1 张

会计主管：　　　记账：　　　出纳：　　　复核：　　　制单：王红

【业务 2-91】　（共 1 张原始凭证，于 2016 年 12 月 31 日取得）

表 2-91-1

债券利息计算表

名称：常州东恒（票面利率：9％，实际利率：7.5％）

发行日期：2015-12-31　　　　　　　　　　　　　　　　单位：元

日　　期	当期计提利息	应付利息	摊余成本	备注
2015-12-31			4 598 620.00	
2016-12-31	344 896.50	360 000.00	4 583 516.40	

审核：胡清　　　　　　　　　　　　　　　　　　　制表：王红

上述原始凭证中：

表 2-91-1 是债券利息计算表，此表应作为发行方期末计算利息支出的记账依据。该原始凭证注明的内容标明，本公司 2016 年 12 月 31 日对溢价发行的债券计提利息支出并摊销溢价，进行会计核算时，"当期计提利息" 344 896.50 元应记入"财务费用——利息支出"科目的借方，"应付利息" 360 000.00 元应记入"应付利息——债券——常州东恒"科目的贷方，差额 15 103.50 元作为摊销的溢价应记入"应付债券——常州东恒——利息调整"科目的借方。

因此，该笔业务应填制如表 2-91-2 所示记账凭证。

表 2-91-2

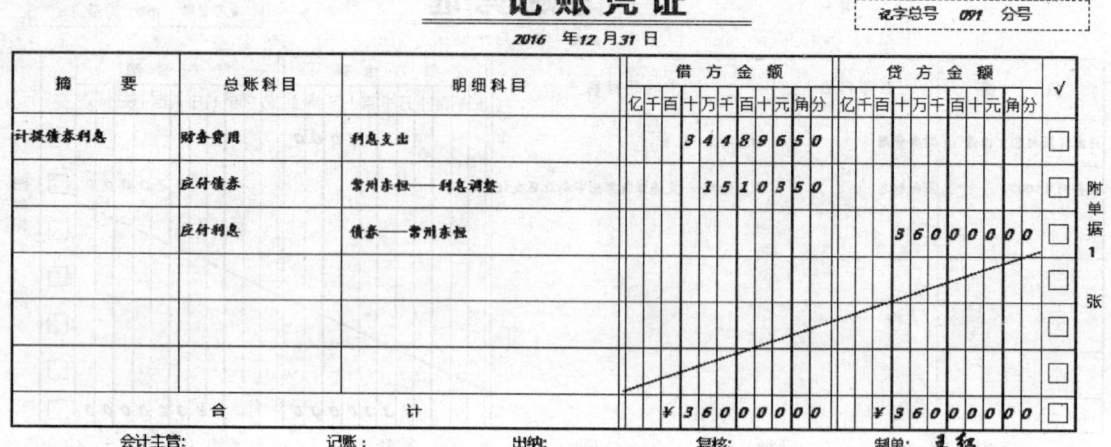

记 账 凭 证

2016 年 12 月 31 日

记字总号 091 分号

摘 要	总账科目	明细科目	借 方 金 额	贷 方 金 额	√
			亿 千 百 十 万 千 百 十 元 角 分	亿 千 百 十 万 千 百 十 元 角 分	
计提债券利息	财务费用	利息支出	3 4 4 8 9 6 5 0		☐
	应付债券	常州东恒——利息调整	1 5 1 0 3 5 0		☐
	应付利息	债券——常州东恒		3 6 0 0 0 0 0 0	☐
					☐
					☐
					☐
					☐
合 计			￥ 3 6 0 0 0 0 0 0	￥ 3 6 0 0 0 0 0 0	☐

附单据 1 张

会计主管:　　　记账:　　　出纳:　　　复核:　　　制单: 王红

【业务 2-92】 （共 1 张原始凭证,于 2016 年 12 月 31 日取得）

表 2-92-1

交 割 单

营业部名:江苏华兴证券服务股份有限公司
股东姓名:常州东恒有限公司
资金账户:2763593369
当前币种:人民币

成交日期	操作	证券代码	证券名称	成交数量	面值	成交单价	成交总额	其他费用	手续费	结算金额	账户	交易市场
2016-12-31	支付利息	200900	常州东恒							360 000.00	2763593369	上海证券

上述原始凭证中:

表 2-92-1 是支付利息交割单,应作为付款方支付款项的记账依据。该原始凭证注明,"股东姓名"是本公司,"资金账户"是 2763593369,"操作"内容是支付利息,"证券名称"是常

州东恒,这表明本公司于付息日从账号为2763593369的证券资金账户上向全体债券持有者支付了发行债券的利息支出,进行会计核算时,应将"结算金额"360 000.00元分别记入"应付利息——债券——常州东恒"科目的借方以及"其他货币资金——存出投资款(2763593369)"科目的贷方。

因此,该笔业务应填制如表2-92-2所示记账凭证。

表 2-92-2

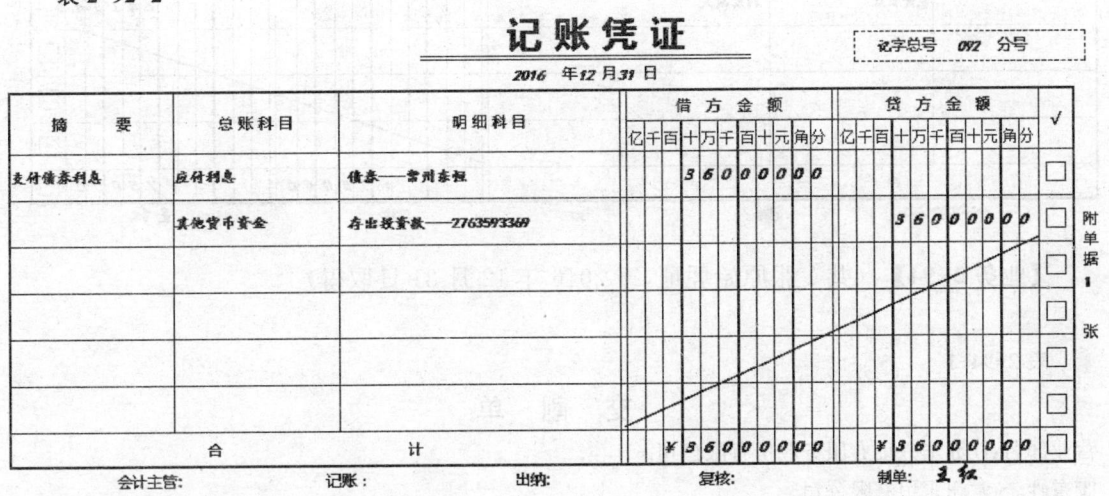

记 账 凭 证

2016 年12月31 日

记字总号 092 分号

摘 要	总账科目	明细科目	借方金额 亿千百十万千百十元角分	贷方金额 亿千百十万千百十元角分	√
支付债券利息	应付利息	债券——常州东恒	3 6 0 0 0 0 0 0		☐
	其他货币资金	存出投资款——2763593369		3 6 0 0 0 0 0 0	☐
					☐
					☐
					☐
					☐
合 计			¥ 3 6 0 0 0 0 0 0	¥ 3 6 0 0 0 0 0 0	☐

附单据1张

会计主管: 记账: 出纳: 复核: 制单:王红

【业务 2-93】 (共 1 张原始凭证,于 2016 年 12 月 31 日取得)

表 2-93-1

利 息 计 算 单

名称:平安公司(票面利率7.5%,实际利率6.8%)   2016-12-31   单位:元

日期	应收利息	利息调整摊销	利息收入	摊余成本
2016-11-30				10 902.06
2016-12-31	750.00	8.66	741.34	10 893.40

审核:胡清   制表:王红

上述原始凭证中:

表2-93-1是利息计算单,此表应作为投资方期末计算利息收入的记账依据。该原始凭证注明的内容标明,本公司持有分期付息到期一次还本的平安公司溢价发行的债券,2016年12月31日对此溢价购入的债券确认利息收入并摊销溢价,进行会计核算时,"应收利息"750.00元应记入"应收利息——平安公司"科目的借方,"利息调整摊销"8.66元作为溢价摊销应记入"持有至到期投资——债券——平安公司(利息调整)"科目的贷方,"利息收入"741.34元应记入"投资收益——利息收入"科目的贷方。

因此,该笔业务应填制如表2-93-2所示记账凭证。

表 2-93-2

记 账 凭 证

2016 年 12 月 31 日

记字总号 093 分号

摘　要	总账科目	明细科目	借方金额 亿千百十万千百十元角分	贷方金额 亿千百十万千百十元角分	√
计提债券利息	应收利息	平安公司	7 5 0 0 0		☐
	持有至到期投资	债券——平安公司——利息调整		8 6 6	☐
	投资收益	利息收入		7 4 1 3 4	☐
					☐
					☐
					☐
					☐
合　　　　　计			￥ 7 5 0 0 0	￥ 7 5 0 0 0	☐

附单据 1 张

会计主管：　　　记账：　　　出纳：　　　复核：　　　制单：王红

【业务 2-94】 （共 1 张原始凭证,于 2016 年 12 月 31 日取得）

表 2-94-1

交 割 单

营业部名:江苏华兴证券服务股份有限公司
股东姓名:常州东恒有限公司
资金账户:2763593369
当前币种:人民币

成交日期	操作	证券名称	成交数量	成交价格	成交金额	结算价	手续费	印花税	其他费用	结算金额	账户	交易市场
2016-12-31	利息收入	平安公司								750.00	2763593369	上海证券

上述原始凭证中:

表 2-94-1 是利息收入交割单,应作为收款方收取款项的记账依据。该原始凭证注明,

"股东姓名"是本公司,"资金账户"是 2763593369,"操作"内容是利息收入,"证券名称"是平安公司,这表明本公司的账号为 2763593369 的证券资金账户收到了平安公司发放的利息收入,进行会计核算时,应将"结算金额"750.00 元分别记入"其他货币资金——存出投资款(2763593369)"科目的借方以及"应收利息——平安公司"科目的贷方。

因此,该笔业务应填制如表 2-94-2 所示记账凭证。

表 2-94-2

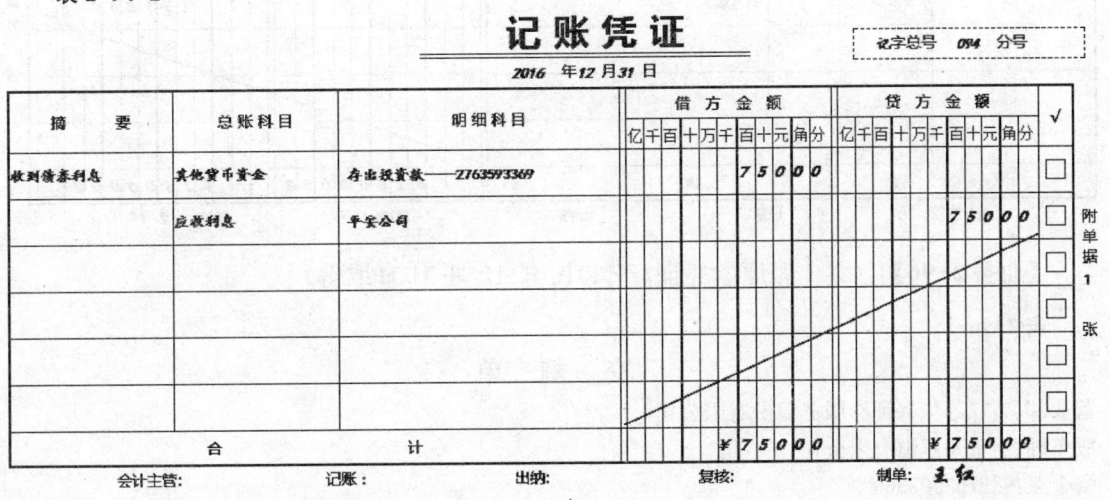

记 账 凭 证

2016 年 12 月 31 日

记字总号　094　分号

摘　要	总账科目	明细科目	借方金额 亿千百十万千百十元角分	贷方金额 亿千百十万千百十元角分	√
收到债券利息	其他货币资金	存出投资款——2763593369	7 5 0 0 0		☐
	应收利息	平安公司		7 5 0 0 0	☐
					☐
					☐
					☐
					☐
合　　　　计			￥ 7 5 0 0 0	￥ 7 5 0 0 0	☐

会计主管:　　　记账:　　　出纳:　　　复核:　　　制单:王红

附单据 1 张

【业务 2-95】 (共 1 张原始凭证,于 2016 年 12 月 31 日取得)

表 2-95-1

利息计算单

名称:国盛公司(票面利率8%,实际利率7.2%)　　2016-12-31　　　　　　单位:元

日期	应收利息	利息调整摊销	利息收入	摊余成本
2016-12-13				216 040.75
2016-12-31	16 000.00	445.07	15 554.93	215 595.68

审核:胡清　　　　　　　　　　　　　　　　　　　制表:王红

上述原始凭证中:

表 2-95-1 是利息计算单,此表应作为投资方期末计算利息收入的记账依据。该原始凭证注明的内容标明,本公司持有分期付息到期一次还本的国盛公司溢价发行的债券,2016 年 12 月 31 日对此溢价购入的债券确认利息收入并摊销溢价,进行会计核算时,"应收利息"16 000.00 元应记入"应收利息——国盛公司"科目的借方,"利息调整摊销"445.07 元作为溢价摊销应记入"持有至到期投资——债券——国盛公司(利息调整)"科目的贷方,"利息收入"15 554.93 元应记入"投资收益——利息收入"科目的贷方。

因此,该笔业务应填制如表 2-95-2 所示记账凭证。

表 2-95-2

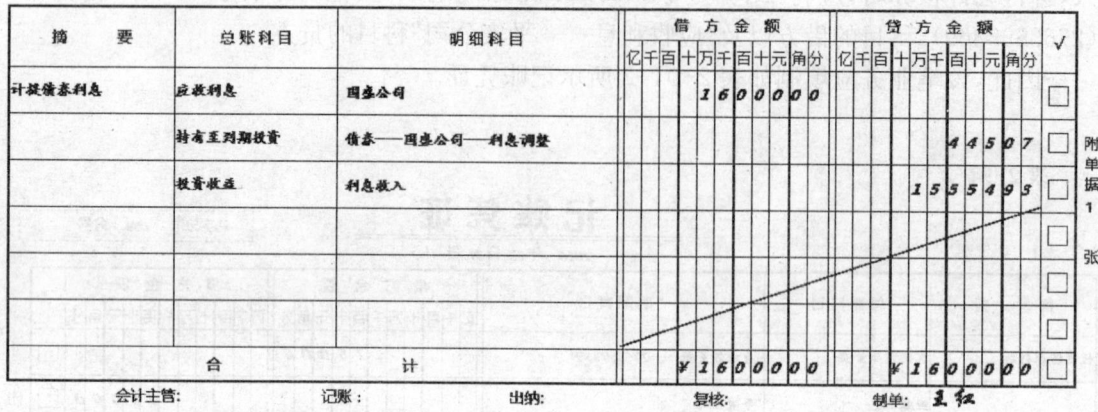

记 账 凭 证

2016 年 12 月 31 日

记字总号 095 分号

摘 要	总账科目	明细科目	借方金额 亿千百十万千百十元角分	贷方金额 亿千百十万千百十元角分	✓
计提债券利息	应收利息	国盛公司	1600000		☐
	持有至到期投资	债券——国盛公司——利息调整		44507	☐
	投资收益	利息收入		1555493	☐
					☐
					☐
					☐
合 计			¥1600000	¥1600000	☐

附单据 1 张

会计主管：　　　记账：　　　出纳：　　　复核：　　　制单：王红

【业务 2-96】 （共 1 张原始凭证，于 2016 年 12 月 31 日取得）

表 2-96-1

交 割 单

营业部名:江苏华兴证券服务股份有限公司

股东姓名:常州东恒有限公司

资金账户:2763593369

当前币种:人民币

成交日期	操作	证券名称	成交数量	成交价格	成交金额	结算价	手续费	印花税	其他费用	结算金额	账户	交易市场
2016-12-31	利息收入	国盛公司								16 000.00	2763593369	上海证券

上述原始凭证中：

表 2-96-1 是利息收入交割单,应作为收款方收取款项的记账依据。该原始凭证注明,"股东姓名"是本公司,"资金账户"是 2763593369,"操作"内容是利息收入,"证券名称"是国盛公司,这表明本公司的账号为 2763593369 的证券资金账户收到了国盛公司发放的利息收入,进行会计核算时,应将"结算金额"16 000.00 元分别记入"其他货币资金——存出投资

款(2763593369)"科目的借方以及"应收利息——国盛公司"科目的贷方。

因此,该笔业务应填制如表 2-96-2 所示记账凭证。

表 2-96-2

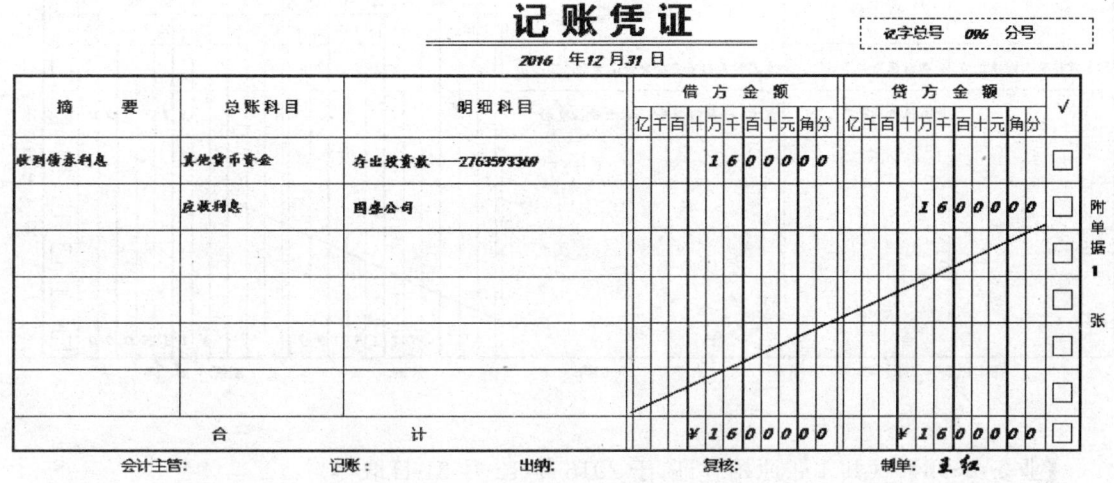

记账凭证

记字总号　096　分号

2016 年12 月31 日

摘　　要	总账科目	明细科目	借方金额										贷方金额										√
			亿	千	百	十	万	千	百	十	元	角	分	亿	千	百	十	万	千	百	十	元	角	分	
收到债券利息	其他货币资金	存出投资款——2763593369					1	6	0	0	0	0	0												☐
	应收利息	国盛公司																1	6	0	0	0	0	0	☐
																								☐
																								☐
																								☐
	合　　　　计					¥	1	6	0	0	0	0	0				¥	1	6	0	0	0	0	0	☐

会计主管:　　　记账:　　　出纳:　　　复核:　　　制单:王红

附单据 1 张

【业务 2-97】　(共 1 张原始凭证,于 2016 年 12 月 31 日取得)

表 2-97-1

公允价值变动单

2016-12-31　　　　　　　　　　　　　　单位:元

证券代码	证券名称	持有数量	账面价值	收盘价	市值	公允价值变动
600500	利明公司	1 000	14 650.00	13.50	13 500.00	-1 150.00
合　计			14 650.00		13 500.00	-1 150.00

审核:胡清　　　　　　　　　　　　　　　　　　制表:王红

上述原始凭证中:

表 2-97-1 是公允价值变动单,应作为确认金融资产公允价值变动的记账依据。2016年 11 月 30 日"交易性金融资产——股票——利明公司"科目有余额,而表 2-97-1 注明的内容表明,利明公司本期期末市值比账面价值下跌 1 150.00 元,进行会计核算时,应分别记入"公允价值变动损益——交易性金融资产公允价值变动"科目的借方以及"交易性金融资产——股票——利明公司(公允价值变动)"科目的贷方。

因此,该笔业务应填制如表 2-97-2 所示记账凭证。

表 2-97-2

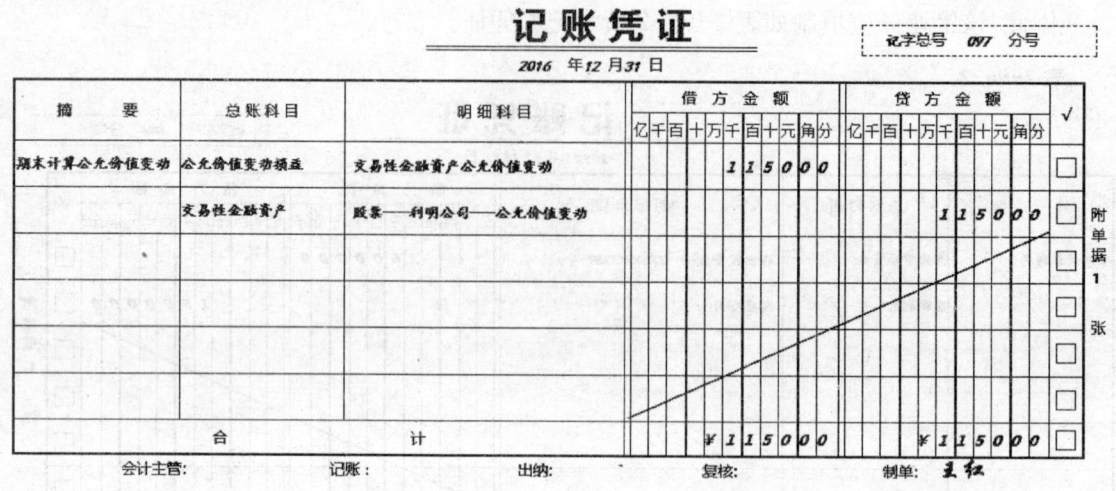

【业务 2-98】 （共 1 张原始凭证，于 2016 年 12 月 31 日取得）

表 2-98-1

公允价值变动单

2016-12-31　　　　　　　　　　　　　单位:元

证券代码	证券名称	持有数量	账面价值	收盘价	市值	公允价值变动
600200	红河公司	1 000	101 618.87	110.3	110 300.00	8 681.13
合　计			101 618.87		110 300.00	8 681.13

审核:胡清　　　　　　　　　　　　　　　　　制表:王红

上述原始凭证中:

表 2-98-1 是公允价值变动单，应作为确认金融资产公允价值变动的记账依据。2016年 11 月 30 日"交易性金融资产——债券——红河公司"科目有余额，而表 2-98-1 注明的内容表明，红河公司本期期末市值比账面价值上涨 8 681.13 元，进行会计核算时，应分别记入"交易性金融资产——债券——红河公司(公允价值变动)"科目的借方以及"公允价值变动损益——交易性金融资产公允价值变动"科目的贷方。

因此,该笔业务应填制如表 2-98-2 所示记账凭证。

表 2-98-2

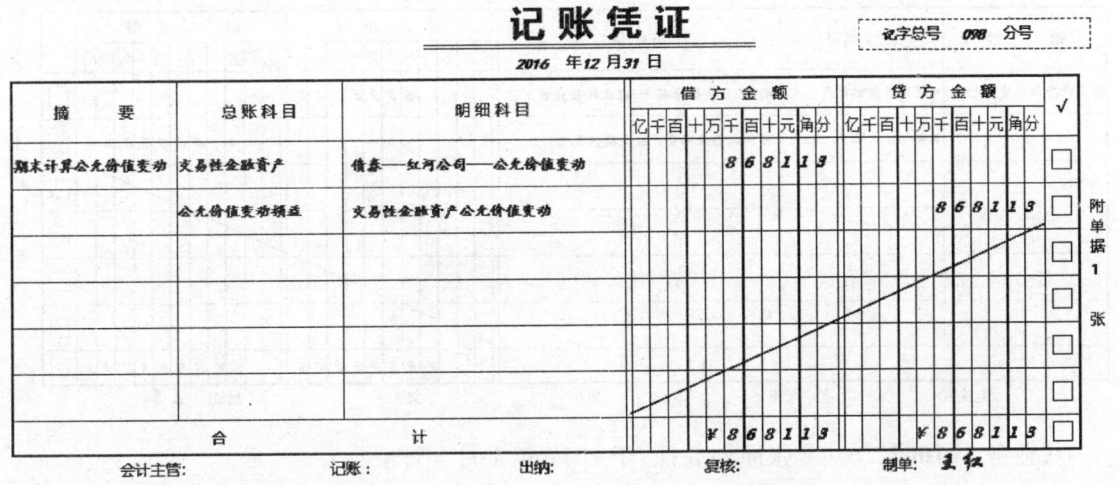

记 账 凭 证

2016 年 12 月 31 日

记字总号 098 分号

摘 要	总账科目	明细科目	借方金额 亿千百十万千百十元角分	贷方金额 亿千百十万千百十元角分	√
期末计算公允价值变动	交易性金融资产	债券——红河公司——公允价值变动	8 6 8 1 1 3		☐
	公允价值变动损益	交易性金融资产公允价值变动		8 6 8 1 1 3	☐
					☐
					☐
					☐
					☐
合 计			¥8 6 8 1 1 3	¥8 6 8 1 1 3	☐

附单据 1 张

会计主管:　　　记账:　　　出纳:　　　复核:　　　制单:王红

【业务 2-99】 (共 1 张原始凭证,于 2016 年 12 月 31 日取得)

表 2-99-1

公允价值变动单

2016-12-31　　　　　　　　　　　　　　　　单位:元

证券代码	证券名称	持有数量	账面价值	收盘价	市值	公允价值变动
600100	中信公司	20 000	252 047.55	15.8	316 000.00	63 952.45
合 计			252 047.55		316 000.00	63 952.45

审核:胡清　　　　　　　　　　　　　　　　制表:王红

上述原始凭证中:

表 2-99-1 是公允价值变动单,应作为确认金融资产公允价值变动的记账依据。业务 48 本公司购入中信公司股票,划分为可供出售金融资产,而表 2-99-1 注明的内容表明,中信公司本期末市值比账面价值上涨 63 952.45 元,进行会计核算时,应分别记入"可供出售金融资产——股票——中信公司(公允价值变动)"科目的借方以及"其他综合收益——可供出售金融资产公允价值变动"科目的贷方。

因此,该笔业务应填制如表 2-99-2 所示记账凭证。

表 2-99-2

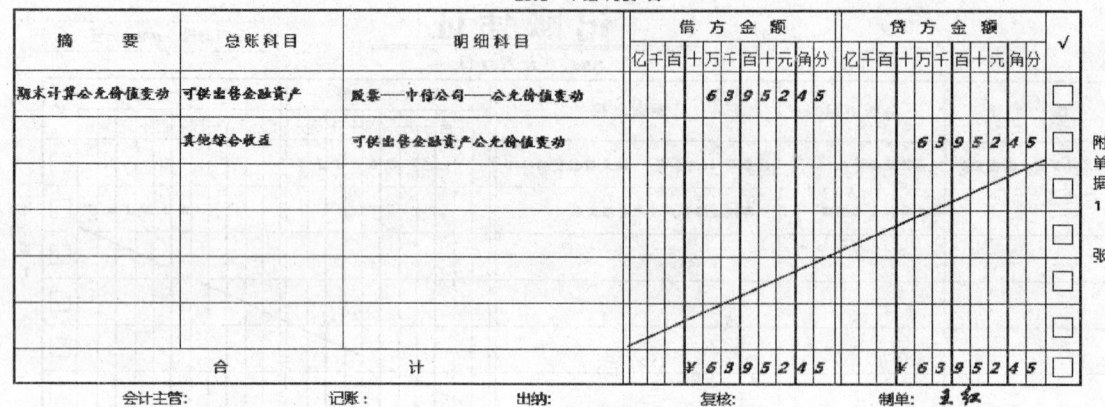

记 账 凭 证

2016 年12 月31 日

记字总号 **099** 分号

摘 要	总账科目	明细科目	借方金额 亿千百十万千百十元角分	贷方金额 亿千百十万千百十元角分	√
期末计算公允价值变动	可供出售金融资产	股票——中信公司——公允价值变动	6 3 9 5 2 4 5		☐
	其他综合收益	可供出售金融资产公允价值变动		6 3 9 5 2 4 5	☐
					☐
					☐
					☐
					☐
合 计			¥6 3 9 5 2 4 5	¥6 3 9 5 2 4 5	☐

附单据 1 张

会计主管:　　　记账:　　　出纳:　　　复核:　　　制单:王红

【业务 2-100】（共 2 张原始凭证,于 2017 年 1 月 5 日取得）

表 2-100-1

生出材料单位成本计算表

2016-12-31

单位:元

材料名称	单位	期初		本期入库		发出材料单价
		数量	金额	数量	金额	
C05	千克	6 000.00	176 100.00	3 010	90 300.00	29.57
D09	千克	3 000.00	47 250.00	5 000	75 000.00	15.28
合 计			223 350.00		165 300.00	

审核:胡清　　　　　　　　　　　　　　　　　　　制表:王红

表 2-100-2

原材料发出汇总表

2016-12-31

领料部门	领料用途	产品	C05		D09		合计
			数量	金额	数量	金额	
生产车间	生产产品直接领用	Q220	4 000	118 280.00			118 280.00
生产车间	生产产品直接领用	P331	1 000	29 570.00	7 500	114 600.00	144 170.00
销售网点	销售材料领用		1 000	29 570.00			29 570.00
合 计				177 420.00		114 600.00	292 020.00

审核:胡清　　　　　　　　　　　　　　　　　　　制表:王红

上述原始凭证中:

表 2-100-1 是发出材料单位成本计算表,此表应作为期末材料单位成本的记账依据。该原始凭证的内容表明,原材料 C05 月末一次加权平均单位成本是 29.57 元,原材料 D09 月末一次加权平均单位成本是 15.28 元。

表 2-100-2 是原材料发出汇总表,此表应作为期末计算分配材料费用的记账依据。该原始凭证的内容表明,本月发出 C05、D09 材料的成本分别为 177 420.00 元和 114 600.00 元,进行会计核算时,应分别记入"原材料——C05"和"原材料——D09"科目的贷方;同时,生产 Q220、P331 产品发生原材料费用分别为 118 280.00 元和 144 170.00 元,销售原材料 C05 成本为 29 570.00 元,进行会计核算时,应分别记入"生产成本——基本生产成本——Q220——直接材料""生产成本——基本生产成本——P331——直接材料"和"其他业务成本——材料销售成本"科目的借方。

因此,该笔业务应填制如表 2-100-3 所示记账凭证。

表 2-100-3

记账凭证

记字总号 100 分号

2016 年 12 月 31 日

摘要	总账科目	明细科目	借方金额 亿千百十万千百十元角分	贷方金额 亿千百十万千百十元角分	√
发出材料	其他业务成本	材料销售成本	2 9 5 7 0 0 0		☐
	生产成本	基本生产成本——Q220——直接材料	1 1 8 2 8 0 0 0		☐
	生产成本	基本生产成本——P331——直接材料	1 4 4 1 7 0 0 0		☐
	原材料	C05		1 7 7 4 2 0 0 0	☐
	原材料	D09		1 1 4 6 0 0 0 0	☐
					☐
合 计			¥ 2 9 2 0 2 0 0 0	¥ 2 9 2 0 2 0 0 0	☐

附单据 2 张

会计主管: 记账: 出纳: 复核: 制单:王红

【业务 2-101】 (共 1 张原始凭证,于 2017 年 1 月 5 日取得)

表 2-101-1

周转材料(包装物)发出汇总表

2016-12-31 单位:元

领料部门	领料用途	产品	包装箱		合计
			数量	金额	
销售网点	销售包装物		60	720.00	720.00
销售网点	销售产品不单独计价		195	2 340.00	2 340.00
合 计				3 060.00	3 060.00

制表:王红 审核:胡清

上述原始凭证中:

表 2-101-1 是周转材料(包装物)发出汇总表,此表应作为期末计算分配周转材料费用的记账依据。该原始凭证的内容表明,本月发出随同销售单独计价以及不单独计价的包装箱成本分别是 720.00 元和 2 340.00 元,进行会计核算时,应分别记入"其他业务成本——包装物销售成本"和"销售费用——包装费"科目的借方;同时,发出包装箱成本合计3 060.00元应记入"周转材料——包装物——包装箱"科目的贷方。

因此,该笔业务应填制如表 2-101-2 所示记账凭证。

表 2-101-2

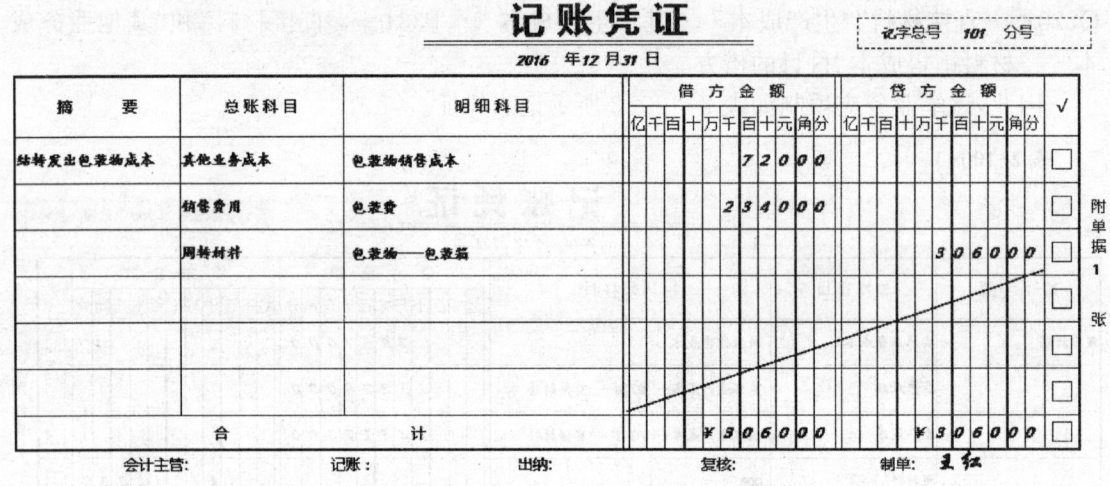

记 账 凭 证

2016 年 12 月 31 日

记字总号 101 分号

摘 要	总账科目	明细科目	借方金额	贷方金额	√
			亿 千 百 十 万 千 百 十 元 角 分	亿 千 百 十 万 千 百 十 元 角 分	
结转发出包装物成本	其他业务成本	包装物销售成本	7 2 0 0 0		☐
	销售费用	包装费	2 3 4 0 0 0		☐
	周转材料	包装物——包装箱		3 0 6 0 0 0	☐
					☐
					☐
					☐
合 计			￥ 3 0 6 0 0 0	￥ 3 0 6 0 0 0	☐

附单据 1 张

会计主管:　　　记账:　　　出纳:　　　复核:　　　制单: 王红

【业务 2-102】 (共 1 张原始凭证,于 2017 年 1 月 5 日取得)

表 2-102-1

周转材料(包装物)发出汇总表

2016-12-31　　　　　　　　　　　　　　　　　　单位:元

领料部门	领料用途	产品	包装盒		合计
			数量	金额	
生产车间	生产产品直接领用	Q220	800	2 400.00	2 400.00
生产车间	生产产品直接领用	P331	200	600.00	600.00
合 计				3 000.00	3 000.00

制表:王红　　　　　　　　　　　　　　　　　审核:胡清

上述原始凭证中:

表 2-102-1 是周转材料(包装物)发出汇总表,此表应作为期末计算分配周转材料费用的记账依据。该原始凭证的内容表明,本月生产产品 Q220、P331 领用的包装盒成本分别是 2 400.00 元和 600.00 元,进行会计核算时,应分别记入生产成本——基本生产成本——Q220——直接材料""生产成本——基本生产成本——P331——直接材料"科目的借方;同时,发出包装盒成本合计 3 000.00 元应记入"周转材料——包装物——包装盒"科目的贷方。

因此,该笔业务应填制如表 2-102-2 所示记账凭证。

表 2-102-2

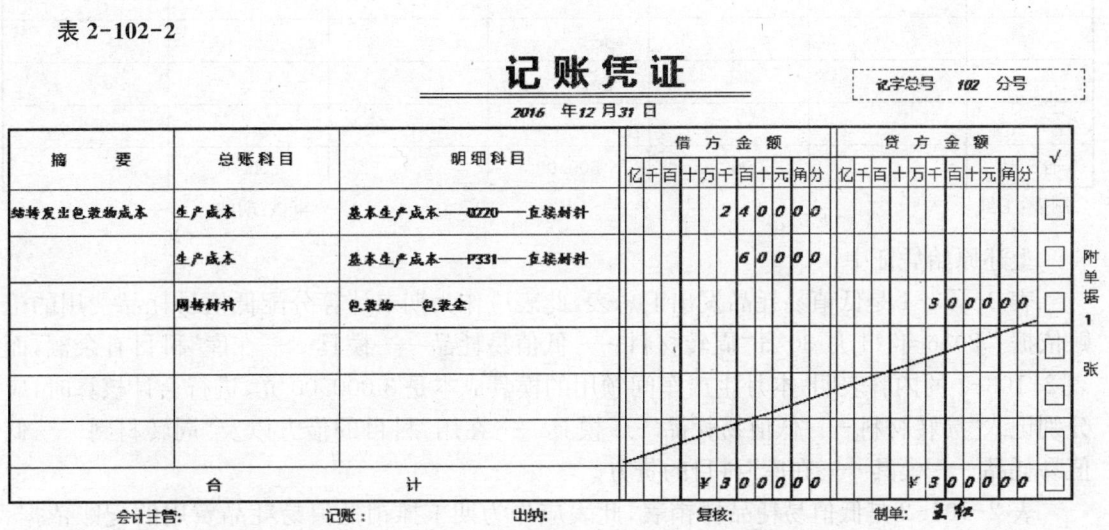

摘　要	总账科目	明细科目	借方金额	贷方金额	√
结转发出包装物成本	生产成本	基本生产成本——Q220——直接材料	2 400 00		□
	生产成本	基本生产成本——P331——直接材料	600 00		□
	周转材料	包装物——包装盒		3 000 00	□
					□
					□
					□
合　　计			¥ 3 000 00	¥ 3 000 00	□

记账凭证　记字总号 102 分号　2016 年 12 月 31 日

会计主管:　记账:　出纳:　复核:　制单: 王红

附单据 1 张

【业务 2-103】　(共 2 张原始凭证,于 2017 年 1 月 5 日取得)

表 2-103-1

低值易耗品发料汇总表

2016-12-31　　　　　　　　　　　　　　　　单位:元

领用部门	模具		领用人	合计
	数量	金额		
生产车间	3	3 000.00	孙月月	3 000.00
合　计		3 000.00		3 000.00

制表:王红　　　　　　　　　　　　　　　　审核:胡清

表 2-103-2

低值易耗品摊销表

2016-12-31   单位:元

领用部门	摊销次数	模具		领用人	摊销额合计	备注
		实际发生额	本月摊销额			
生产车间	5	3 000.00	600.00	孙月月	600.00	非最后一次摊销
合　计		3 000.00	600.00		600.00	

制表:王红   审核:胡清

上述原始凭证中:

表 2-103-1 是低值易耗品发出汇总表,此表应作为期末计算分配低值易耗品费用的记账依据。2016 年 11 月 30 日"周转材料——低值易耗品——模具——在库"科目有余额,而表 2-103-1 的内容表明,本月生产车间领用的模具成本是 3 000.00 元,进行会计核算时,应分别记入"周转材料——低值易耗品——模具——在用"科目的借方以及"周转材料——低值易耗品——模具——在库"科目的贷方。

表 2-103-2 是低值易耗品摊销表,此表应作为期末摊销低值易耗品费用的记账依据。该原始凭证的内容表明,本月生产车间领用的模具成本分 5 次摊销,进行会计核算时,"摊销额合计"600.00 元应分别记入"制造费用——低值易耗品摊销"科目的借方以及"周转材料——低值易耗品——模具——摊销"科目的贷方。

因此,该笔业务应填制如表 2-103-3、表 2-103-4 所示记账凭证。

表 2-103-3

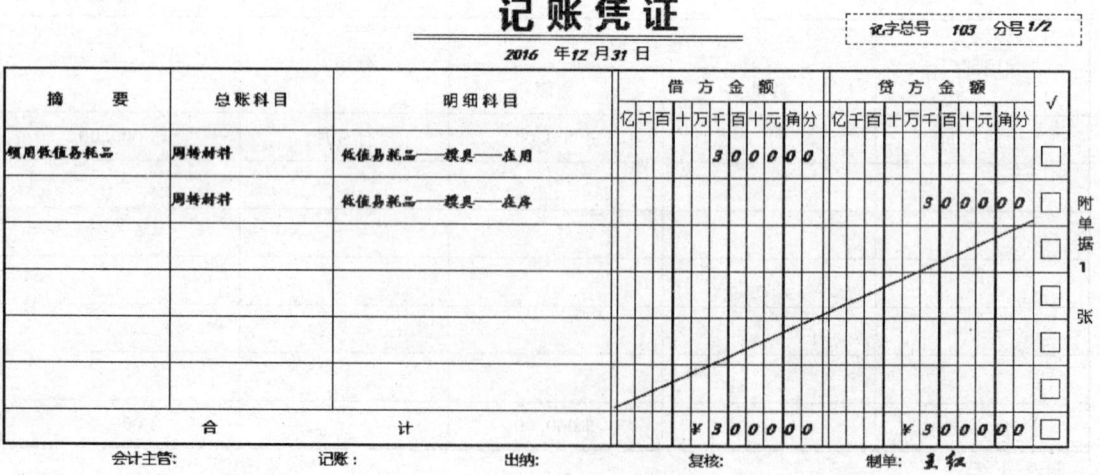

记字总号 103 分号 1/2

记 账 凭 证

2016 年 12 月 31 日

摘　要	总账科目	明细科目	借方金额	贷方金额	√
			亿千百十万千百十元角分	亿千百十万千百十元角分	
领用低值易耗品	周转材料	低值易耗品——模具——在用	3 0 0 0 0 0		□
	周转材料	低值易耗品——模具——在库		3 0 0 0 0 0	□
					□
					□
					□
					□
合　　　计			¥ 3 0 0 0 0 0	¥ 3 0 0 0 0 0	□

附单据 1 张

会计主管:　　　记账:　　　出纳:　　　复核:　　　制单:王红

表 2-103-4

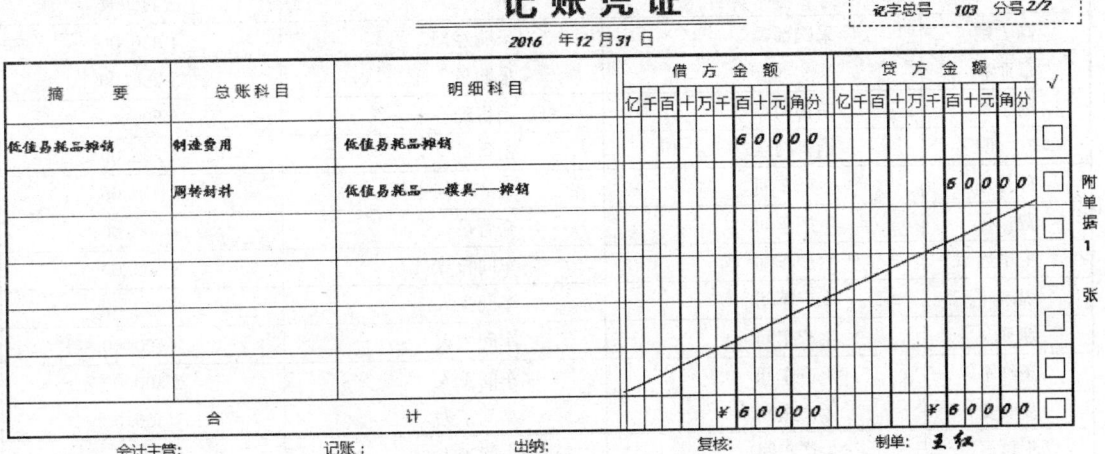

记 账 凭 证

2016 年 12 月 31 日

记字总号 103 分号 2/2

摘　要	总账科目	明细科目	借方金额										贷方金额										√
			亿	千	百	十	万	千	百	十	元	角	分	亿	千	百	十	万	千	百	十	元	角	分	
低值易耗品摊销	制造费用	低值易耗品摊销						6	0	0	0	0													□
	周转材料	低值易耗品——模具——摊销																6	0	0	0	0	□
																							□
																							□
																							□
																							□
合　计							¥	6	0	0	0	0					¥	6	0	0	0	0	□

附单据 1 张

会计主管:　　记账:　　出纳:　　复核:　　制单: 王红

【业务 2-104】（共 3 张原始凭证,于 2017 年 1 月 5 日取得）

表 2-104-1

生产工时明细表

2016-12-31

车　间	产　品	生产工时(小时)
生产车间	Q220	2 200
生产车间	P331	2 800
合　计		5 000.00

制表:王红　　　　　　　　　　　　　　　　审核:胡清

表 2-104-2

工资明细表

2016-12-31

单位:元

姓　名	部门	岗位	应付工资
田　园	办公室	总经理	5 800.00
和小平	办公室	办公室主任	4 200.00
刘　华	办公室	办公室职员	3 200.00
胡　清	财务部	财务经理	5 200.00
王　红	财务部	会计	3 500.00
金丽丽	财务部	出纳	3 000.00

(续表)

姓 名	部门	岗位	应付工资
高 娥	采购部	采购经理	4 600.00
章亚菲	采购部	采购员	3 200.00
周小军	销售网点	销售经理	4 800.00
叶 明	销售网点	销售员	3 200.00
孙月月	生产车间	生产车间主任	5 000.00
费 林	生产车间	仓管员	4 600.00
王华远	生产车间	车间核算员	3 500.00
程园园	生产车间	车间工人	3 400.00
邹平安	生产车间	车间工人	3 400.00
汤红军	生产车间	车间工人	3 300.00
夏安安	生产车间	车间工人	3 400.00
丁可可	生产车间	车间工人	3 200.00
袁小红	生产车间	车间工人	3 600.00
施明利	生产车间	车间工人	3 000.00
陈芳芳	生产车间	车间工人	3 100.00
陈 雪	生产车间	车间工人	3 200.00
施成益	生产车间	车间工人	3 200.00
王 州	生产车间	车间工人	3 400.00
强平佳	生产车间	车间工人	3 300.00
王陈可	生产车间	车间工人	3 600.00
张一非	生产车间	车间工人	3 100.00
李昊然	生产车间	车间工人	2 800.00
合 计			102 800.00

制表:王红　　　　　　　　　　　　　　审核:胡清

表 2-104-3

工资费用分配表

2016-12-31　　　　　　　　　　　　　　单位:元

应借账户		直接计入	分配计入			合计
			生产工时(小时)	分配率	分配金额	
管理费用		32 700.00				32 700.00
销售费用		8 000.00				8 000.00
制造费用		13 100.00				13 100.00
生产成本	Q220		2 200	9.800 000	21 560.00	21 560.00
生产成本	P331		2 800	9.800 000	27 440.00	27 440.00
合 计		53 800.00	5 000		49 000.00	102 800.00

编制:王红　　　　　　　　　　　　　　审核:胡清

上述原始凭证中:

表 2-104-1 是生产工时明细表,此表应作为期末计算分配人工费用和制造费用等的记

账依据。该原始凭证的内容表明,本月生产产品 Q220、P331 耗用的生产工时分别为 2 200 小时、28 00 小时。

表 2-104-2 是工资明细表,此表应作为期末计算分配工资费用的记账依据。该原始凭证注明的内容表明,本公司 12 月"应付工资"合计是 102 800.00 元。

表 2-104-3 是工资费用分配表,此表也应作为期末计算分配工资费用的记账依据。该原始凭证注明的内容表明,本月应支付给职工的工资总额是 102 800.00 元,进行会计核算时,应记入"应付职工薪酬——工资"科目的贷方;同时,管理部门、销售网点、生产车间分别应承担工资费用 32 700.00 元、8 000.00 元、13 100.00 元,进行会计核算时,应分别记入"管理费用——工资""销售费用——工资""制造费用——工资"科目的借方;此外,生产 Q220、P331 产品分别应承担工资费用 21 560.00 元和 27 440.00 元,应分别记入"生产成本——基本生产成本——Q220——直接人工"和"生产成本——基本生产成本——P331——直接人工"科目的借方。

因此,该笔业务应填制如表 2-104-4 所示记账凭证。

表 2-104-4

记账凭证

记字总号 **104** 分号

2016 年12 月31 日

摘 要	总账科目	明细科目	借方金额 亿千百十万千百十元角分	贷方金额 亿千百十万千百十元角分	√	
计提工资	管理费用	工资	3 2 7 0 0 0 0		☐	
	销售费用	工资	8 0 0 0 0 0		☐	附单据3张
	制造费用	工资	1 3 1 0 0 0 0		☐	
	生产成本	基本生产成本——Q220——直接人工	2 1 5 6 0 0 0		☐	
	生产成本	基本生产成本——P331——直接人工	2 7 4 4 0 0 0		☐	
	应付职工薪酬	工资		1 0 2 8 0 0 0 0	☐	
合 计			¥ 1 0 2 8 0 0 0 0	¥ 1 0 2 8 0 0 0 0	☐	

会计主管: 记账: 出纳: 复核: 制单: 王红

【业务 2-105】 (共 2 张原始凭证,于 2017 年 1 月 5 日取得)

表 2-105-1

生产工时明细表

2016-12-31

车 间	产 品	生产工时(小时)
生产车间	Q220	2 200
	P331	2 800
合 计		5 000

制表:王红 审核:胡清

表 2-105-2

五险计算表

2016-12-31

单位:元

应借账户		医疗保险	养老保险	失业保险	生育保险	工伤保险	五险合计
管理费用		2 616.00	6 213.00	327.00	163.50	261.60	9 581.10
销售费用		640.00	1 520.00	80.00	40.00	64.00	2 344.00
制造费用		1 048.00	2 489.00	131.00	65.50	104.80	3 838.30
生产成本	Q220	1 728.32	4 104.76	216.04	108.02	172.83	6 329.97
	P331	2 199.68	5 224.24	274.96	137.48	219.97	8 056.33
合 计		8 232.00	19 551.00	1 029.00	514.50	823.20	30 149.70

制表:王红　　　　　　　　　　　　　　　　　　　　　　　　　　审核:胡清

上述原始凭证中:

表 2-105-1 是生产工时明细表,此表应作为期末计算分配人工费用和制造费用等的记账依据。该原始凭证的内容表明,本月生产产品 Q220、P331 耗用的生产工时分别为 2 200 小时、2 800 小时。

表 2-105-2 是五险计算表,此表应作为期末计算分配五险的记账依据。该原始凭证注明的内容表明,本月管理部门、销售网点、生产车间分别应承担五险费用 9 581.10 元、2 344.00元、3 838.30 元,进行会计核算时,应分别记入"管理费用——社会保险费""销售费用——社会保险费""制造费用——社会保险费"科目的借方;同时,生产 Q220、P331 产品分别应承担五险费用 6 329.97 元和 8 056.33 元,应分别记入"生产成本——基本生产成本——Q220——直接人工"和"生产成本——基本生产成本——P331——直接人工"科目的借方;此外,应上交的医疗保险、生育保险、工伤保险、养老保险、失业保险分别是 8 232.00元、514.50 元、823.20 元、19 551.00 元、1 029.00 元,应分别记入"应付职工薪酬——社会保险费——医疗保险""应付职工薪酬——社会保险费——生育保险""应付职工薪酬——社会保险费——工伤保险""应付职工薪酬——设定提存计划——养老保险""应付职工薪酬——设定提存计划——失业保险"科目的贷方。

因此,该笔业务应填制如表 2-105-3、表 2-105-4 所示记账凭证。

表 2-105-3

记 账 凭 证

2016 年 12 月 31 日

记字总号 105 分号 1/2

摘 要	总账科目	明细科目	借方金额 亿千百十万千百十元角分	贷方金额 亿千百十万千百十元角分	√
计提五险	管理费用	社会保险费	9 5 8 1 1 0		☐
	销售费用	社会保险费	2 3 4 4 0 0		☐
	制造费用	社会保险费	3 8 3 8 3 0		☐
	生产成本	基本生产成本——Q220——直接人工	6 3 2 9 9 7		☐
	生产成本	基本生产成本——P331——直接人工	8 0 5 6 3 3		☐
	应付职工薪酬	社会保险费——医疗保险		8 2 3 2 0 0	☐
合　　　计					☐

会计主管:　　　记账:　　　出纳:　　　复核:　　　制单:王红

附单据 2 张

表 2-105-4

记 账 凭 证

2016 年12月31日

记字总号　105　分号2/2

摘　　要	总账科目	明细科目	借方金额 亿千百十万千百十元角分	贷方金额 亿千百十万千百十元角分	√
计提五险	应付职工薪酬	社会保险费——生育保险		5 1 4 5 0	☐
	应付职工薪酬	社会保险费——工伤保险		8 2 3 2 0	☐
	应付职工薪酬	设定提存计划——养老保险		1 9 5 5 1 0 0	☐
	应付职工薪酬	设定提存计划——失业保险		1 0 2 9 0 0	☐
					☐
					☐
合　　　　　计			￥3 0 1 4 9 7 0	￥3 0 1 4 9 7 0	☐

附单据 同记105 1/2 张

会计主管：　　　记账：　　　出纳：　　　复核：　　　制单：王红

【业务 2-106】（共 2 张原始凭证，于 2017 年 1 月 5 日取得）

表 2-106-1

生产工时明细表

2016-12-31

车　　间	产　品	生产工时（小时）
生产车间	Q220	2 200
	P331	2 800
合　　计		5 000

制表：王红　　　　　　　　　　　　　　　　　审核：胡清

表 2-106-2

住房公积金计算表

2016-12-31　　　　　　　　　　　　　　　　单位:元

应借账户		住房公积金
管理费用		3 270.00
销售费用		800.00
制造费用		1 310.00
生产成本	Q220	2 156.00
生产成本	P331	2 744.00
合　计		10 280.00

制表：王红　　　　　　　　　　　　　　　　　审核：胡清

中级财务会计实务操作教程

上述原始凭证中：

表 2-106-1 是生产工时明细表，此表应作为期末计算分配人工费用和制造费用等的记账依据。该原始凭证的内容表明，本月生产产品 Q220、P331 耗用的生产工时分别为 2 200 小时、2 800 小时。

表 2-106-2 是住房公积金计算表，此表应作为期末计算分配住房公积金的记账依据。该原始凭证注明的内容表明，本月管理部门、销售网点、生产车间分别应承担住房公积金 3 270.00 元、800.00 元、1 310.00 元，进行会计核算时，应分别记入"管理费用——住房公积金""销售费用——住房公积金""制造费用——住房公积金"科目的借方；同时，生产 Q220、P331 产品分别应承担住房公积金 2 156.00 元和 2 744.00 元，应分别记入"生产成本——基本生产成本——Q220——直接人工"和"生产成本——基本生产成本——P331——直接人工"科目的借方；此外，应上交的住房公积金 10 280.00 元，应分别记入"应付职工薪酬——住房公积金"科目的贷方。

因此，该笔业务应填制如表 2-106-3 所示记账凭证。

表 2-106-3

记账凭证

2016 年 12 月 31 日　　记字总号 106 分号

摘要	总账科目	明细科目	借方金额	贷方金额	√
计提住房公积金	管理费用	住房公积金	3 270 00		□
	销售费用	住房公积金	800 00		□
	制造费用	住房公积金	1 310 00		□
	生产成本	基本生产成本——Q220——直接人工	2 156 00		□
	生产成本	基本生产成本——P331——直接人工	2 744 00		□
	应付职工薪酬	住房公积金		10 280 00	□
合　计			¥10 280 00	¥10 280 00	□

附单据 2 张

会计主管：　记账：　出纳：　复核：　制单：王红

【业务 2-107】（共 2 张原始凭证，于 2017 年 1 月 5 日取得）

表 2-107-1

生产工时明细表

2016-12-31

车　间	产　品	生产工时（小时）
生产车间	Q220	2 200
	P331	2 800
合　计		5 000

制表：王红　　　审核：胡清

· 248 ·

表 2-107-2

职工教育经费计算表

2016-12-31   单位:元

应借账户		职工教育经费
管理费用		817.50
销售费用		200.00
制造费用		327.50
生产成本	Q220	539.00
	P331	686.00
合　计		2 570.00

制表:王红   审核:胡清

上述原始凭证中:

表 2-107-1 是生产工时明细表,此表应作为期末计算分配人工费用和制造费用等的记账依据。该原始凭证的内容表明,本月生产产品 Q220、P331 耗用的生产工时分别为 2 200 小时、2 800 小时。

表 2-107-2 是职工教育经费计算表,此表应作为期末计算分配职工教育经费的记账依据。该原始凭证注明的内容表明,本月管理部门、销售网点、生产车间分别应承担职工教育经费 817.50 元、200.00 元、327.50 元,进行会计核算时,应分别记入"管理费用——职工教育经费""销售费用——职工教育经费""制造费用——职工教育经费"科目的借方;同时,生产 Q220、P331 产品分别应承担职工教育经费 539.00 元和 686.00 元,应分别记入"生产成本——基本生产成本——Q220——直接人工"和"生产成本——基本生产成本——P331——直接人工"科目的借方;此外,应计提的职工教育经费 2 570.00 元,应记入"应付职工薪酬——职工教育经费"科目的贷方。

因此,该笔业务应填制如表 2-107-3 所示记账凭证。

表 2-107-3

记账凭证

记字总号 107 分号

2016 年 12 月 31 日

摘要	总账科目	明细科目	借方金额 亿千百十万千百十元角分	贷方金额 亿千百十万千百十元角分	√
计提职工教育经费	管理费用	职工教育经费	8 1 7 5 0		□
	销售费用	职工教育经费	2 0 0 0 0		□
	制造费用	职工教育经费	3 2 7 5 0		□
	生产成本	基本生产成本——Q220——直接人工	5 3 9 0 0		□
	生产成本	基本生产成本——P331——直接人工	6 8 6 0 0		□
	应付职工薪酬	职工教育经费		2 5 7 0 0 0	□
合　　计			¥ 2 5 7 0 0 0	¥ 2 5 7 0 0 0	□

附单据 2 张

会计主管:　　记账:　　出纳:　　复核:　　制单:王红

【业务 2-108】（共 2 张原始凭证,于 2017 年 1 月 5 日取得）

表 2-108-1

生产工时明细表

2016-12-31

车 间	产 品	生产工时(小时)
生产车间	Q220	2 200
	P331	2 800
合 计		5 000

制表:王红   审核:胡清

表 2-108-2

工会经费计算表

2016-12-31

单位:元

应借账户		工会经费
管理费用		654.00
销售费用		160.00
制造费用		262.00
生产成本	Q220	431.20
	P331	548.80
合 计		2 056.00

制表:王红   审核:胡清

上述原始凭证中:

表 2-108-1 是生产工时明细表,此表应作为期末计算分配人工费用和制造费用等的记账依据。该原始凭证的内容表明,本月生产产品 Q220、P331 耗用的生产工时分别为 2 200 小时、2 800 小时。

表 2-108-2 是工会经费计算表,此表应作为期末计算分配工会经费的记账依据。该原始凭证注明的内容表明,本月管理部门、销售网点、生产车间分别应承担工会经费 654.00 元、160.00 元、262.00 元,进行会计核算时,应分别记入"管理费用——工会经费""销售费用——工会经费""制造费用——工会经费"科目的借方;同时,生产 Q220、P331 产品分别应承担工会经费 431.20 元和 548.80 元,应分别记入"生产成本——基本生产成本——Q220——直接人工"和"生产成本——基本生产成本——P331——直接人工"科目的借方;此外,应计提的工会经费 2 056.00 元,应记入"应付职工薪酬——工会经费"科目的贷方。

因此,该笔业务应填制如表 2-108-3 所示记账凭证。

表 2-108-3

记账凭证

2016 年 12 月 31 日

记字总号 108 分号

摘 要	总账科目	明细科目	借方金额 亿千百十万千百十元角分	贷方金额 亿千百十万千百十元角分	√
计提工会经费	管理费用	工会经费	6 5 4 0 0		☐
	销售费用	工会经费	1 6 0 0 0		☐
	制造费用	工会经费	2 6 2 0 0		☐
	生产成本	基本生产成本——Q220——直接人工	4 3 1 2 0		☐
	生产成本	基本生产成本——P331——直接人工	5 4 8 8 0		☐
	应付职工薪酬	工会经费		2 0 5 6 0 0	☐
合 计			¥ 2 0 5 6 0 0	¥ 2 0 5 6 0 0	☐

附单据 2 张

会计主管: 记账: 出纳: 复核: 制单:王红

【业务 2-109】（共 2 张原始凭证，于 2017 年 1 月 5 日取得）

表 2-109-1

产品生产工时明细表

2016-12-31

生产车间	产品	生产工时（小时）
生产车间	Q220	2 200
生产车间	P331	2 800
合 计		5 000

制表:王红 审核:胡清

表 2-109-2

制造费用分配表

2016-12-31 单位:元

生产车间	产品	分配标准（工时）	分配率	分配金额
生产车间	Q220	2 200	19.153 102	42 136.82
生产车间	P331	2 800	19.153 102	53 628.69
合 计		5 000		95 765.51

制表:王红 审核:胡清

上述原始凭证中：

表 2-109-1 是生产工时明细表,此表应作为期末计算分配人工费用和制造费用等的记账依据。该原始凭证的内容表明,本月生产产品 Q220、P331 耗用的生产工时分别为 2 200 小时、2 800 小时。

表 2-109-2 是制造费用分配表,此表应作为期末计算分配制造费用的记账依据。该原始凭证注明的内容表明,本月生产 Q220、P331 产品分别应承担制造费用 42 136.82 元和 53 628.69 元,应分别记入"生产成本——基本生产成本——Q220——制造费用"和"生产成本——基本生产成本——P331——制造费用"科目的借方;此外,本月在"制造费用"科目借方归集的产品生产间接费用,应按照各明细科目的借方发生额分别记入"制造费用"各明细科目的贷方。

因此,该笔业务应填制如表 2-109-3、表 2-109-4 所示记账凭证。

表 2-109-3

记 账 凭 证

记字总号 109 分号 1/2

2016 年 12 月 31 日

摘 要	总账科目	明细科目	借方金额 亿千百十万千百十元角分	贷方金额 亿千百十万千百十元角分	√
结转制造费用	生产成本	基本生产成本——Q220——制造费用	4 2 1 3 6 8 2		□
	生产成本	基本生产成本——P331——制造费用	5 3 6 2 8 6 9		□
	制造费用	水电费		6 2 5 4 2 8 1	□
	制造费用	工资		1 3 1 0 0 0 0	□
	制造费用	社会保险费		3 8 3 8 5 0	□
	制造费用	住房公积金		1 9 1 0 0 0	□
合 计					□

附单据 2 张

会计主管: 记账: 出纳: 复核: 制单: 王红

表 2-109-4

记 账 凭 证

记字总号 109 分号 2/2

2016 年 12 月 31 日

摘 要	总账科目	明细科目	借方金额 亿千百十万千百十元角分	贷方金额 亿千百十万千百十元角分	√
结转制造费用	制造费用	工会经费		2 6 2 0 0	□
	制造费用	职工教育经费		3 2 7 5 0	□
	制造费用	低值易耗品摊销		6 0 0 0 0	□
	制造费用	折旧费		1 3 7 8 4 9 0	□
					□
					□
合 计			¥ 9 5 7 6 5 5 1	¥ 9 5 7 6 5 5 1	□

附单据 同记109 1/2 张

会计主管: 记账: 出纳: 复核: 制单: 王红

【业务 2-110】 （共 2 张原始凭证,于 2017 年 1 月 5 日取得）

表 2-110-1

产品产量明细表

2016-12-31

生产部门	产品	月初在产品数量	本月投产产品数量	本月完工产品数量	本月产品入库数量	月末在产品数量	投料率	期末在产品完工率
生产车间	Q220	600	400	800	800	200	100%	50%
生产车间	P331	100	200	200	200	100	100%	60%

制表:王红　　　　　　　　　　　　　　　　　　　　　　　审核:胡清

表 2-110-2

产品成本计算表

2016-12-31　　　　　　　　　　　　单位:元

生产车间	产品	项目	月初在产品成本	本月生产费用	生产成本合计	完工产品产量	在产品约当产量	产量合计	单位成本	完工产品成本	月末在产品成本
							产量				
生产车间	Q22	直接材料	168 000.00	120 580	288 680.00	800	200	1 000	288.680 000	230 944.00	57 736.00
		直接人工	6 993.52	32 016.17	38 009.69	800	100	900	42.232 989	33 786.39	4 223.30
		制造费用	7 732.72	42 136.82	49 869.54	800	100	900	55.410 600	44 328.48	5 541.06
	小计		182 726.24	193 832.99	376 559.23					309 058.87	67 500.36
生产车间	P331	直接材料	40 550.00	144 770	185 320.00	200	100	300	617.733 333	123 546.67	61 773.33
		直接人工	4 425.68	39 475.13	43 900.81	200	60	260	166.849 269	33 769.85	10 130.96
		制造费用	8 030.21	53 628.69	61 658.90	200	60	260	237.149 615	47 429.92	14 228.98
	小计		53 005.89	237 873.82	290 879.71					204 746.44	86 133.27
合计			235 732.13	431 706.81	667 438.94					513 805.31	153 633.63

制表:王红　　　　　　　　　　　　　　　　　　　　　　　审核:胡清

上述原始凭证中:

表 2-110-1 是产品产量明细表,此表应作为期末计算分配产品生产成本的记账依据。该原始凭证的内容表明了 Q220、P331 的月初在产品数量、本月投产数量、本月完工入库数量、月末在产品数量及其完工比率,其中本月本公司有 800 件 Q220 产品和 200 件 P331 产品已经完工验收入库。

表 2-110-2 是产品成本计算单,此单应作为期末结转完工产品成本的记账依据。该原始凭证的内容表明,本月完工 Q220 产品、P331 产品的成本分别是 309 058.87 元、

204 746.33元。

根据表 2-110-1、表 2-110-2 进行会计核算时,完工入库的 800 件 Q220 产品和 200 件 P331 产品的成本应分别记入"库存商品——Q220""库存商品——P331"科目的借方;本月在"生产成本——基本生产成本"科目借方归集的产品生产费用中完工入库部分对应的直接材料、直接人工、制造费用,应按照各自的借方发生额分别记入"生产成本——基本生产成本"各明细科目的贷方。

因此,该笔业务应填制如表 2-110-3、表 2-110-4 所示记账凭证。

表 2-110-3

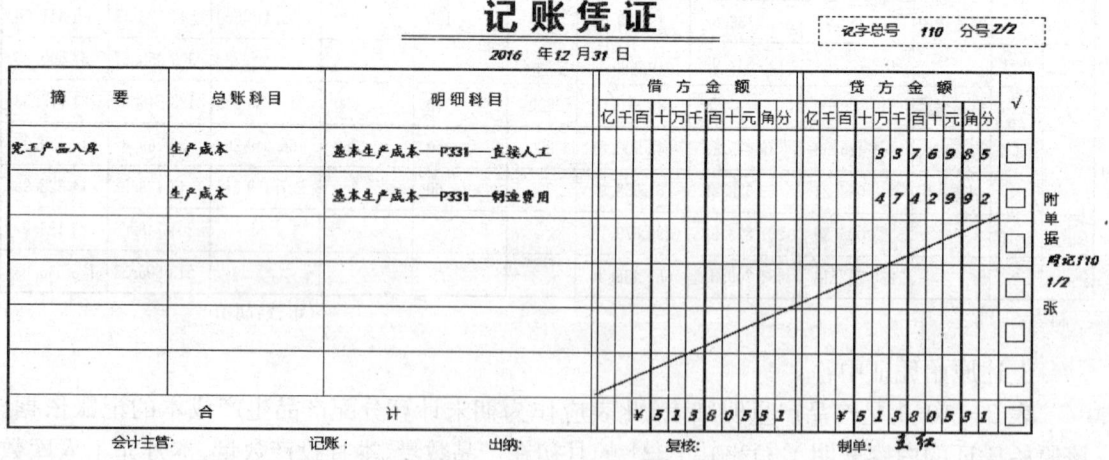

记账凭证

记字总号 110 分号 1/2

2016 年 12 月 31 日

摘 要	总账科目	明细科目	借方金额 亿千百十万千百十元角分	贷方金额 亿千百十万千百十元角分	√
完工产品入库	库存商品	Q220	3 0 9 0 5 8 8 7		□
	库存商品	P331	2 0 4 7 4 6 4 4		□
	生产成本	基本生产成本——Q220——直接材料		2 3 0 9 4 4 0 0	□
	生产成本	基本生产成本——Q220——直接人工		3 3 7 8 6 3 9	□
	生产成本	基本生产成本——Q220——制造费用		4 4 3 2 8 4 8	□
	生产成本	基本生产成本——P331——直接材料		1 2 3 5 4 6 6 7	□
合 计					□

会计主管: 记账: 出纳: 复核: 制单:王红

附单据 2 张

表 2-110-4

记账凭证

记字总号 110 分号 2/2

2016 年 12 月 31 日

摘 要	总账科目	明细科目	借方金额 亿千百十万千百十元角分	贷方金额 亿千百十万千百十元角分	√
完工产品入库	生产成本	基本生产成本——P331——直接人工		3 3 7 6 9 8 5	□
	生产成本	基本生产成本——P331——制造费用		4 7 4 2 9 9 2	□
					□
					□
					□
					□
合 计			¥ 5 1 3 8 0 5 3 1	¥ 5 1 3 8 0 5 3 1	□

会计主管: 记账: 出纳: 复核: 制单:王红

附单据 附记110 1/2 张

【业务 2-111】 (共 2 张原始凭证,于 2017 年 1 月 5 日取得)

表 2-111-1

单位产品成本计算单

2016-12-31

单位:元

产品名称	期初结存		本期入库及销售退回		单位成本
	数量	金额	数量	金额	
Q220	900	340 485.00	800	309 058.87	382.08
P331	300	242 851.00	250	245 221.44	887.40
R588			600	48 200.00	80.33
合　计		583 336.00		602 480.31	

制表:王红　　　　　　　　　　　　　　　　　　　　　　审核:胡清

表 2-111-2

销售产品成本结转表

2016-12-31

单位:元

领用部门	用途	Q220		P331		R588		合计
		数量	金额	数量	金额	数量	金额	
销售网点	销售领用	1 528	583 818.24	450	399 330.00	600	48 200.00	1 031 348.24
合　计			583 818.24		3 999 330.00		48 200.00	1 031 348.24

制表:王红　　　　　　　　　　　　　　　　　　　　　　审核:胡清

上述原始凭证中:

表 2-111-1 是单位产品成本计算单,此表作为期末计算产成品销售成本的记账依据。该原始凭证注明的内容表明,Q220、P331、R588 产品的单位成本分别为 382.08 元、887.40 元、80.33 元。

表 2-111-2 是销售产品成本结转算表,此表也作为期末计算产成品销售成本的记账依据。该原始凭证注明的内容表明,本公司本月销售 Q220、P331、R588 产品的总成本分别为 583 818.24 元、399 330.00 元、48 200.00 元,进行会计核算时,应分别记入"主营业务成本——商品销售成本——Q220""主营业务成本——商品销售成本——P331""主营业务成本——商品销售成本——R588"科目的借方;同时,应分别记入"库存商品——Q220""库存商品——P331""库存商品——R588"科目的贷方。

因此,该笔业务应填制如表 2-111-3 所示记账凭证。

表 2-111-3

记 账 凭 证

记字总号 111 分号

2016 年 12 月 31 日

摘 要	总账科目	明细科目	借方金额 亿千百十万千百十元角分	贷方金额 亿千百十万千百十元角分	✓
结转已销售产品成本	主营业务成本	商品销售成本——Q220	5 8 3 8 1 8 2 4		☐
	主营业务成本	商品销售成本——P331	3 9 9 3 3 0 0 0		☐
	主营业务成本	商品销售成本——R588	4 8 2 0 0 0 0		☐
	库存商品	Q220		5 8 3 8 1 8 2 4	☐
	库存商品	P331		3 9 9 3 3 0 0 0	☐
	库存商品	R588		4 8 2 0 0 0 0	☐
合 计			¥ 1 0 3 1 3 4 8 2 4	¥ 1 0 3 1 3 4 8 2 4	☐

附单据 2 张

会计主管: 记账: 出纳: 复核: 制单:王红

【业务 2-112】 (共 1 张原始凭证,于 2017 年 1 月 5 日取得)

表 2-112-1

应交增值税计算表

2016-12-31 单位:元

项 目	金 额
销项税额	463 378.87
进项税额	93 538.48
进项税额转出	480.28
上期留抵税额	
应纳税额	370 320.67
期末留抵税额	
简易征收办法计算的应纳税额	500.00
应纳税额减征额	0
应纳税额合计	370 820.67

制表:王红 审核:胡清

上述原始凭证中:

表 2-112-1 是应交增值税计算表,此表应作为期末计算应交增值税的记账依据。该原始凭证注明的内容表明,本公司本月"销项税额"是 463 378.80 元,其中包含本月出售华林公司股票和平智公司债券因卖出价大于买入价而应计缴的转让金融商品应交增值税1 018.87 元,进行会计核算时,应分别记入"投资收益——出售金融资产收益——出售商品资产收益"科目的借方以及"应交税费——转让金融商品应交增值税"科目的贷方;"简易征收办法计算的应纳税额"500.00 元已在业务 65 中进行了会计核算,此处不需要再作会计处理;同时,采用一般计税办法形成的"应纳税额"370 320.67 元扣减转让金融商品应交增值税 1 018.87 元后的余额 369 310.80 元,进行会计核算时,应分别记入"应交税费——应交增值税——转出未交增值税"科目的借方以及"应交税费——未交增值税"科目的贷方。

因此,该笔业务应填制如表 2-112-2、表 2-112-3 所示记账凭证。

表 2-112-2

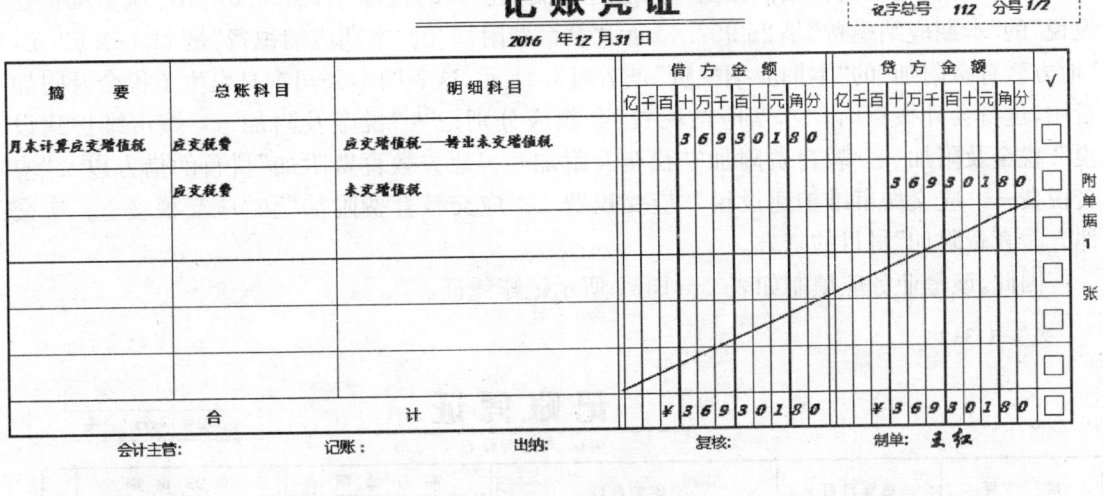

表 2-112-3

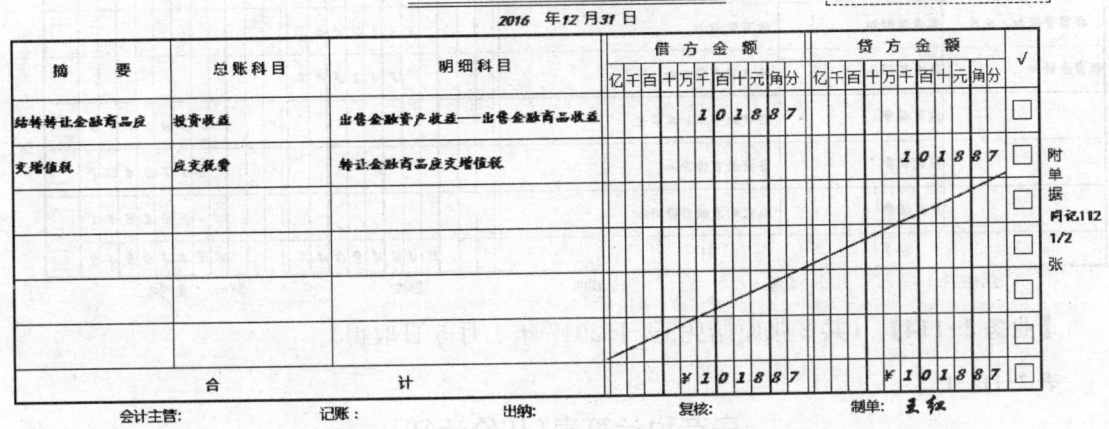

【业务 2-113】（共 1 张原始凭证,于 2017 年 1 月 5 日取得）

表 2-113-1

城建税、教育费附加、地方教育费附加计算表

2016 年 12 月 31 日

单位:元

税(费)种	增值税	税率(征收率)	本期应纳税费	本期已缴税费	本期应补(退)税费
城市维护建设税(市区)	370 820.67	7%	25 957.45	0	25 957.45
教育费附加	370 820.67	3%	11 124.62	0	11 124.62
地方教育费附加	370 820.67	2%	7 416.41	0	7 416.41
合　计			44 498.48	0	44 498.48

审核:胡清　　　　　　　　　　　　　　　　　　　　制表:王红

上述原始凭证中:

表 2-113-1 是城市维护建设税、教育费附加、地方教育费附加计算表,此表应作为企业期末计算城市维护建设税及教育费附加的记账依据。该原始凭证注明,城建税、教育费附加、地方教育费附加的计缴依据是本月合计应交增值税的税额 370 820.67 元,"城市维护建设税"的"本期应纳税费"是 25 957.45 元,"教育费附加"的"本期应纳税费"是 11 124.62 元,"地方教育费附加"的"本期应纳税费"是 7 416.41 元,这表明本公司本月发生了税金及附加费用,进行会计核算时,"本期应纳税费"金额应分别记入"税金及附加——城市维护建设税""税金及附加——教育费附加""税金及附加——地方教育费附加"科目的借方以及"应交税费——应交城市维护建设税""应交税费——应交教育费附加"和"应交税费——应交地方教育费附加"科目的贷方。

因此,该笔业务应填制如表 2-113-2 所示记账凭证。

表 2-113-2

记 账 凭 证

2016 年 12 月 31 日

记字总号 113 分号

摘 要	总账科目	明细科目	借方金额	贷方金额	√
计提城市维护建设税	税金及附加	城市维护建设税	25 957 45		☐
、教育费附加、地方	税金及附加	教育费附加	11 124 62		☐
教育费附加	税金及附加	地方教育费附加	7 416 41		☐
	应交税费	应交城市维护建设税		25 957 45	☐
	应交税费	应交教育费附加		11 124 62	☐
	应交税费	应交地方教育费附加		7 416 41	☐
合 计			¥44 498 48	¥44 498 48	☐

附单据 1 张

会计主管: 记账: 出纳: 复核: 制单:王红

【业务 2-114】 (共 2 张原始凭证,于 2017 年 1 月 5 日取得)

表 2-114-1

房产税计算表(从价计征)

2016 年 12 月 31 日

单位:元

房产编码	房产原值	其中:出租房产原值	计税比例	税率	计税月份数	本期应纳税额	本期已缴税额	本期应补(退)税额
3940	2 750 000.00		0.70	1.2%	3	5 775.00		5 775.00
合 计	2 750 000.00					5 775.00		5 775.00

审核:王红

制表:胡清

表 2-114-2

房产税计算表(从租计征)

2016 年 12 月 31 日　　　　　　　　　　　　　　　单位:元

房产编码	每月租金收入	税　率	本期应纳税额	本期已缴税额	本期应补(退)税额
3940	10 000.00	12%	1 200.00		1 200.00
合　计	10 000.00		1 200.00		1 200.00

审核:王红　　　　　　　　　　　　　　　　　　　　　　　　　　制表:胡清

上述原始凭证中:

表 2-114-1 是房产税计算表(从价计征),此表应作为企业期末计算从价计征房产税的记账依据。该原始凭证注明,"本期应纳税额"是 5 775.00 元,这表明本公司本月发生了从价计征的应交房产税。

表 2-114-2 是房产税计算表(从租计征),此表应作为企业期末计算从租计征房产税的记账依据。该原始凭证注明,"本期应纳税额"是 1 200.00 元,这表明本公司本月发生了从租计征的应交房产税。

根据表 2-114-1、表 2-114-2 进行会计核算时,"本期应纳税额"合计 6 975.00 元应分别记入"税金及附加——房产税"科目的借方以及"应交税费——应交房产税"科目的贷方。

因此,该笔业务应填制如表 2-114-3 所示记账凭证。

表 2-114-3

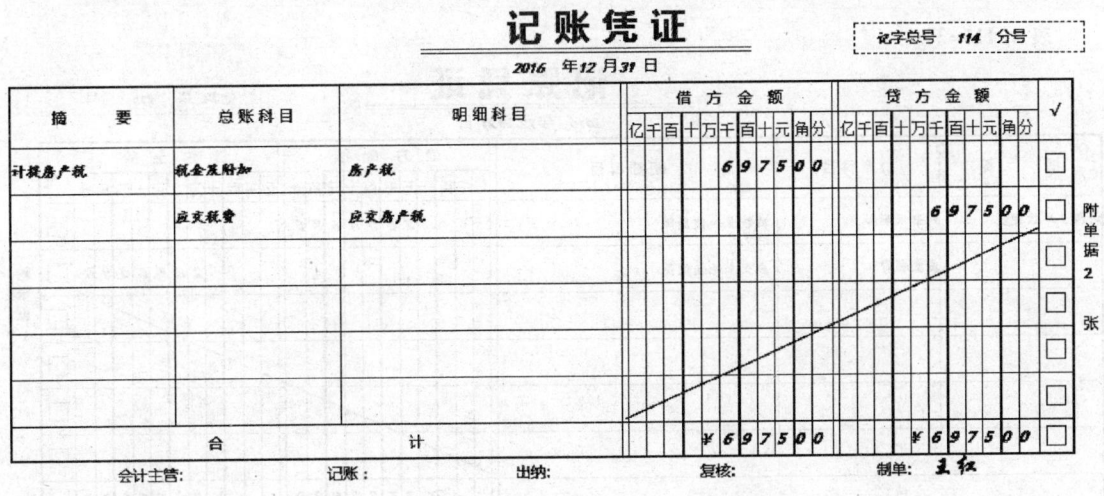

【业务 2-115】（共 1 张原始凭证,于 2017 年 1 月 5 日取得)

表 2-115-1

城镇土地使用税计算表

2016-12-31   单位:元

土地等级	税额标准(年)	土地总面积	计税月份数	本期应纳税额	本期已缴税额	本期应补(退)税额
一级	8	13 333.4	3	26 666.80		26 666.80
合　计				26 666.80		26 666.80

审核:胡清   制表:王红

上述原始凭证中:

表 2-115-1 是城镇土地使用税计算表,此表应作为企业期末计算城镇土地使用税的记账依据。该原始凭证注明,"本期应纳税额"是 26 666.80 元,这表明本公司本月发生了的应交城镇土地使用税。进行会计核算时,"本期应纳税额"26 666.80 元应分别记入"税金及附加——城镇土地使用税"科目的借方以及"应交税费——应交土地使用税"科目的贷方。

因此,该笔业务应填制如表 2-115-2 所示记账凭证。

表 2-115-2

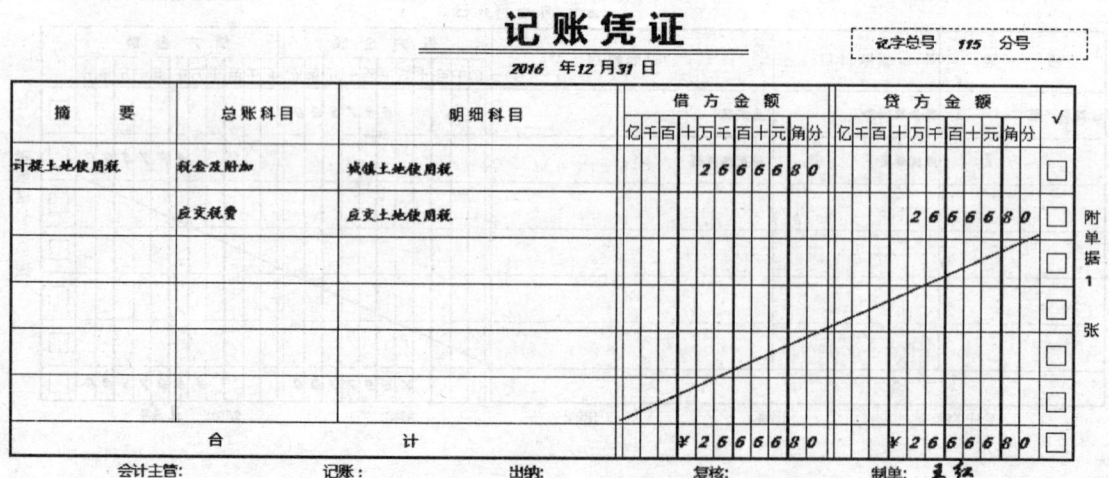

【业务 2-116】（共 1 张原始凭证,于 2017 年 1 月 5 日取得）

表 2-116-1

<table>
<tr><td colspan="2">经理办公会议纪要</td></tr>
<tr><td colspan="2">　　2015 年 01 月 01 日,本公司对常州上善有限公司进行投资,持股比例 30%,不能控制被投资单位。被投资单位常州上善有限公司未经审计的 2016 年度净利润为 380 000 元,本公司确认投资收益为 114 000 元。</td></tr>
<tr><td>参加人员:田园　　胡清　　周小军　　章亚菲</td><td>2016 年 12 月 31 日</td></tr>
</table>

上述原始凭证中:

表 2-116-1 是本公司形成的经理办公会议纪要,应作为长期股权投资权益法后续计量的记账依据。该原始凭证注明的内容表明,本公司根据持股 30% 的被投资企业常州上善有限公司未经审计的 2016 年度净利润进行损益调整,确认投资收益 114 000.00 元,进行会计核算时,应分别记入"长期股权投资——常州上善有限公司——损益调整"科目的借方以及"投资收益——被投资单位损益调整"科目的贷方。

因此,该笔业务应填制如表 2-116-2 所示记账凭证。

表 2-116-2

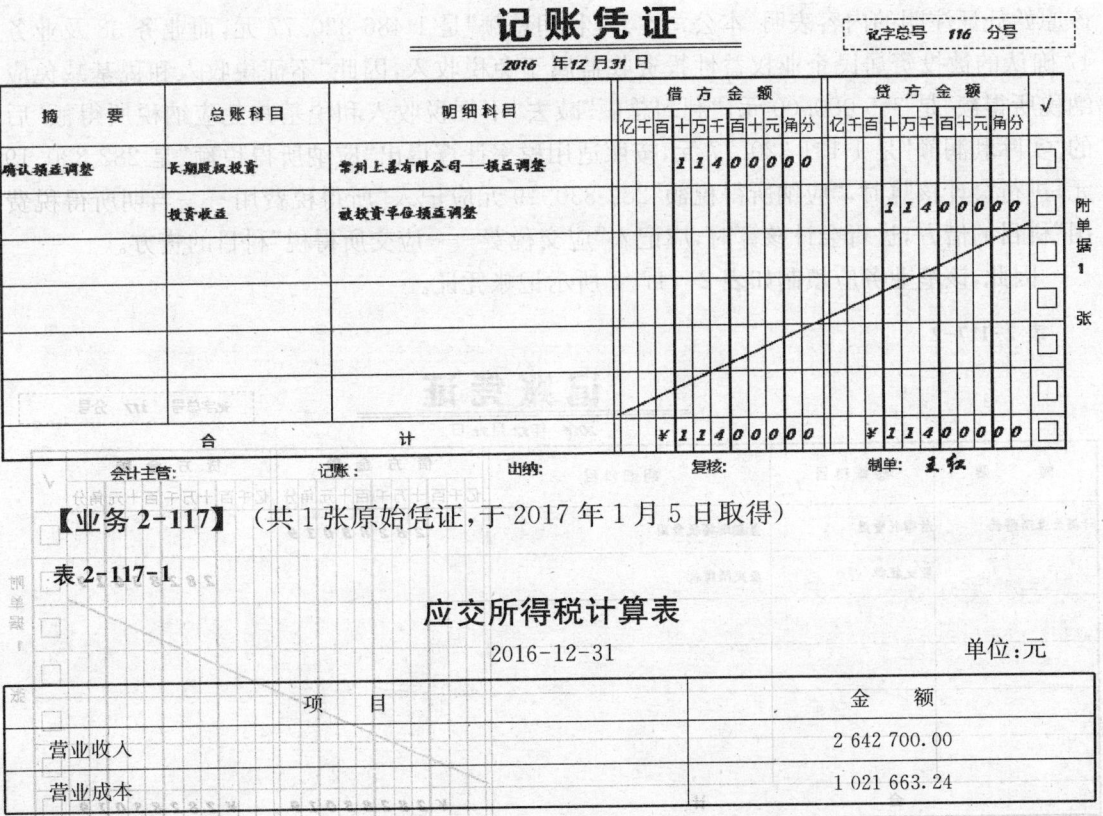

记账凭证

2016 年 12 月 31 日　　　　记字总号 116 分号

摘要	总账科目	明细科目	借方金额	贷方金额	√
确认损益调整	长期股权投资	常州上善有限公司——损益调整	11400000		□
	投资收益	被投资单位损益调整		11400000	□
					□
					□
					□
合　　计			¥11400000	¥11400000	□

附单据 1 张

会计主管:　　　记账:　　　出纳:　　　复核:　　　制单: 王红

【业务 2-117】（共 1 张原始凭证,于 2017 年 1 月 5 日取得）

表 2-117-1

应交所得税计算表

2016-12-31　　　　　　　　　　单位:元

项　目	金　额
营业收入	2 642 700.00
营业成本	1 021 663.24

（续表）

项 目	金 额
利润总额	1 486 320.77
加:特定业务计算的应纳税所得额	
减:不征税收入和税基减免应纳税所得额	355 000.00
固定资产加速折旧(扣除)调减额	
弥补以前年度亏损	
实际利润额	1 131 320.77
税率	25%
应纳所得税额	282 830.19
减:减免所得税额	
实际已预缴所得税额	
特定业务预缴(征)所得税额	
应补(退)所得税额	282 830.19
减:以前年度多缴在本期抵缴所得税额	
本月(季)实际应补(退)所得税额	282 830.19

制表:王红　　　　　　　　　　　　　　　　　　　　　　审核:胡清

上述原始凭证中:

表 2-117-1 是应交所得税计算表,此表应作为期末计算本期所得税费用的记账依据。该原始凭证注明的内容表明,本公司本月"利润总额"是 1 486 320.77 元,而业务 38 及业务 47 确认的被投资居民企业权益性投资收益属于免税收入,因此"不征税收入和税基减免应纳税所得额"是 355 000.00 元,"利润总额"减去"不征税收入和税基减免应纳税所得额"后的"实际利润额"是 1 131 320.77 元,按照适用税率计算得出"应纳所得税额"是 282 830.19 元,进行会计核算时,"应纳所得税额"282 830.19 元应记入"所得税费用——当期所得税费用"科目的借方,进行会计核算时,应记入"应交税费——应交所得税"科目的贷方。

因此,该笔业务应填制如表 2-117-2 所示记账凭证。

表 2-117-2

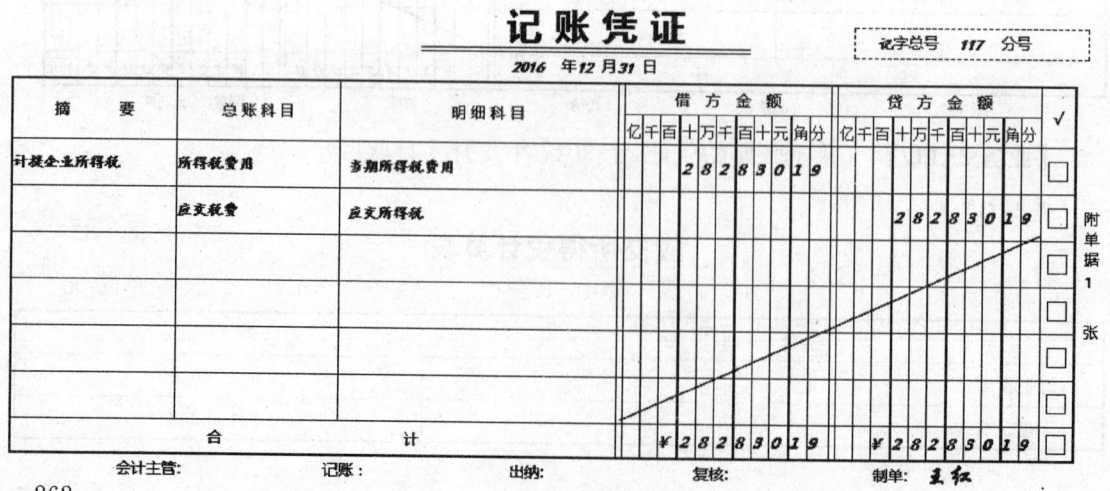

【业务 2-118】（共 1 张原始凭证，于 2017 年 1 月 5 日取得）

表 2-118-1

损益类账户发生额结转表

2016-12-31　　　　　　　　　　　　　　　　单位:元

总账科目名称	本期借方发生额	本期贷方发生额
主营业务收入		2 590 000.00
其他业务收入		52 700.00
公允价值变动损益	1 150.00	39 681.13
投资收益	8 029.81	554 086.41
营业外收入		230.00
主营业务成本	990 873.24	
其他业务成本	30 790.00	
税金及附加	78 500.28	
销售费用	40 002.04	
管理费用	90 015.06	300.00
财务费用	352 291.50	842.40
资产减值损失	153 673.23	
营业外支出	6 194.01	
所得税费用	282 830.19	
合　计	2 034 349.36	3 237 839.94

审核:胡清　　　　　　　　　　　　　　　　　　　编制:王红

上述原始凭证中:

表 2-118-1 是损益类账户发生额结转表,此表应作为期末结转损益类科目的记账依据。该原始凭证注明的内容表明,本公司本月收入类科目发生额合计为 3 227 517.73 元,期末结转时,应从"主营业务收入""其他业务收入""投资收益""公允价值变动"和"营业外收入"各明细科目的借方转入"本年利润"科目的贷方。同时,本公司本月费用类科目发生额合计为 2 024 027.15 元,应分别从"主营业务成本""其他业务成本""税金及附加""管理费用""销售费用""财务费用""资产减值损失""营业外支出"和"所得税费用"各明细科目的贷方转入"本年利润"科目的借方。

因此,该笔业务应填制如表 2-118-2 至表 2-118-12 所示记账凭证。

表 2-118-2

记 账 凭 证

记字总号 118 分号 1/11

2016 年 12 月 31 日

摘　要	总账科目	明细科目	借方金额 亿千百十万千百十元角分	贷方金额 亿千百十万千百十元角分	√
月末结转损益类账户	主营业务收入	商品销售收入——0Z20	1 4 9 0 0 0 0 0		☐
	主营业务收入	商品销售收入——P331	8 0 0 0 0 0 0		☐
	主营业务收入	商品销售收入——R588	3 0 0 0 0 0 0		☐
	其他业务收入	出租固定资产收入	1 0 0 0 0 0		☐
	其他业务收入	出租无形资产收入	9 0 0 0		☐
	其他业务收入	材料销售收入	4 0 0 0 0 0		☐
合　计					☐

附单据 1 张

会计主管：　记账：　出纳：　复核：　制单：王红

表 2-118-3

记 账 凭 证

记字总号 118 分号 2/11

2016 年 12 月 31 日

摘　要	总账科目	明细科目	借方金额 亿千百十万千百十元角分	贷方金额 亿千百十万千百十元角分	√
月末结转损益类账户	其他业务收入	包装物销售收入	1 8 0 0 0 0		☐
	公允价值变动损益	交易性金融资产公允价值变动	7 5 3 1 1 3		☐
	公允价值变动损益	投资性房地产公允价值变动	3 1 0 0 0 0 0		☐
	投资收益	股利收入	3 5 6 2 0 0 0 0		☐
	投资收益	利息收入	1 9 2 9 6 2 7		☐
	投资收益	出售金融资产收益——出售金融商品收益	3 9 5 7 1 2 7		☐
合　计					☐

附单据 同记118 1/11 张

会计主管：　记账：　出纳：　复核：　制单：王红

表 2-118-4

记 账 凭 证

记字总号 118 分号 3/11

2016 年 12 月 31 日

摘　要	总账科目	明细科目	借方金额 亿千百十万千百十元角分	贷方金额 亿千百十万千百十元角分	√
月末结转损益类账户	投资收益	出售长期股权投资收益	1 7 0 0 0 0 0		☐
	投资收益	联投资单位损益调整	1 1 4 0 0 0 0 0		☐
	营业外收入	无法偿付的应付款项	2 3 0 0 0		☐
	投资收益	交易手续费		1 0 9 4	☐
	本年利润			3 2 2 7 5 1 7 7 3	☐
					☐
合　计			¥ 3 2 2 7 5 2 8 6 7	¥ 3 2 2 7 5 2 8 6 7	☐

会计主管：　记账：　出纳：　复核：　制单：王红

表 2-118-5

记 账 凭 证

记字总号 118　分号 4/11

2016 年 12 月 31 日

摘　要	总账科目	明细科目	借方金额	贷方金额	√
月末结转损益类账户	本年利润		2024027 15		□
	管理费用	盘盈利得		50000	□
	主营业务成本	商品销售成本——Q720		5838 1824	□
	主营业务成本	商品销售成本——P331		3583 5500	□
	主营业务成本	商品销售成本——R588		482 0000	□
	其他业务成本	出租无形资产摊销额		5 0000	□
合　　计					□

会计主管：　　　记账：　　　出纳：　　　复核：　　　制单：王红

附单据　同记118　1/11　张

表 2-118-6

记 账 凭 证

记字总号 118　分号 5/11

2016 年 12 月 31 日

摘　要	总账科目	明细科目	借方金额	贷方金额	√
月末结转损益类账户	其他业务成本	材料销售成本		295 7000	□
	其他业务成本	包装物销售成本		7 2000	□
	税金及附加	城市维护建设税		259 5745	□
	税金及附加	教育费附加		111 2462	□
	税金及附加	地方教育费附加		74 1641	□
	税金及附加	房产税		69 7500	□
合　　计					□

会计主管：　　　记账：　　　出纳：　　　复核：　　　制单：王红

附单据　同记118　1/11　张

表 2-118-7

记 账 凭 证

记字总号 118　分号 6/11

2016 年 12 月 31 日

摘　要	总账科目	明细科目	借方金额	贷方金额	√
月末结转损益类账户	税金及附加	城镇土地使用税		26 6680	□
	税金及附加	车船税		3 6000	□
	销售费用	包装费		29 4000	□
	销售费用	广告宣传费		30 0000	□
	销售费用	工资		80 0000	□
	销售费用	职工福利费		10 0000	□
合　　计					□

会计主管：　　　记账：　　　出纳：　　　复核：　　　制单：王红

表 2-118-8

记 账 凭 证

2016 年 12 月 31 日

记字总号 118 分号 7/11

摘要	总账科目	明细科目	借方金额 亿千百十万千百十元角分	贷方金额 亿千百十万千百十元角分	√
月末结转损益类账户	销售费用	社会保险费		2 3 4 4 0 0	
	销售费用	住房公积金		8 0 0 0 0	
	销售费用	工会经费		1 6 0 0 0	
	销售费用	职工教育经费		2 0 0 0 0	
	销售费用	折旧费		2 1 3 6 0	
	销售费用	租赁费		2 0 0 0 0 0	
	合 计				

会计主管：　记账：　出纳：　复核：　制单：王红

附单据同记118 1/11 张

表 2-118-9

记 账 凭 证

2016 年 12 月 31 日

记字总号 118 分号 8/11

摘要	总账科目	明细科目	借方金额 亿千百十万千百十元角分	贷方金额 亿千百十万千百十元角分	√
月末结转损益类账户	销售费用	装卸费		1 9 4 4 4 4	
	管理费用	咨询服务费		8 0 0 0 0	
	管理费用	无形资产摊销费		2 8 3 3 3 3	
	管理费用	工资		3 2 7 0 0 0 0	
	管理费用	社会保险费		9 5 8 1 1 0	
	管理费用	住房公积金		3 2 7 0 0 0	
	合 计				

会计主管：　记账：　出纳：　复核：　制单：王红

附单据同记118 1/11 张

表 2-118-10

记 账 凭 证

2016 年 12 月 31 日

记字总号 118 分号 9/11

摘要	总账科目	明细科目	借方金额 亿千百十万千百十元角分	贷方金额 亿千百十万千百十元角分	√
月末结转损益类账户	管理费用	工会经费		6 5 4 0 0	
	管理费用	职工教育经费		8 1 7 5 0	
	管理费用	办公费		8 5 4 7 0	
	管理费用	水电费		4 5 4 2 2 9	
	管理费用	差旅费		5 2 9 0 0	
	管理费用	折旧费		9 9 7 4 8 0	
	合 计				

会计主管：　记账：　出纳：　复核：　制单：王红

附单据同记118 1/11 张

表 2-118-11

记 账 凭 证

记字总号　118　分号 10/11

2016 年 12 月 31 日

摘　要	总账科目	明细科目	借方金额	贷方金额	√
月末结转损益类账户	管理费用	固定资产维修费		2 300 00	☐
	管理费用	汽车费用		412 50	☐
	管理费用	盘亏损失		45 84	☐
	财务费用	利息支出		349 951 50	☐
	管理费用	现金折扣		1 497 60	☐
	资产减值损失	坏账损失		153 424 67	☐
合　　计					☐

附单据 同记118 1/11 张

会计主管:　　记账:　　出纳:　　复核:　　制单: 王红

表 2-118-12

记 账 凭 证

记字总号　118　分号 11/11

2016 年 12 月 31 日

摘　要	总账科目	明细科目	借方金额	贷方金额	√
月末结转损益类账户	资产减值损失	存货跌价损失		248 56	☐
	营业外支出	非流动资产处置损失		437 600	☐
	营业外支出	盘亏损失		181 801	☐
	所得税费用	当期所得税费用		2 828 301 9	☐
					☐
					☐
合　　计			¥2 024 327 15	¥2 024 327 15	☐

附单据 同记118 1/11 张

会计主管:　　记账:　　出纳:　　复核:　　制单: 王红

【业务 2-119】　（共 1 张原始凭证，于 2017 年 1 月 5 日取得）

表 2-119-1

年度净利润计算及结转表

2016-12-31

单位:元

项　目	金　额
1～11 月净利润	3 158 157.64
12 月净利润	1 203 490.58
年度净利润	4 361 648.22

制单人:王红　　　　　　　　　　　　　　　　复核人:胡清

上述原始凭证中:

表 2-119-1 是年度净利润计算及结转表，此表应作为结转本年利润的记账依据。该原

始凭证注明的内容表明,本公司本年度的净利润为 4 361 648.22 元,进行会计核算时,应分别记入"本年利润"科目的借方以及"利润分配——未分配利润"科目的贷方。

因此,该笔业务应填制如表 2-119-2 所示记账凭证。

表 2-119-2

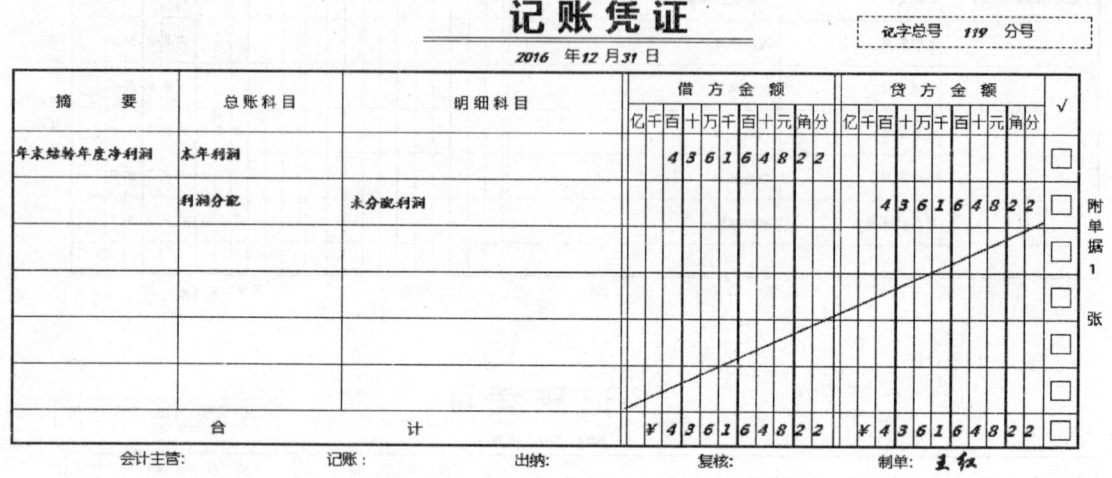

【业务 2-120】(共 1 张原始凭证,于 2017 年 1 月 5 日取得)

表 2-120-1

计提盈余公积计算表

2016-12-31   单位:元

项　　目	计提比例	金　　额
法定盈余公积	10%	436 164.82
合　计		436 164.82

制单:王红   审核:胡清

上述原始凭证中:

表 2-120-1 是计提盈余公积计算表,此表应作为企业期末计提盈余公积的记账依据。该原始凭证注明的内容表明,本公司按年度净利润的 10% 提取法定盈余公积 436 164.82 元,进行会计核算时,应分别记入"利润分配——提取法定盈余公积"科目的借方和"盈余公积——法定盈余公积"科目的贷方。

因此,该笔业务应填制如表 2-120-2 所示记账凭证。

表 2-120-2

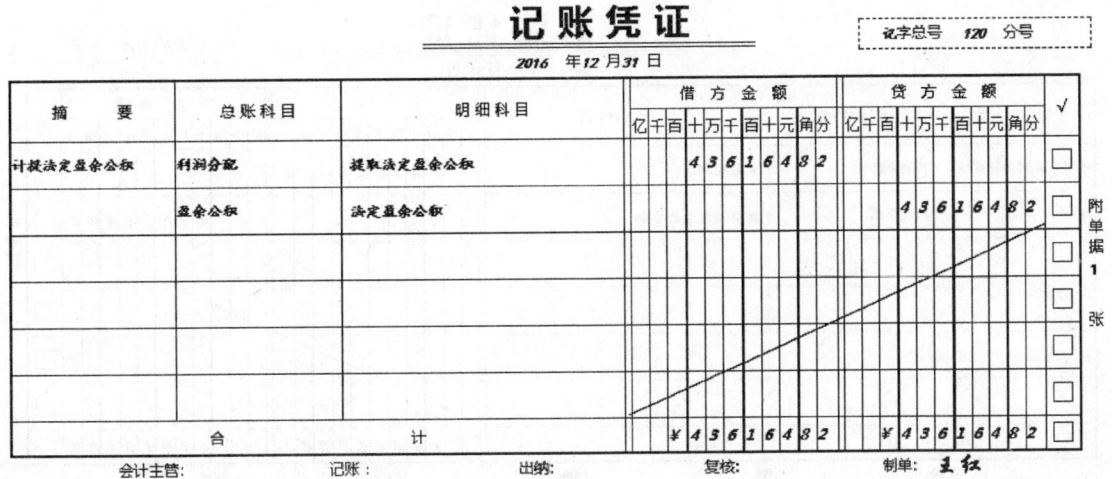

记 账 凭 证

2016 年 12 月 31 日

记字总号　120　分号

摘　要	总账科目	明细科目	借方金额										贷方金额										√
			亿	千	百	十	万	千	百	十	元	角	分	亿	千	百	十	万	千	百	十	元	角	分	
计提法定盈余公积	利润分配	提取法定盈余公积				4	3	6	1	6	4	8	2												☐
	盈余公积	法定盈余公积															4	3	6	1	6	4	8	2	☐
																									☐
																									☐
																									☐
																									☐
合　　　　计					¥	4	3	6	1	6	4	8	2			¥	4	3	6	1	6	4	8	2	☐

附单据 1 张

会计主管：　　　　记账：　　　　出纳：　　　　复核：　　　　制单：王红

【业务 2-121】 （共 1 张原始凭证，于 2017 年 1 月 5 日取得）

表 2-121-1

利润分配明细项目结转表

2016-12-31

单位:元

项　目	金　额
提取法定盈余公积	436 164.82
合　计	436 164.82

制单:王红　　　　　　　　　　　　　　　　　　　　审核:胡清

上述原始凭证中：

表 2-121-1 是利润分配明细项目结转表，此表应作为企业期末结转利润分配各明细科目的记账依据。该原始凭证注明的内容表明，本公司已经按年度净利润的 10％提取法定盈余公积 436 164.82 元，进行会计核算时，应分别记入"利润分配——未分配利润"科目的借方以及"利润分配——提取法定盈余公积"科目的贷方。

因此，该笔业务应填制如表 2-121-2 所示记账凭证。

表 2-121-2

记 账 凭 证

2016 年 12 月 31 日

摘 要	总账科目	明细科目	借方金额											贷方金额											√
			亿	千	百	十	万	千	百	十	元	角	分	亿	千	百	十	万	千	百	十	元	角	分	
利润分配明细科目结	利润分配	未分配利润				4	3	6	1	6	4	8	2												☐
转	利润分配	提取法定盈余公积															4	3	6	1	6	4	8	2	☐
																									☐
																									☐
																									☐
																									☐
合 计				¥	4	3	6	1	6	4	8	2			¥	4	3	6	1	6	4	8	2		☐

附单据 1 张

会计主管:　　　　记账:　　　　出纳:　　　　复核:　　　　制单: *王红*

第三章　主要经济业务涉及的账簿设置

一、货币资金业务的账簿设置

货币资金业务一般需要设置总账、日记账和明细账。

(一) 总账

货币资金的总账包括"库存现金""银行存款"和"其他货币资金"总账。总账最常用的格式为三栏式,设置借方、贷方和余额三个基本金额栏目,使用订本账。

(二) 日记账

货币资金的日记账包括现金日记账和银行存款日记账。

1. 现金日记账

现金日记账的格式一般采用三栏式,可设置收入、支出和结余三个基本金额栏目或借方、贷方和余额三个基本金额栏目。现金收付业务较多的企业,也可以采用多栏式现金日记账。由于多栏式现金日记账是按照现金收付的每一对应科目设专栏进行的序时、分类登记,能较为全面、清晰地反映现金收付的来龙去脉,因此月末可根据各对应科目的汇总发生额及收入和支出两部分的合计数直接登记总账。需要说明的是,在实际工作中一般企业主要采用三栏式现金日记账。

无论采用三栏式还是多栏式现金日记账,都必须使用订本账。

2. 银行存款日记账

银行存款日记账可按开户银行和其他金融机构、存款种类等设置。

银行存款日记账的格式一般采用三栏式,可设置收入、支出和结余三个基本金额栏目或借方、贷方和余额三个基本金额栏目。

银行存款收付业务较多的企业,也可以用采用多栏式银行存款日记账。由于多栏式银行存款日记账是按照现金收付的每一对应科目设专栏进行的序时、分类登记,能较为全面、清晰地反映银行存款收付的来龙去脉,因此月末可根据各对应科目的汇总发生额及收入和支出两部分的合计数直接登记总账。需要说明的是,在实际工作中一般企业主要采用三栏式银行存款日记账。

无论采用三栏式还是多栏式银行存款日记账,都必须使用订本账。

(三) 明细账

货币资金的明细账主要包括其他货币资金明细账。其他货币资金明细账的格式采用三栏式,设置借方、贷方和余额三个基本金额栏目,使用活页式账簿。

其他货币资金明细账可按银行汇票或本票、信用证的收款单位,外埠存款的开户银行等,分别"银行汇票""银行本票""信用卡""信用证保证金""存出投资款""外埠存款""承兑保证金"等进行明细核算。

二、往来业务的账簿设置

往来业务一般需要设置总账和明细账。

(一) 总账

往来业务涉及的总账包括"应收票据""应收账款""预付账款""其他应收款""坏账准备""应付票据""应付账款""预收账款"和"其他应付款"等总账。

(二) 明细账

往来业务涉及的总账都需设置明细账进行明细核算。往来业务的明细账常用的格式采用三栏式,设置借方、贷方和余额三个基本金额栏目,使用活页式账簿。

除坏账准备明细账可按债务人进行明细核算外,其他往来业务的明细账按对方单位或个人进行明细核算。

三、存货业务的账簿设置

存货业务一般需要设置总账和明细账。

(一) 总账

存货业务涉及的总账包括"原材料""在途物资""周转材料""委托加工物资""制造费用""生产成本""库存商品"等总账。

(二) 明细账

存货业务涉及的总账都需设置明细账进行明细核算。原材料、周转材料和库存商品明细账采用数量金额式,数量金额式明细分类账其借方(收入)、贷方(发出)和(结存)都分别设有数量、单价和金额三个专栏,使用活页式账簿;在途物资、委托加工物资明细账采用三栏式,使用活页式账簿;制造费用和生产成本明细账采用多栏式,使用活页式账簿。

1. 原材料明细账

原材料明细账可按材料的保管地点(仓库)、材料的类别、品种和规格等进行明细核算。

2. 在途物资明细账

在途物资明细账可按供应单位和物资品种进行明细核算。

3. 周转材料明细账

周转材料明细账可按周转材料的种类进行明细核算。在采用分次摊销方法时,分别"在库""在用"和"摊销"进行明细核算。

4. 委托加工物资明细账

委托加工物资明细账可按加工合同、受托加工单位以及加工物资的品种等进行明细核算。

5. 制造费用明细账

制造费用明细账可按不同的生产车间、部门和费用项目进行明细核算。

6. 生产成本明细账

生产成本明细账可按基本生产成本和辅助生产成本进行明细核算,基本生产成本应当分别按照基本生产车间和成本核算对象(产品的品种、类别、订单、批别、生产阶段等)设置明细账(或成本计算单,下同),并按照规定的成本项目设置专栏。

7. 库存商品明细账

库存商品明细账可按库存商品的种类、品种和规格等进行明细核算。

四、金融资产业务的账簿设置

金融资产业务一般需要设置总账和明细账。

(一) 总账

金融资产业务涉及的总账包括"交易性金融资产""可供出售金融资产""可供出售金融资产减值准备""持有至到期投资""持有至到期投资减值准备"等总账。

(二) 明细账

金融资产业务涉及的总账都需设置明细账进行明细核算。金融资产业务的明细账常用的格式采用三栏式,设置借方、贷方和余额三个基本金额栏目,使用活页式账簿。

1. 交易性金融资产明细账

交易性金融资产明细账可按交易性金融资产的类别和品种,分别"成本""公允价值变动"等进行明细核算。

2. 可供出售金融资产明细账

可供出售金融资产明细账可按金融商品的类别和品种或被投资企业的名称进行明细核算。可供出售金融资产为金融商品时,还应分别"成本""利息调整""应计利息""公允价值变动"等进行明细核算;可供出售金融资产为股权时,还应分别"成本""公允价值变动"等进行明细核算。

3. 可供出售金融资产减值准备明细账

可供出售金融资产减值准备明细账可按可供出售金融资产类别和品种进行明细核算。

4. 持有至到期投资明细账

持有至到期投资明细账可按持有至到期投资的类别和品种,分别"成本""利息调整"

"应计利息"等进行明细核算。

5. 持有至到期投资减值准备明细账

持有至到期投资减值准备明细账可按持有至到期投资类别和品种进行明细核算。

五、长期股权投资业务的账簿设置

长期股权投资业务一般需要设置总账和明细账。

（一）总账

长期股权投资业务涉及的总账主要包括"长期股权投资""长期股权投资减值准备"等总账。

（二）明细账

长期股权投资业务涉及的总账都需设置明细账进行明细核算。常用的格式采用三栏式，设置借方、贷方和余额三个基本金额栏目，使用活页式账簿。

1. 长期股权投资明细账

长期股权投资明细账可按被投资单位进行明细核算。长期股权投资采用权益法核算的，还应当分别"投资成本""损益调整""其他综合收益变动""其他权益变动"进行明细核算。

2. 长期股权投资减值准备明细账

长期股权投资减值准备明细账可按被投资单位进行明细核算。

六、固定资产业务的账簿设置

固定资产业务一般需要设置总账和明细账。

（一）总账

固定资产业务涉及的总账主要包括"固定资产""累计折旧""固定资产减值准备""在建工程""工程物资""固定资产清理""长期待摊费用"等总账。

（二）明细账

固定资产业务涉及的总账一般都需设置明细账进行明细核算。常用的格式采用三栏式，设置借方、贷方和余额三个基本金额栏目，使用活页式账簿。固定资产明细账采用卡片账形式。

1. 固定资产、累计折旧明细账

固定资产、累计折旧明细账可按固定资产类别和项目一并在卡片账中进行明细核算。

2. 在建工程明细账

在建工程明细账可按"建筑工程""安装工程""在安装设备""待摊支出"以及单项工程等进行明细核算。

3. 工程物资明细账

工程物资明细账可按"专用材料""专用设备""工器具"等进行明细核算。

4. 固定资产清理明细账

固定资产清理明细账可按被清理的固定资产项目进行明细核算。

5. 固定资产减值准备、在建工程减值准备、工程物资减值准备明细账

固定资产减值准备、在建工程减值准备、工程物资减值准备明细账可按资产类别和项目进行明细核算。

6. 长期待摊费用明细账

长期待摊费用明细账可按费用项目进行明细核算。

七、投资性房地产业务的账簿设置

投资性房地产业务一般需要设置总账和明细账。

(一) 总账

投资性房地产业务涉及的总账主要包括"投资性房地产""投资性房地产累计折旧""投资性房地产累计摊销""投资性房地产减值准备"等总账。

(二) 明细账

投资性房地产业务涉及的总账都需设置明细账进行明细核算。常用的格式采用三栏式,设置借方、贷方和余额三个基本金额栏目,使用活页式账簿。

采用公允价值模式计量的"投资性房地产"明细账,可按类别和项目进行明细核算,还应当分别"投资成本"和"公允价值变动"进行明细核算。

采用成本模式计量的投资性房地产业务:"投资性房地产""投资性房地产累计折旧""投资性房地产累计摊销""投资性房地产减值准备"明细账可按类别和项目进行明细核算。

八、无形资产业务的账簿设置

无形资产业务一般需要设置总账和明细账。

(一) 总账

无形资产业务涉及的总账主要包括"无形资产""累计摊销""无形资产减值准备"等总账。

（二）明细账

无形资产业务涉及的总账都需设置明细账进行明细核算。常用的格式采用三栏式，设置借方、贷方和余额三个基本金额栏目，使用活页式账簿。

无形资产、累计摊销、无形资产减值准备明细账均可按无形资产项目进行明细核算。

九、借款业务的账簿设置

借款业务一般需要设置总账和明细账。

（一）总账

借款业务涉及的总账主要包括"短期借款""长期借款""应付利息""应付债券"等总账。

（二）明细账

借款业务涉及的总账都需设置明细账进行明细核算。常用的格式采用三栏式，设置借方、贷方和余额三个基本金额栏目，使用活页式账簿。

1. 短期借款明细账

短期借款明细账可按借款种类、贷款人进行明细核算。

2. 长期借款明细账

长期借款明细账可按贷款单位和贷款种类，分别"本金""利息调整""应计利息"等进行明细核算。

3. 应付利息明细账

应付利息明细账可按存款人或债权人进行明细核算。

4. 应付债券明细账

应付债券明细账可按"面值""利息调整""应计利息"等进行明细核算。

十、职工薪酬业务的账簿设置

职工薪酬业务一般需要设置总账和明细账。

（一）总账

职工薪酬业务涉及的总账主要包括"应付职工薪酬"等总账。

（二）明细账

职工薪酬业务涉及的总账都需设置明细账进行明细核算。常用的格式采用三栏式，设置借方、贷方和余额三个基本金额栏目，使用活页式账簿。

应付职工薪酬明细账可按"工资""职工福利""社会保险费""设定提存计划""住房公积

金""工会经费""职工教育经费""非货币性福利""辞退福利""股份支付"等进行明细核算。

十一、税费上缴业务的账簿设置

税费上缴业务一般需要设置总账和明细账。

(一) 总账

税费上缴业务涉及的总账主要包括"应交税费"等总账。

(二) 明细账

税费上缴业务涉及的总账都需设置明细账进行明细核算。常用的格式采用三栏式,设置借方、贷方和余额三个基本金额栏目,使用活页式账簿。"应交税费——应交增值税"明细账核算时采用借贷多栏式。

应交税费明细账可按税费种类进行明细核算。

其中增值税业务还应分别"应交增值税""未交增值税""预交增值税""待抵扣进项税额""待认证进项税额""待转销项税额""增值税留抵税额""简易计税""转让金融商品应交增值税""代扣代交增值税"等进行明细核算。

其中应交增值税还应分别"进项税额""已交税金""转出未交增值税""减免税款""销项税额""出口退税""进项税额转出""转出多交增值税"等设置专栏。

十二、资本与留存收益业务的账簿设置

资本与留存收益业务一般需要设置总账和明细账。

(一) 总账

资本与留存收益业务涉及的总账主要包括"实收资本(股本)""资本公积""其他综合收益""盈余公积""本年利润""利润分配"等总账。

(二) 明细账

资本与留存收益业务涉及的总账都需设置明细账进行明细核算。常用的格式采用三栏式,设置借方、贷方和余额三个基本金额栏目,使用活页式账簿。

1. 实收资本(股本)明细账

实收资本(股本)明细账可按投资者进行明细核算。

2. 资本公积明细账

资本公积明细账应当分别"资本溢价(股本溢价)""其他资本公积"进行明细核算。

3. 其他综合收益明细账

其他综合收益明细账应当分别"可供出售金融资产公允价值变动""被投资单位其他综

合收益变动""投资性房地产转换收益"等进行明细核算。

4. 盈余公积明细账

盈余公积明细账应当分别"法定盈余公积""任意盈余公积"进行明细核算。

5. 利润分配明细账

利润分配明细账应当分别"提取法定盈余公积""提取任意盈余公积""应付现金股利或利润""转作股本的股利""盈余公积补亏"和"未分配利润"等进行明细核算。

十三、收入与利得业务的账簿设置

收入与利得业务一般需要设置总账和明细账。

(一) 总账

收入与利得业务涉及的总账主要包括"主营业务收入""其他业务收入""投资收益""公允价值变动损益""营业外收入"等总账。

(二) 明细账

收入与利得业务涉及的总账都需设置明细账进行明细核算。常用的格式采用多栏式,使用活页式账簿。

1. 主营业务收入明细账

主营业务收入明细账可按主营业务的种类,分别"商品销售收入""提供劳务收入"等进行明细核算。

2. 其他业务收入明细账

其他业务收入明细账可按其他业务的种类,分别"出租固定资产收入""出租无形资产收入""出租包装物和商品收入""材料销售收入""包装物销售收入""没收押金收入"等进行明细核算。

3. 投资收益明细账

投资收益明细账可按投资项目,分别"交易手续费""股利收入""利息收入""出售金融资产收益""出售长期股权投资收益""被投资单位损益调整"等进行明细核算。

其中出售金融资产收益还可分别"出售金融商品收益""出售股权收益"等进行明细核算。

4. 公允价值变动损益明细账

公允价值变动损益明细账可按公允价值变动的项目,分别"交易性金融资产公允价值变动""投资性房地产公允价值变动"等进行明细核算。

5. 营业外收入明细账

营业外收入明细账可按营业外收入项目,分别"非流动资产处置利得""盘盈利得""捐赠利得""违约金收入""罚款收入""无法偿付的应付款项""其他"等进行明细核算。

十四、费用与损失业务的账簿设置

费用与损失业务一般需要设置总账和明细账。

(一) 总账

费用与损失业务涉及的总账主要包括"主营业务成本""其他业务成本""税金及附加""销售费用""管理费用""财务费用""资产减值损失""营业外支出""所得税费用"等总账。

(二) 明细账

费用与损失业务涉及的总账都需设置明细账进行明细核算。常用的格式采用多栏式，使用活页式账簿。

1. 主营业务成本明细账

主营业务成本明细账可按主营业务的种类，分别"商品销售成本""提供劳务成本"等进行明细核算。

2. 其他业务成本明细账

其他业务成本明细账可按其他业务成本的种类，分别"出租固定资产折旧额""出租无形资产摊销额""出租包装物和商品成本""材料销售成本""包装物销售成本"等进行明细核算。

3. 税金及附加明细账

税金及附加明细账可按核算项目，分别"资源税""消费税""环境保护税""城市维护建设税""教育费附加""地方教育费附加""基金费""房产税""车船税""印花税""城镇土地使用税"等进行明细核算。

4. 销售费用明细账

销售费用明细账可按费用项目，分别"包装费""广告宣传费""工资""职工福利费""社会保险费""住房公积金""工会经费""职工教育经费""办公费""差旅费""折旧费""运输装卸费"等进行明细核算。

5. 管理费用明细账

管理费用明细账可按费用项目，分别"咨询服务费""董事会费""诉讼费""聘请中介机构费""业务招待费""工资""职工福利费""社会保险费""住房公积金""工会经费""职工教育经费""办公费""水电费""差旅费""折旧费""财产保险费"等进行明细核算。

6. 财务费用明细账

财务费用明细账可按费用项目，分别"汇兑损益""利息支出""利息收入""工本及手续费""现金折扣"等进行明细核算。

7. 资产减值损失明细账

资产减值损失明细账可按资产减值损失的项目，分别"坏账损失""存货跌价损失""长期股权投资减值损失""可供出售金融资产减值损失""持有至到期投资减值损失""固定资产减值损失""在建工程减值损失""工程物资减值损失""无形资产减值损失"等进行明细核算。

8. 营业外支出明细账

营业外支出明细账可按支出项目,分别"非流动资产处置损失""捐赠支出""非常损失""盘亏损失""罚款支出""违约金支出""滞纳金"等进行明细核算。

9. 所得税费用明细账

所得税明细账可按"当期所得税费用""递延所得税费用"进行明细核算。

第四章 主要经济业务在财务报表中的列示及附注披露

一、货币资金业务在财务报表中的列示及附注披露

(一) 货币资金业务在财务报表中的列示

1. 货币资金业务在资产负债表中的列示

货币资金收付业务在资产负债表中列示时,应根据货币资金收付业务涉及的"库存现金""银行存款""其他货币资金"等账户的余额合计填列在"货币资金"项目中。

2. 货币资金业务在现金流量表中的列示

货币资金业务在现金流量表所有项目中都有可能出现。其中"期初现金及现金等价物余额"及"期末现金及现金等价物余额"根据库存现金、银行存款、其他货币资金的余额合计填列,但不包括不能随时用于支付的定期存款、质押存款、冻结存款等银行存款,也不包括其他货币资金中的承兑保证金。特别需要说明的是,在实际工作中,一般情况下非金融企业很少持有期限短、流动性强、易于转换为已知金额现金、价值变动风险很小的金融商品,因此编制现金流量表时一般不考虑现金等价物。

另外需要特别说明的是,在实际工作中,与银行承兑汇票相关的承兑保证金缴付以及支付票款业务,存在两种处理模式:一是票据到期后直接动用保证金支付票款;二是票据到期后原保证金退回并以其他账户中的银行存款支付票款。这两种模式在现金流量表中的列示方法分别如下:

(1) 票据到期后直接动用保证金支付票款。缴付承兑保证金时,应区分所开具银行承兑汇票的用途:①因购买商品、材料等申请开具银行承兑汇票而缴付时,应作为经营活动现金流量在"购买商品、接受劳务支付的现金"项目中列示;②因购买固定资产和无形资产等申请开具银行承兑汇票而缴付时,应作为投资活动现金流量在"购建固定资产、无形资产和其他长期资产支付的现金"项目中列示。

承兑保证金到期取得利息收入时,应作为投资活动现金流量在"收到其他与投资活动有关的现金"项目中列示。

票据到期实际支付票款时,承兑保证金已经不是现金流量表意义上的现金,无需在现金流量表上反映。

(2) 票据到期后原保证金退回并以其他账户中的银行存款支付票款。缴付承兑保证金时,由于承兑保证金不能随时用于支付,应作为筹资活动现金流量在"支付其他与筹资活动有关的现金"项目中列示。

承兑保证金到期取得利息收入时,应作为投资活动现金流量在"收到其他与投资活动

有关的现金"项目中列示。

承兑保证金到期转入其他银行存款账户时,应作为筹资活动现金流量在"收到其他与筹资活动有关的现金"项目中列示。

(二)货币资金业务在财务报表项目注释中的披露

1. 货币资金余额明细表

货币资金余额明细表,如表4-1所示。

表4-1

货币资金余额明细表

单位:元 币种:人民币

项　　　目	期末余额	期初余额
库存现金		
银行存款		
其他货币资金		
合　　计		
其中境外存放的款项总额		

2. 其他说明

因抵押、质押或冻结等对使用有限制,以及存放在境外且资金汇回受到限制的款项应在其他说明中进行披露。

二、往来业务在财务报表中的列示及附注披露

(一)往来业务在报表中的列示

1. 往来业务在资产负债表中的列示

(1)应收票据增减业务在资产负债表中列示时,应根据应收票据增减业务涉及的"应收票据""坏账准备"等账户的余额分析填列在"应收票据"项目中。

(2)应收账款增减业务在资产负债表中列示时,应根据应收账款增减业务涉及的"应收账款""坏账准备"等所属明细账户的余额分析填列在"应收账款"项目与"预收款项"项目中。

(3)预付账款增减业务在资产负债表中列示时,应根据预付账款增减业务涉及的"预付账款""坏账准备"等所属明细账户的余额分析填列在"预付款项"项目与"应付账款"项目中。

(4)其他应收款增减业务在资产负债表中列示时,应根据其他应收款增减业务涉及的"其他应收款""坏账准备"等所属明细账户的余额分析填列在"其他应收款"项目和"其他应付款"项目中。

(5)应付票据增减业务在资产负债表中列示时,应根据应收票据增减业务涉及的"应付票据"等账户的余额分析填列在"应付票据"项目中。

(6)应付账款增减业务在资产负债表中列示时,应根据应付账款增减业务涉及的"应付账款"等所属明细账户的余额分析填列在"应付账款"项目与"预付款项"项目中。

（7）预收账款增减业务在资产负债表中列示时，应根据预收账款增减业务涉及的"预收账款"等所属明细账户的余额分析填列在"预收款项"项目与"应收账款"项目中。

（8）其他应付款增减业务在资产负债表中列示时，应根据其他应付款增减业务涉及的"其他应付款"等所属明细账户的余额分析填列在"其他应付款"项目和"其他应收款"项目中。

2. 往来业务在现金流量表中的列示

（1）应收票据到期收回票款业务。因销售商品、材料等形成的应收票据收回票款时，应作为经营活动现金流量在"销售商品、提供劳务收到的现金"项目中列示；因处置固定资产和无形资产形成的应收票据收回票款时，应作为投资活动现金流量在"处置固定资产、无形资产和其他长期资产收回的现金净额"项目中列示。

（2）应收票据贴现业务。因销售商品、材料等形成的应收票据贴现收到票款时，应作为经营活动现金流量在"销售商品、提供劳务收到的现金"项目中列示；因处置固定资产和无形资产形成的应收票据贴现收到票款时，应作为投资活动现金流量在"处置固定资产、无形资产和其他长期资产收回的现金净额"项目中列示。

（3）应收账款收回业务。因销售商品、材料等形成的应收账款收回时，应作为经营活动现金流量在"销售商品、提供劳务收到的现金"项目中列示；因处置固定资产和无形资产形成的应收账款收回时，应作为投资活动现金流量在"处置固定资产、无形资产和其他长期资产收回的现金净额"项目中列示。

（4）预付款项及补付款项业务。因采购材料、接受劳务等预付及补付的货款，应作为经营活动现金流量计入"购买商品、接受劳务支付的现金"，因购买固定资产、工程物资、无形资产等预付及补付的货款作为投资活动现金流量在"购建固定资产、无形资产和其他长期资产支付的现金"项目中列示。

（5）预付的报刊、财产保险费业务。预付的报刊、财产保险费业务等作为经营活动现金流量在"支付其他与经营活动有关的现金"项目中列示。

（6）预付电费业务。预付电费业务作为经营活动现金流量在"购买商品、接受劳务支付的现金"项目中列示。

（7）预付款的收回业务。因采购材料、接受劳务等而收到退回预付的货款，应作为经营活动现金流量在"收到其他与经营活动有关的现金"项目中列示。因购买固定资产、工程物资、无形资产等而收到退回预付的货款作为投资活动现金流量在"收到其他与投资活动有关的现金"项目中列示。

（8）其他应收款减少业务。其他应收款减少业务作为经营活动现金流量在"收到其他与经营活动有关的现金"项目中列示。

（9）应付票据偿付业务。因购买商品、材料等形成的应付票据偿付业务，应作为经营活动现金流量在"购买商品、接受劳务支付的现金"项目中列示；因购买固定资产和无形资产形成的应付票据偿付时，应作为投资活动现金流量在"购建固定资产、无形资产和其他长期资产支付的现金"项目中列示。

（10）应付账款偿还业务。因购买商品、材料等形成的应付账款偿还业务，应作为经营活动现金流量在"购买商品、接受劳务支付的现金"项目中列示；因购买固定资产和无形资产形成的应付账款偿还时，应作为投资活动现金流量在"购建固定资产、无形资产和其他长期资产支付的现金"项目中列示。

(11) 预收货款及补收货款业务。因销售商品、材料等预收和补收的货款业务,应作为经营活动现金流量在"销售商品、提供劳务收到的现金"项目中列示。因处置固定资产和无形资产形成的预收和补收的货款,应作为投资活动现金流量在"处置固定资产、无形资产和其他长期资产收回的现金净额"项目中列示。

(12) 预收货款退回多余款项业务。因销售商品、材料等退回余款的业务,应作为经营活动现金流量在"支付其他与经营活动有关的现金"项目中列示。因购买固定资产、工程物资、无形资产等退回余款的,应作为投资活动现金流量在"支付其他与投资活动有关的现金"项目中列示。

(13) 其他应付款增加业务。因收到保证金形成的其他应付款业务,应作为经营活动现金流量在"收到其他与经营活动有关的现金"项目中列示。

(14) 其他应付款减少业务。因退回保证金而减少的其他应付款,应作为经营活动现金流量在"支付其他与经营活动有关的现金"项目中列示。

因支付个人负担的三险一金减少的其他应付款,应作为经营活动现金流量在"支付给职工以及为职工支付的现金"项目中列示。

(二) 往来业务在财务报表项目注释中的披露

1. 应收票据

(1) 应收票据分类列示,如表 4-2 所示。

表 4-2

应收票据余额明细表
单位:元　币种:人民币

项　目	期末余额	期初余额
银行承兑票据		
商业承兑票据		
合　计		

(2) 期末公司已质押的应收票据,如表 4-3 所示。

表 4-3

质押的应收票据明细表
单位:元　币种:人民币

项　目	期末已质押金额
银行承兑票据	
商业承兑票据	
合　计	

（3）期末公司已背书或贴现且在资产负债表日尚未到期的应收票据，如表4-4所示。

表4-4

期末公司已背书或贴现且在资产负债表日尚未到期的应收票据明细表

单位：元　币种：人民币

项　目	期末终止确认金额	期末未终止确认金额
银行承兑票据		
商业承兑票据		
合　计		

（4）期末公司因出票人未履约而将其转应收账款的票据，如表4-5所示。

表4-5

期末公司因出票人未履约转为应收账款明细表

单位：元　币种：人民币

项　目	期末转应收账款金额
商业承兑票据	
合　计	

2．应收账款

（1）应收账款分类披露，如表4-6所示。

表4-6

应收账款分类明细表
单位：元　币种：人民币

类　别	期末余额					期初余额				
	账面余额		坏账准备		账面价值	账面余额		坏账准备		账面价值
	金额	比例	金额	计提比例		金额	比例	金额	计提比例	
单项金额重大并单独计提坏账准备的应收账款										
按信用风险特征组合计提坏账准备的应收账款										
单项金额不重大但单独计提坏账准备的应收账款										
合　计		—		—			—		—	

表 4-7

期末单项金额重大并单项计提坏账准备的应收账款明细表

单位:元　币种:人民币

应收账款 (按单位)	期末余额			
	应收账款	坏账准备	计提比例	计提理由
合　计			—	—

表 4-8

组合中按账龄分析法计提坏账准备的应收账款明细表

单位:元　币种:人民币

账龄	期末余额		
	应收账款	坏账准备	计提比例
1 年以内			
其中:1 年以内分项			
1 年以内小计			
1 至 2 年			
2 至 3 年			
3 年以上			
3 至 4 年			
4 至 5 年			
5 年以上			
合　计			

确定该组合依据的说明:_____。

表 4-9

组合中采用余额百分比法计提坏账准备的应收账款明细表

单位:元　币种:人民币

余额百分比	期末余额		
	应收账款	坏账准备	计提比例
合　计			

确定该组合依据的说明_____。

组合中,采用其他方法计提坏账准备的应收账款:_____。

(2) 本期计提、收回或转回的坏账准备情况:

本期计提坏账准备金额_____元;本期收回或转回坏账准备金额_____元。

其中本期坏账准备收回或转回金额重要的,如表 4-10 所示。

表 4-10

本期坏账准备收回或转回金额明细表

单位:元 币种:人民币

单位名称	收回或转回金额	收回方式
合　计		—

(3) 本期实际核销的应收账款情况,如表 4-11 所示。

表 4-11

本期实际核销的应收账款明细表　单位:元 币种:人民币

项　目	核销金额
实际核销的应收账款	

表 4-12

重要的应收账款核销情况　单位:元 币种:人民币

单位名称	应收账款性质	核销金额	核销原因	履行的核销程序	款项是否由关联交易产生
合　计	—		—	—	—

应收账款核销说明:_____。

(4) 按欠款方归集的期末余额前五名的应收账款情况。

(5) 因金融资产转移而终止确认的应收账款。

(6) 转移应收账款且继续涉入形成的资产、负债金额。

3. 预付款项

(1) 预付款项按账龄列示,如表 4-13 所示。

表 4-13

预付款项按账龄分类列示明细表   单位:元   币种:人民币

账　龄	期末余额		期初余额	
	金额	比例	金额	比例
1 年以内				
1 至 2 年				
2 至 3 年				
3 年以上				
合　计				

账龄超过 1 年且金额重要的预付款项未及时结算原因的说明:_____。

（2）按预付对象归集的期末余额前五名的预付款情况:

注:按预付对象集中度,汇总或分别披露期末余额前五名的预付款项的期末余额及占预付款项期末余额合计数的比例。

4. 其他应收款

（1）其他应收款分类披露,如表 4-14 所示。

表 4-14

其他应收款分类明细表   单位:元   币种:人民币

类别	期末余额					期初余额				
	账面余额		坏账准备		账面价值	账面余额		坏账准备		账面价值
	金额	比例	金额	计提比例		金额	比例	金额	计提比例	
单项金额重大并单独计提坏账准备的其他应收款										
按信用风险特征组合计提坏账准备的其他应收款										
单项金额不重大但单独计提坏账准备的其他应收款										
合　计		—		—			—		—	

表 4-15

期末单项金额重大并单项计提坏账准备的其他应收款明细表

单位:元　币种:人民币

其他应收款 (按单位)	期末余额			
	其他应收款	坏账准备	计提比例	计提理由
合　计			—	—

表 4-16

组合中按账龄分析法计提坏账准备的其他应收款明细表

单位:元　币种:人民币

账　龄	期末余额		
	其他应收款	坏账准备	计提比例
1 年以内			
其中:1 年以内分项			
1 年以内小计			
1 至 2 年			
2 至 3 年			
3 年以上			
3 至 4 年			
4 至 5 年			
5 年以上			
合　计			

确定该组合依据的说明:_____。

表 4-17

组合中采用余额百分比法计提坏账准备的其他应收款明细表

单位:元　币种:人民币

余额百分比	期末余额		
	其他应收款	坏账准备	计提比例
合　计			

确定该组合依据的说明：_____。

组合中，采用其他方法计提坏账准备的其他应收款：_____。

（2）本期计提、收回或转回的坏账准备情况：

本期计提坏账准备金额_____元；本期收回或转回坏账准备金额_____元。

其中本期坏账准备转回或收回金额重要的，如表4-18所示。

表4-18

本期坏账准备转回或收回金额明细表

单位：元　币种：人民币

单位名称	转回或收回金额	收回方式
合　计		—

（3）本期实际核销的其他应收款情况，如表4-19所示。

表4-19

本期实际核销的其他应收款明细表 单位：元　币种：人民币

项　目	核销金额
实际核销的其他应收款	

表4-20

重要的其他应收款核销情况 单位：元　币种：人民币

单位名称	其他应收款性质	核销金额	核销原因	履行的核销程序	款项是否由关联交易产生
合　计	—		—	—	—

其他应收款核销说明：_____。

（4）其他应收款按款项性质分类情况，如表4-21所示。

表4-21

其他应收款按款项性质分类明细表 单位：元　币种：人民币

款项性质	期末账面余额	期初账面余额
合　计		

（5）按欠款方归集的期末余额前五名的其他应收款情况，如表4-22所示。

表 4-22

按欠款方归集的期末余额前五名的其他应收款明细表

单位:元 币种:人民币

单位名称	款项的性质	期末余额	账龄	占其他应收款期末余额合计数的比例	坏账准备期末余额
合　计	—				

（6）涉及政府补助的应收款项,如表 4-23 所示。

表 4-23

涉及政府补助的应收款项明细表　单位:元　币种:人民币

单位名称	政府补助项目名称	期末余额	期末账龄	预计收取的时间、金额及依据
合　计	—		—	—

其他说明_____。

（7）因金融资产转移而终止确认的其他应收款:_____。

（8）转移其他应收款且继续涉入形成的资产、负债的金额:_____。

5. 应付票据

应付票据披露的格式,如表 4-24 所示。

表 4-24

应付票据余额明细表　　单位:元　币种:人民币

种类	期末余额	期初余额
商业承兑汇票		
银行承兑汇票		
合　计		

本期末已到期未支付的应付票据总额为_____元。

6. 应付账款

（1）应付账款列示,如表 4-25 所示。

表 4-25

应付账款余额明细表　　单位:元　币种:人民币

项　目	期末余额	期初余额
合　计		

（2）账龄超过1年的重要应付账款，如表4-26所示。

表4-26

账龄超过1年的重要应付账款明细表

单位：元　币种：人民币

项　目	期末余额	未偿还或结转的原因
合　计		—

7. 预收款项

（1）预收账款列示，如表4-27所示。

表4-27

预收账款余额明细表　　单位：元　币种：人民币

项　目	期末余额	期初余额
合　计		

（2）账龄超过1年的重要预收款项，如表4-28所示。

表4-28

账龄超过1年的重要预收款项明细表

单位：元　币种：人民币

项　目	期末余额	未偿还或结转的原因
合　计		—

（3）期末建造合同形成的已结算未完工项目情况，如表4-29所示。

表4-29

期末建造合同形成的已结算未完工项目一览表

单位：元　币种：人民币

项　目	金　额
累计已发生成本	
累计已确认毛利	
减：预计损失	
已办理结算的金额	
建造合同形成的已完工未结算项目	

8. 其他应付款

（1）按款项性质列示其他应付款，如表4-30所示。

表4-30

其他应付款余额明细表

单位：元 币种：人民币

项 目	期末余额	期初余额
合 计		

（2）账龄超过1年的重要其他应付款，如表4-31所示。

表4-31

账龄超过1年的重要其他应付款明细表

单位：元 币种：人民币

项 目	期末余额	未偿还或结转的原因
合 计		—

9. 往来业务在现金流量表附注中的列示

往来业务在现金流量表附表中的列示，如表4-32所示。

表4-32

现金流量表附注

补 充 资 料	本期金额	上期金额
1. 将净利润调节为经营活动现金流量：		
净利润		
加：资产减值准备		
固定资产折旧、油气资产折耗、生产性生物资产折旧		
无形资产摊销		
长期待摊费用摊销		
处置固定资产、无形资产和其他长期资产的损失（收益以"－"号填列）		
固定资产报废损失（收益以"－"号填列）		
公允价值变动损失（收益以"－"号填列）		
财务费用（收益以"－"号填列）		
投资损失（收益以"－"号填列）		
递延所得税资产减少（增加以"－"号填列）		
递延所得税负债增加（减少以"－"号填列）		
存货的减少（增加以"－"号填列）		
经营性应收项目的减少（增加以"－"号填列）		

（续表）

补 充 资 料	本期金额	上期金额
经营性应付项目的增加(减少以"一"号填列)		
其他		
经营活动产生的现金流量净额		
2. 不涉及现金收支的重大投资和筹资活动:		
债务转为资本		
一年内到期的可转换公司债券		
融资租入固定资产		
3. 现金及现金等价物净变动情况:		
现金的期末余额		
减:现金的期初余额		
加:现金等价物的期末余额		
减:现金等价物的期初余额		
现金及现金等价物净增加额		

（1）计提坏账准备的业务,应在"资产减值准备"项目中列示。

（2）经营活动过程中形成的应收票据、应收账款、预付账款、长期应收款和其他应收款,以及应收的增值税销项税额等期初减去期末的增减变动额应在"经营性应收项目的减少(增加以'一'号填列)"项目中列示。

经营活动过程中形成的应付票据、应付账款、预收账款、应付职工薪酬、应交税费、应付利息、长期应付款、其他应付款,以及应付的增值税进项税额等期末减去期初的增减变动额应在"经营性应付项目的增加(增加以'一'号填列)"项目中列示。

三、存货业务在财务报表中的列示及附注披露

（一）存货业务在财务报表中的列示

1. 存货业务在资产负债表中的列示

存货收发业务在资产负债表中列示时,应根据存货收发业务涉及的"原材料""在途物资""周转材料""委托工物资""材料采购""材料成本差异""发出商品""库存商品""生产成本""制造费用""存货跌价准备"等账户的余额分析填列在"存货"项目中。

2. 存货业务在现金流量表中的列示

（1）原材料及周转材料采购业务中采用现购方式取得的,应作为经营活动现金流量在"购买商品、接受劳务支付的现金"项目中列示,支付的与采购材料业务相关的运费也在该项目中列示。

（2）支付委托加工物资加工费及运费,应作为经营活动现金流量在"购买商品、接受劳务支付的现金"项目中列示。

（3）现金销售商品、材料及退回业务,收到的现金减去因退货支付的现金应作为经营活

动现金流量在"销售商品、提供劳务收到的现金"项目中列示。

（二）存货业务在财务报表项目注释中的披露

1. 存货

（1）存货分类，如表4-33所示。

表4-33

存货分类明细表
单位:元　币种:人民币

项　　目	期末余额			期初余额		
	账面余额	跌价准备	账面价值	账面余额	跌价准备	账面价值
原材料						
在产品						
库存商品						
周转材料						
消耗性生物资产						
建造合同形成的已完工未结算资产						
合　　计						

（2）存货跌价准备，如表4-34所示。

表4-34

存货跌价准备明细表
单位:元　币种:人民币

项　　目	期初余额	本期增加金额		本期减少金额		期末余额
		计提	其他	转回或转销	其他	
原材料						
在产品						
库存商品						
周转材料						
消耗性生物资产						
建造合同形成的已完工未结算资产						
合　　计						

（3）存货期末余额含有借款费用资本化金额的说明。

（4）期末建造合同形成的已完工未结算资产情况，如表4-35所示。

表 4-35

期末建造合同形成的已完工未结算资产一览表

单位:元　币种:人民币

项　　目	余额
累计已发生成本	
累计已确认毛利	
减:预计损失	
已办理结算的金额	
建造合同形成的已完工未结算资产	

2. 存货业务在现金流量表附表中的列示

(1)计提存货跌价准备业务在"资产减值准备"项目中列示。

(2)存货期初减去期末的增减变动额在"存货的减少"(增加以"一"号填列)"项目中列示。

四、金融资产业务在财务报表中的列示及附注披露

(一)金融资产业务在财务报表中的列示

1. 金融资产业务在资产负债表中的列示

(1)交易性金融资产业务在资产负债表中列示时,应根据交易性金融资产增减业务涉及的"交易性金融资产"等账户的余额填列在"以公允价值计量且其变动计入当期损益的金融资产"项目中。

(2)可供出售金融资产业务在资产负债表中列示时,应根据可供出售金融资产增减业务涉及的"可供出售金融资产"等账户的余额填列在"可供出售金融资产"项目中。

(3)持有至到期投资业务在资产负债表中列示时,应根据持有至到期投资增减业务涉及的"持有至到期投资"和"持有至到期投资减值准备"等账户的余额分析填列在"持有至到期投资"项目中。

(4)分期付息到期一次还本的持有至到期投资利息业务,应根据应收利息增减变化涉及的"应收利息"账户余额填列在"应收利息"项目中。

2. 金融资产业务在现金流量表中的列示

(1)交易性金融资产、可供出售金融资产和持有至到期投资购买业务。因购买交易性金融资产、可供出售金融资产、持有至到期投资除现金等价以外支付的现金业务应作为投资活动现金流量在"投资支付的现金"项目中列示,如业务中涉及包含已宣告但尚未领取的现金股利,在"支付其他与投资活动有关的现金"项目中列示。需要特别说明的是,在实际工作中,凡是债券付息日购入债券的,因为先前的债权登记日尚未购入债券,所以付息日无法取得债券利息收入,因此不考虑已到付息期但尚未领取的债券利息的情况。

(2)收回已宣告但尚未领取的现金股利,应作为投资活动现金流量在"收到其他与投资活动有关的现金"项目中列示。

（3）交易性金融资产、可供出售金融资产、持有至到期投资到期的出售或转让业务：

因出售或转让交易性金融资产、可供出售金融资产、持有至到期投资到期除现金等价物以外收到现金的业务应作为投资活动现金流量在"收回投资收到的现金"项目中列示。

因"持有至到期投资"到期收回本金除现金等价物以外的收到现金的业务应作为投资活动现金流量在"收回投资收到的现金"项目中列示。

因"持有至到期投资"持有期间取得、出售或转让而收回的利息业务应作为投资活动现金流量在"取得投资收益收到的现金"项目中列示。

（二）金融资产业务在财务报表项目注释中的披露

1. 以公允价值计量且其变动计入当期损益的金融资产

以公允价值计量且其变动计入当期损益的金融资产，如表4-36所示。

表4-36

以公允价值计量且其变动计入当期损益的金融资产余额明细表

单位:元　币种:人民币

项　目	期末余额	期初余额
交易性金融资产		
其中:债务工具投资		
权益工具投资		
衍生金融资产		
其他		
指定以公允价值计量且其变动计入当期损益的金融资产		
其中:债务工具投资		
权益工具投资		
其他		
合　计		

2. 可供出售金融资产

（1）可供出售金融资产情况，如表4-37所示。

表4-37

可供出售金融资产余额明细表　　单位:元　币种:人民币

项　目	期末余额			期初余额		
	账面余额	减值准备	账面价值	账面余额	减值准备	账面价值
可供出售债务工具:						
可供出售权益工具:						
按公允价值计量的						
按成本计量的						
合　计						

（2）期末按公允价值计量的可供出售金融资产，如表4-38所示。

表4-38

期末按公允价值计量的可供出售金融资产明细表

单位：元　币种：人民币

可供出售金融资产分类	可供出售权益工具	可供出售债务工具		合计
权益工具的成本/债务工具的摊余成本				
公允价值				
累计计入其他综合收益的公允价值变动金额				
已计提减值金额				

（3）期末按成本计量的可供出售金融资产，如表4-39所示。

表4-39

期末按成本计量的可供出售金融资产明细表

单位：元　币种：人民币

被投资单位	账面余额				减值准备				在被投资单位持股比例	本期现金红利
	期初	本期增加	本期减少	期末	期初	本期增加	本期减少	期末		
合　计										—

（4）报告期内可供出售金融资产减值的变动情况，如表4-40所示。

表4-40

报告期内可供出售金融资产减值的变动情况表

单位：元　币种：人民币

可供出售金融资产分类	可供出售权益工具	可供出售债务工具		合计
期初已计提减值余额				
本期计提				
其中：从其他综合收益转入				
本期减少				
其中：期后公允价值回升转回	—			
期末已计提减值余额				

（5）可供出售权益工具期末公允价值严重下跌或非暂时性下跌但未计提减值准备的相关说明，如表4-41所示。

表 4-41

可供出售权益工具期末公允价值严重下跌或非暂时性
下跌但未计提减值准备明细表
单位:元 币种:人民币

可供出售权益工具项目	投资成本	期末公允价值	公允价值相对于成本的下跌幅度	持续下跌时间（个月）	已计提减值金额	未计提减值原因
合 计						—

3. 持有至到期投资

（1）持有至到期投资情况,如表 4-42 所示。

表 4-42

持有至到期投资余额明细表
单位:元 币种:人民币

项 目	期末余额			期初余额		
	账面余额	减值准备	账面价值	账面余额	减值准备	账面价值
合 计						

（2）期末重要的持有至到期投资,如表 4-43 所示。

表 4-43

期末重要的持有至到期投资明细表
单位:元 币种:人民币

债券项目	面值	票面利率	实际利率	到期日
合 计		—	—	—

（3）本期重分类的持有至到期投资:_____。

4. 金融资产业务在现金流量表附表中的列示

计提可供出售金融资产减值准备、持有至到期投资减值准备业务"资产减值准备"项目中列示。

五、长期股权投资业务在财务报表中的列示及附注披露

（一）长期股权投资在财务报表中的列示

1. 长期股权投资在资产负债表中的列示

长期股权投资业务在资产负债表中列示时,应根据长期股权投资增减业务涉及的"长期

股权投资"和"长期股权投资减值准备"等账户的余额分析填列在"长期股权投资"项目中。

2. 长期股权投资在现金流量表中的列示

（1）以支付现金方式取得的权益法核算的长期股权投资业务，支付的现金应作为投资活动现金流量在"投资支付的现金"项目中列示，如业务中涉及包含已宣告但尚未领取的现金股利，在"支付其他与投资活动有关的现金"项目中列示。

（2）以支付现金方式取得的子公司股权业务，支付的现金应作为投资活动现金流量在"取得子公司及其他营业单位支付的现金净额"项目中列示，如业务中涉及包含已宣告但尚未领取的现金股利，在"支付其他与投资活动有关的现金"项目中列示。

（3）收回投资过程中已宣告但尚未领取的现金股利在"收到其他与投资活动有关的现金"项目中列示。

（4）因出售或转让长期股权投资收到现金的业务应作为投资活动现金流量在"收回投资收到的现金"项目中列示。

（5）因处置子公司及其他营业单位的业务，收到的现金净额作为投资活动现金流量在"处置子公司及其他营业单位收到的现金净额"项目中列示。

（6）收到被投资单位的现金股利业务应作为投资活动现金流量在"取得投资收益收到的现金"项目中列示。

（二）长期股权投资业务在财务报表项目注释中的披露

1. 长期股权投资

长期股权投资，如表 4-44 所示。

表 4-44

长期股权投资余额明细表　　　单位:元　币种:人民币

被投资单位	期初余额	本期增减变动								期末余额	减值准备期末余额
		追加投资	减少投资	权益法下确认的投资损益	其他综合收益调整	其他权益变动	宣告发放现金股利或利润	计提减值准备	其他		
一、合营企业											
小　计											
二、联营企业											
小　计											
合　计											

2. 长期股权投资业务在现金流量表附表中的列示

计提长期股权投资减值准备业务在"资产减值准备"项目中列示。

六、固定资产业务在财务报表中的列示及附注披露

(一) 固定资产业务在财务报表中的列示

1. 固定资产在资产负债表中的列示

(1) 固定资产业务在资产负债表中列示时,应根据固定资产业务涉及的"固定资产""累计折旧"和"固定资产减值准备"等账户的余额分析填列在"固定资产"项目中。

(2) 在建工程业务在资产负债表中列示时,应根据在建工程业务涉及的"在建工程""在建工程减值准备"等账户的余额分析填列在"在建工程"项目中。

(3) 工程物资业务在资产负债表中列示时,应根据工程物资业务涉及的工程物资、工程物资减值准备等账户的余额分析填列在"工程物资"项目中。

(4) 固定资产清理业务在资产负债表中列示时,应根据固定资产清理业务涉及的"固定资产清理"账户的余额填列在"固定资产清理"项目中。

2. 固定资产在现金流量表中的列示

(1) 以支付现金方式取得固定资产业务,支付的现金应作为投资活动现金流量在"购建固定资产、无形资产和其他长期资产支付的现金"项目中列示,支付与取得固定资产业务相关的运费也计入该项目。

(2) 支付固定资产日常维修费等的不可资本化的后续支出,支付的现金应作为经营活动现金流量在"支付的其他与经营活动有关的现金"项目中列示。

(3) 支付固定资产更新改造支出等的可资本化的后续支出业务,支付的现金应作为投资活动现金流量在"购建固定资产、无形资产和其他长期资产支付的现金"项目中列示。

(4) 以现销方式处置固定资产的业务中,收到的出售固定资产的价款、收到保险公司等的赔款、支付清理费用业务等形成现金净流入的,应作为投资活动现金流量在"处置固定资产、无形资产和其他长期资产收回的现金净额"项目中列示;形成现金净流出的应作为投资活动现金流量在"支付的其他与投资活动有关的现金"项目中列示。

(5) 为租入固定资产改良发生的装修费、材料费、人工费等付现支出,应作为投资活动现金流量在"购建固定资产、无形资产和其他长期资产支付的现金"项目中列示。

(二) 固定资产业务在财务报表项目注释中的披露

1. 固定资产
(1) 固定资产情况,如表 4-45 所示。
(2) 暂时闲置的固定资产情况,如表 4-46 所示。

表 4-45

固定资产明细表
单位:元　币种:人民币

项　目	房屋及建筑物	机器设备	运输工具		合计
一、账面原值:					
1. 期初余额					

（续表）

项 目	房屋及建筑物	机器设备	运输工具		合计
2. 本期增加金额					
（1）购置					
（2）在建工程转入					
（3）企业合并增加					
3. 本期减少金额					
（1）处置或报废					
4. 期末余额					
二、累计折旧					
1. 期初余额					
2. 本期增加金额					
（1）计提					
3. 本期减少金额					
（1）处置或报废					
4. 期末余额					
三、减值准备					
1. 期初余额					
2. 本期增加金额					
（1）计提					
3. 本期减少金额					
（1）处置或报废					
4. 期末余额					
四、账面价值					
1. 期末账面价值					
2. 期初账面价值					

表 4-46

暂时闲置固定资产明细表　　单位：元　币种：人民币

项 目	账面原值	累计折旧	减值准备	账面价值	备注

（3）通过融资租赁租入的固定资产情况，如表 4-47 所示。

表 4-47

融资租赁租入的固定资产明细表　　单位：元　币种：人民币

项 目	账面原值	累计折旧	减值准备	账面价值

（4）通过经营租赁租出的固定资产，如表 4-48 所示。

表 4-48

经营租赁租出固定资产明细表　　单位:元　币种:人民币

项　目	期末账面价值

（5）未办妥产权证书的固定资产情况，如表 4-49 所示。

表 4-49

未办妥产权证书固定资产明细表　　单位:元　币种:人民币

项　目	账面价值	未办妥产权证书的原因

2. 在建工程

（1）在建工程情况，如表 4-50 所示。

表 4-50

在建工程明细表　　单位:元　币种:人民币

项　目	期末余额			期初余额		
	账面余额	减值准备	账面价值	账面余额	减值准备	账面价值
合　计						

（2）重要在建工程项目本期变动情况，如表 4-51 所示。

表 4-51

重要在建工程项目本期变动明细表　　单位:元　币种:人民币

项目名称	预算数	期初余额	本期增加金额	本期转入固定资产金额	本期其他减少金额	期末余额	工程累计投入占预算比例	工程进度	利息资本化累计金额	其中:本期利息资本化金额	本期利息资本化率	资金来源
合　计							—			—		

（3）本期计提在建工程减值准备情况，如表 4-52 所示。

表 4-52

在建工程减值准备计提明细表　　单位:元　币种:人民币

项　目	本期计提金额	计提原因
合　计		—

3. 工程物资

工程物资情况,如表 4-53 所示。

表 4-53

工程物资余额明细表　　单位:元　币种:人民币

项　目	期末余额	期初余额
合　计		

4. 固定资产清理

固定资产清理情况,如表 4-54 所示。

表 4-54

固定资产清理余额明细表　　单位:元　币种:人民币

项　目	期末余额	期初余额
合　计		

5. 固定资产业务在现金流量表附表中的列示

(1) 计提固定资产减值准备业务在"资产减值准备"项目中列示。

(2) 计提固定资产折旧业务在"固定资产折旧、油气资产折耗、生产性生物资产折旧"项目中列示。

(3) 出售、对外投资、对外捐赠固定资产业务在"处置固定资产、无形资产和其他长期资产的损失(收益以'一'号填列)"项目中列示。

(4) 报废固定资产业务在"固定资产报废损失(收益以'一'号填列)"项目中列示。

(5) 长期待摊费用摊销业务在"长期待摊费用摊销"项目中列示。

七、投资性房地产业务在财务报表中的列示及附注披露

(一) 投资性房地产业务在财务报表中的列示

1. 投资性房地产业务在资产负债表中列示

投资性房地产业务在资产负债表中列示时,采用成本模式核算的应根据投资性房地产业务涉及的"投资性房地产""投资性房地产累计折旧"和"投资性房地产减值准备"等账户的余额分析填列在"投资性房地产"项目中;采用公允价值模式核算的应根据投资性房地产业务涉及的"投资性房地产"账户的余额填列在"投资性房地产"项目中。

2. 投资性房地产业务在现金流量表中的列示

以支付现金方式取得投资性房地产业务,支付的现金应作为投资活动现金流量在"购建固定资产、无形资产和其他长期资产支付的现金"项目中列示。

转让投资性房地产收到现金业务,应作为投资活动现金流量在"处置固定资产、无形资产和其他长期资产收回的现金净额"项目中列示。

(二) 投资性房地产在财务报表项目注释中的披露

1. 投资性房地产

(1) 采用成本计量模式的投资性房地产,如表4-55所示。

表4-55

采用成本计量模式的投资性房地产明细表

单位:元　币种:人民币

项　　目	房屋、建筑物	土地使用权	在建工程	合　　计
一、账面原值				
1. 期初余额				
2. 本期增加金额				
(1) 外购				
(2) 存货\固定资产\在建工程转入				
(3) 企业合并增加				
3. 本期减少金额				
(1) 处置				
(2) 其他转出				
4. 期末余额				
二、累计折旧和累计摊销				
1. 期初余额				
2. 本期增加金额				
(1) 计提或摊销				
3. 本期减少金额				
(1) 处置				

（续表）

项　　目	房屋、建筑物	土地使用权	在建工程	合　　计
（2）其他转出				
4. 期末余额				
三、减值准备				
1. 期初余额				
2. 本期增加金额				
（1）计提				
3. 本期减少金额				
（1）处置				
（2）其他转出				
4. 期末余额				
四、账面价值				
1. 期末账面价值				
2. 期初账面价值				

（2）未办妥产权证书的投资性房地产情况，如表 4-56 所示。

表 4-56

未办妥产权证书的投资性房地产明细表

单位:元　币种:人民币

项　　目	账面价值	未办妥产权证书原因

2. 投资性房地产业务在现金流量表附表中的列示

（1）计提投资性房地产减值准备业务在"资产减值准备"项目中列示。

（2）计提投资性房地产折旧业务在"固定资产折旧、油气资产折耗、生产性生物资产折旧"项目中列示。

（3）出售、对外投资、对外捐赠投资性房地产业务在"处置固定资产、无形资产和其他长期资产的损失（收益以'一'号填列）"项目中列示。

八、无形资产业务在财务报表中的列示及附注披露

（一）无形资产业务在财务报表中的列示

1. 无形资产业务在资产负债表中的列示

无形资产增减业务在资产负债表中列示时,应根据无形资产业务涉及的"无形资产""累计摊销"和"无形资产减值准备"等账户的余额分析填列在"无形资产"项目中。

2. 无形资产业务在现金流量表中的列示

以支付现金方式取得无形资产业务,应作为投资活动现金流量在"购建固定资产、无形

资产和其他长期资产支付的现金"项目中列示。

转让无形资产收到现金业务,应作为投资活动现金流量在"处置固定资产、无形资产和其他长期资产收回的现金净额"项目中列示。

(二) 无形资产在财务报表项目注释中的披露

1. 无形资产情况

无形资产情况,如表 4-57 所示。

表 4-57

无形资产明细表
单位:元　币种:人民币

项　目	土地使用权	专利权	非专利技术		合　计
一、账面原值					
1. 期初余额					
2. 本期增加金额					
(1) 购置					
(2) 内部研发					
(3) 企业合并增加					
3. 本期减少金额					
(1) 处置					
4. 期末余额					
二、累计摊销					
1. 期初余额					
2. 本期增加金额					
(1) 计提					
3. 本期减少金额					
(1) 处置					
4. 期末余额					
三、减值准备					
1. 期初余额					
2. 本期增加金额					
(1) 计提					
3. 本期减少金额					
(1) 处置					
4. 期末余额					

(续表)

项 目	土地使用权	专利权	非专利技术		合 计
四、账面价值					
1. 期末账面价值					
2. 期初账面价值					

本期末通过公司内部研发形成的无形资产占无形资产余额的比例_____。

2. 未办妥产权证书的土地使用权情况

未办妥产权证书的土地使用权情况,如表 4-58 所示。

表 4-58

未办妥产权证书的土地使用权明细表

单位:元 币种:人民币

项 目	账面价值	未办妥产权证书的原因

3. 无形资产业务在现金流量表附表中的列示

(1) 计提无形资产减值准备业务在"资产减值准备"项目中列示。

(2) 无形资产摊销业务在"无形资产摊销"项目中列示。

(3) 转让无形资产所有权业务在"处置固定资产、无形资产和其他长期资产的损失(收益以'-'号填列)"项目中列示。

九、借款业务在财务报表中的列示及附注披露

(一)借款业务在财务报表中的列示

1. 借款业务在资产负债表中的列示

短期借款借入与归还业务在资产负债表中列示时,应根据短期借款业务涉及的"短期借款"等账户的余额分析填列在"短期借款"项目中。

长期借款借入与归还业务在资产负债表中列示时,应根据长期借款业务涉及的"长期借款"等账户的余额及借款时间分析填列在"长期借款"项目或"一年内到期的长期负债"项目中。

发行债券业务在资产负债表中列示时,应根据应付债券业务涉及的"应付债券"等账户的余额及借款时间分析填列在"应付债券"项目或"一年内到期的长期负债"项目中。

长期借款及发行债券的分期付利息及短期借款利息业务在资产负债表中列示时,应根据利息业务涉及的"应付利息"等账户填列在"应付利息"项目中。

2. 借款业务在现金流量表中的列示

借入长期借款和短期借款及发行债券业务,取得的现金应作为筹资活动在"借款收到的现金"项目中列示。

归还到期的长期借款和短期借款及偿付到期债券本金业务,支付的现金应作为筹资活动在"偿还债务支付的现金"项目中列示。

支付利息业务,支付的现金应作为筹资活动在"分配股利、利润或偿付利息支付的现金"项目中列示。

(二) 借款业务在财务报表项目注释中的披露

1. 短期借款

(1) 短期借款分类,如表 4-59 所示。

表 4-59

短期借款余额明细表
单位:元　币种:人民币

项　目	期末余额	期初余额
质押借款		
抵押借款		
保证借款		
信用借款		
合　计		

短期借款分类的说明:_____。

(2) 已逾期未偿还的短期借款情况。

本期期末已逾期未偿还的短期借款总额为_____元。

其中重要的已逾期未偿还的短期借款情况,如表 4-60 所示。

表 4-60

重要的已逾期未偿还的短期借款明细表
单位:元　币种:人民币

借款单位	期末余额	借款利率	逾期时间	逾期利率
合　计		—	—	—

2. 应付利息

应付利息,如表 4-61 所示。

表 4-61

应付利息余额明细表
单位:元　币种:人民币

项　目	期末余额	期初余额
分期付息到期还本的长期借款利息		
企业债券利息		
短期借款应付利息		
划分为金融负债的优先股\永续债利息		

（续表）

项　目	期末余额	期初余额
合　计		

重要的已逾期未支付的利息情况，如表 4-62 所示。

表 4-62

重要的已逾期未应付利息明细表　　单位:元　币种:人民币

借款单位	逾期金额	逾期原因
合　计		—

3. 1 年内到期的非流动负债

1 年内到期的非流动负债，如表 4-63 所示。

表 4-63

1 年内到期的非流动负债明细表　　单位:元　币种:人民币

项　目	期末余额	期初余额
1 年内到期的长期借款		
1 年内到期的应付债券		
1 年内到期的长期应付款		
合　计		

4. 长期借款

长期借款分类，如表 4-64 所示。

表 4-64

长期借款余额明细表　　单位:元　币种:人民币

项　目	期末余额	期初余额
质押借款		
抵押借款		
保证借款		
信用借款		
合　计		

5. 应付债券

（1）应付债券，如表 4-65 所示。

表 4-65

应付债券余额明细表

单位:元　币种:人民币

项　目	期末余额	期初余额
合　计		

(2) 应付债券的增减变动(不包括划分为金融负债的优先股、永续债等其他金融工具),如表 4-66 所示。

表 4-66

应付债券增减变动明细表

单位:元　币种:人民币

债券名称	面值	发行日期	债券期限	发行金额	期初余额	本期发行	按面值计提利息	溢折价摊销	本期偿还	期末余额
合　计	—	—	—							

十、职工薪酬业务在财务报表中的列示及附注披露

(一) 职工薪酬业务在财务报表中的列示

1. 职工薪酬业务在资产负债表中的列示

职工薪酬增减业务在资产负债表中列示时,应根据职工薪酬业务涉及的"应付职工薪酬"等账户的余额分析填列在"应付职工薪酬"项目中。

2. 职工薪酬业务在现金流量表中的列示

以现金方式支付职工工资、社会保险(含养老保险、医疗保险、失业保险、工伤保险、生育保险)、住房公积金、工会经费、职工教育经费、福利费及非货币性福利业务应根据职工的工作性质和服务对象,分别在"支付给职工以及为职工支付的现金"和"购建固定资产、无形资产和其他长期资产支付的现金"项目中列示。

(二) 职工薪酬业务在财务报表项目注释中的披露

1. 应付职工薪酬

(1) 应付职工薪酬列示,如表 4-67 所示。

(2) 短期薪酬列示,如表 4-68 所示。

(3) 设定提存计划列示,如表 4-69 所示。

表 4-67

应付职工薪酬明细表
单位:元　币种:人民币

项　目	期初余额	本期增加	本期减少	期末余额
一、短期薪酬				
二、离职后福利——设定提存计划				
三、辞退福利				
四、一年内到期的其他福利				
合　计				

表 4-68

短期薪酬明细表
单位:元　币种:人民币

项　目	期初余额	本期增加	本期减少	期末余额
一、工资、奖金、津贴和补贴				
二、职工福利费				
三、社会保险费				
其中:医疗保险费				
工伤保险费				
生育保险费				
四、住房公积金				
五、工会经费和职工教育经费				
六、短期带薪缺勤				
七、短期利润分享计划				
合　计				

表 4-69

设定提存计划明细表
单位:元　币种:人民币

项　目	期初余额	本期增加	本期减少	期末余额
1、基本养老保险				
2、失业保险费				
3、企业年金缴费				
合　计				

2. 长期应付职工薪酬

(1) 长期应付职工薪酬,如表4-70所示。

表4-70

长期应付职工薪酬余额明细表 单位:元 币种:人民币

项 目	期末余额	期初余额
一、离职后福利——设定受益计划净负债		
二、辞退福利		
三、其他长期福利		
合 计		

(2) 设定受益计划变动情况,如表4-71所示。

表4-71

设定受益计划变动表 单位:元 币种:人民币

项 目	本期发生额	上期发生额
一、期初余额		
二、计入当期损益的设定受益成本		
1. 当期服务成本		
2. 过去服务成本		
3. 结算利得(损失以"—"表示)		
4. 利息净额		
三、计入其他综合收益的设定收益成本		
1. 精算利得(损失以"—"表示)		
四、其他变动		
1. 结算时支付的对价		
2. 已支付的福利		
五、期末余额		

十一、税费业务在财务报表中的列示及附注披露

(一)税费业务在财务报表中的列示

1. 税费业务在资产负债表中的列示

税费业务在资产负债表中列示时,应根据税务费业务涉及的"应交税费"等账户的余额分析填列在"应交税费"项目中。但是"应交税费"科目下的"应交增值税""未交增值税""待抵扣进项税额""待认证进项税额""增值税留抵税额""转让金融商品应交增值税""应交所得税"等明细科目期末借方余额应根据情况,填列在资产负债表中的"其他流动资产"或"其他非流动资产"项目;"应交税费"科目下的"待转销项税额"明细科目期末贷方余额应根据情况,填列在资产负债表中的"其他流动负债"或"其他非流动负债"项目;"应交税费"科目下的"未交增值税""简易计税""代扣代交增值税"等科目期末贷方余额填列资产负债表中的"应交税费"项目。

2. 税费业务在现金流量表中的列示

(1)税费业务,支付的现金应作为经营活动现金流量在"支付的各项税费"项目中列示。但支付个人所得税在"支付给职工以及为职工支付的现金"项目中列示。

(2)发生增值税、企业所得税的退税与返还在"收到的税费返还"项目中列示。

(二)税费业务在财务报表项目注释中的披露

应交税费,如表4-72所示。

表4-72

应交税费余额明细表
单位:元　币种:人民币

项　目	期末余额	期初余额
增值税		
环境保护税		
消费税		
企业所得税		
个人所得税		
城市维护建设税		
印花税		
房产税		
城镇土地使用税		
契税		
车船税		
资源税		

（续表）

项　目	期末余额	期初余额
教育费附加		
地方教育费附加		
合　计		

十二、资本与留存收益业务在财务报表中的列示及附注披露

（一）资本与留存收益业务在财务报表中的列示

1. 资本与留存收益业务在资产负债表中的列示

（1）实收资本增减业务在资产负债表中列示时，应根据实收资本增减业务涉及的"实收资本"账户的余额填列在"实收资本"项目中。

（2）资本公积增减业务在资产负债表中列示时，应根据实收资本增减业务涉及的"资本公积"账户的余额填列在"资本公积"项目中。

（3）其他综合收益增减业务在资产负债表中列示时，应根据其他综合收益增减业务涉及的"其他综合收益"账户的余额填列在"其他综合收益"项目中。

（4）盈余公积增减业务在资产负债表中列示时，应根据盈余公积增减业务涉及的"盈余公积"账户的余额填列在"盈余公积"项目中。

（5）未分配利润增减业务在资产负债表中列示时，应根据盈余公积增减业务涉及的"利润分配"和"本年利润"账户的余额分析填列在"未分配利润"项目中。

2. 资本与留存收益业务在现金流量表中的列示

资本增加业务收到的现金，应作为筹资活动现金流量在"吸收投资收到的现金"项目列示。

资本减少业务支付的现金，应作为筹资活动现金流量在"支付其他与筹资活动有关的现金"项目中列示。

支付现金股利，应作为筹资活动现金流量在"分配股利、利润或偿付利息支付的现金"项目列示。

3. 资本与留存收益业务在所有者权益变动表中的列示

（1）"综合收益总额本期增减变动"业务在所有者权益变动表上列示时，应根据净利润业务涉及的"本年利润"账户的发生额填列在"未分配利润"项目中，并根据其他综合收益业务涉及的"其他综合收益"账户的发生额填列在"其他综合收益"项目中。

（2）"所有者投入和减少资本本期增减变动"业务在所有者权益变动表上列示时，应根据所有者投入业务涉及的"实收资本"和"资本公积"账户的发生额分析填列在"实收资本"项目与"资本公积"等项目中。

（3）"提取盈余公积"业务在所有者权益变动表上列示时，应根据提取盈余公积业务涉

及的"盈余公积"账户的发生额填列在"盈余公积"项目中。

（4）"对所有者（或股东）的分配"业务在所有者权益变动表上列示时，应根据对所有者（或股东）的分配业务涉及的利润分配账户的发生额填列在"未分配利润"项目中。

（5）"资本公积转增资本"业务在所有者权益变动表上列示时，应根据资本公积转增资本业务涉及的"实收资本"与"资本公积"账户的发生额分析填列在"实收资本"项目与"资本公积"项目中。

（6）"盈余公积转增资本"业务在所有者权益变动表上列示时，应根据盈余公积转增资本业务涉及的"实收资本"与"盈余公积"账户的发生额分析填列在"实收资本"项目与"盈余公积"项目中。

（7）"盈余公积补亏"业务在所有者权益变动表上列示时，应根据盈余公积补亏业务涉及的"盈余公积"与"利润分配"账户的发生额分析填列在"盈余公积"项目与"未分配利润"项目中。

（二）资本与留存收益业务在财务报表项目注释中的披露

1. 实收资本\股本

实收资本\股本，如表4-73和表4-74所示。

表 4-73

股本明细表

单位:元　币种:人民币

	期初余额	本次变动增减（＋、—）					期末余额
		发行新股	送股	公积金转股	其他	小计	
股份总数							

表 4-74

实收资本明细表

单位:元　币种:人民币

期初余额	本次变动增减（＋、—）					期末余额
	增资	公积金转增资本	盈余公积转增资本	其他	小计	

2. 其他权益工具

（1）期末发行在外的优先股、永续债等其他金融工具基本情况_____。

（2）期末发行在外的优先股、永续债等金融工具变动情况，如表4-75所示。

表 4-75

期末发行在外的优先股、永续债等金融工具变动情况表

单位:元　币种:人民币

发行在外的金融工具	期初		本期增加		本期减少		期末	
	数量	账面价值	数量	账面价值	数量	账面价值	数量	账面价值
合　计								

其他权益工具本期增减变动情况、变动原因说明,以及相关会计处理的依据:_____。

3. 资本公积

资本公积,如表 4-76 所示。

表 4-76

资本公积明细表

单位:元　币种:人民币

项　目	期初余额	本期增加	本期减少	期末余额
资本溢价(股本溢价)				
其他资本公积				
合　计				

其他说明,包括本期增减变动情况、变动原因说明:_____。

5. 盈余公积

盈余公积,如表 4-77 所示。

表 4-77

盈余公积明细表

单位:元　币种:人民币

项　目	期初余额	本期增加	本期减少	期末余额
法定盈余公积				
任意盈余公积				
合　计				

6. 未分配利润

未分配利润,如表 4-78 所示。

表 4-78

未分配利润明细表

单位:元 币种:人民币

项 目	本期	上期
调整前上期末未分配利润		
调整期初未分配利润合计数(调增＋,调减－)		
调整后期初未分配利润		
加:净利润		
减:提取法定盈余公积		
提取任意盈余公积		
期末未分配利润		

十三、收入与利得在财务报表中的列示及附注披露

(一) 收入与利得业务在财务报表中的列示

1. 收入与利得业务在利润表中的列示

(1) 营业收入增减业务在利润表上列示时,应根据营业收入增减业务涉及的"主营业务收入"与"其他业务收入"账户结账前的贷方发生额与借方发生额的差额填列在"营业收入"项目中。

(2) 投资收益增减业务在利润表上列示时,应根据投资收益增减业务涉及的"投资收益"账户结账前的贷方发生额与借方发生额的差额填列在"投资收益"项目中。如果是借差则以"－"列示。

(3) 公允价值变动损益增减业务在利润表上列示时,应根据公允价值变动损益增减业务涉及的"公允价值变动损益"账户结账前的贷方发生额与借方发生额的差额填列在"公允价值变动损益"项目中。

(4) 营业外收入增减业务在利润表上列示时,应根据营业外收入增减业务涉及的"营业外收入"账户结账前的贷方发生额与借方发生额的差额填列在"营业外收入"项目中。

(5) 其他综合收益增减业务在利润表上列示时,应根据其他综合收益增减业务涉及的"其他综合收益"账户结账前的贷方发生额与借方发生额的差额按税后净额填列在"其他综合收益扣除所得税影响后的净额"项目及各子项目中。

2. 收入与利得业务在现金流量表中的列示

(1) 出租固定资产、无形资产、包装物,投资性房地产租金收入等业务,收到的现金应作为经营活动现金流量在"收到其他与经营活动有关的现金"项目中列示。

(2) 收到违约金业务,收到的现金应作为经营活动现金流量在"收到其他与经营活动有

关的现金"项目中列示。

（3）收到捐赠业务，收到的现金应作为经营活动现金流量在"收到其他与经营活动有关的现金"项目中列示。

（二）收入与利得业务在财务报表项目注释中的披露

1. 营业收入和营业成本

营业收入和营业成本，如表 4-79 所示。

表 4-79

营业收入和营业成本明细表　　　单位:元　币种:人民币

项　　目	本期发生额		上期发生额	
	收入	成本	收入	成本
主营业务				
其他业务				
合　　计				

为了增强会计信息披露质量，营业收入与营业成本在财务报表项目注释中应进行对比披露。

2. 公允价值变动收益

公允价值变动收益，如表 4-80 所示。

表 4-80

公允价值变动收益明细表　　　单位:元　币种:人民币

产生公允价值变动收益的来源	本期发生额	上期发生额
以公允价值计量的且其变动计入当期损益的金融资产		
其中:衍生金融工具产生的公允价值变动收益		
以公允价值计量的且其变动计入当期损益的金融负债		
按公允价值计量的投资性房地产		
合　　计		

3. 投资收益

投资收益，如表 4-81 所示。

表 4-81

投资收益明细表

单位:元　币种:人民币

项　目	本期发生额	上期发生额
权益法核算的长期股权投资收益		
处置长期股权投资产生的投资收益		
以公允价值计量且其变动计入当期损益的金融资产在持有期间的投资收益		
处置以公允价值计量且其变动计入当期损益的金融资产取得的投资收益		
持有至到期投资在持有期间的投资收益		
可供出售金融资产等取得的投资收益		
处置可供出售金融资产取得的投资收益		
丧失控制权后,剩余股权按公允价值重新计量产生的利得		
合　计		

4. 营业外收入

营业外收入,如表 4-82 所示。

表 4-82

营业外收入明细表

单位:元　币种:人民币

项　目	本期发生额	上期发生额	计入当期非经常性损益的金额
非流动资产处置利得合计			
其中:固定资产处置利得			
无形资产处置利得			
债务重组利得			
非货币性资产交换利得			
接受捐赠			
政府补助			
合　计			

计入当期损益的政府补助,如表 4-83 所示。

表 4-83

计入当期损益的政府补助明细表　单位:元　币种:人民币

补助项目	本期发生金额	上期发生金额	与资产相关/与收益相关
合　计			—

5. 收入与利得业务在现金流量表附表中的列示

(1) 公允价值变动损益增减业务在"公允价值变动损失(收益以'—'号填列)"项目中列示。

(2) 投资收益增减业务在"投资损益(收益以'—'号填列)"项目中列示。

十四、费用与损失业务在财务报表中的列示及附注披露

(一)费用与损失业务在财务报表中的列示

1. 费用与损失业务在利润表中的列示

(1) 营业成本增减业务在利润表上列示时,应根据营业成本增减业务涉及的"主营业务成本"与"其他业务成本"账户结账前的借方发生额与贷方发生额的差额填列在"营业成本"项目中。

(2) 税金及附加增减业务在利润表上列示时,应根据"税金及附加"增减业务涉及的税金及附加账户结账前的借方发生额与贷方发生额的差额填列在"税金及附加"项目中。

(3) 销售费用增减业务在利润表上列示时,应根据销售费用增减业务涉及的"销售费用"账户结账前的借方发生额与贷方发生额的差额填列在"销售费用"项目中。

(4) 管理费用增减业务在利润表上列示时,应根据管理费用增减业务涉及的"管理费用"账户结账前的借方发生额与贷方发生额的差额填列在"管理费用"项目中。

(5) 财务费用增减业务在利润表上列示时,应根据财务费用增减业务涉及的"财务费用"账户结账前的借方发生额与贷方发生额的差额填列在"财务费用"项目中。

(6) 资产减值损失增减业务在利润表上列示时,应根据资产减值损失增减业务涉及的"资产减值损失"账户结账前的借方发生额与贷方发生额的差额填列在"资产减值损失"项目中。

(7) 营业外支出增减业务在利润表上列示时,应根据营业外支出增减业务涉及的"营业外支出"账户结账前的借方发生额与贷方发生额的差额填列在"营业外支出"项目中。

(8) 所得税费用增减业务在利润表上列示时,应根据所得税费用增减业务涉及的"所得税费用"账户结账前的借方发生额与贷方发生额的差额填列在"所得税费用"项目中。

2. 费用与损失业务在现金流量表中的列示

(1) 销售产品支付广告费、运费业务,支付的现金应作为经营活动现金流量在"支付其他与经营活动有关的现金"项目中列示。

(2) 支付购买并直接领用的办公用品费用、支付的水费业务,支付的现金应作为经营活

动现金流量在"购买商品、接受劳务支付的现金"项目中列示。

（3）支付差旅费、电信费、业务招待费、会务费、修理费、聘请中介机构费、咨询费（含顾问费）、诉讼费等业务，支付的现金应作为经营活动现金流量在"支付其他与经营活动有关的现金"项目中列示。

（4）支付银行手续费业务，与材料采购有关的作为经营活动现金流量在"支付其他与经营活动有关的现金"项目中列示，与取得固定资产有关的作为投资活动现金流量在"支付其他与投资活动有关的现金"项目中列示。

（5）取得结算户存款利息收入业务，应作为经营活动现金流量在"收到其他与经营活动有关的现金"项目中列示。

（6）支付利息支出业务，应作为筹资活动现金流量在"分配股利、利润或偿付利息支付的现金"项目中列示。

（7）以现金方式对外捐赠、罚款支出业务作为经营活动现金流量在"支付其他与经营活动有关的现金"项目中列示。

（二）费用与损失业务在财务报表项目注释中的披露

1. 税金及附加

税金及附加，如表 4-84 所示。

表 4-84

税金及附加明细表   单位：元　币种：人民币

项　目	本期发生额	上期发生额
消费税		
环境保护税		
城市维护建设税		
印花税		
房产税		
城镇土地使用税		
契税		
车船税		
资源税		
教育费附加		
地方教育费附加		
合　计		

2. 销售费用

销售费用，如表 4-85 所示。

· 322 ·

表 4-85

销售费用明细表

单位:元　币种:人民币

项　目	本期发生额	上期发生额
合　计		

3. 管理费用

管理费用,如表 4-86 所示。

表 4-86

管理费用明细表

单位:元　币种:人民币

项　目	本期发生额	上期发生额
合　计		

4. 财务费用

财务费用,如表 4-87 所示。

表 4-87

财务费用明细表

单位:元　币种:人民币

项　目	本期发生额	上期发生额
合　计		

5. 资产减值损失

资产减值损失,如表 4-88 所示。

表 4-88

资产减值损失明细表

单位:元　币种:人民币

项　目	本期发生额	上期发生额
一、坏账损失		
二、存货跌价损失		
三、可供出售金融资产减值损失		
四、持有至到期投资减值损失		
五、长期股权投资减值损失		
六、投资性房地产减值损失		
七、固定资产减值损失		

（续表）

项　目	本期发生额	上期发生额
八、工程物资减值损失		
九、在建工程减值损失		
十、无形资产减值损失		
合　计		

6. 营业外支出

营业外支出，如表 4-89 所示。

表 4-89

营业外支出明细表　　　　单位：元　币种：人民币

项　目	本期发生额	上期发生额
非流动资产处置损失合计		
其中：固定资产处置损失		
无形资产处置损失		
债务重组损失		
非货币性资产交换损失		
违约金支出		
对外捐赠		
盘亏损失		
合　计		

7. 所得税费用

所得税费用，如表 4-90 所示。

表 4-90

所得税费用明细表　　　　单位：元　币种：人民币

项　目	本期发生额	上期发生额
当期所得税费用		
合　计		

8. 费用与支出业务在现金流量表附表中的列示

各类借款利息费用、应收票据贴现利息费用、为购买固定资产、无形资产及其他长期资产发生的银行手续费、定期存款利息收入等与经营活动无关的财务费用增减业务在"财务费用(收益以'－'号填列)"项目中列示。

十五、财务报表列示与附注披露实例

仍然以第二章常州东恒有限公司 2016 年度经济业务为例,编制 2016 年 12 月 31 日资产负债表及 2016 年度利润表、现金流量表、所有者权益变动表,分别如表 4-91 至表 4-94 所示,并编写 2016 年度财务报表附注。

表 4-91

资产负债表

会企 01 表

编制单位:常州东恒有限公司　　　　　　　2016 年 12 月 31 日　　　　　　　　单位:元

资　产	期末余额	年初余额	负债及所有者权益 (或股东权益)	期末余额	年初余额
流动资产:			流动负债:		
货币资金	7 611 205.23	5 546 789.35	短期借款		200 000.00
以公允价值计量且其变动计入当期损益的金融资产	123 800.00		以公允价值计量且其变动计入当期损益的金融负债		
应收票据	60 000.00	123 578.00	应付票据		
应收账款	3 914 100.70	1 395 677.10	应付账款	19 860.00	156 728.83
预付款项	34 149.39		预收款项		
应收利息			应付职工薪酬	157 055.70	153 229.70
应收股利	156 200.00		应交税费	731 876.64	667 864.48
其他应收款	58 413.10		应付利息	2 200.00	
存货	440 877.30	987 356.73	应付股利		
一年内到期的非流动资产			其他应付款		
其他流动资产	26 400.00		一年内到期的非流动负债		
流动资产合计	12 425 145.72	8 053 401.18	其他流动负债		
非流动资产:			流动负债合计	910 992.34	1 177 823.01
可供出售的金融资产	396 000.00	80 000.00	非流动负债:		
持有至到期投资	277 846.93	174 714.00	长期借款	1 000 000.00	
长期应收款			应付债券	4 583 516.50	4 598 620.00
长期股权投资	2 414 000.00	1 462 000.00	长期应付款		
投资性房地产	750 000.00	719 000.00	专项应付款		
固定资产	3 550 932.50	2 978 615.70	预计负债		
在建工程			递延所得税负债		

(续表)

资　　产	期末余额	年初余额	负债及所有者权益 （或股东权益）	期末余额	年初余额
工程物资			其他非流动负债		
固定资产清理			非流动负债合计	5 583 516.50	4 598 620.00
生产性生物资产			负债合计	6 494 508.84	5 776 443.01
油气资产			所有者权益（或股东权益）：		
无形资产	1 440 666.67	1 499 250.00	实收资本（或股本）	5 500 000.00	4 000 000.00
开发支出			资本公积	700 000.00	
商誉			减：库存股		
长期待摊费用	68 055.56		其他综合收益	63 952.45	18 000.00
递延所得税资产			盈余公积	1 565 379.87	2 126 215.05
其他非流动资产			未分配利润	6 998 806.22	3 046 322.82
非流动资产合计	8 897 501.66	6 913 579.70	所有者权益（或股东权益合计）	14 828 138.54	9 190 537.87
资产总计	21 322 647.38	14 966 980.88	负债和所有者权益（或股东权益合计）	21 322 647.38	14 966 980.88

单位负责人：陈瑞　　　　　主管会计工作负责人：田园　　　　　会计机构负责人：胡清

表 4-92

利　润　表

会企 02 表

编制单位：常州东恒有限公司　　　　　　2016 年　　　　　　单位：元

项　　目	本期数	上年同期数
一、营业收入	28 588 737.04	略
减：营业成本	11 400 078.06	
税金及附加	188 889.61	
销售费用	4 710 288.71	
管理费用	5 266 401.01	
财务费用	363 751.28	
资产减值损失	153 673.23	
加：公允价值变动收益（损失以"－"号填列）	42 423.04	
投资收益（损失以"－"号填列）	546 056.60	
其中：对联营企业和合营企业的投资收益		
汇兑收益（损失以"－"号填列）		
二、营业利润（亏损以"－"号填列）	6 445 483.86	
加：营业外收入	230.00	
其中：非流动资产处置利得		

（续表）

项　目	本期数	上年同期数
减：营业外支出	748 516.24	
其中：非流动资产处置损失	4 376.00	
三、利润总额（亏损总额以"－"号填列）	5 697 197.62	
减：所得税费用	1 335 549.40	
四、净利润（净亏损以"－"号填列）	4 361 648.22	
五、其他综合收益的税后净额	34 464.34	
（一）以后不能重分类进损益的其他综合收益		
1. 重新计量设定受益计划净负债或净资产的变动		
2. 权益法下在被投资单位不能重分类进损益的其他综合收益中享有的份额		
（二）以后将重分类进损益的其他综合收益	34 464.34	
1. 权益法下在被投资单位以后将重分类进损益的其他综合收益中享有的份额	－13 500.00	
2. 可供出售金融资产公允价值变动损益	47 964.34	
3. 持有至到期投资重分类为可供出售金融资产损益		
4. 现金流经套期损益的有效部分		
5. 外币财务报表折算差额		
……		
五、每股收益		
六、综合收益总额	4 396 112.56	
七、每股收益		
（一）基本每股收益		
（二）稀释每股收益		

单位负责人：陈瑞　　　　　主管会计工作负责人：田园　　　　　会计机构负责人：胡清

表 4-93

现金流量表

会企 03 表

编制单位：常州东恒有限公司　　　　2016 年度　　　　单位：元

项　目	本期数	上年同期数
一、经营活动产生的现金流量：		略
销售商品、提供劳务收到的现金	26 428 087.14	
收到的税费返还		
收到其他与经营活动有关的现金	21 639.32	

（续表）

项　目	本期数	上年同期数
现金流入小计	26 449 726.46	
购买商品、接受劳务支付的现金	10 775 111.40	
支付给职工以及为职工支付的现金	1 756 764.38	
支付的各项税费	1 878 624.52	
支付其他与经营活动有关的现金	9 795 724.38	
现金流出小计	24 206 224.68	
经营活动产生的现金流量净额	2 243 501.78	
二、投资活动产生的现金流量：		
收回投资收到的现金	318 889.80	
取得投资收益收到的现金	388 250.00	
处置固定资产、无形资产和其他长期资产收回的现金净额	53 000.00	
处置子公司及其他营业单位收到的现金净额	103 000.00	
收到其他与投资活动有关的现金		
现金流入小计	863 139.80	
购建固定资产、无形资产和其他长期资产支付的现金	804 950.00	
投资支付的现金	1 857 222.20	
取得子公司及其他营业单位支付的现金净额		
支付其他与投资活动有关的现金	666.00	
现金流出小计	2 662 838.20	
投资活动产生的现金流量净额	−1 799 698.40	
三、筹资活动产生的现金流量：		
吸收投资收到的现金	1 200 000.00	
借款收到的现金	1 300 000.00	
收到其他与筹资活动有关的现金		
现金流入小计	2 500 000.00	
偿还债务支付的现金	500 000.00	
分配股利、利润或偿付利息支付的现金	379 387.50	
支付其他与筹资活动有关的现金		
现金流出小计	879 387.50	
筹资活动产生的现金流量净额	1 620 612.50	
四、汇率变动对现金的影响		
五、现金及现金等价物净增加额	2 064 415.88	
加：期初现金及现金等价物余额	5 546 789.35	
六、期末现金及现金等价物余额	7 611 205.23	

公司法定代表人：陈瑞　　　　　　主管会计工作负责人：田园　　　　　　会计机构负责人：胡清

表4-9

编制单位:滁州泵佰有限公司

所有者权益变动表

2016 年度

单位:元

项　目	本期数							上年同期数						
	实收资本(或股本)	资本公积	减:库存股	其他综合收益	盈余公积	未分配利润	所有者权益合计	实收资本(或股本)	资本公积	减:库存股	其他综合收益	盈余公积	未分配利润	所有者权益合计
一、上年期末余额	4 000 000.00			18 000.00	2 126 215.05	3 046 322.82	9 190 537.87	略	略	略	略	略	略	略
加:会计政策变更														
前期差错更正														
其他					3 000.00	27 000.00	30 000.00							
二、本年期初余额	4 000 000.00			18 000.00	2 129 215.05	3 073 322.82	9 220 537.87							
三、本期增减变动金额(减少以"一"号填列)														
(一)综合收益总额				45 952.45		4 361 648.22	4 407 600.67							
(二)所有者投入和减少资本														
1.所有者投入资本	500 000.00	700 000.00					1 200 000.00							
2.股份支付计入所有者权益的金额														
3.其他														
(三)利润分配														
1.提取盈余公积					436 164.82	−436 164.82								
2.对所有者(或股东)的分配														
3.其他														
(四)所有者权益内部结转														
1.资本公积转增资本(或股本)	1 000 000.00	−1 000 000.00												
2.盈余公积转增资本(或股本)					−1 000 000.00									
3.盈余公积弥补亏损														
4.其他														
四、本期期末余额	5 500 000.00	700 000.00		63 952.45	1 565 379.87	6 998 806.22	14 828 138.54							

公司法定代表人:陈瑞　　会计机构负责人:胡靖　　主管会计工作负责人:田园

常州东恒有限公司 2016 年度财务报表附注

一、公司基本情况

略。

二、财务报表的编制基础

(一) 编制基础

本财务报表以本公司持续经营为基础列报,根据实际发生的交易和事项,按照财政部颁布的《企业会计准则——基本准则》和 41 项具体会计准则、其后颁布的企业会计准则应用指南、企业会计准则解释及其他相关规定(以下简称"企业会计准则")的规定进行确认和计量,在此基础上编制财务报表。

(二) 持续经营

公司自本报告期末至少 12 个月内具备持续经营能力,无影响持续经营能力的重大事项。

三、重要会计政策及会计估计

(一) 遵循企业会计准则的声明

本公司所编制的财务报表符合企业会计准则的要求,真实、完整地反映了公司的财务状况、经营成果、股东权益变动和现金流量等有关信息。

(二) 会计期间

本公司会计年度自公历 1 月 1 日起至 12 月 31 日止。

(三) 营业周期

正常营业周期是指本公司从购买用于加工的资产起至实现现金或现金等价物的期间。本公司以 12个月作为一个营业周期,并以其作为资产和负债的流动性划分标准。

(四) 记账本位币

本公司的记账本位币为人民币。

(五) 现金及现金等价物的确定标准

现金等价物是指企业持有的期限短(一般指从购买日起 3 个月内到期)、流动性强、易于转换为已知金额现金、价值变动风险很小的投资。

(六) 金融工具

1. 金融资产和金融负债的分类与计量

公司按投资目的和经济实质将拥有的金融资产分为交易性金融资产、可供出售金融资产、应收款项、持有至到期投资四类。其中:交易性金融资产以公允价值计量,公允价值变动计入当期损益;可供出售金融资产以公允价值计量,公允价值变动计入股东权益;应收款项及持有至到期投资以摊余成本计量。

公司按经济实质将承担的金融负债分为以公允价值计量且其变动计入当期损益的金融负债和以摊余成本计量的其他金融负债两类。

2. 金融资产和金融负债公允价值的确定

存在活跃市场的,公司已持有的金融资产或拟承担的金融负债,采用活跃市场中的现行出价,公司拟购入的金融资产或已承担的金融负债采用活跃市场中的现行要价,没有现行出价或要价,采用最近交易的市场报价或经调整的最近交易的市场报价,除非存在明确的证据表明该市场报价不是公允价值。

不存在活跃市场的,公司采用估值技术确定公允价值,估值技术包括参考熟悉情况并自愿交易的各方最近进行的市场交易中使用的价格、参照实质上相同的其他金融工具的当前公允价值、现金流量折现法和期权定价模型等。

3. 金融资产转移的确认与计量

公司将金融资产让与或交付给该金融资产发行方以外的另一方为金融资产转移,转移金融资产可以是金融资产的全部,也可以是一部分。包括两种形式:

将收取金融资产现金流量的权利转移给另一方;

将金融资产转移给另一方,但保留收取金融资产现金流量的权利,并承担将收取的现金流量支付给最终收款方的义务。

公司已将全部或一部分金融资产所有权上几乎所有的风险和报酬转移给转入方时,终止确认该全部或部分金融资产,收到的对价与所转移金融资产账面价值的差额确认为损益,同时将原在所有者权益中确认的金融资产累计利得或损失转入损益;保留了所有权上几乎所有的风险和报酬时,继续确认该全部或部分金融资产,收到的对价确认为金融负债。

对于公司既没有转移也没有保留金融资产所有权上几乎所有的风险和报酬,但未放弃对该金融资产控制的,按照其继续涉入所转移金融资产的程度确认有关金融资产,并相应确认有关负债。

4. 金融资产和金融负债终止确认

满足下列条件之一的公司金融资产将被终止确认:

收取该金融资产现金流量的合同权利终止。

该金融资产已转移,且符合《企业会计准则第 23 号——金融资产转移》规定的金融资产终止确认条件。

公司金融负债的现时义务全部或部分已经解除的,才能终止确认该金融负债或其一部分。

5. 金融资产减值

公司在资产负债表日对除交易性金融资产以外的金融资产账面价值进行检查,有客观证据表明金融资产发生减值的,计提减值准备。对单项重大的金融资产需单独进行减值测试,如有客观证据证明其已发生了减值,确认减值损失,计入当期损益。对于单独金额不重大的和单独测试未发生减值的金融资产,公司根据客户的信用程度及历年发生坏账的实际情况,按信用组合进行减值测试,以确认减值损失。

金融资产发生减值的客观证据是指金融资产初始确认后实际发生的、对该金融资产的预计未来现金流量有影响,且企业能够对该影响进行可靠计量的事项。

金融资产发生减值的客观证据,包括下列各项:

(1) 发行方或债务人发生严重财务困难。

(2) 债务人违反了合同条款,如偿付利息或本金发生违约或逾期等。

(3) 债权人出于经济或法律等方面因素的考虑,对发生财务困难的债务人发生让步。

(4) 债务人很可能倒闭或进行其他财务重组。

(5) 因发行方发生重大财务困难,该金融资产无法在活跃市场继续交易。

(6) 无法辨认一组金融资产中的某项资产的现金流量是否已经减少,但根据公开的数据对其进行总体评价后发现,该金融资产自初始确认以来的预计未来现金流量确已减少且可计量,如该组金融资产的债务人支付能力逐步恶化,或债务人所在国家或地区失业率提高、担保物在其所在地区的价格明显下降、所处行业不景气等。

(7) 债务人经营所处的技术、市场、经济或法律环境等发生重大不利变化,使权益工具投资人可能无法收回投资成本。

(8) 权益工具投资的公允价值发生严重或非暂时性下跌。

(9) 其他表明金融资产发生减值的客观证据。

以摊余成本计量的金融资产发生减值时,减值损失按账面价值与按原实际利率折现的预计未来现金流量的现值之间的差额计算。

对以摊余成本计量的金融资产确认减值损失后,如有客观证据表明该金融资产价值已恢复,且客观上与确认该损失后发生的事项有关,原确认的减值损失予以转回,计入当期损益。但是转回后的账面价值不超过假定不计提减值准备情况下该金融资产在转回日的摊余成本。

可供出售金融资产发生减值时,原直接计入所有者权益的因公允价值下降形成的累计损失,予以转出计入当期损益。

6. 应收款项

(1) 债务人破产或死亡,以其破产财产或者遗产清偿后仍无法收回的,或因债务人逾期为履行偿债义务超过 3 年而且具有明显特征表明无法收回的应收款项,确认为坏账。

(2) 坏账损失采用备抵法核算。对单项金额重大的应收款项(包括应收账款和其他应收款,本公司单项金额定为应收账款 500 万元、其他应收款 100 万元)进行单独减值测试,按该应收款项预计未来现金流量现值低于其账面价值的差额计提坏账准备;单项金额重大的应收款项未发生减值的应收款项并入剔除单项金额重大应收款项后的应收款项,按期末余额的账龄分析计提。公司根据债务单位的实际财务状况、现金流量情况等确定按账龄分析计提的坏账准备并计入当期损益。

(3) 应收款项各账龄段坏账准备计提的比例,如表 4-95 所示。

表 4-95

应收款项各账龄段坏账准备计提比例表

账　龄	计提比例
1 年以内	5%
1 至 2 年	10%
2 至 3 年	20%
3 至 4 年	30%
4 至 5 年	60%
5 年以上	100%

(4) 单项金额不重大但单独计提坏账准备的应收款项:对于收回难度大,发生坏账的可能性较大的款项,则采用个别认定法将其账面价值减记至可收回金额,减记的金额确认为资产减值损失,计入当期损益。

(七) 存货

1. 存货分类

公司存货分为原材料、包装物、低值易耗品、委托加工物资、在产品、库存商品等。

2. 存货成本的计算

存货采用实际成本核算。

3. 存货可变现净值的确定依据及存货跌价准备的计提方法

期末存货按成本与可变现净值孰低原则计价;期末,在对存货进行全面盘点的基础上,对于存货因遭受毁损、全部或部分陈旧过时或销售价格低于成本等原因,预计其成本不可收回的部分,提取存货跌价准备。存货跌价准备按单个存货项目的成本高于其可变现净值的差额提取。

库存商品和用于出售的材料等可直接用于出售的存货,其可变现净值按该等存货的估计售价减去估计的销售费用和相关税费后的金额确定;用于生产而持有的材料等存货,其可变现净值按所生产的产成品的估计售价减去至完工时估计将要发生的成本、估计的销售费用和相关税费后的金额确定;为执行销售合同或者劳务合同而持有的存货,其可变现净值以合同价格为基础计算;企业持有存货的数量多于销售合同订购数量的,超出部分的存货可变现净值以一般销售价格为基础计算。

4. 存货的盘存制度

永续盘存制。

(八) 长期股权投资

1. 初始投资成本确定

(1) 以支付现金取得的长期股权投资,按照实际支付的购买价款作为初始投资成本。

（2）以发行权益性证券取得的长期股权投资，按照发行权益性证券的公允价值作为初始投资成本。

（3）投资者投入的长期股权投资，按照投资合同或协议约定的价值作为初始投资成本，合同或协议约定价值不公允的，按公允价值计量。

（4）通过非货币资产交换取得的长期股权投资，具有商业实质的，按换出资产的公允价值作为换入的长期股权投资初始投资成本；不具有商业实质的，按换出资产的账面价值作为换入的长期股权投资初始投资成本。

（5）通过债务重组取得的长期股权投资，其初始投资成本按长期股权投资的公允价值确认。

2. 后续计量及损益确认方法

（1）对子公司的投资，采用成本法核算。子公司为公司持有的、能够对被投资单位实施控制的权益性投资。若公司持有某实体股权份额超过 50%，或者虽然股权份额少于 50%，但公司可以实质控制某实体，则该实体将作为公司的子公司。

（2）对合营企业或联营企业的投资，采用权益法核算。合营企业为公司持有的、能够与其他合营方对被投资单位实施共同控制的权益性投资；联营企业为公司持有的、能够对被投资单位施加重大影响的权益性投资。若公司持有某实体股权份额介于 20%～50% 之间，而且对该实体不存在实质控制，或者虽然公司持有某实体股权份额低于 20%，但对该实体存在重大影响，则该实体将作为公司的合营企业或联营企业。

公司在确认应享有被投资单位净损益的份额时，以取得投资时被投资单位各项可辨认资产等的公允价值为基础，对被投资单位的净利润进行调整后确认。

被投资单位采用的会计政策及会计期间与公司不一致的，按照公司的会计政策及会计期间对被投资单位的会计报表进行调整，并据以确认投资损益。

对于被投资单位净损益以外所有者权益的其他变动，调整长期股权投资的账面价值并计入所有者权益。

3. 确定对被投资单位具有共同控制、重大影响的依据

对被投资单位具有共同控制，是指按照合同约定对某项经济活动所共有的控制，仅在与该项经济活动相关的重要财务和生产经营决策需要分享控制权的投资方一致同意时存在。对被投资单位具有重大影响，是指对被投资单位的财务和经营政策有参与决策的权力，但并不能够控制或者与其他方一起共同控制这些政策的制定。

4. 减值测试方法及减值准备计提方法

公司期末检查发现长期股权投资存在减值迹象时，应估计其可收回金额，可收回金额低于其账面价值的，按其可收回金额低于账面价值的差额，计提长期投资减值准备。

对于在活跃市场中没有报价、公允价值不能可靠计量的长期股权投资，其账面价值低于按照类似金融资产当时的市场收益率对未来现金流量折现确定的现值的数额，确认为减值损失，计入当期损益。

对可供出售金融资产以外的长期股权投资，减值准备一经计提，在资产存续期内不予转回，可供出售金融资产减值损失，可以通过权益转回。

（九）投资性房地产

1. 投资性房地产的分类

投资性房地产包括已出租的土地使用权、持有并准备增值后转让的土地使用权和已出租的房屋建筑物。

2. 投资性房地产按照成本进行初始计量

（1）外购投资性房地产的成本包括购买价款、相关税费和可直接归属于该资产的其他支出。

（2）自行建造的投资性房地产的成本由建造该项资产达到预定可适用状态前发生的必要支出构成。

（3）以其他方式取得投资性房地产的成本按照相关准则的规定确定。

3. 资产负债表日本公司的投资性房地产采用公允价值模式计量，按年确认公允价值变动

(十) 固定资产

1. 确认条件

固定资产是指为生产商品、提供劳务、出租或经营管理而持有的,使用年限超过1年,单位价值较高的有形资产。固定资产以取得时的实际成本入账,并从其达到预定可使用状态的次月起,采用直线法计提折旧。

2. 各类固定资产的折旧方法

固定资产类别及折旧情况,如表4-96所示。

表 4-96

固定资产类别及折旧情况表

固定资产类别	折旧年限	残值率	年折旧率
房屋及建筑物	20年	4%	4.80%
生产设备	10年	4%	9.60%
运输工具	4年	4%	24.00%
电子设备	3年	4%	32.00%
工具器具及家具	5年	4%	19.20%

3. 固定资产的减值测试方法、减值准备计提方法

公司于期末对固定资产进行检查,如发现存在下列情况,则计算固定资产的可收回金额,以确定资产是否已经发生减值。对于可收回金额低于其账面价值的固定资产,按该资产可收回金额低于其账面价值的差额计提减值准备。计提时按单项资产计提,难以对单项资产的可收回金额进行估计的,按该资产所属的资产组为基础计提。减值准备一经计提,在资产存续期内不予转回。

固定资产市价大幅度下跌,其跌幅明显高于因时间的推移或者正常使用而预计的下跌;

固定资产已经陈旧过时或者其实体已经损坏;

固定资产预计使用方式发生重大不利变化,如固定资产已经或者将被闲置、企业计划终止或重组该资产所属的经营业务、提前处置资产等情形,从而对企业产生负面影响;

企业经营所处的经济、技术或者法律等环境以及固定资产所处的市场在当期或者将在近期发生重大变化,从而对企业产生不利影响;

同期市场利率或者其他市场投资报酬率在当期已经提高,从而影响企业计算资产预计未来现金流量现值的折现率,导致资产可收回金额大幅度降低;

企业内部报告的证据表明固定资产的经济绩效已经低于或者将低于预期,如固定资产所创造的净现金流量或者实现的营业利润(或者亏损)远远低于(或者高于)预计金额;

其他表明固定资产可能已经发生减值的迹象。

(十一) 在建工程

1. 在建工程的计价

按实际发生的支出确定工程成本。自营工程按直接材料、直接工资、直接施工费等计量;出包工程按应支付的工程价款等计量;设备安装工程按所安装设备的价值、安装费用、工程试运转等所发生的支出等确定工程成本。在建工程成本还包括应当资本化的借款费用和汇兑损益。

2. 在建工程结转固定资产的标准和时点

公司建造的固定资产在达到预定可使用状态之日起,根据工程预算、造价或工程实际成本等,按估计的价值结转固定资产,次月起开始计提折旧。待办理竣工决算手续后再对固定资产原值差异作调整。

3. 在建工程减值准备的确认标准和计提方法

公司于每年年度终了,对在建工程进行全面检查,当存在减值迹象时,估计其可收回金额,按该项工程可收回金额低于其账面价值的差额计提减值准备。减值准备一经计提,在资产存续期内不予转回。

(十二) 借款费用

1. 借款费用资本化的确认原则

借款费用包括因借款而发生的利息、折价或溢价的摊销和辅助费用，以及因外币借款而发生的汇兑差额。公司发生的借款费用，属于需要经过 1 年以上(含 1 年)时间购建的固定资产、开发投资性房地产或存货所占用的专门借款或一般借款所产生的，予以资本化，计入相关资产成本；其他借款费用，在发生时确认为费用，计入当期损益。相关借款费用当同时具备以下三个条件时开始资本化：

资产支出已经发生；

借款费用已经发生；

为使资产达到预定可使用状态所必要的购建活动已经开始。

2. 借款费用资本化的期间

为购建固定资产、投资性房地产、存货所发生的借款费用，满足上述资本化条件的，在该资产达到预定可使用状态或可销售状态前所发生的，计入资产成本；若固定资产、投资性房地产、存货的购建活动发生非正常中断，并且中断时间连续超过 3 个月，暂停借款费用的资本化，将其确认为当期费用，直至资产的购建活动重新开始；在达到预定可使用状态或可销售状态时，停止借款费用的资本化，之后发生的借款费用于发生当期直接计入财务费用。

3. 借款费用资本化金额的计算方法

为购建或者生产开发符合资本化条件的资产而借入专门借款的，以专门借款当期实际发生的利息费用，减去将尚未动用的借款资金存入银行取得的利息收入或进行暂时性投资取得的投资收益后的金额确定。

为购建或者生产开发符合资本化条件的资产而占用了一般借款的，根据累计资产支出超过专门借款部分的资产支出加权平均数乘以所占用一般借款的资本化率，计算确定一般借款应予资本化的利息金额。资本化率根据一般借款加权平均利率计算确定。

(十三) 无形资产

1. 无形资产的计价方法

公司的无形资产包括土地使用权、商标权、专利权、专有技术等。

购入的无形资产，按实际支付的价款和相关的其他支出作为实际成本。

投资者投入的无形资产，按投资合同或协议约定的价值确定实际成本，但合同或协议约定价值不公允的，按公允价值确定实际成本。

通过非货币资产交换取得的无形资产，具有商业实质的，按换出资产的公允价值入账；不具有商业实质的，按换出资产的账面价值入账。

通过债务重组取得的无形资产，按公允价值确认。

自行研究开发的无形资产，其研究阶段的支出，应当于发生时计入当期损益；其开发阶段的支出，同时满足下列条件的，确认为无形资产(专利技术和非专利技术)：

完成该无形资产以使其能够使用或出售在技术上具有可行性；

具有完成该无形资产并使用或出售的意图；

运用该无形资产生产的产品存在市场或无形资产自身存在市场；

有足够的技术、财务资源和其他资源支持，以完成该无形资产的开发，并有能力使用或出售该无形资产；

归属于该无形资产开发阶段的支出能够可靠地计量；

运用该无形资产生产的产品周期在 1 年以上。

2. 无形资产摊销方法和期限

公司的土地使用权从获得土地使用权日起，按其出让年限平均摊销；公司专利技术、专有技术和其他无形资产按 10 年平均摊销。摊销金额按其受益对象计入相关资产成本和当期损益。

3. 无形资产减值准备的确认标准和计提方法

公司对各项无形资产,年末进行检查,当存在减值迹象时估计其可收回金额,按其可收回金额低于账面价值的差额计提无形资产减值准备。减值准备一经计提,在资产存续期内不予转回。

已被其他新技术所代替,使其为公司创造经济利益的能力受到重大不利影响;

市价在当期大幅下跌,在剩余摊销年限内预期不会恢复;

已超过法律保护期限,但仍然具有部分使用价值;

其他足以证明实际上已经发生减值的情形。

(十四)长期资产减值

本公司在资产负债表日判断长期资产是否存在可能发生减值的迹象。如果长期资产存在减值迹象的,以单项资产为基础估计其可收回金额;难以对单项资产的可收回金额进行估计的,以该资产所属的资产组为基础确定资产组的可收回金额。

资产可收回金额的估计,根据其公允价值减去处置费用后的净额与资产预计未来现金流量的现值两者之间较高者确定。

可收回金额的计量结果表明,长期资产的可收回金额低于其账面价值的,将长期资产的账面价值减记至可收回金额,减记的金额确认为资产减值损失,计入当期损益,同时计提相应的资产减值准备。资产减值损失一经确认,在以后会计期间不得转回。

资产减值损失确认后,减值资产的折旧或者摊销费用在未来期间作相应调整,以使该资产在剩余使用寿命内,系统地分摊调整后的资产账面价值(扣除预计净残值)。

(十五)长期待摊费用

长期待摊费用在受益期内按直线法分期摊销,其中:预付经营租入固定资产的租金,按租赁合同规定的期限或其他合理方法平均摊销;经营租赁方式租入的固定资产改良支出,按剩余租赁期与租赁资产尚可使用年限两者中较短的期限平均摊销。

(十六)职工薪酬

1. 短期薪酬的会计处理方法

职工薪酬,是指企业为获得职工提供的服务或解除劳动关系而给予的各种形式的报酬或补偿。职工薪酬包括短期薪酬、离职后福利、辞退福利和其他长期职工福利。企业提供给职工配偶、子女、受赡养人、已故员工遗属及其他受益人等的福利,也属于职工薪酬。本公司在职工提供服务的会计期间,将实际发生的短期薪酬确认为负债,并计入当期损益或相关资产成本,职工福利费为非货币性福利的,按照公允价值计量。本公司在职工提供服务从而增加了其未来享有的带薪缺勤权利时,确认与累积带薪缺勤相关的职工薪酬,并以累积未行使权利而增加的预期支付金额计量。本公司在职工实际发生缺勤的会计期间确认与非累积带薪缺勤相关的职工薪酬。

2. 离职后福利的会计处理方法

本公司在职工提供服务的会计期间,将根据设定提存计划计算的应缴存金额确认为负债,并计入当期损益或相关资产成本。

3. 辞退福利的会计处理方法

本公司向职工提供辞退福利的,在下列两者孰早日确认辞退福利产生的职工薪酬负债,并计入当期损益:①本公司不能单方面撤回因解除劳动关系计划或裁减建议所提供的辞退福利时。②本公司确认与涉及支付辞退福利的重组相关的成本或费用时。本公司按照辞退计划条款的规定,合理预计并确认辞退福利产生的应付职工薪酬。辞退福利预期在其确认的年度报告期结束后 12 个月内完全支付的,适用短期薪酬的相关规定;辞退福利预期在年度报告期结束后 12 个月内不能完全支付的,适用其他长期职工福利的有关规定。

(十七)预计负债

发生于或有事项相关的义务并同时符合以下条件时,在资产负债表中确认为预计负债:

（1）该义务是本公司承担的现时义务。

（2）该义务的履行很可能导致经济利益流出企业。

（3）该义务的金额能够可靠地计量。

在资产负债表日，对预计负债的账面价值进行了复核，有确凿证据表明该账面价值不能真实反映当前最佳估计数的，按照当前最佳估计数对该账面价值进行调整。

（十八）收入

公司的营业收入主要包括销售商品收入、提供劳务收入和让渡资产使用权。

1. 销售商品收入的确认原则

公司已将商品所有权上的主要风险和报酬转移给购货方；

公司既没有保留通常与所有权相联系的继续管理权，也没有对已售出的商品实施有效控制；

收入的金额能够可靠地计量；

相关的经济利益很可能流入企业；

相关的已发生或将发生的成本能够可靠地计量。

2. 提供劳务收入的确认原则

以劳务总收入和总成本能够可靠地计量、与交易相关的经济利益能够流入公司，劳务的完成程度能够可靠地确定时，确认劳务收入的实现。

在同一年度内开始并完成的劳务，在完成劳务时确认收入；劳务的开始和完成分属不同的会计年度，在提供劳务交易的结果能够可靠估计的情况下，于资产负债表日按完工百分比法确认相关的劳务收入，完工百分比按已完工作的测量确认。

3. 让渡资产使用权收入的确认原则

以与交易相关的经济利益能够流入公司，收入的金额能够可靠地计量时，确认让渡资产使用权收入的实现。

（十九）经营租赁

（1）公司租入资产所支付的租赁费，在不扣除免租期的整个租赁期内，按直线法进行分摊，计入当期费用。公司支付的与租赁交易相关的初始直接费用，计入当期费用。资产出租方承担了应由公司承担的与租赁相关的费用时，公司将该部分费用从租金总额中扣除，按扣除后的租金费用在租赁期内分摊，计入当期费用。

（2）公司出租资产所收取的租赁费，在不扣除免租期的整个租赁期内，按直线法进行分摊，确认为租赁收入。公司支付的与租赁交易相关的初始直接费用，计入当期费用；如金额较大的，则予以资本化，在整个租赁期间内按照与租赁收入确认相同的基础分期计入当期收益。

公司承担了应由承租方承担的与租赁相关的费用时，公司将该部分费用从租金收入总额中扣除，按扣除后的租金费用在租赁期内分配。

（二十）重要会计政策

财务报表列报项目变更说明：财政部于 2016 年 12 月 3 日发布了《增值税会计处理规定》（财会〔2016〕22 号）。《增值税会计处理规定》规定：全面试行营业税改征增值税后，"营业税金及附加"科目名称调整为"税金及附加"科目，该科目核算企业经营活动发生的消费税、城市维护建设税、资源税、教育费附加及房产税、城镇土地使用税、车船税、印花税等相关税费；利润表中的"营业税金及附加"项目调整为"税金及附加"项目。《增值税会计处理规定》还明确要求"应交税费"科目下的"应交增值税""未交增值税""待抵扣进项税额""待认证进项税额""增值税留抵税额"等明细科目期末借方余额应根据情况，在资产负债表中的"其他流动资产"或"其他非流动资产"项目列示；"应交税费——待转销项税额"等科目期末贷方余额应根据情况，在资产负债表中的"其他流动负债"或"其他非流动负债"项目列示。本公司已根据《增值税会计处理规定》，对 2016 年 5 月 1 日之后发生的房产税、城镇土地使用税、车船税和印花税等从"管理费用"调整至"税金及附加"；对于 2016 年 1 月 1 日至 4 月 30 日期间发生的交易，不予追溯调整；对于 2016 年财务报表中可比期间的财务报表也不予追溯调整。

四、主要税费

（一）增值税

按照产品、原材料等销售收入的17％计缴，按月申报。按照让渡房屋使用权收入的5％计缴增值税（采用简易计税方法），按月申报。

（二）城市维护建设税

按实际缴纳的增值税及消费税税额的7％计缴，按月申报。

（三）教育费附加

按实际缴纳的增值税及消费税税额的5％计缴，其中3％为教育费附加，2％为地方教育费附加，按月申报。

（四）房产税及城镇土地使用税

自有房屋按照房屋原值的70％为计税基数，税率为1.2％，按季申报；出租房屋按照租金收入的12％计缴，按月申报；公司占地总面积13 333.4平方米，年单位税额8元，城镇土地使用税按季申报。

（五）企业所得税

适用税率为25％，根据实际利润额按月预缴，年终汇算清缴。

五、财务报表项目注释

（一）货币资金

货币资金，如表4-97所示。

表4-97

货币资金余额明细表
单位：元 币种：人民币

项 目	期末余额	期初余额
库存现金	16 168.00	3 012.31
银行存款	7 131 682.63	4 324 014.42
其他货币资金	463 354.60	3 012.31
合 计	7 611 205.23	5 546 789.35

（二）以公允价值计量且其变动计入当期损益的金融资产

以公允价值计量且其变动计入当期损益的金融资产，如表4-98所示。

表4-98

以公允价值计量且其变动计入当期损益的金融资产余额明细表
单位：元 币种：人民币

项 目	期末余额	期初余额
交易性金融资产	123 800.00	
其中：债务工具投资	110 300.00	
权益工具投资	13 500.00	
合 计	123 800.00	

（三）应收票据

1. 应收票据

应收票据分类列示，如表4-99所示。

表 4-99

应收票据余额明细表

单位:元 币种:人民币

项 目	期末余额	期初余额
银行承兑票据	60 000.00	123 578.00
商业承兑票据		
合 计	60 000.00	123 578.00

2. 期末公司已背书或贴现且在资产负债表日尚未到期的应收票据

期末公司已背书或贴现且在资产负债表日尚未到期的应收票据,如表 4-100 所示。

表 4-100

期末公司已背书或贴现且在资产负债表日尚未到期的应收票据明细表

单位:元 币种:人民币

项 目	期末终止确认金额	期末未终止确认金额
银行承兑票据	170 200.00	
商业承兑票据		
合 计	170 200.00	

(四)应收账款

1. 应收账款分类披露

应收账款分类披露,如表 4-101 所示。

表 4-101

应收账款分类明细表

单位:元 币种:人民币

类别	期末余额					期初余额				
	账面余额		坏账准备		账面价值	账面余额		坏账准备		账面价值
	金额	比例	金额	计提比例		金额	比例	金额	计提比例	
单项金额重大并单独计提坏账准备的应收账款										
按信用风险特征组合计提坏账准备的应收账款	4 120 106.00		206 005.30	5%	3 914 100.70	1 506 418.00		110 740.90	7.35%	1 395 677.10
单项金额不重大但单独计提坏账准备的应收账款										
合 计	4 120 106.00	—	20 6005.30	—	3 914 100.70	1 506 418.00	—	110 740.90	—	1 395 677.10

2. 组合中,按账龄分析法计提坏账准备的应收账款

组合中,按账龄分析法计提坏账准备的应收账款,如表 4-102 所示。

表 4-102

按账龄分析法计提坏账准备的应收账款明细表

单位:元　币种:人民币

账　龄	期末余额		
	应收账款	坏账准备	计提比例
1 年以内	4 120 106.00	206 005.30	5%
1 至 2 年			
2 至 3 年			
3 年以上			
3 至 4 年			
4 至 5 年			
5 年以上			
合　计			

3. 本期计提、收回或转回的坏账准备情况

本期计提坏账准备金额　799 001.23　元;本期收回或转回坏账准备金额　1 350.00 元。

4. 本期实际核销的应收账款

本期实际核销的应收账款情况,如表 4-103 所示。

表 4-103

本期实际核销的应收账款明细表　单位:元　币种:人民币

项　目	核销金额
实际核销的应收账款	705 086.83

5. 按欠款方归集的期末余额前五名的应收账款

按欠款方归集的期末余额前五名的应收账款情况,如表 4-104 所示。

表 4-104

按欠款方归集的期末余额前五名的应收账款明细表

单位:元　币种:人民币

单位名称	期末金额	占应收账款总额的比例	已计提的坏账准备
第一名	3 161 106.00	76.72%	158 055.30
第二名	573 300.00	13.91%	28 665.00
第三名	234 000.00	5.68%	11 700.00
第四名	81 900.00	1.99%	4 095.00
第五名	46 800.00	1.14%	2 340.00
合　计	4 097 106.00	99.44%	204 855.30

（五）预付款项

1. 预付款项按账龄列示

预付款项按账龄列示，如表 4-105 所示。

表 4-105

预付款项按账龄列示明细表　　单位:元　币种:人民币

账　　龄	期末余额		期初余额	
	金额	比例	金额	比例
1 年以内	34 149.39	100%		
1 至 2 年				
2 至 3 年				
3 年以上				
合　计	34 149.39	100%		

2. 按预付对象归集的期末余额前五名的预付款

按预付对象归集的期末余额前五名的预付款情况，如表 4-106 所示。

表 4-106

按预付对象归集的期末余额前五名的预付款明细表

单位:元　币种:人民币

单位名称	期末金额	占预付账款总额的比例	已计提的坏账准备
第一名	29 611.89	86.71%	
第二名	4 537.50	13.29%	
第三名			
第四名			
第五名			
合　计	34 149.39	100%	

（六）应收股利

应收股利，如表 4-107 所示。

表 4-107

应收股利余额明细表　　单位:元　币种:人民币

项目(或被投资单位)	期末余额	期初余额
利明股份有限公司	1 200.00	
常州上善有限公司	150 000.00	
南昌海天有限公司	5 000.00	
合　计	156 200.00	

（七）其他应收款

1. 其他应收款分类披露

其他应收款分类披露，如表4-108所示。

表4-108

其他应收款分类明细表　　　　单位:元　币种:人民币

类　别	期末余额					期初余额				
	账面余额		坏账准备		账面价值	账面余额		坏账准备		账面价值
	金额	比例	金额	计提比例		金额	比例	金额	计提比例	
单项金额重大并单独计提坏账准备的其他应收款										
按信用风险特征组合计提坏账准备的其他应收款	61 487.47		3 074.37	5%						
单项金额不重大但单独计提坏账准备的其他应收款										
合　计	61 487.47	—	3 074.37	—			—		—	

组合中，按账龄分析法计提坏账准备的其他应收款，如表4-109所示。

表4-109

按账龄分析法计提坏账准备的其他应收款明细表

单位:元　币种:人民币

账　龄	期末余额		
	其他应收款	坏账准备	计提比例
1年以内	61 487.47	3 074.37	5%
1至2年			
2至3年			
3年以上			
3至4年			
4至5年			
5年以上			
合　计	61 487.47	3 074.37	

2. 本期计提、收回或转回的坏账准备情况

本期计提坏账准备金额　3 074.37　元;本期收回或转回坏账准备金额　0　元。

3. 其他应收款按款项性质分类情况

其他应收款按款项性质分类情况,如表4-110所示。

表 4-110

其他应收款按款项性质分类明细表 单位:元 币种:人民币

款项性质	期末账面余额	期初账面余额
押金	60 000.00	
应收员工赔款	1 486.47	
合 计	61 487.47	

4. 按欠款方归集的期末余额前五名的其他应收款

按欠款方归集的期末余额前五名的其他应收款情况,如表 4-111 所示。

表 4-111

按欠款方归集的其他应收款前五名情况明细表

单位:元 币种:人民币

单位名称	款项的性质	期末余额	账龄	占其他应收款期末余额合计数的比例	坏账准备期末余额
第一名		60 000.00	1 年以内	97.58%	3 000.00
第二名		1 487.47		2.42%	74.37
合 计	—	61 487.47	—	100%	3 074.37

(八) 存货

1. 存货分类

存货分类,如表 4-112 所示。

表 4-112

存货分类明细表 单位:元 币种:人民币

项 目	期末余额			期初余额		
	账面余额	跌价准备	账面价值	账面余额	跌价准备	账面价值
原材料	107 084.16	248.56	106 835.60	230 483.16		230 483.16
在产品	153 633.63		153 633.63	209 494.07		209 494.07
库存商品	154 468.07		154 468.07	518 408.03		518 408.03
周转材料	25 940.00		25 940.00	28 971.47		28 971.47
合 计	441 125.86	248.56	440 877.30	987 356.73		987 356.73

2. 存货跌价准备

存货跌价准备,如表 4-113 所示。

表 4-113

存货跌价准备明细表 单位:元 币种:人民币

项 目	期初余额	本期增加金额		本期减少金额		期末余额
		计提	其他	转回或转销	其他	
原材料		248.56				248.56
合 计		248.56				248.56

（九）其他流动资产

其他流动资产,如表4-114所示。

表4-114

其他流动资产明细表
单位:元　币种:人民币

项　目	期末余额	期初余额
待抵扣进项税额	26 400.00	
合　计	26 400.00	

（十）可供出售金融资产

1. 可供出售金融资产情况

可供出售金融资产情况,如表4-115所示。

表4-115

可供出售金融资产余额明细表
单位:元　币种:人民币

项　目	期末余额			期初余额		
	账面余额	减值准备	账面价值	账面余额	减值准备	账面价值
可供出售权益工具:						
按公允价值计量的	396 000.00		396 000.00	80 000.00		80 000.00
按成本计量的						
合　计	396 000.00		396 000.00	80 000.00		80 000.00

2. 期末按公允价值计量的可供出售金融资产

期末按公允价值计量的可供出售金融资产,如表4-116所示。

表4-116

期末按公允价值计量的可供出售金融资产明细表
单位:元　币种:人民币

可供出售金融资产分类	可供出售权益工具	合　计
权益工具的成本	332 047.55	332 047.55
公允价值	396 000.00	396 000.00
累计计入其他综合收益的公允价值变动金额	63 952.45	63 952.45
已计提减值金额		

（十一）持有至到期投资

持有至到期投资,如表4-117所示。

表 4-117

持有至到期投资余额明细表　　单位:元　币种:人民币

项　目	期末余额			期初余额		
	账面余额	减值准备	账面价值	账面余额	减值准备	账面价值
平智公司				112 302.22		127 302.22
河源公司	51 357.85		51 357.85	51 509.72		51 509.72
平安公司	10 893.40		10 893.40	10 902.06		10 902.06
国盛公司	215 595.68		215 595.68			
合　计	277 846.90		277 846.90	174 714.00		174 714.00

(十二) 长期股权投资

1. 对子公司投资

对子公司投资,如表 4-118 所示。

表 4-118

对子公司投资明细表　　单位:元　币种:人民币

被投资单位	期初余额	本期增加	本期减少	期末余额	本期计提减值准备	减值准备期末余额
宜兴广陵有限公司	700 000.00			700 000.00		
昆山正发有限公司	110 000.00		110 000.00	0		
常州弘毅有限公司		1 200 000.00		1 200 000.00		
合　计	810 000.00	1 200 000.00	110 000.00	1 900 000.00		

2. 对合营企业、联营企业投资

对合营企业、联营企业投资,如表 4-119 所示。

表 4-119

对合营企业、联营企业投资明细表　　单位:元　币种:人民币

被投资单位	期初余额	本期增减变动								期末余额	减值准备期末余额
		追加投资	减少投资	权益法下确认的投资损益	其他综合收益调整	其他权益变动	宣告发放现金股利或利润	计提减值准备	其他		
一、合营企业											
小　计											
二、联营企业											
常州上善有限公司	550 000.00			114 000.00			150 000.00			514 000.00	
盐城久辉有限公司	102 000.00		102 000.00								
小　计	652 000.00		102 000.00	114 000.00			150 000.00			514 000.00	
合　计	652 000.00		102 000.00	114 000.00			150 000.00			514 000.00	

(十三) 投资性房地产

投资性房地产,如表 4-120 所示。

表 4-120

采用公允价值计算模式的投资性房地产明细表

单位:元 币种:人民币

项　目	期末余额		期初余额	
	账面余额	公允价值	账面余额	公允价值
老区厂房	680 000.00	750 000.00	680 000.00	719 000.00
合　计	680 000.00	750 000.00	680 000.00	719 000.00

(十四) 固定资产

1. 固定资产情况

固定资产情况,如表 4-121 所示。

表 4-121

固定资产明细表

单位:元 币种:人民币

项　目	房屋及建筑物	生产设备	运输工具	电子设备	合计
一、账面原值:					
1. 期初余额	2 750 000.00	733 000.00		51 000.00	3 534 000
2. 本期增加金额					
(1) 购置	61 8850.00		250 000.00	28 000.00	896 850.00
(2) 在建工程转入					
(3) 盘盈		30 000.00			30 000.00
3. 本期减少金额					
(1) 处置或报废		98 000.00			98 000.00
(2) 盘亏				4 000.00	4 000.00
4. 期末余额	3 368 850.00	665 000.00	250 000.00	75 000.00	4 358 850.00
二、累计折旧					
1. 期初余额	407 000.00	141 736.00		6 648.30	555 384.30
2. 本期增加金额					
(1) 计提	132 000.00	70 368.00	55 000.00	24 564.00	281 932.00
3. 本期减少金额					
(1) 处置或报废		28 224.00			28 224.00
(2) 盘亏				1 174.80	1 174.80
4. 期末余额	539 000.00	183 880.00	55 000.00	30 037.50	807 917.50
三、减值准备					
1. 期初余额					

（续表）

项 目	房屋及建筑物	生产设备	运输工具	电子设备	合计
2. 本期增加金额					
3. 本期减少金额					
4. 期末余额					
四、账面价值					
1. 期末账面价值	2 829 850.00	481 120.00	195 000.00	44 962.50	3 550 932.50
2. 期初账面价值	2 343 000.00	591 264.00	0	44 351.70	2 978 615.70

2. 通过经营租赁租出的固定资产

通过经营租赁租出的固定资产，如表4-122所示。

表4-122

经营租赁租出固定资产明细表　　　单位:元　币种:人民币

项 目	期末账面价值
老区厂房	750 000.00
合 计	750 000.00

3. 公司期末账面价值为2 211 000.00元的新区厂房为长期借款抵押物

（十五）无形资产

无形资产，如表4-123所示。

表4-123

无形资产明细表　　　单位:元　币种:人民币

项 目	土地使用权	专利权	非专利技术	合计
一、账面原值				
1. 期初余额	1 500 000.00	150 000.00		1 650 000.00
2. 本期增加金额				
（1）购置			40 000.00	40 000.00
（2）内部研发				
3. 本期减少金额				
（1）处置		90 000.00		90 000.00
4. 期末余额	1 500 000.00	60 000.00	40 000.00	1 600 000.00
二、累计摊销				
1. 期初余额	117 500.00	33 250.00		150 750.00
2. 本期增加金额				
（1）计提	30 000.00	14 250.00	333.33	44 583.33
3. 本期减少金额				

（续表）

项 目	土地使用权	专利权	非专利技术	合 计
（1）处置		36 000.00		36 000.00
4. 期末余额	147 500.00	11 500.00	333.33	159 333.33
三、减值准备				
1. 期初余额				
2. 本期增加金额				
3. 本期减少金额				
4. 期末余额				
四、账面价值				
1. 期末账面价值	1 352 500.00	48 500.00	39 666.67	1 440 666.67
2. 期初账面价值	1 382 500.00	116 750.00		1 499 250.00

（十六）长期待摊费用

长期待摊费用，如表 4-124 所示。

表 4-124

长期待摊费用明细表　　　单位：元　币种：人民币

项 目	期初余额	本期增加金额	本期摊销金额	其他减少金额	期末余额
经营租入固定资产改良支出		70 000	1 944.44		68 055.56
合 计		70 000	1 944.44		68 055.56

（十七）短期借款

短期借款，如表 4-125 所示。

表 4-125

短期借款余额明细表　　　单位：元　币种：人民币

项 目	期末余额	期初余额
质押借款		
抵押借款		200 000.00
保证借款		
信用借款		
合 计		200 000.00

（十八）应付账款

应付账款，如表 4-126 所示。

表 4-126

应付账款余额明细表

单位:元　币种:人民币

项　目	期末余额	期初余额
原材料货款	19 860.00	156 728.83
合　计	19 860.00	156 728.83

(十九) 应付职工薪酬

1. 应付职工薪酬情况

应付职工薪酬情况,如表 4-127 所示。

表 4-127

应付职工薪酬明细表

单位:元　币种:人民币

项　目	期初余额	本期增加	本期减少	期末余额
一、短期薪酬	132 649.70	1 855 708.40	1 851 882.40	136 475.70
二、离职后福利——设定提存计划	20 580.00	246 960.00	246 960.00	20 580.00
三、辞退福利				
合　计	153 229.70	2 102 668.40	2 098 842.40	157 055.70

2. 短期薪酬情况

短期薪酬情况,如表 4-128 所示。

表 4-128

短期薪酬明细表

单位:元　币种:人民币

项　目	期初余额	本期增加	本期减少	期末余额
一、工资、奖金、津贴和补贴	102 800.00	1 542 000.00	1 542 000.00	102 800.00
二、职工福利费		20 000.00	20 000.00	
三、社会保险费	9 569.70	114 836.40	114 836.40	9 569.70
其中:医疗保险费	8 232.00	98 784.00	98 784.00	8 232.00
工伤保险费	823.20	9 878.40	9 878.40	823.20
生育保险费	514.50	6 174.00	6 174.00	514.50
四、住房公积金	10 280.00	123 360.00	123 360.00	10 280.00
五、工会经费和职工教育经费	10 000.00	55 512.00	51 686.00	13 826.00
六、短期带薪缺勤				
合　计	132 649.70	1 855 708.40	1 851 882.40	136 475.70

3. 设定提存计划情况

设定提存计划情况,如表 4-129 所示。

表 4-129

设定提存计划明细表

单位:元　币种:人民币

项　目	期初余额	本期增加	本期减少	期末余额
1. 基本养老保险	19 551.00	234 612.00	234 612.00	19 551.00
2. 失业保险费	1 029.00	12 348.00	12 348.00	1 029.00
合　计	20 580.00	246 960.00	246 960.00	20 580.00

（二十）应交税费

应交税费,如表 4-130 所示。

表 4-130

应交税费余额明细表

单位:元　币种:人民币

项　目	期末余额	期初余额
增值税	370 820.67	267 954.55
企业所得税	282 830.19	94 028.08
个人所得税	85.50	85.50
城市维护建设税	25 957.45	18 756.82
房产税	6 975.00	6 975.00
城镇土地使用税	26 666.80	26 666.80
教育费附加	11 124.62	8 038.64
地方教育费附加	7 416.41	5 359.09
合　计	731 876.64	667 864.48

（二十一）应付利息

应付利息,如表 4-131 所示。

表 4-131

应付利息余额明细表

单位:元　币种:人民币

项　目	期末余额	期初余额
分期付息到期还本的长期借款利息	2 200.00	
短期借款应付利息		
合　计	2 200.00	

（二十二）长期借款

长期借款,如表 4-132 所示。

表 4-132

长期借款余额明细表　　　　单位:元　币种:人民币

项　目	期末余额	期初余额
质押借款		
抵押借款	1 000 000.00	
保证借款		
信用借款		
合　计	1 000 000.00	

(二十三) 应付债券

1. 应付债券余额

应付债券余额,如表 4-133 所示。

表 4-133

应付债券余额明细表　　　　单位:元　币种:人民币

项　目	期末余额	期初余额
五年期债券	4 583 516.50	4 598 620.00
合　计	4 583 516.50	4 598 620.00

2. 应付债券的增减变动

应付债券的增减变动,如表 4-134 所示。

表 4-134

应付债券增减变动表　　　　单位:元　币种:人民币

债券名称	面值	发行日期	债券期限	发行金额	期初余额	本期发行	按面值计提利息	溢折价摊销	本期偿还	期末余额
常州东恒	4 000 000	2015 年 12 月 31 日	5	4 598 620.00	4 598 620.00		360 000.00	15 103.50		4 583 516.50
合计	—	—	—	4 598 620.00	4 598 620.00		360 000.00	15 103.50		4 583 516.50

(二十四) 实收资本

实收资本,如表 4-135 所示。

表 4-135

实收资本明细表　　　　单位:元　币种:人民币

项　目	期初余额	本次变动增减(+、一)						期末余额
		增资	公积金转增	盈余公积转增	未分配利润转增	其他	小计	
实收资本	4 000 000.00	500 000.00		1 000 000.00				5 500 000.00

(二十五) 资本公积

资本公积,如表 4-136 所示。

表 4-136

资本公积明细表

单位:元　币种:人民币

项　目	期初余额	本期增加	本期减少	期末余额
资本溢价		700 000.00		700 000.00
其他资本公积				
合　计		700 000.00		700 000.00

其他说明:本期增加的金额是接受新股东南京中昊有限公司投资所形成。

(二十六) 其他综合收益

其他综合收益,如表 4-137 所示。

表 4-137

其他综合收益明细表

单位:元　币种:人民币

项　目	期初余额	本期发生金额				期末余额
		本期所得税前发生额	减:前期计入其他综合收益当期转入损益			
一、以后不能重分类进损益的其他综合收益						
其中:重新计算设定受益计划净负债和净资产的变动						
权益法下在被投资单位不能重分类进损益的其他综合收益中享有的份额						
二、以后将重分类进损益的其他综合收益						
其中:权益法下在被投资单位以后将重分类进损益的其他综合收益中享有的份额	18 000.00		18 000.00			
可供出售金融资产公允价值变动损益		63 952.45				63 952.45
持有至到期投资重分类为可供出售金融资产损益						
现金流量套期损益的有效部分						
外币财务报表折算差额						
其他综合收益合计	18 000.00	63 952.45	18 000.00			63 952.45

特别需要说明的是:因本公司不考虑暂时性差异及递延所得税的影响,资产负债表中确认其他综合收益时未考虑所得税费用的影响,形成的期末余额与利润表中其他综合收益税后净额不一致;所有者权益变动表中确认其他综合收益增减变动时也未考虑所得税费用的影响,形成的本期增减变动金额与利润表中其他综合收益税后净额不一致。

(二十七) 盈余公积

盈余公积,如表 4-138 所示。

表 4-138

盈余公积明细表

单位:元　币种:人民币

项　目	期初余额	本期增加	本期减少	期末余额
法定盈余公积	2 126 215.05	439 164.82	1 000 000.00	1 565 379.87
任意盈余公积				
合　计	2 126 215.05	439 164.82	1 000 000.00	1 565 379.87

盈余公积说明:本期增加的金额包括本期计提法定盈余公积 436 164.82 元以及固定资产盘盈而计提 3 000.00 元,本期计提法定盈余公积的金额为 436 164.82 元,本期减少的金额是用盈余公积转增实收资本。

(二十八) 未分配利润

未分配利润,如表 4-139 所示。

表 4-139

未分配利润明细表

单位:元　币种:人民币

项　目	本期	上期
调整前上期末未分配利润	3 046 322.82	
调整期初未分配利润合计数(调增＋,调减－)	27 000.00	
调整后期初未分配利润	3 073 322.82	
加:净利润	4 361 648.22	
减:提取法定盈余公积	436 164.82	
提取任意盈余公积		
期末未分配利润	6 998 806.22	

调整期初未分配利润明细:根据《企业会计准则》对盘盈固定资产进行追溯调整,影响期初未分配利润 27 000.00 元。

(二十九) 营业收入和营业成本

营业收入和营业成本,如表 4-140 所示。

表 4-140

营业收入和营业成本明细表 单位:元 币种:人民币

项　目	本期发生额		上期发生额	
	收入	成本	收入	成本
主营业务	28 468 737.04	11 400 078.06	（略）	（略）
其他业务	120 000.00	0.00	（略）	（略）
合　计	28 588 737.04	11 400 078.06	（略）	（略）

（三十）税金及附加

税金及附加,如表 4-141 所示。

表 4-141

税金及附加明细表 单位:元 币种:人民币

项　目	本期发生额	上期发生额
城市维护建设税	49 134.82	（略）
印花税	6 793.09	（略）
房产税	17 325.00	（略）
城镇土地使用税	80 000.40	（略）
车船税	360.00	（略）
教育费附加	21 057.78	（略）
地方教育费附加	14 038.52	（略）
合　计	188 889.61	（略）

（三十一）销售费用

销售费用,如表 4-142 所示。

表 4-142

销售费用明细表 单位:元 币种:人民币

项　目	本期发生额	上期发生额
职工薪酬	163 048.00	（略）
广告宣传	1 729 871.18	（略）
差旅费	640 155.90	（略）
保险费	830 947.34	（略）
办公费	120 927.09	（略）
装卸费	220 762.23	（略）
运费	776 779.22	（略）
折旧费	2 349.60	（略）
其他	225 448.15	（略）
合　计	4 710 288.71	（略）

(三十二) 管理费用

管理费用,如表 4-143 所示。

表 4-143

管理费用明细表　　单位:元　币种:人民币

项　目	本期发生额	上期发生额
职工薪酬	685 371.20	(略)
折旧费	114 163.60	(略)
无形资产摊销	38 583.33	(略)
修理费	1 439 810.51	(略)
房产税	6 975.00	(略)
土地使用税	26 666.80	(略)
印花税	3 890.30	(略)
业务招待费	322 312.42	(略)
董事会费	123 746.92	(略)
办公费	549 812.33	(略)
差旅费	828 059.20	(略)
咨询费	1 104 963.21	(略)
保险费	4 950.00	(略)
其他	17 096.19	(略)
合　计	5 266 401.01	(略)

(三十三) 财务费用

财务费用,如表 4-144 所示。

表 4-144

财务费用明细表　　单位:元　币种:人民币

项　目	本期发生额	上期发生额
利息支出	352 351.50	(略)
减:利息收入	12 348.89	(略)
现金折扣	14 309.81	(略)
工本及手续费	8 398.09	(略)
其他	1 040.77	(略)
合　计	363 751.28	(略)

(三十四) 资产减值损失

资产减值损失,如表 4-145 所示。

表 4-145

资产减值损失明细表
单位:元　币种:人民币

项　目	本期发生额	上期发生额
一、坏账损失	802 075.60	(略)
二、存货跌价损失	248.56	(略)
三、可供出售金融资产减值损失		
四、持有至到期投资减值损失		
五、长期股权投资减值损失		
六、投资性房地产减值损失		
七、固定资产减值损失		
八、工程物资减值损失		
九、在建工程减值损失		
十、无形资产减值损失		
十一、其他		
合　计	802 324.16	(略)

(三十五) 公允价值变动收益

公允价值变动收益,如表 4-146 所示。

表 4-146

公允价值变动收益明细表
单位:元　币种:人民币

产生公允价值变动收益的来源	本期发生额	上期发生额
以公允价值计量的且其变动计入当期损益的金融资产	11 423.04	(略)
其中:衍生金融工具产生的公允价值变动收益		
按公允价值计量的投资性房地产	31 000.00	(略)
合　计	42 423.04	(略)

(三十六) 投资收益

投资收益,如表 4-147 所示。

表 4-147

投资收益明细表
单位:元　币种:人民币

项　目	本期发生额	上期发生额
权益法核算的长期股权投资收益	114 000.00	(略)
成本法核算的长期股权投资收益	350 000.00	
处置长期股权投资产生的投资收益	17 000.00	(略)
以公允价值计量且其变动计入当期损益的金融资产在持有期间的投资收益	4 200.00	(略)

（续表）

项 目	本期发生额	上期发生额
处置以公允价值计量且其变动计入当期损益的金融资产取得的投资收益	6 922.74	（略）
持有至到期投资在持有期间的投资收益	16 296.27	（略）
处置持有至到期投资取得的投资收益	33 667.40	（略）
可供出售金融资产等取得的投资收益	5 000.00	（略）
处置可供出售金融资产取得的投资收益		（略）
以公允价值计量且其变动计入当期损益的金融资产在持有期间的投资手续费	−10.94	（略）
转让金融商品的增值税	−1 018.87	（略）
		（略）
合 计	546 056.60	（略）

（三十七）营业外收入

营业外收入，如表 4-148 所示。

表 4-148

营业外收入明细表　　　　单位:元　币种:人民币

项 目	本期发生额	上期发生额
非流动资产处置利得合计		（略）
其中:固定资产处置利得		（略）
无形资产处置利得		（略）
债务重组利得		（略）
非货币性资产交换利得		（略）
接受捐赠		（略）
政府补助		（略）
无法支付的应付款	230.00	（略）
		（略）
合 计	230.00	（略）

（三十八）营业外支出

营业外支出，如表 4-149 所示。

表 4-149

营业外支出明细表　　　　单位:元　币种:人民币

项 目	本期发生额	上期发生额
非流动资产处置损失合计	4 376.00	（略）
其中:固定资产处置损失	376.00	（略）
无形资产处置损失	4 000.00	（略）

（续表）

项　目	本期发生额	上期发生额
债务重组损失		
非货币性资产交换损失		
违约金支出	22 322.23	
对外捐赠	720 000.00	
盘亏损失	1 818.01	（略）
合　计	748 516.24	（略）

（三十九）所得税费用

1. 所得税费用表

所得税费用表，如表 4-150 所示。

表 4-150

所得税费用明细表　　　　　单位:元　币种:人民币

项　目	本期发生额	上期发生额
当期所得税费用	1 335 549.40	（略）
合　计	1 335 549.40	

2. 会计利润与所得税费用调整过程

会计利润与所得税费用调整过程，如表 4-151 所示。

表 4-151

会计利润与所得税费用调整明细表　单位:元　币种:人民币

项　目	本期发生额
利润总额	5 697 197.62
按法定/适用税率计算的所得税费用	1 424 299.40
调整以前期间所得税的影响	
非应税收入的影响	−88 750.00
不可抵扣的成本、费用和损失的影响	
所得税费用	1 335 549.40

（四十）其他综合收益税后净额

其他综合收益税后净额，如表 4-152 所示。

表 4-152

其他综合收益税后净额明细表

项　目	本期发生额	上期发生额
（一）以后不能重分类进损益的其他综合收益		（略）
1. 重新计量设定受益计划净负债或净资产的变动		（略）
2. 权益法下在被投资单位不能重分类进损益的其他综合收益中享有的份额		（略）
（二）以后将重分类进损益的其他综合收益	34 464.34	（略）
1. 权益法下在被投资单位以后将重分类进损益的其他综合收益中享有的份额	−13 500.00	（略）
2. 可供出售金融资产公允价值变动损益	47 964.34	（略）
3. 持有至到期投资重分类为可供出售金融资产损益		（略）
4. 现金流经套期损益的有效部分		（略）
5. 外币财务报表折算差额		（略）

(四十一) 现金流量表项目

1. 收到其他与经营活动有关的现金

收到其他与经营活动有关的现金,如表 4-153 所示。

表 4-153

收到其他与经营活动有关的现金明细表

单位:元　币种:人民币

项　目	本期发生额	上期发生额
收回退回包装物押金	3 300.00	
出租老厂房的租金	126 000.00	
出租无形资产的租金	5 739.32	
合　计	21 639.32	

2. 支付其他与经营活动有关的现金

支付其他与经营活动有关的现金,如表 4-154 所示。

表 4-154

支付其他与经营活动有关的现金明细表

单位:元　币种:人民币

项　目	本期发生额	上期发生额
销售网点用房的经营租赁费	63 000.00	
押金	60 000.00	
维修费	1 684 599.70	
办公费	673 080.43	
广告宣传费	1 833 663.45	

（续表）

项 目	本期发生额	上期发生额
保险费	886 051.20	
运费	862 224.93	
业务招待费	322 312.42	
装卸费	234 007.96	
咨询费	1 171 261.00	
差旅费	1 256 692.67	
董事会费	123 746.92	
违约金支出	22 322.23	
对外捐赠	353 863.04	
其他	248 898.43	
合 计	9 795 724.38	

3. 支付其他与投资活动有关的现金 666.00 元为处置固定资产支付的现金净额

（四十二）现金流量表补充资料

1. 现金流量表补充资料表

现金流量表补充资料表，如表 4-155 所示。

表 4-155

现金流量表补充资料表
单位:元 币种:人民币

补 充 资 料	本期金额	上期金额
1. 将净利润调节为经营活动现金流量:		
净利润	4 361 648.22	
加:资产减值准备	802 324.16	
固定资产折旧、油气资产折耗、生产性生物资产折旧	281 932.00	
无形资产摊销	44 583.33	
长期待摊费用摊销	1 944.44	
处置固定资产、无形资产和其他长期资产的损失(收益以"－"号填列)	4 376.00	
固定资产报废损失(收益以"－"号填列)		
公允价值变动损失(收益以"－"号填列)	－42 423.04	
财务费用(收益以"－"号填列)	362 532.15	
投资损失(收益以"－"号填列)	－546 056.60	
递延所得税资产减少(增加以"－"号填列)		
递延所得税负债增加(减少以"－"号填列)		
存货的减少(增加以"－"号填列)	546 479.43	
经营性应收项目的减少(增加以"－"号填列)	－3 513 672.95	
经营性应付项目的增加(减少以"－"号填列)	－426 302.32	
其他	366 136.96	

（续表）

补 充 资 料	本期金额	上期金额
经营活动产生的现金流量净额	2 243 501.78	
2. 不涉及现金收支的重大投资和筹资活动：		
债务转为资本		
一年内到期的可转换公司债券		
融资租入固定资产		
3. 现金及现金等价物净变动情况：		
现金的期末余额	7 611 205.23	
减：现金的期初余额	5 546 789.35	
加：现金等价物的期末余额		
减：现金等价物的期初余额		
现金及现金等价物净增加额	2 064 415.88	

2. 本期支付的取得子公司的现金净额

本期支付的取得子公司的现金净额，如表 4-156 所示。

表 4-156

本期支付的取得子公司的现金净额明细表

单位：元　币种：人民币

项　　目	金额
本期发生的新设子公司并于本期支付的现金或现金等价物	1 200 000.00
取得子公司支付的现金净额	1 200 000.00

3. 现金和现金等价物的构成

现金和现金等价物的构成，如表 4-157 所示。

表 4-157

现金和现金等价物的构成明细表　单位：元　币种：人民币

项　　目	期末余额	期初余额
一、现金		
其中：库存现金	16 168.00	3 012.31
可随时用于支付的银行存款	7 131 682.63	4 324 014.42
可随时用于支付的其他货币资金	463 354.60	1 219 762.62
二、现金等价物		
其中：三个月内到期的债券投资		
三、期末现金及现金等价物余额	7 611 205.23	5 546 789.35

（四十三）所有权或使用权受到限制的资产

所有权或使用权受到限制的资产，如表 4-158 所示。

表 4-158

所有权或使用权受到限制的资产明细表

单位:元 币种:人民币

项　目	期末账面价值	受限原因
货币资金		
应收票据		
存货		
固定资产	2 211 000.00	长期借款抵押资产
无形资产		
合　计	2 211 000.00	—